STEFAN HILLER · OSWALD PANAGL

DIE FRÜHGRIECHISCHEN TEXTE
AUS MYKENISCHER ZEIT

ALBIN LESKY

zum 7. Juli 1976

gewidmet

INHALTSVERZEICHNIS

VORWORT

Die Entzifferung der frühgriechischen Tontafeln in Linear B-Schrift aus den Fundorten Knossos und Pylos sowie später auch Mykene und Theben durch den englischen Architekten Michael Ventris (1952) hat die bis dahin ausschließlich archäologisch ausgerichtete Mykenologie auf eine neue Grundlage gestellt und damit einen neuen Zweig der Altertumswissenschaft begründet. In diesem jungen Fach begegnen einander Archäologie und Frühgeschichte, griechische Philologie und vergleichende Sprachwissenschaft, wodurch sich der unbestritten interdisziplinäre Charakter der Mykenologie ergibt.

Das vorliegende Buch, das in einigen Teilen auf einem Forschungsbericht der beiden Autoren (›Linear B: Fortschritte und Forschungsstand‹, in SAECULUM 22, 1971) fußt, stellt die Linear B-Tafeln in thematischer Anordnung vor, es führt in Sprache und Inhalt sowie in den historisch-kulturellen Horizont dieser Texte ein und dokumentiert den gegenwärtigen Stand der Linear B-Forschung. Es möchte dem, der erstmals Zugang zu den Tafeln sucht, einen Weg durch die schwer überschaubare Fülle einschlägiger Literatur und ihre vielfältigen Fragen weisen. Doch hoffen die beiden Autoren, die zu zahlreichen Problemen ihre persönliche wissenschaftliche Meinung vertreten, mit diesem Buch zugleich auch einen Beitrag zur mykenologischen Forschung zu leisten.

Salzburg, im Juli 1975

Stefan Hiller   Oswald Panagl

MYKENE UND LINEAR B-SCHRIFT
IM RAHMEN DER ALTERTUMSFORSCHUNG

Von Fritz Schachermeyr *

Wenn man einen Gebildeten danach fragt, von wann an die deutsche Geisteswelt in ein näheres Verhältnis zur Antike getreten sei, so gedenkt er kaum der Bemühung der Humanisten, sondern gibt getrost zur Antwort, daß Johann Joachim Winckelmann am Anfang gestanden, mit dem sich ja Lessing in seinem ›Laokoon‹ auseinandergesetzt habe und der nicht nur auf Künstler wie Karsten, Canova und Thorwaldsen, sondern auch auf die Großmeister der Weimarer Klassik entscheidenden Einfluß ausgeübt habe. Nach einigem Besinnen mag er im Hinblick auf Homer noch die Namen Heinrich Voß und Friedrich August Wolf hinzufügen, vielleicht auch den von Friedrich Preller. Dann aber folgt als abschließendes Votum: Eigentlich beruhe das Verhältnis des deutschen Geistes zur Antike jedoch auf Goethe, Schiller und Hölderlin. Kein Zweifel, unser Gebildeter würde damit das Richtige ausgesagt haben, denn unser Verhältnis zum Griechentum wurde bis in die Moderne noch weitgehend von dem schönen Wort Schillers bestimmt, einen solchen Weg einzuschlagen wäre mehr wert, als jeden anderen zu endigen (an Goethe am 23. August 1794). Man könnte geradezu behaupten, daß dank der so großartigen Vermittlung durch die Weimarer Klassik unser Verhältnis zu den Hellenen die ganze Zeit hindurch ein ganz besonders idealisches war und sich mehr dem Schöngeistigen, d. h. also der Dichtung und den bildenden Künsten zuneigte, als das etwa bei den romanischen Nationen und selbst in England der Fall war.

* Aus: Saeculum 12, 1971, S. 114—122.

Darum entfaltete sich in Deutschland auch eine „klassische Archäologie" mit besonderer Ausrichtung auf die hohe Kunst der griechischen Plastik und eine „klassische Philologie" in Richtung auf Homer, die Lyrik und besonders auf die Tragödie. Beide Disziplinen konnten die Bezeichnung als „klassisch" insofern mit voller Berechtigung führen [1], als sie sich ganz unmittelbar von der Ära der Weimarer Klassik ableiteten, und weil sie sich in engstem Kontakt mit den Werken großartigster Ingenien des Altertums wie auch des Abendlandes befanden [2].

Zu den Vorstellungen, die man sich seit Winckelmann von der griechischen Antike machte, paßte es bestens, daß durch Homer eine Art von Vorgeschichte geboten wurde, welche die Kunde von einem mythisch verklärten Ritterparadies bot, nach Art der mittelalterlichen Sagen von König Artus und Dietrich von Bern.

[1] Zu den verschiedenen Bedeutungen des Ausdruckes „klassisch" habe ich schon in meinem Buch ›Frühe Klassik der Griechen‹ (1966) S. 3 ff. Stellung genommen. In diesem Buche und dann auch in der ›Geistesgeschichte der Perikleischen Zeit‹ (1971) mußte ich diese Bezeichnung im engeren Sinne verwenden und auf die stilistische Stufe gleichen Namens beschränken. In der vorliegenden Abhandlung soll aber „klassisch" im Sinne der Humanisten (Budaeus!) und der in moderner Zeit landläufigen Weise (vgl. das englische „classics" usw.), d. h. also mit der Bedeutung von „antik" bzw. griechisch und römisch verwendet werden.

[2] Dagegen kam es auf geschichtlicher Ebene nur zur Ausbildung einer „alten", nicht aber einer „klassischen Geschichte". Da war von Niebuhr an alles schon etwas nüchterner, da hatte man es nicht mehr so sehr mit höchsten Meisterwerken des Künstlerischen und Schöngeistigen zu tun, sondern zuerst mit Urkunden und sonstigen „Quellen", dann mit Verfassungen, Machtentfaltungen und Kriegen. Auch glaubte man dem vorwiegend auf Kriegs- und Machtgeschichte bedachten Thukydides nacheifern zu müssen. Wohl nahmen verschiedentlich Vertreter dieser alten Geschichte am Dahinströmen klassischer Hochgeistigkeit ehrfürchtig Anteil, doch blieb der Historie immer ein höheres Maß von Unabhängigkeit und eine Aufgeschlossenheit gegenüber allem Nüchternen zu eigen. Archäologen und Philologen waren zugleich Priester, Historiker wollten das oft gar nicht sein.

Diese „mykenische" Vorzeit war durch "dark ages" von der eigentlichen hellenischen Geschichte geschieden, war auch in hohem Maße ein Werk von Dichtern und ließ sich in modernerer Mythenkritik trefflich zu geistvollen Kombinationen und Hypothesen verwenden. Das nutzte vor allem Usener, und noch Wilamowitz erklärte (zuletzt in: Glaube der Hellenen I [1931] S. 337 f.) allen Ernstes, daß es ein homerisches Pylos des Nestor niemals gegeben habe, denn es handle sich bei diesem Namen nach ursprünglichen Vorstellungen einfach um die Bezeichnung eines „Tores" zur Unterwelt.

Die erste Störung erfuhren diese so schön auf sich beruhenden Vorstellungen durch die vergleichende Sprachforschung, der es seit den fünfziger Jahren des vorigen Jahrhunderts gelang, die einstige Existenz einer indo-europäischen Sprachfamilie zu ermitteln, von der sich auch die griechische Sprache ableitete. Da mußte es also einst in Griechenland ein bodenständiges Substrat gegeben haben, mit dem sich nachher die aus irgendeiner osteuropäischen Urheimat einwandernden Träger des indo-europäischen (soll heißen hier urgriechischen) Idiomes vermischten. Hierdurch wurde am klassischen Bilde manches komplizierter, manches ließ sich aber weit leichter als bisher erklären. Man konnte sich mit den neuen Ergebnissen schließlich um so leichter abfinden, als sie den Tatbestand einer Verwandtschaft mit dem Griechentum, den man bisher mehr gefühlsmäßig empfunden hatte, auch durch wissenschaftliche Erkenntnis verbrieften.

Schon aber setzte eine weitere Kette von neuen Tatbeständen ein: die Ausgrabungen von Schliemann und Dörpfeld zu Mykene, Tiryns und Troia. Die bestätigten wohl die homerischen Vorstellungen von einstmals blühenden Fürstensitzen und Städten der mykenischen Zeit, ob aber diese neugefundenen Reste noch zum Bestand des klassischen Hellenentums und damit zur klassischen Archäologie zählten, mußte man füglich als offene Frage empfinden.

Dabei wollten die mykenischen Funde gar nicht abreißen, und dazu trat seit 1900 noch die Erschließung der über ein Jahrtausend währenden minoischen Hochkultur durch Arthur Evans und andere Forscher. Damit nicht genug, konnten Tsountas, Wace und Thompson in Thessalien, die deutschen Grabungen zu Orchomenos, die von Walker-Kosmopoulos und Blegen auf der Peloponnes auch für das griechische Festland eine Kette von Frühperioden bis in den Beginn der jüngeren Steinzeit zurückverfolgen. So begegnete man auf Kreta und auf dem griechischen Festland einem vorgriechischen und letzten Endes auch vor-indo-europäischen Substrat, so wie es die Sprachforscher bereits vorausgesetzt hatten [3]. Es konnte kaum ein Zweifel darüber bestehen, daß auch die minoische Kultur diesem Substrat irgendwie angehörte.

Nun wurde aber immer deutlicher, daß das alles gar nicht zur Entwicklung der Hellenenkultur paßte, sondern daß es davor noch eine andere, frühere Entwicklung gegeben haben müßte, die vom Substrat und insbesondere von der minoischen Kultur ausgegangen war, dann aber auch die mykenische Welt völlig in ihren Bann zog. Die Zäsur zwischen diesen beiden Entwicklungen lag in der Katastrophenzeit des 12. Jahrhunderts vor Christus. Bis dahin hatte die minoisch-mykenische Entwicklung gedauert, von etwa 1100/1000 an begann dann der neue Entwicklungsreigen, der vom Protogeometrischen und Geometrischen über das Archaische zum Klassischen usw. führte. Alles, was vor dem 12. Jahrhundert lag, fügte sich in die klassische

[3] Grundlegend immer noch das Werk von Paul Kretschmer, Einleitung in die Geschichte der griechischen Sprache (1896), das aber noch nicht berücksichtigte, daß die hier so bedeutsamen Suffixe auf -nt-, -ss- usw. auch noch in den nachfolgenden indo-europäischen Superstrat-Sprachen, so im Luvischen, Hetitischen und vor allem auch im Griechischen weiter produktiv geblieben sind. Verfehlt wäre es andererseits aber auch, alle diese Suffixe und Suffixwörter allein dem Indo-Europäischen zuzuschreiben. Siehe dazu nun meine Beiträge „Vor-Indo-Europäische Substrate und Indo-Europäische Zuwanderungen in der griechisch-anatolischen Frühzeit" sowie „Die alten Ortsnamen im ägäischen Raum", in: Acta of the 2nd International Colloquium on Aegean Prehistory (Athen 1972) S. 10 ff. bzw. S. 56 ff.

Vorstellungswelt überhaupt nicht ein und hatte auch entwicklungsmäßig damit nicht unmittelbar zu tun [4].

Allerdings stand dem als Tatbestand gegenüber, daß die mykenischen Ritter eben doch Griechen waren, die bereits griechisch sprachen, die dann ihre Heimat, ihre Sprache, ihre Götter, die auch ihre Ritterlichkeit, ihren stolzen Sinn und die verklärte Kunde von ihrem Dasein über die Zäsur hinweg den Hellenen des nachfolgenden Entwicklungsreigens vererbten. So glich das Verhältnis des Minoisch-Mykenischen zum nachfolgenden Hellenischen etwa dem der Antike zum nachfolgenden Abendland [5].

Für den klassischen Archäologen stellte sich nun aber eine Gewissensfrage: Sollte er so konsequent „klassisch" bleiben, daß er das Mykenische, das Minoische und alles Prähistorische aus seinem heiligen Bezirk hinauswies, um sich desto ungestörter dem Dienst an der Hellenenkunst, an der griechischen Plastik, an der Vasenmalerei und an den Bronzen von Olympia widmen zu können, oder sollte er neben der klassischen Archäologie noch eine andere, etwa eine mykenische und minoische, tolerieren, indem er sie etwa einem Teil der eigenen Fachkollegen überließ, die sich dafür besonders interessierten, oder aber sollte

[4] Daß es sich um zwei verschiedene Entwicklungsabläufe handelt, versuchte ich u. a. in meiner ›Griechischen Geschichte‹ (2. Aufl., jetzt 1969) und in ›Die minoische Kultur des alten Kreta‹ (1964) S. 268 ff. klarzulegen. Die mykenische Gesittung bildete dabei zur minoischen Hochkultur eine Art von Satellitenkultur.

[5] Auf einen gewissen Parallelismus zwischen der Katastrophenzäsur am Ende der minoisch-mykenischen Welt um 1200 v. Chr. und an dem der antiken Welt im 5. und 6. Jahrhundert n. Chr. habe ich in meinen Forschungen und Betrachtungen (1974), S. 7 ff. und ausführlicher in dem Joseph Vogt gewidmeten, hoffentlich bald erscheinenden Band des Werkes ›Aufstieg und Niedergang der römischen Welt‹ hingewiesen. Die hohe Bedeutung, welche dabei der vom Mykenischen zum Hellenischen hinüberführende Kulturstrom für die Entstehung der hellenischen Entwicklung gewonnen hat, wurde wiederholt von S. Marinatos in dankenswerter Weise betont.

er gar versuchen, selber beide Sparten gleichermaßen zu beherrschen?

Es zeugt für den Ernst und Eifer, mit dem das klassische Erbe der hellenischen Kultur nicht nur in manchen anderen Ländern, sondern gerade in Deutschland und vielfach auch in Griechenland selbst als d i e Aufgabe schlechthin angesehen wurde, wenn es über diese Gewissensfrage zu mancherlei Gegensätzen innerhalb der archäologischen Fachwelt kam. Wohl vermochten große Meister wie Furtwängler, Rodenwaldt und Matz beide Materien gleichermaßen und in vorbildlichster Weise zu betreuen[6]. Doch wuchs der mykenisch-minoische Fundbestand neben dem hellenisch-klassischen zu immer größeren Dimensionen an, und wenn er auch an Kunstwert in der Regel zurückstand, so wurde er doch immer interessanter und lockte mit zahllosen Geheimnissen. Kein Wunder, wenn sich in Deutschland Georg Karo und Kurt Müller, in Griechenland Tsountas und Marinatos, in England Pendlebury und Wace, in Amerika Blegen, Caskey, Mylonas und Weinberg, in Italien Doro Levi und in Frankreich das Ehepaar van Effenterre ganz vorwiegend diesem Zauber hingaben. Da mußten die klassischeren unter den Archäologen befürchten, daß ihr Fach allzu sehr von einer Schlagseite zugunsten des Mykenischen bedroht werde. Stießen doch Ausgräber wie Papadimitriou auch dann auf Mykenisches und Prähistorisches (man denke nur an Brauron und an das Argivische Heraion), wenn ihre Grabungsziele viel späteren Perioden galten.

Zu all diesem Anwachsen des archäologischen Fundmaterials hatten sich seit 1900 aber noch die Tontafeln in Linear B gesellt, die Evans zu vielen Hunderten aus dem Brandschutt des späten Palastes von Knossos zutage gefördert hatte. In anderen minoischen Plätzen tauchten nachher Tontafeln auf, die mit Linear A beschriftet waren. 1939 fand Blegen im mykenischen

[6] Eine ähnlich umfassende Kraft bewies in Frankreich als Historiker Gustave Glotz.

Palast von Pylos aber wieder Hunderte von Tontafeln in Linear B-Schrift, und seither sind auch im Umkreis der Paläste von Mykene und Tiryns, vor allem aber im Palastbereich von Theben weitere Linear B-Texte gefunden worden[7].

Solange derartige Texte unentziffert geblieben waren, konnte man sie als Erzeugnisse von in minoischer Sprache geführten Palastbuchhaltungen ansehen, die auf dem Festlande etwa von minoischen Schreibern für ihre mykenischen Herrn betrieben wurden. Da gelang aber 1952 Michael Ventris nach langjährigen Vorbereitungen und Bemühungen die Entzifferung von Linear B, und nun stellte sich zu unser aller Überraschung[8] heraus, daß sämtliche Linear B-Texte — auch die von Knossos — in griechischer Sprache abgefaßt waren, daß also alle diese Buchhaltungen einschließlich der knossischen bereits der Hofhaltung griechisch sprechender mykenischer Fürsten dienten.

Selbst wenn man sich zur Entzifferung durch Ventris durchaus positiv einstellte, konnte nun aber eine gewisse Enttäuschung über den Charakter der Tafeln und über ihren Inhalt nicht ausbleiben. Im Gegensatz zu den romantischen Schilderungen, welche Homer geboten hatte, spricht hier der nüchterne Alltag mit seinen Details der Palastwirtschaft zu uns. Hatte man von Knossos Rechtssprüche eines Rhadamanthys, von Pylos Verordnungen eines Nestor, von Mykene Billets eines Aigisthos an die sündige Klytaimnestra erwartet, so fand man anstelle dessen

[7] Zu den Funden in Mykene, Tiryns und Theben vgl. u. A. 16—19.
[8] Ventris schrieb mir am 19. Juni 1952 auf einer Postkarte: ... "During the last week ... I have convinced myself beyond any possibility of doubt that the Knossos and Pylos tablets are written in what I propose we should call Mycenaean Greek ... It is a pity that the whole Etruscan enquiry was a waste of time!" Davon, daß Ventris die Vorstellung, Linear B wäre griechisch, gleichsam als eine vorgefaßte Meinung in Art eines Zirkelschlusses in seine Entzifferung hineingetragen habe, kann keine Rede sein. Er hat seine Bemühungen bis Ende März 1952 immer noch mit Hilfe des Etruskischen angestellt und war selbst höchst erstaunt, als er schließlich auf eine griechische Sprache stieß.

Inventare von Palasteinrichtungen, von Streitwagen und Rüstungen, Befehle für Truppenbewegungen zum Schutz der messinischen Küste, Statistiken über Herdenhaltung, Wollaufkommen und Textilien, zu Mykene sogar Detailabrechnungen über Sesam, Kümmel und Koriander. Doch gab es auch Opferlisten mit Weihungen für die pylischen und knossischen Götter, wider Erwarten sogar eine Athene in Knossos und einen Dionysos in Pylos.

Alles in allem war das viel und doch wieder — viel zu wenig. Was aber die Freude völlig vergällte, lag nicht nur am Schrifttypus, der in Linear B ebenso wie in der kyprischen Linearschrift nur Zeichen für offene Silben bot, sondern am allzu altertümlichen Griechisch, das selbst für einen in der historischen Grammatik geschulten klassischen Philologen ein „zu früh" bedeutete und das sich in seinem Lautbestand erst vom Indo-Europäischen und von der sogenannten Indogermanistik aus richtig erschloß. Zu Anfang setzten sich auch Althistoriker wie Ehrenberg, klassische Philologen wie Lesky und Archäologen wie Furumark für die Ventrissche Entzifferung ein. Zu einer Weiterarbeit ist es aber bei den genannten Forschern anscheinend nicht gekommen [9]. Ich selbst beschäftigte mich jahrelang mit dieser Materie und hatte den größeren Teil eines diesbezüglichen Buches im Manuskript bereits fertig. Aber ich kam, obgleich ich seinerzeit in Innsbruck bei Walde auch Indogermanistik betrieben hatte, mit den sprachgeschichtlichen Anforderungen, welche Linear B an seine Bearbeiter stellt, schließlich nicht mehr mit.

[9] Nur T. B. L. Webster und L. A. Stella sind mit größeren Werken an die Öffentlichkeit getreten (Webster, From Mycenae to Homer [1958] und Stella, La civiltà micenea nei documenti contemporanei [1965]). Allerdings zeigt auch das Werk der Archäologin Emily Vermeule, Greece in the Bronze Age (1964), eine beachtenswerte Vertrautheit mit dem Linear B-Material. Vgl. außerdem W. Taylour, The Mycenaeans (1964), R. W. Hutchinson, Prehistoric Crete (1968) und F. H. Stubbings, Prehistoric Greece (1972). Skeptisch bleibt S. Hood, The Minoans (1971).

So blieben auf die Dauer nur die Indogermanisten übrig; von diesen spaltete sich aber allmählich ein starker Zweig ab, bei dem man von philologischen (d. h. eigentlich indogermanistischen) Mykenologen sprechen kann, was gleichsam eine Parallelerscheinung zu den oben besprochenen mykenologischen Archäologen nach Art von Karo, Blegen und Marinatos darstellt.

Um aber wieder zu den auf Purismus bedachten Bannerträgern des klassischen Gedankens zurückzukehren, so muß man zugeben, daß ihnen das Material von Linear B so wenig wie überhaupt das Mykenische zu einer richtigen Herzensangelegenheit geworden ist. Daraus erklärt sich, wie mir scheint, ein Phänomen, das sich, soweit wir erkennen, weniger in den romanischen und nordischen Ländern zeigt, und das sich auch in England nicht auf die Dauer zu entfalten vermochte [10], das aber in der geistigen Welt, die sich auf Winckelmann zurückführt, immer noch recht deutlich zu bemerken ist: Es zeigte sich nämlich in den mit dem Altertum befaßten Kreisen auffallend wenig Bereitwilligkeit, die Ventrissche Entzifferung als gelungen und die Arbeit der mykenologischen Sprachvergleicher als erfolgreich anzuerkennen.

Wenn wir der so blühenden mykenologischen Forschung in den meisten Ländern Europas und auch in Amerika gedenken [11],

[10] Zu meiner Kontroverse mit A. J. Beattie vgl. Saeculum 10 (1958) S. 48 ff., 370 ff., 374 ff. Was ich gegen Beattie ausgeführt habe, gilt mutatis mutandis auch gegenüber S. Levin, The Linear B Decipherment Controversy Re-examined (New York 1964). Vgl. übrigens jetzt die trefflichen Ausführungen von W. Nahm, Kadmos 9 (1970) S. 1 ff.

[11] Im folgenden eine Auswahl von Linear B-Forschern in den verschiedenen Ländern: *England:* J. Chadwick, D. M. Jones, J. T. Killen, A. Morpurgo-Davies, L. R. Palmer, C. Sourvinou-Inwood, F. J. Tritsch, T. B. L. Webster. — *Frankreich:* F. Bader, P. Chantraine, M. Lejeune, O. Masson, J.-L. Perpillou, J. Raison. — *Italien:* R. Arena, M. Doria, C. Gallavotti, G. Maddoli, P. Meriggi, C. Milani, V. Pisani, G. Pugliese Carratelli, A. Sacconi, L. A. Stella, A. de Venuto. — *Spanien:* F. R. Adrados, M. Ruipérez, J. L. Melena, M. G. Teijeiro,

so überrascht es uns auf den ersten Blick, daß die deutsche Forschung, die in allen Zweigen der Altertumswissenschaft so sehr mit an der Spitze des Fortschritts gestanden hatte, hier zu Anfang eine unleugbare Zurückhaltung an den Tag legte. Erst wenn wir uns klarmachen, wie innig gerade hier das Verhältnis zum Klassischen bis auf den heutigen Tag geblieben ist und wie sehr mit allem anderen Mykenischen auch Linear B und Ventris davon wegführen, wird diese Erscheinung einigermaßen erklärlich und — was besonders wichtig ist — auch verständlich. Ich möchte sogar meinen, es läge daran etwas Schönes und etwas Beglückendes. Nur sollte man damit nicht zu weit gehen, auch keine Konsequenzen daraus ziehen, die sich gegen den Fortschritt der Wissenschaft wenden.

Aus einer übermäßigen Zurückhaltung scheint sich mir auch zu erklären, wenn noch 1968 das mit mehr journalistischem Geschmack als mit exakter Fachkenntnis verfaßte und gegen Ventris gerichtete Buch von Werner Ekschmitt ›Die Kontroverse um Linear B‹ bei Beck in München erscheinen konnte. Hierüber wird O. Panagl weiter unten S. 329 ff. eingehend berichten. Gemessen an den Fortschritten der Linear B-Forschung in den Nachbarländern stellt aber diese Schrift, wie mir scheint, bereits einen Anachronismus dar; denn sie ist gleichsam um mehr als

A. Tovar (nun Tübingen). — *Belgien:* L. Deroy, M. Gérard-Rousseau, L. Godart, J.-P. Olivier, P. Wathelet. — *Schweiz:* A. Hurst, A. Leukart, H. Mühlestein, E. Risch. — *Österreich:* S. Hiller, S. Jalkotzy, W. Merlingen, O. Panagl, K. Wundsam. — *Deutschland:* A. Heubeck, F. Gschnitzer, J. Kerschensteiner, O. Szemerényi. — *Schweden:* O. Landau, M. Lindgren, E. Vilborg. — *Niederlande:* C. J. Ruijgh, D. A. Was. — *Tschechoslowakei:* A. Bartoněk. — *Jugoslawien:* P. H. Ilievski, M. D. Petruševski. — *Bulgarien:* V. Georgiev. — *Ungarn:* I. Tegyey. — *Griechenland:* K. Ktistopoulos, S. Marinatos, G. E. Mylonas. — *Vereinigte Staaten:* E. L. Bennett, W. Cowgill, E. P. Hamp, F. W. Householder, M. Lang, W. F. Wyatt. — *Australien:* D. A. Hester. — *Südafrika:* L. Baumbach. — Die Linear B-Forscher sind im Comité international permanent des études Mycéniennes (CIPEM) vereinigt.

zehn Jahre zu spät erschienen. Mit Recht haben sich seither Wolfgang Dressler, Alfred Heubeck, Klaus Wundsam und andere dagegen gewendet. Um so erfreulicher dünkt uns das 1970 im Heimeran-Verlag erschienene Büchlein von Jula Kerschensteiner, ›Die mykenische Welt in ihren schriftlichen Zeugnissen‹, ferner die Veröffentlichung von A. Heubeck, ›Aus der Welt der frühgriechischen Lineartafeln‹ (Göttingen 1966) [12].

Wenn es aber schon zu wissenschaftlich ernst zu nehmenden Gegenäußerungen gegen die Ventrissche Entzifferung kaum mehr kommt, so ist nicht zu leugnen, daß wir immer noch mit einer Front schweigenden Mißtrauens zu rechnen haben, gleichsam mit privaten Meinungen und mit einem privaten Meinungsaustausch, der sich teils allein gegen Ventris, teils aber auch gegen das Mykenische im allgemeinen richtet. Daß dabei gelegentlich auch Enttäuschungen anderer Entzifferer mit eine Rolle spielten, die das Rätsel von Linear B mit abweichenden Methoden vergeblich zu lösen versucht hatten, wird man vom menschlichen Standpunkt als durchaus verständlich finden. Verfolgen wir diese mitunter mehr aus dem Gefühlsmäßigen als von sachlicher Nachprüfung bedingten Neigungen im einzelnen, so treffen wir auf folgende Varianten:
1. auf die Behauptung, daß die Ventrissche Entzifferung mißglückt sei, da vieles daran unwahrscheinlich anmute, wobei aber aus dieser Ablehnung keine weiteren Konsequenzen gezogen werden;
2. auf eine Meinung, die die Ventrissche Entzifferung wohl anerkennt, die Sprache von Linear B aber als eine Mischsprache auffaßt, von der vieles, da ungriechisch, zugleich als unverständlich bleiben müsse. Wer diese Auffassung vertritt [13], be-

---

[12] Vom gleichen Autor ›15 Jahre Mykenologie‹, in: Gymnasium 76 (1969) S. 516 ff. Der Linear B-Forschung steht auch A. Neumann höchst positiv gegenüber. Auf W. Nahm haben wir schon hingewiesen, weiter nennen wir, wenn auch nicht ohne Einschränkung, H. Geiß.

[13] Ich habe diese Auffassung des öfteren bei Altertumsforschern angetroffen, die der Linear B-Forschung fernerstanden. Aber auch Jula

weist damit nur, daß er sich mit dem Linear B-Material nicht eingehender beschäftigt hat. Abgesehen von den zu erwartenden Altnamen für Personen und Geographisches und von den üblichen Lehnwörtern für Gebrauchsgegenstände, Nahrungsmittel und Waren aller Art finden wir nichts, was dem vorgriechischen Substrat zuzugehören scheint. Dabei habe ich nach solchen Relikten besonders eifrig gesucht, und hätte mich darüber gefreut, etwas zu finden, denn ich nehme an den vorgriechischen Substratelementen seit eh und je das allergrößte Interesse.

3. treffen wir auf eine besonders radikale Ablehnung alles Mykenischen in der Meinung, daß die mykenische Kultur überhaupt nicht von Griechen geschaffen und getragen worden sei, sondern einem vorgriechischen Volk zugehörte. Die Griechen hätten sich erst mit dem Zusammenbruch der mykenischen Welt in Hellas angesiedelt [14]. Nach dieser Auffassung wird auch Linear B den Griechen entweder abgesprochen oder aber die Meinung vertreten, daß dieses Linear B zwar griechisch sei, aber nicht die mykenische Kultur repräsentiere. Alle diese Auffassungen scheitern daran, daß die homerische Epik ganz eindeutig auf den griechischen Charakter der mykenischen Kultur hinweist und daß sie daneben in Hellas keinerlei Fremdelemente mehr kennt.

Kerschensteiner (S. 40) scheint mir den Anteil des Vorgriechischen etwas zu sehr zu betonen. Doch dürften die fremden Kulturwörter in der Sprache von Pylos bereits völlig eingemeindet gewesen sein, nicht anders als die Tausende von Fremdausdrücken, die wir gegenwärtig laufend verwenden; vgl. auch unten Kap. XXIV, Anm. 17 sowie Kap. XXX, Anm. 3.

[14] Diesen Gedanken hat zuerst M. Neubert, Die dorische Wanderung in ihren europäischen Zusammenhängen (1920) vertreten, ohne aber Anklang zu finden. Mehr Beachtung zollte man der Abhandlung von F. Hampl, in: Mus. Helv. 17 (1961), S. 57 ff. Die ausführliche Begründung seiner Thesen, die der Verfasser dort in Aussicht gestellt hatte, ist meines Wissens aber nie erschienen. Ich habe daher erst in: Atti e memorie del I. congresso internazionale di micenologia 1967 I

Hoffentlich wird man von mir nicht erwarten, daß ich hier gleich einem Don Quichotte gegen die im Vorstehenden aufgezählten Windmühlen zu Felde ziehe. Ich möchte lieber etwas anderes versuchen, das mir wichtiger erscheint, nämlich einige Vorschläge zur Güte zu machen.

Was die Archäologie betrifft, so stimme ich mit den Bannerträgern des klassischen Gedankens durchaus in der Meinung überein, daß in den heiligen Garten einer auf das Klassische ausgerichteten Archäologie eine mykenische Aussaat nicht hineingehört, zumal sie dort viel zu sehr beengt wäre. Hier im klassischen Temenos soll die Aussaat und damit auch das Erbe der großen Klassikforscher von Winckelmann an bis Ernst Buschor, Joannis Papadimitriou und Christos Karousos, wie künftig auch das eines Ernst Langlotz, eines Walter Herwig Schuchhardt und Emil Kunze ungestört seine Ernten bringen. Ich selbst habe nicht umsonst Bücher über die Frühe Klassik, über Perikles und über die Geistesgeschichte der Perikleischen Zeit veröffentlicht. Ich leugne daher nicht, daß auch mir das Klassische weit mehr am Herzen liegt als alles Mykenische.

Dennoch braucht auch das Mykenische (mitsamt dem Minoischen und dem Prähistorischen) einen heiligen Raum, aber freilich einen eigenen und zugleich recht umfangreichen. Hier soll dann die Ernte von Schliemann und Dörpfeld, hier die Ernte nach Arthur Evans, nach Georg Karo, nach Alan Wace, Spyridon

(Rom 1968) S. 307 ff. dazu Stellung genommen. Hampl ließ die mykenische Kultur noch einen vorgriechischen Charakter tragen, räumte aber den Griechen bereits einige feste Punkte ein, in denen sie dann auch ihre griechische Buchführung gehabt hätten. Sinclair Hood (so auch auf dem Colloquium für Prähistorische Studien, Athen 1971) läßt die Griechen erst während der Katastrophen der mykenischen Spätstufe nach Hellas gelangen. Zu den Ansichten von E. Grumach vgl. die nach seinem Tod veröffentlichten Vorträge über ›The Coming of the Greeks‹, in: Bulletin der John Rylands Library 51 (1968) S. 73 ff. und 400 ff. (hierüber auch Kadmos VIII [1969] S. 167); vgl. auch unten Kap. XXIX, Anm. 3.

Marinatos und Carl Blegen, in Zukunft auch die eines John Caskey und eines Henri van Effenterre aufgehen. Dabei muß dieser mykenische Garten dem klassischen unmittelbar benachbart sein; denn das verlangt die Kontinuität des griechischen Volkselementes, verlangt Homer, die Geschichte der griechischen Religion, der griechischen Stämme, der griechischen Ritterlichkeit und Athletik. Auch müßte es ja den einzelnen Forschern offen bleiben, in beiden Gärten zu arbeiten.

Dabei wäre es unvernünftig, zwischen beiden Gärten Grenzkriege zu führen, gleich der lelantischen Fehde zwischen Chalkis und Eretria. Man bedenke nur, daß sich in der Sprachwissenschaft die Abzweigung von der allgemeineren Indogermanistik ganz mühelos vollzogen hat. Allerdings hat die Sprachwissenschaft kein klassisches Erbe wahrzunehmen, sie führt ihre Traditionen nicht auf Weimar zurück und ist im Grunde selber ein unklassisches Kind. Aber gerade, wenn man den Garten der Klassischen Archäologie ganz klassisch erhalten möchte, muß man dafür Sorge tragen, daß daneben ein anderer, ein mykenischer Garten gedeiht. Wir haben ja auch eine anatolische, eine iranische Archäologie, eine iraqische und eine hispanische. Brauchen wir da nicht mindestens ebenso notwendig eine mykenische?

Desgleichen möchte ich vor Heiligen Kriegen gegen Linear B und gegen die Ventrische Entzifferung warnen. In anderen Ländern ist die ernst zu nehmende Forschung schon längst darüber hinweggegangen. Auch würde ein solcher Übereifer der klassischen Gelassenheit und Toleranz allzusehr entbehren, er würde seine klassische Ausrichtung also selbst ad absurdum führen.

Damit bin ich am Ende meiner Überlegungen, die der Stellung des Mykenischen und der Linear B-Forschung innerhalb der Altertumswissenschaft gelten. Ich möchte sie mit dem Hinweis darauf schließen, daß wir darüber glücklich sein müssen, wenn in der Altertumswissenschaft gegenwärtig neue Zweige heranwachsen, die wie kaum irgendwelche andere das öffentliche Interesse zu fesseln vermögen. Wenn ich der großartigen Freskenfunde [15] gedenke, die im Jahre 1970 von Mylonas in Mykene und besonders seit 1967 bis zu seinem plötzlichen Tod 1974 von Marinatos auf Santorin gemacht wurden und die jetzt in Athen die allgemeine Aufmerksamkeit auf sich ziehen, so will es mir scheinen, daß gerade die Erforschung des kretisch-mykenischen Kreises zu den besten Hoffnungen berechtigt, das Interesse der Weltöffentlichkeit zu fesseln. Dabei werden aber auch die Linear B-Texte eine bedeutsame Rolle spielen.

Den augenblicklichen Stand der diesbezüglichen Forschungen werden im folgenden Stefan Hiller und Oswald Panagl zur Darstellung bringen. Ich selbst möchte hier nur kurz noch zu der Frage Stellung nehmen, was wir in Zukunft von dieser Forschung und insbesondere von neuen Linear B-Funden zu erwarten haben.

Was den Inhalt der Linear B-Texte betrifft, so handelt es sich sowohl in Knossos wie in Pylos und ebenso auch in Mykene und Theben um die im wesentlichen nach dem gleichen Schema angelegten Detailbuchhaltungen der Paläste. Wir finden daher Inventare, Notierungen beziehungsweise Zusammenrechnungen von Eingängen und Ausgängen, Abrechnungen über Rationen, Namenlisten von Heeres- und Dienstpersonal, vor allem aber auch von Handwerkern, Aufstellungen über Herden, Schafwolle, Textilien und Landbesitz, Aufwendungen für Opfer an verschiedene Götter, Verteilung von Truppenverbänden in den verschiedenen Provinzen, Aufstellungen über Rüstungen und Streitwagen.

Die Art dieser Palastbuchhaltung entspricht durchaus derjenigen, die uns aus den Residenzen und Keilschrifttexten des Vorderen Orients, Mesopotamiens und auch Syriens (hier Ugarit und Alalach) geläufig ist. Einen entscheidenden Unterschied haben wir allerdings zu beachten: In Vorderasien wurde alles

---

[15] Die große Göttin von Mykene, jetzt erstmalig abgebildet in der Ἱστορία τοῦ Ἑλληνικοῦ Ἔθνους (Ἐκδοτικὴ Ἀθηνῶν 1970) I S. 315. Von den Fresken, die auf Santorin gefunden wurden, ist ein Teil jetzt im Nationalmuseum zu Athen in einer Sonderausstellung zu sehen. Die trefflichen Veröffentlichungen von Marinatos in den Bänden

Schriftliche in Keilschrift auf Tontafeln niedergelegt, und diese wurden dann stets gebrannt, um sie haltbar werden zu lassen. So besitzen wir von dort nicht nur Buchungstexte, sondern auch Briefe, Verträge, Verordnungen, Schultexte, Literarisches und vieles andere mehr.

Im ägäischen Raum schrieb man dagegen alles Wichtigere auf vergänglichem Material, und ich zweifle nicht daran, daß man recht viel schrieb; denn bei der hochentwickelten Palastkultur der mykenischen Zeit konnte man ohne intensive Schriftlichkeit gar nicht auskommen. Nur die Epik verharrte im Zustand der "oral poetry". Die Sänger wollten stets von neuem schöpferisch tätig sein und nicht bloß kopieren.

Auf Tontäfelchen und Tonleisten schrieb man im ägäischen Bereich also nur die Belege und Aufstellungen der Detailbuchhaltung. Man beschrieb die Tonoberfläche, solange sie noch in feuchtem Zustande war, und ließ sie dann trocknen. An ein Brennen dachte man nicht. Nichts von alledem konnte sich bis auf unsere Zeit erhalten, wenn nicht auch hier auf dem Weg von Brandkatastrophen gelegentlich eine zufällige Brennung und damit dauernde Härtung erfolgt wäre. Solche Brandkatastrophen lassen sich zu Knossos, zu Pylos, Theben, Tiryns und Mykene in den Palästen tatsächlich feststellen.

Aus unserem Überblick ergibt sich, daß durch weitere Grabungen wohl neue Archivbestände erschlossen werden können, daß aber auch diese vom nämlichen Typus sein werden wie bisher. Historisches werden wir daraus nicht viel erfahren, wohl aber einen immer besseren Einblick in die Geographie, in die Machtverteilung, die Kulte, in die Gesellschaftsformen und in die Wirtschaft der mykenischen Zeit gewinnen.

Excavations at Thera I (1968) bis VI (1974) sind nicht imstande, den überwältigenden Eindruck, den die Originale erwecken, auch nur einigermaßen wiederzugeben. Darum wäre dringend zu wünschen, daß das so großartige Miniaturfresko mit der Flottenexpedition nach Nordafrika (Excavations at Thera VI) bald auch im Original zu Athen ausgestellt wird.

Besonders dringlich erscheint die Erschließung des Palastes von Theben, wo man einen Archivraum 1970 bereits angegraben hat[16]. Hier wurden schon große Grundankäufe getätigt, auch müßte man außerdem noch unter den (in dieser Stadt ja besonders breiten) Straßen graben.

In Mykene dürfte es im Palast wenigstens ein Archiv gegeben haben, da von dort im Schutt einzelne Tafelreste nach Norden, Nordosten, Osten und Südwesten die Hänge herabgeglitten sind[17]. Gleiches gilt von Tiryns, denn die Täfelchen, welche man am Fuß des Burgberges gefunden hat, stammen wohl nicht aus den dortigen (ja jüngeren) Häusern, sondern wurden wohl von der Burg herabgeschwemmt (vgl. AAA 7, 1974, S. 25 f.).

In Mykene und ebenso in Tiryns ist aber auch die Unterstadt außerhalb des Mauerrings Brandkatastrophen zum Opfer gefallen, somit werden sich sicherlich auch hier noch weitere Tafeln finden lassen, vielleicht einmal ein ganzes Archiv.

Zu Orchomenos und Iolkos hat es ebenfalls Paläste und wohl auch Archive gegeben, doch werden hier Ausgrabungen durch Überbauung allzusehr behindert[18]. In Lakonien ist die Lage des zum Kuppelgrab von Vaphio gehörigen Palastes noch gar nicht ermittelt.

So ergeben sich mancherlei Aussichten für die Zukunft, die besten aber in Theben und in Tiryns[19]. Wir begrüßen es daher ganz besonders, daß nun das Deutsche Archäologische Institut

[16] Letzte Nachrichten über Tafelfunde in: Athens Annals of Archaeology III (1970) S. 62 f., 322 ff., 327; IV (1971) S. 32 ff.; Kadmos IX (1970) S. 170 ff. (Th. Spyriopoulos).

[17] Zu den Funden der letzten Jahre vgl. u. a. Kadmos VII (1968) S. 65 f.; X (1970) S. 48 ff., 185.

[18] Ein allerjüngst in Orchomenos von G. Spyropoulos aufgedecktes, mit Fresken geschmücktes Megaron wurde von diesem mit Recht als Teil eines Palastes erkannt, AAA 7, 1974, S. 313 ff.

[19] Man beachte, daß im Bereich der Stadt von Tiryns in früherem Grabungsschutt bereits ein Tafelbruchstück als Zufallsfund geborgen wurde: Archaiol. Deltion (1966, erschienen 1968) [χϱον.] S. 130; vgl. Kadmos VII (1968) S. 183.

in Athen die Grabungen in Tiryns wieder aufgenommen und auch auf die Unterstadt außerhalb der Burg ausgedehnt hat.[20]

So wollen wir den deutschen von Tiryns wie den griechischen und britischen in Mykene und auch allen Archäologen, die uns künftig Theben noch weiter erschließen werden, als herzlichen Wunsch entbieten: εὑρήματα καλά.

---

[20] Damit werden Grabungen in dankenswerter Weise wieder aufgenommen, die einstmals Georg Karo mit seinen Mitarbeitern vor dem Ersten Weltkrieg begonnen und 1926 bis 1929 fortgesetzt hatte (Arch. Anz. [1927] S. 368 ff.; [1930] S. 112 f.).

I. HISTORISCHE EINFÜHRUNG

Entdeckung, Schriftgeschichtliche Klassifizierung.
Chronologische Stellung. Soziologischer Hintergrund der
Entstehung. Stellung in den ägäischen Schriftsystemen.
Fundorte und Umfang der Texte

Der Aufgabenbereich der Mykenologie [1] umfaßt als ein
Zweig der Klassischen Altertumswissenschaften die Erforschung
der Geschichte und der Denkmäler der spätbronzezeitlichen
Ägäis (ca. 1600—1100). In dieser Zeit dominierte politisch und
kulturell als das wohl mächtigste Geschlecht unter einer Mehrzahl lokaler Fürstentümer [2] im Bereich des griechischen Festlandes und der Inseln die Dynastie von Mykene, wonach diese
Epoche im allgemeinen auch als die „mykenische" bezeichnet
wird. Zum archäologischen Sektor der Mykenologie, wie er
durch die Grabungen Schliemanns in Mykene, Tiryns, Orchomenos und Troja vor rund einem Jahrhundert in glanzvoller
Weise begründet wurde, ist vor etwa zwei Jahrzehnten in nicht
minder Aufsehen erregender Form der philologische getreten,
der unsere Kenntnisse von der mykenischen Welt wesentlich
erweitert und zugleich die wissenschaftliche Beschäftigung mit
ihr auf eine neue Grundlage gestellt hat. Dies ist im wesentlichen
der Tat e i n e s Mannes zu danken:

---

[1] Zum Begriff „Mykenologie" vgl. hier den Beitrag F. Schachermeyrs, daneben auch zu seiner Verwendung im archäologischen wie im
sprachwissenschaftlichen Sektor: S. Dow, The Term Mycenaean, PdP
66, 1959, S. 161 ff.

[2] Zur Frage des Verhältnisses der mykenischen Staaten untereinander vgl. zuletzt C. G. Thomas, A Mycenaean Hegemony? A Recon-
struction. JHS 90, 1970, S. 184 ff. Vgl. auch Kap. XXVI, Anm. 1.

Michel Ventris hat in seiner ›Work Note 20‹ vom 1. Juni 1952 erstmals die griechische Lesung der Linear B-Schrift einem kleineren Kreis von Gelehrten vorgelegt und dieses Ergebnis dann in einem Aufsatz ›Evidence for Greek Dialect in the Mycenaean Archives‹[3] vor einer breiteren wissenschaftlichen Öffentlichkeit vertreten. Über den Vorgang der Entzifferung hat M. Ventris' Mitarbeiter „der ersten Stunde", J. Chadwick, in dem Buch ›The Decipherment of Linear B‹, das mittlerweile in seiner zweiten Auflage vorliegt, auf umfassende Weise unterrichtet. Obschon die Methode der Entzifferung — sicher zu Unrecht — in der Folgezeit gelegentlich scharf kritisiert wurde und in ihrem Ergebnis auch noch heute nicht vor gelegentlichen — und zumeist nicht sehr kompetenten — Anfechtungen sicher ist, hat das Werk des früh verstorbenen Entzifferers mittlerweile die, wie ohne Übertreibung gesagt werden kann, volle Anerkennung nicht nur des weitaus überwiegenden Teils der damit befaßten Gelehrten, sondern insbesondere auch ihrer namhaftesten Vertreter erfahren. Der erfolgreichen Entzifferung geht die Entdeckung der Dokumente um mehr als ein halbes Jahrhundert voraus. A. J. Evans, der höchst verdienstvolle Ausgräber von Knossos und wegweisende Erforscher der — von ihm nach dem mythischen König Minos so benannten — „minoischen" Kultur, war noch vor dem Ende des vergangenen Jahrhunderts auf Spuren einer frühen hieroglyphischen Schrift aufmerksam geworden, deren Zeichen sich auf Siegelsteinen fanden. Er legte sie 1894 im Rahmen einer wissenschaftlichen Studie vor und konnte als ihren Herkunftsort Kreta nennen[4].

Evans war es auch, der schon in den ersten Wochen seiner 1900 in Knossos begonnenen Ausgrabungen eine große Anzahl

---

[3] JHS 73, 1953, S. 84 ff. (gemeinsam mit J. Chadwick). — Siehe zur im folgenden genannten Literatur, soweit keine Bibliographie gegeben wird, im Literaturteil.

[4] A. J. Evans, On a New System of Hieroglyphs, — A Prae-Phoenician Script from Crete and the Peloponnese, Brit. Assoc. for the Advancement of Science, Reports, Oxford 1894, S. 776 ff.

beschrifteter Tontafeln sowie wenig später Siegelabdrücke mit Zeichen in der Art des bereits bekannten hieroglyphischen Systems[5] zutage förderte. Sein Interesse an den Schriftdokumenten geht daraus hervor, daß er eine großangelegte, umfassende Publikation plante, die allerdings zu seinen Lebzeiten nur zum Teil verwirklicht wurde. Als A. J. Evans 1941 neunzigjährig starb, hinterließ er vor allem das monumentale, mehrbändige Werk ›The Palace of Minos‹, das seine Schaffenskraft bis in die Mitte der 30er Jahre gebunden hatte. Die Veröffentlichung der knossischen Schrifttafeln erfolgte erst 1952 durch seinen Mitarbeiter J. Myres in dem Band ›Scripta Minoa II‹, der die Fortsetzung der von Evans 1909 herausgegebenen ›Scripta Minoa I‹ bildete; dieser erste Band war im wesentlichen den hieroglyphischen Schriften vorbehalten gewesen.

Hat die lange Verzögerung der vollständigen Vorlage der knossischen Tafeltexte[6] zweifellos auch deren Erforschung und Entzifferung durch einen breiten Kreis von Gelehrten zunächst sehr erschwert, so werden doch A. J. Evans sehr wesentliche Einsichten in die Entwicklung der minoischen Schriftformen und deren bis heute gültige Klassifizierung sowie Benennung verdankt[7].

„Linear B", wie Evans die Schriftform der Knossischen Tafeln nannte, stellt sich als die — insgesamt betrachtet — jüngere und entwickeltere Form einer älteren Schriftgattung, des sog. „Linear A" dar, das A. J. Evans vor allem durch die Tafeln aus

[5] Zum sog. „Hieroglyphen-Deposit" A. J. Evans, PoM I, S. 271 ff.; zur Datierung zuletzt J. J. Reich, The Date of the Hieroglyphic Deposit at Knossos, AJA 74, 1970, S. 406.

[6] Nur wenige Linear B-Tafeln waren von A. J. Evans zuvor in PoM IV, S. 668 ff. und SM I, S. 38 ff. bekanntgegeben worden.

[7] Zur Klassifizierung der Schriftsysteme durch A. J. Evans vgl. BSA 9, 1902/03, S. 52 f.; SM I, S. 28 ff., 38 ff., 68 ff.; PoM I, S. 612 ff., IV S. 666 ff. — Zusammenfassend zu den ägäischen Schriftsystemen E. Grumach im Hdb. der Altertumswissenschaften, daneben auch: ders., Der ägäische Schriftkreis, Studium Generale 18, 1965, S. 724 ff.; F. Schachermeyr, Die minoische Kultur des alten Kreta (1964) S. 229 ff.

Hagia Triada bekannt war [8]. Der Name von Linear A wie auch Linear B leitet sich von dem linearen Schriftduktus der darin verwendeten Zeichen her — im Gegensatz zu den hieroglyphischen Bildzeichen des vorausgehenden Schriftsystems. Zwischen hieroglyphisch einerseits und Linear A anderseits vermittelt eine Übergangsstufe, das sog. Protolinear [9], das im wesentlichen den Zeichenbestand der hieroglyphischen Siegel teilt, diese jedoch auf Tontafeln überträgt, wo sie wie die linearen Schriften mit einem spitzen Griffel eingeritzt und dabei einer kursiven Schriftweise angenähert werden.

Gemeinsamkeiten im Zeichenbestand zwischen den genannten Schriftformen (vgl. Tabelle I) lassen die Abhängigkeit der jüngeren von den älteren erkennen, und es läßt sich, ohne daß freilich deswegen chronologische Überschneidungen ausgeschlossen werden, eine entsprechende zeitliche Abfolge beobachten: Hieroglyphisch und Protolinear reichen demnach noch in den Zeitraum des späten 3. Jahrtausends zurück, sind aber wohl vor allem während der Zeit der Älteren Paläste (ca. 2000—1700) in Gebrauch und werden dann durch das einfachere Kursivsystem von Linear A abgelöst, das seinerseits offenkundig gewisse regionale Spielformen aufweist. Dessen Blütezeit fällt mit jener der Jüngeren Paläste (ca. 1700—1450) zusammen.

Aus der mit jener der Paläste ungefähr gleichlaufenden Periodisierung der minoischen Schriftentwicklung ergibt sich zugleich ein Hinweis auf die Ursachen und Vorbedingungen, die zur Entstehung der Schrift führten. Zweifellos hat im ägäischen Bereich der Beginn der Bronzeverarbeitung um die Mitte des dritten Jahrtausends eine Art industrieller Revolution mit

---

[8] Zu den Tafeln von Hagia Triada: G. Pugliese Carratelli, Le Epigrafi di Hagia Triada in Lineare A (Salamanca 1963). — Vgl. ferner zu Linear A: M. Pope, Aegean Writing in Linear A (Lund 1964); die Beiträge von J. Chadwick, A. Morpurgo Davies und J. T. Killen in BICS 16, 1969, S. 162 ff. — Zu den Texten und Zeichen: W. C. Brice, Inscriptions in the Minoan Linear Script of Class A (Oxford 1961); J. Raison, M. Pope, Index du Linéaire A (Rom 1971).

[9] Zur protolinearen Schriftform: E. Grumach im Hdb. S. 236 f.

H	A	B	H	A	B	H	A	B
	L 1 / AB 18			L 44 / AB 11			L 76 / AB 40	
	L 2 / AB 4			L 45 / AB 61			L 77 / AB 38	
	L 6 / AB 44			L 47 / A 103			L 78 / AB 10	
	L 9; cf. 28 / AB 12			L 50; cf.92			L 79 / A 119	
	L 10 / AB 9			L 51 / AB 59			L 81 / AB 45	
	L 15 / A 75			L 52 / AB 49			L 82 / AB 22	
	L 16 / AB 54			L 53 / AB 51			L 83 / AB 62	
	L 21			L 54 / AB 31			L 84/48 / A 93	
	L 22 / AB 2			L 55 / AB 32			L 85 / AB 63	
	L 23 / AB 57			L 56 / AB 12			L 86 / AB 39	
	L 24			L 57 / AB 30			L 87 / A 53	
	L 25/7 / AB 19			L 58 / AB 26			L 88 / A 70	
	L 26 / AB 58			L 59 / AB 13			L 91 / AB 24	
	L 27			L 60 / AB 46			L 92 / AB 5	
	L 28; cf.56 / AB 12			L 61 / AB 33			L 93/17 / AB 56	
	L 29 / AB 23			L 62 / AB 35			L 94 / AB 25	
	L 30 / AB 1			L 63 / A 72			L 95 / A 40	
	L 31 / AB 27			L 64 / AB 55			L 97 / AB 60	
	L 32 / AB 20			L 65 / A 81			L 98 / AB 41	
	L 33 / AB 8			L 66 / A 97			L 99/128 / A 89	
	L 34 / AB 29			L 68/96 / A 61			L 100/38 / AB 37	
	L 36 / AB 69			L 69 / AB 16			L 101 / AB 36	
	L 37; cf.62 / AB 35			L 72; cf. 94 / AB 25			L 102 / AB 48	
	L 39 / AB 7			L 74 / AB 14			L 103 / AB 53	
	L 43 / AB 67			L 75 / AB 21			L 120 / A 116	

Tabelle I: Schriftzeichen in den Systemen: Hieroglyphisch, Linear A, Linear B (Nach Ventris/Chadwick, Documents in Mycenaean Greek, 2. Aufl. 1973, S. 33.)

schwerwiegenden sozialen Umschichtungen zur Folge gehabt [10].
Die Versorgung mit Kupfererz, die Spezialisierung der Arbeitskräfte u. a. in Sparten, die für den Nachschub an Rohstoffen
sorgten, wie gleichzeitig auch in erzverarbeitende technische
Berufszweige führte zur Auflösung einer „reziprok" orientierten
Wirtschafts- und Sozialstruktur, innerhalb derer Arbeitsteilung
(Töpfer, Landwirte, Hauswirtschaft, Textilproduktion) vorausgesetzt werden kann, für die aber kennzeichnend ist, daß in
wechselseitigem Austausch alle notwendigen Produkte innerhalb
der jeweiligen Siedlungsgemeinschaft erzeugt wurden und ver-
fügbar waren. Demgegenüber stellt das neue technologische Zeitalter andere Ansprüche, die nicht mehr von den kommunalen
Substrukturen als autarken Versorgungseinheiten wahrgenommen werden konnten. Handelszentren, also kommunale Super-
strukturen, bilden sich heraus; mit der Entstehung der Tausch-
metropolen, d. h. der Paläste, die den regionalen und über-
regionalen Handel weitgehend kontrollieren, wandelt sich das
reziproke Produktionsverhältnis zum redistributiven.

Um der Aufgabe eines kommerziellen Verteilerzentrums ge-
wachsen zu sein, ergibt sich — zugleich mit den sich neu aus-
bildenden sozialen Unterschieden — für die Palastverwaltung
die Notwendigkeit der Eigentumsmarkierung (Siegel) sowie
Aufzeichnungen (Schrifttafeln) über komplexe Transaktionen
von Naturalien. Wie die minoische Palastkultur in erster Linie
durch die Funktion der Paläste als Handelszentren — man
könnte sie vergleichsweise als „Naturalbanken" bezeichnen —
ökonomisch und soziologisch begründet wird, so ist auch die Entwicklung der Schrift an die Entstehung dieser Palastkulturen
gebunden, was anderseits nicht unbedingt heißt, daß sie nicht

[10] Zum soziologischen Hintergrund der Schriftentwicklung in Kreta
vgl. K. Branigan, The Foundations of Palatial Crete (London 1970)
S. 114 ff.; ders., The earliest Minoan Script, The Prepalatial Back-
ground, Kadmos 8, 1969, S. 1 ff.; C. Renfrew, The Emergence of
Civilisation (London 1972), S. 366 ff., 411 ff. — Zu den Palästen als
Wirtschaftszentren vgl. auch F. Schachermeyr, Die min. Kultur,
S. 222 ff.

auch gelegentliche Verbreitung in weiteren Schichten des Volkes finden konnte. Während dies für Linear A, das nicht allein auf Tontafeln, sondern daneben auch in einer Anzahl von wohl teilweise religiösen, in Erz oder Stein niedergelegten Texten zutrifft, ist Linear B wiederum ganz auf den palatialen Gebrauch beschränkt.

Neben den Gattungen von Hieroglyphisch, Linear A und Linear B, die wir dem engeren minoischen Schriftenkreis zurechnen können, findet sich zumindest ein weiterer Zweig dieser Schriftengruppe, die wir in ihrer Gesamtheit als „Ägäische Syllabare" bezeichnen können. Es handelt sich um verwandte syllabische, d. h. mit Silbenzeichen arbeitende Schriften, die sich auf Cypern [11] und im benachbarten Ugarit (Syrien) gefunden haben. Diese setzen in Cypern, nach den bisherigen Funden zu urteilen, noch im 16. Jahrhundert ein und reichen bis an das Ende des Jahrtausends herab. Vermutlich beinhalten diese „kyprominoischen" Dokumente verschiedene Sprachen. Auch das Verhältnis des seit dem vergangenen Jahrhundert entzifferten historischen kyprischen Syllabars [12], das vom 8. Jahrhundert bis

[11] Zum Kypro-Minoischen vgl.: O. Masson, Répertoire des inscriptions chypro-minoennes, Minos 5, 1957, S. 9 ff.; ders., Les écritures chypro-minoennes et les possibilités de déchiffrement, Études Mycéniennes, Paris 1956, S. 199 ff. (vgl. ICS, S. 31 ff.); P. Meriggi, I primi testi ciprominoici e l'eteociprio, Athenaeum 34, 1956, S. 3 ff.; P. Dikaios, The Context of the Enkomi tablets, Kadmos 2, 1963, S. 39 ff.; O. Masson, Les écritures chypro-minoennes et les autres écritures chypriotes, Atti Roma, Bd. 1, S. 417 ff.; E. Masson. Remarques sur le grand fragment de tablette chypro-minoenne trouvé a Enkomi en 1953, SMEA 11, 1970, S. 73 ff.; dies., Remarques sur le petit fragment de tablette chypro-minoenne trouvé a Enkomi en 1952, SMEA 11, 1970, S. 96 ff.; dies., La plus ancienne tablette chypro-minoenne (Enkomi 1965), Minos 10, 1969, S. 64 ff.; dies., Les répertoires graphiques chypro-minoens, Acta Mycenaea I, S. 99 ff.; dies., Études de vingt-six boules d'argile inscrites trouvées a Enkomi et Hala Sultan Tekke (Hyphra) (Göteborg 1971); P. Meriggi, I nuovi testi ciprom minoici, Minos 13, 1973, S. 197 ff.

[12] Zu den eteokyprischen Inschriften vgl. O. Masson ICS, S. 85 ff.

in hellenistische Zeit zur Niederschrift griechischer wie epichorischer (sog. eteokyprischer) Texte verwendet wurde, zu den älteren Schriftsystemen muß zunächst unbestimmt bleiben. Daß es jedoch einen letzten Ausläufer der älteren ägäischen Syllabarschriften darstellt, sollte angesichts der Unwahrscheinlichkeit, daß ein vergleichsweise altertümliches, in seiner Handhabung schwerfälliges Schriftsystem in engster Nachbarschaft zum zeitgemäßeren, auch vom griechischen Mutterland adaptierten phoinikischen Alphabet neuerdings aufgegriffen oder auch nur beibehalten worden wäre, wenn dafür nicht eine längere Tradition bestanden hätte, nicht bezweifelt werden. — Mit Ausnahme von Linear B müssen die übrigen ägäischen Syllabare, trotz gelegentlicher Versuche in dieser Richtung, bisher als unentziffert gelten, was nicht zuletzt auch an der Spärlichkeit des erhaltenen Textmaterials liegt. Wie sich nachträglich deutlich gezeigt hat, stiegen auch die Möglichkeiten einer Entzifferung von Linear B mit der fortschreitenden Entdeckung und Publikation entsprechender Texte, was zu einem kurzen Blick auf die Fundgeschichte von Linear B-Texten Anlaß gibt.

Neben den seit Jahrhundertbeginn durch A. J. Evans in Knossos geborgenen Schrifttafeln fand sich auf dem Festland erstmals 1922 eine größere Gruppe verwandter Texte im Palast von Theben, die allerdings nicht in Tafeln geritzt, sondern in „Firnis" (d. h. einer Tonschlicker-Farbe) auf große Bügelkannen aufgemalt waren. Entsprechende beschriftete Gefäße [13] sind auch aus Eleusis, Orchomenos, Mykene und Tiryns bezeugt. — Konnte früher angenommen werden, die syllabische Schrift sei ausschließlich in Kreta verwendet und die genannten Gefäße seien von dort importiert worden, so mußte die Hypothese einer Beschränkung der Linear-Schriften auf Kreta spätestens seit Beginn der Ausgrabungen in Pylos fraglich erscheinen. Bereits die ersten Sondagen im Jahre 1939 brachten dort Hunderte von Tafeln zutage, die zweifellos der palatialen Verwaltung gedient haben mußten. Der Krieg unterbrach die Grabungen, die erst

[13] Zu den in Linear B beschrifteten Tongefäßen vgl. unten Kap. V.

1952 wieder aufgenommen werden konnten und bis in die 60er Jahre neue Funde erbrachten.

Seit den 50er Jahren sind auch aus Mykene selbst Texte in Linear B bekannt geworden, zunächst aus dem Bereich außerhalb der Burg liegender Gebäude, dann jedoch auch aus dem Inneren des ummauerten Burggeländes. Hier handelt es sich um vereinzelte Streufunde, während ein einstmals sicher vorhandenes Archiv in der Art des pylischen offenkundig nicht erhalten ist und wohl auch nicht mehr erhofft werden kann.

Die jüngsten Funde sind aus Theben zu melden, wo sowohl 1963 wie auch 1970 Räume des einstigen Palastes angeschnitten wurden, die jeweils einige Tafeln enthielten. Leider sind gerade hier durch die moderne Überbauung des mykenischen Palastes die Voraussetzungen für eine systematische Erforschung denkbar ungünstig, was um so bedauerlicher ist, als eben an diesem Ort ein nicht unbedeutender Zuwachs an Linear B-Texten zu erhalten wäre.

Während aus Knossos und Pylos keine Tafelfunde mehr zu erwarten sind, da die Ausgrabungen in diesen Palästen als abgeschlossen gelten müssen, und während auch Mykene zu keinen allzu großen Hoffnungen zu berechtigen scheint, sind andere Orte mit mykenischen Palästen bisher weithin unergiebig geblieben. Tiryns hat nur einige, freilich darum nicht weniger bedeutsame Fragmente geliefert[14]. Die Voraussetzungen auf der einst ebenfalls von einem mykenischen Palast bekrönten Akropolis von Athen[15] sind, falls es dort jemals ein Linear B-Archiv gegeben hat, alles andere als günstig für die Erhaltung solcher Texte: die Burg selbst wurde am Ende der mykenischen Zeit offenkundig von Zerstörungen, wie sie die Burgen der Argolis heimsuchten, nicht betroffen[16], ein die Tafeln konservierender Brand ist da-

[14] Zu den Fragmenten aus Tiryns vgl. unten S. 347 (Bibliographische Einführung).

[15] Zur athenischen Akropolis in mykenischer Zeit vgl. G. E. Mylonas, Mycenae and the Mycenaean Age (1966) S. 9, 35 ff.; S. Jakovides, He Mykenaike Akropolis ton Athenon (Athen 1962).

[16] Hierfür spricht die attische Tradition, wonach sich die Bewohner

her nicht unbedingt vorauszusetzen —, doch selbst wenn es diesen gegeben hätte, dürften entsprechende Überreste wie die überwiegende Mehrzahl der mykenischen Monumente auf der Akropolis der späteren, überaus umfangreichen Bautätigkeit zum Opfer gefallen sein. — Weitere Tafelfunde werden also, falls überhaupt, nur dort ans Tageslicht kommen, wo es gelingt, palatiale Gebäude der mykenischen Zeit aufzudecken. Hierfür könnten die Herrschersitze der mykenischen Dynastien Mittel- und Nordgriechenlands, aber auch Spartas in Frage kommen. Des Menelaos' Palast, der einst an Bedeutung hinter jenem seines Bruders Agamemnon nicht zurückgestanden sein dürfte, harrt noch immer der Entdeckung.

Solange keine weiteren Neufunde die zahlenmäßigen Proportionen verändern, verfügen wir über die größte Menge an Texten aus Knossos, wo mehr als 8000 gezählte Fragmente auf ca. 3000 bis 4000 komplette Tafeln schließen lassen. Der minoische Palast wird gefolgt von dem in Pylos, wo ca. 1200 bis 1300 Texte zutage gefördert wurden. Gegenüber diesen beiden Orten nehmen sich die Funde aus Mykene mit ca. 70 und aus Theben mit ca. 40 Tafeln bescheiden aus, doch sind sie — wie auch die bereits oben erwähnten vier bis fünf Fragmente aus Tiryns — für uns nicht zuletzt deswegen bedeutsam, weil sich auch aus ihnen zeigt, wie eng die Verwaltungssysteme der einzelnen mykenischen Paläste untereinander verwandt sind, wie weitgehend sich die Textstrukturen und das Buchungssystem in den verschiedenen Palästen entsprochen haben. Obschon gelegentliche lokale Schriftvarianten [17] zu erkennen sind, steht es außer Frage, daß der Koine der mykenischen Kultur eine entsprechende Gemeinsamkeit des Verwaltungswesens in den einzelnen mykenischen Metropolen, vielleicht sogar eine Koine der Verwaltungssprache [18] entsprochen hat.

Athens als autochthon betrachteten, — daneben auch die Sage von der Flucht der pylischen Kodriden nach Athen.

[17] Vgl. dazu E. L. Bennett, Some local differences in the Linear B Script, Hesperia 35, 1966, S. 295 ff.

[18] Vgl. dazu unten S. 98 ff.

II. DAS ALTER VON LINEAR B

Die ältere Ansicht, derzufolge eine kontinuierlich fortschreitende Entwicklung vom hieroglyphischen Schriftsystem über Linear A zu Linear B vorliegt, ist durch neuere Untersuchungen fraglich geworden und muß, wennschon nicht unbedingt aufgegeben, so doch zumindest modifiziert werden. Was die Entstehung von Linear B anbetrifft, so liegen zwar bis zu einem gewissen Grad unterschiedliche Ansichten vor, die sich aber im wesentlichen doch darin treffen, daß Linear B nicht unbedingt in direkter Abfolge von Linar A entstanden sein muß; die Entstehung von Linear B wird ziemlich einheitlich im 15. Jh. angesetzt.

Besagte die ältere Meinung, daß die Entwicklung des B-Systems unter Einwirkung der Eroberung von Knossos durch die achäischen Griechen erfolgt sei und somit eine Adaptierung von Linear A an die Erfordernisse der griechischen Sprache darstelle, so muß dies aus verschiedenen Gründen bezweifelt werden. Daß die mykenischen Griechen zum erstenmal nach der um die Mitte des 15. Jh. erfolgten Eroberung von Knossos mit einer Schrift in Berührung kamen, wird durch die Entdeckung von Schriftzeichen in Linear A auf einem Kupferkessel aus dem IV. mykenischen Schachtgrab[1] sowie auf den Türpfosten des Kuppelgrabes von Peristeria in Messenien widerlegt. Ob man allerdings daraus zusammen mit A. Furumark[2] und M. Pope[3] schließen kann, daß Linear B auf dem Festland entwickelt und von dort nach Knossos übertragen worden ist, muß zumindest

---

[1] E. Grumach, Kadmos 1, Linear A auf dem Festland, 1962, S. 85 f.

[2] Eranos 51, 1953, S. 107.

[3] Kretika Chronika 15/16, 1961/62, S. 318 f.; ders., Aegean Writing in Linear A, 1964, S. 8, Anm. 17.

fraglich bleiben. Schwerwiegende Gründe sprechen dagegen, insbesondere das augenfällige Ungenügen des Schriftsystems gegenüber den besonderen Eigenheiten der griechischen Sprache (Konsonantenhäufungen; Unterscheidung von Tenuis, Media und Aspirata). Aus diesem Grunde wie auch wegen der in jedem Falle vorhandenen Abhängigkeit des Linear B-Systems von den kretischen Schriftsystemen spricht, wie zuletzt von J. T. Hooker [4] betont worden ist, alles gegen den Gedanken einer Neuschöpfung von Linear B primär für die Niederschrift der griechischen Sprache — sei es, daß diese durch die mykenischen Griechen selbst oder durch knossische Schreiber vorgenommen wurde.

Bezeichnend hierfür ist daneben vor allem auch das epigraphische Verhältnis von Linear A zu Linear B, das eine Übernahme von Linear A durch die Achäer und seine Umformung in Linear B durch sie auszuschließen scheint. Bereits Evans hatte diesbezüglich bemerkt, "that some of the forms of linear characters belonging to Class A are further advanced from their pictorial origin than the corresponding signs of Class B . . . We are thus reduced to the conclusion that Class B, though of later appearance in the Palace, is fundamentally a parallel rather than a derivative system" [5]. E. Grumach hat diesen Gedanken aufgenommen, weiterverfolgt und modifiziert [6]. Er ist dabei zu dem Ergebnis gekommen, „daß Linear A und die Schrift der Siegel in ganz Kreta bis zur SM I B-Katastrophe verwendet wurden und daß beide nach der Katastrophe in Knossos durch die neu geschaffene B-Lineare abgelöst werden, die sich wieder stärker an die zugrundeliegende ‚piktographische‘ Schrift anlehnt".[7]

[4] The Beginning of Linear B, in: Europa. Festschrift E. Grumach, S. 132 ff.

[5] BSA 9, 1902/03, S. 53.

[6] OLZ 52, 1957, S. 309 f.; ders., Theben und das Alter von Linear B, in: Kadmos 4, 1965, S. 45 ff.

[7] Handbuch der Archäologie, Bd. I, S. 243.

Eben diese Anlehnung von Linear B an das hieroglyphische System, die es in manchen Zügen altertümlicher als Linear A erscheinen läßt, spricht für seine rein minoische Entstehung, und nach Ansicht von E. Grumach „ist es das wahrscheinlichste, daß Linear B im Anschluß an die SM I B-Katastrophe von knossischen Schreibern geschaffen wurde, um Linear A durch eine neue ‚knossische Hofkalligraphie' zu ersetzen".[8] F. Schachermeyr hat sich, was den minoischen Ursprung von Linear B anbetrifft, dieser Ansicht angeschlossen und seinerseits festgestellt, daß die Linear B-Schrift „... von minoischer Seite ganz ohne Rücksichtnahme auf Griechen und Griechisch als eine rein minoische Schriftform in noch minoischer Zeit eingeführt worden" ist[9]. Dies setzt allerdings eine etwas frühere Entstehung, als sie von E. Grumach angenommen wird, voraus. Nach Ansicht F. Schachermeyrs könnte „recht wohl schon um 1540, um 1520 oder um 1500, also noch in rein minoischer Zeit, zu Knossos eine Schriftreform durchgeführt worden sein..., durch die Knossos, im Gegensatz zu dem übrigen Kreta... sein neues Linear B-System gewann". Man wird, obschon für diese frühe Zeit gesicherte Zeugnisse in Linear B fehlen, diese Möglichkeit nicht ausschließen können.

Gleiches gilt auch für eine andere Überlegung F. Schachermeyrs, die er in seinem Buch über ›Die minoische Kultur des alten Kreta‹[10] niedergelegt hat und die ihn die Frage stellen läßt, ob nicht eher als an eine einmalige große Reform an einen Vorgang, der sich in mehreren Teilveränderungen[11] abspielt, gedacht werden muß. Solche Teilveränderungen betreffen die Reform der Ideogramme, die sowohl von den Minoern wie auch von den Griechen durchgeführt worden sein könnte; die Änderung mehrerer Silbenzeichen, die zu Knossos noch unter mi-

[8] Handbuch S. 247.
[9] Saeculum 10, 1959, S. 71.
[10] (Stuttgart 1964) S. 251 f.
[11] Eine mögliche Zwischenstufe in der Entwicklung von Linear A zu Linear B könnte eine kürzlich in Pyrgos gefundene Linear A-Tafel darstellen, — vgl. dazu Kadmos 10, 1971, S. 105 ff.; 12, 1973, S. 93 ff.

noischer Ära erfolgt sein dürfte; die Einführung neuer, den Minoern fremder Lautzeichen durch die Griechen (Konsonantenanhäufungen: nwa, pte, dwe, twe; Labiovelare: qi, qo); schließlich die Veränderung des Systems der Bruchzahlen, die von so grundlegender Natur erscheint, daß sie vielleicht ebenfalls den Griechen in Knossos zugeschreiben werden muß.

Man wird also diesen Überlegungen zufolge zwar einerseits an der Einführung von Linear B durch einen minoischen Rückgriff sowohl auf Linear A wie auch auf das parallel zu Linear A weiter bestehende hieroglyphische System festhalten, andererseits aber gewisse mykenische Änderungen keineswegs völlig ausschließen dürfen.

Wodurch dieser Wechsel von Linear A zu Linear B, sei es plötzlich oder sei es nach und nach, hervorgerufen wurde, entzieht sich unserer Kenntnis. Sp. Marinatos [12] hat dem Gedanken Ausdruck verliehen, daß bei Ausbruch des Vulkans von Thera um die Mitte des 15. Jhs. nicht nur Kunsthandwerker, sondern auch Schreiber aus Kreta nach der westlichen Peloponnes verschlagen worden wären und dies zusammen mit der

---

[12] The Volcanic Origins of Linear B, in: Europa, Festschrift E. Grumach, S. 204 ff. — In ein neues Licht haben den Vulkanausbruch von Thera die Grabungen von Sp. Marinatos in Akrotiri/Thera gebracht. Der dort gefundenen Keramik zufolge hat ein Erdbeben und eine Explosion in den Jahren um 1500 v. Chr. (SM IA) stattgefunden, also einige Jahrzehnte vor dem großen Zerstörungshorizont in Kreta während der Phase SM IB (um 1480/70). Ob sich diese chronologische Differenz durch eine stilistische Rückständigkeit der theräischen Keramik oder aber, was das Wahrscheinlichere ist, durch ein zeitliches Intervall zwischen dem Erdbeben und einer späteren Explosion erklärt, ist vorerst nicht zu entscheiden; vgl. dazu Sp. Marinatos, Excavations at Thera III (Athen 1970), S. 66 ff.; D. L. Page, The Santorini Volcano and the Destruction of Minoan Crete (The Society for the Promotion of Hellenic Studies, Suppl. Paper No. 12 [London 1970]); S. Hood, The International Scientific Congress on the Volcano of Thera, 15th—23rd September 1969, in: Kadmos IX, 1, 1970, S. 98 ff. Vgl. auch Kap. XXIX mit Anm. 6.

32

achäischen Machtergreifung in Knossos zu der von Minoern durchgeführten Ausbildung des Linear B-Systems und der Niederschrift griechischer Texte geführt hätte.

Was die Frage einer „schriftlosen Lücke" zwischen dem späten Linear A- und dem hieroglyphischen System [13] einerseits und andererseits den ersten sicher nachgewiesenen Linear B-Tafeln, wie auch was die Frage nach der kontinuierlichen Abfolge von erhaltenen Linear B-Zeugnissen anbelangt, so hängt ihre Beantwortung von der Beurteilung der nicht einhellig geklärten chronologischen Verhältnisse in Knossos und Theben ab. Datiert man die knossischen Tafeln und die thebanischen Bügelkannen in den Beginn des 14. Jahrhunderts vor Christus (dazu weiter unten), so wäre damit ein enger zeitlicher Zusammenhang zwischen den letzten Linear A-Belegen und den frühesten erhaltenen Linear B-Tafeln gegeben; datiert man außerdem die thebanischen Tafeln in die Zeit vor 1300, so stünden sie zwischen den knossischen Tafeln einerseits und den pylischen (um 1200) sowie den mykenischen (um 1250, beziehungsweise ebenfalls 1200) andererseits. Doch ist hier, wie unten kurz gezeigt werden soll, ein sicheres Urteil derzeit kaum möglich.

Daß das Ende von Linear B gleichzeitig mit der großen Zerstörungswelle erfolgte, der um 1200 die meisten mykenischen Paläste und ein Großteil der mykenischen Siedlungen zum Opfer fielen, kann als gesichert gelten. Spätere Zeugnisse sind bisher nicht nachgewiesen worden, obschon es nicht ausgeschlossen erscheint, daß sich einzelne Reflexe bis hinein in historische Zeit erhalten haben [14]. Dementsprechend fällt es schwer, mit M. Andronikos [15] jenen Optimismus zu teilen, der sich auf keinen geringeren als A. J. B. Wace berufen kann, der seinerseits einmal bemerkt hat: "It is more probable that the Linear B script con-

[13] Späteste Zeugnisse in SM I B, d. h. 1. Hälfte 15. Jh.

[14] Vgl. dazu H. Biesantz, Mykenische Schriftzeichen einer boiotischen Schale des 5. Jahrhunderts vor Christus, in: Minoica, Festschrift J. Sundwall, S. 50 ff.

[15] The Mycenaean and the Greek Script, Atti Roma II S. 500 ff.

tinued in use, and perhaps even overlapped the first appearance of the Greek adoption of the Phoenician alphabet." [16] Für diese Ansicht führte M. Andronikos im genannten Aufsatz folgende Gründe an: die grundsätzliche Unwahrscheinlichkeit, daß die Übung des Lesens und der Schrift von "a people as intelligent as the Greeks" hätte wieder vergessen werden können; daß auch in Cypern, wo sich das historische kyprische Syllabar mit größter Wahrscheinlichkeit aus dem sog. kyprominoischen Syllabar (Linear C) herleitet, keine schriftlichen Denkmäler für die dunklen Jahrhunderte zwischen 1100 und 800 erhalten sind, obschon mit dem Fortbestehen der Silbenschrift auch während dieses Zeitraumes gerechnet werden muß; den auch von anderer Seite betonten Umstand, daß die Griechen die historische Alphabetschrift als „Φοινικήϊα", d. h. nicht als „Phoinikische Buchstaben", sondern ganz einfach als die „Phonikischen" wohl in Unterscheidung von einer anderen Schriftform (Linear B?) bezeichnet hätten, — und schließlich die von den Griechen am phoinikischen Alphabet vorgenommene Änderung, die man weniger einem darin noch unerfahrenen analphabetischen Volk als vielmehr einem mit bereits vorhandener Schriftkenntnis zutrauen möchte.

Diese Argumente haben ihre Berechtigung. Doch gibt es hinreichende Gründe für die Erklärung des aus der Denkmälerlücke zu folgernden Aussterbens von Linear B: Eine Schrift, die vor allem auf die Bedürfnisse der Palastverwaltung und ihrer zentralen Organisation zugeschnitten war und — soweit wir wissen — ausschließlich von ihr gebraucht wurde, hat sicherlich die besten Chancen, mit dem Untergang der Paläste, ihrer Verwaltung und der damit betrauten Schreiber auch ihrerseits zu verlöschen. Offen bleibt freilich die Frage, wie sich dieser Vorgang etwa in Athen vollzogen hat. Daß Athen, das einen mykenischen Palast besaß, ebenfalls Linear B kannte, darf mit großer Wahrscheinlichkeit angenommen werden — ebenso wie es als sicher gelten kann, daß die mykenische Akropolis zu Athen von der Katastrophe um 1200 wohl nicht in derselben ver-

[16] Docs. S. XXVIII.

nichtenden Weise wie die peloponnesischen Zentren der mykenischen Kultur getroffen worden ist. — Hat man den Verlust von Linear B, falls in Athen die Schrift vorhanden war, dort dem allgemeinen Niedergang der dunklen Jahrhunderte zuzuschreiben?

III. DAS ALTER DER FESTLÄNDISCHEN
SCHRIFTTAFELN

Die Erhaltung der in Linear B beschrifteten Tafeln wird, wie
bereits betont, der mit einem vernichtenden Brand verbundenen Zerstörung der Paläste verdankt. Da die Schrifttafeln jeweils aus dem Jahr der Zerstörung stammen, sind sie mit dieser
weitestgehend zeitgleich — im allgemeinen wohl kaum mehr als
einige Monate älter. Die Zeitbestimmung der Katastrophe durch
den archäologischen Fundzusammenhang, in erster Linie durch
die Beurteilung und zeitliche Fixierung der mitgefundenen Keramik, gibt auch das Alter der Linear B-Tafeln an. Für zwei
festländische Orte, Pylos und Mykene, ist dieser archäologische
Kontext vergleichweise eindeutig bestimmbar. Die Zerstörung
des Palastes von Pylos[1] wie die der Burg von Mykene fallen
zusammen mit einer allgemeinen Katastrophe[2], die gegen Ende
des 13. Jahrhunderts weite Bereiche des mykenischen Griechenlands in schwerste Mitleidenschaft zog. Die aus dem Palast von
Pylos stammenden Tafeln gehören in diese Zeit; auch die innerhalb der Burg von Mykene gefundenen dürften, obschon in Mykene selbst auch für das folgende Jahrhundert eine Besiedlung

[1] Zur Zerstörung des Palastes von Pylos vgl. C. W. Blegen, M.
Rawson, The Palace of Nestor at Pylos in Western Messenia, Princeton 1966, S. 421.

[2] Auf das komplexe Problem des Endes der mykenischen Kultur
sowie seiner Ursachen kann hier nicht eingegangen werden. Vgl.
dazu insbes. P. Ålin, das Ende der mykenischen Fundstätten auf
dem griechischen Festland, Lund 1962; V. R. d' A. Desborough,
The Last Mycenaeans and their Successors, Oxford 1964; G. E.
Mylonas, Mycenae and the Mycenaean Age, Princeton 1966,
S. 213 ff.

gesichert ist [3], in der genannten Katastrophe „gebrannt" worden sein [4]. Um einige Jahrzehnte, jedoch nicht mehr als ein halbes Jahrhundert älter sind nach der mitgefundenen Keramik die aus den westlich der Burg gelegenen Wirtschaftstrakten stammenden Tafeln [5].

Schwieriger zu beurteilen ist, aus den genannten Gründen, die Fundsituation in Theben. Nach den jüngsten Forschungen, wie sie zuletzt S. Symeonoglou [6] dargelegt hat, haben wir mit mindestens zwei verschiedenen Palästen sowie mit mehreren Katastrophen zu rechnen. Es kann nunmehr ein älterer, als „Haus des Kadmos" bezeichneter von einem jüngeren, dem sog. „Neuen Palast" unterschieden werden, wobei die beiden Paläste sowohl in ihrer Ausdehnung wie Orientierung voneinander abweichen. Über den Zeitpunkt der Zerstörung des „Hauses des Kadmos" bestehen unterschiedliche Auffassungen, die über einen Zeitraum vom Beginn des 14. Jh. bis in die Mitte des 13. Jh. differieren [7]. Die Gruppe der 1963 entdeckten Tafeln (von der Pelopidas-Straße) fanden sich in einem Komplex, der die Orientierung mit dem Haus des Kadmos teilt. Die Zerstörung dieses Komplexes erfolgte, nach Ansicht der Ausgräber, N. Platon und E. Touloupa, während der Stilphase SH III B (13. Jh.), doch dürfte es bedeutend früher, wohl gleichzeitig mit dem älteren Palast errichtet und erst zusammen mit dem jüngeren zerstört

[3] Dazu zuletzt G. E. Mylonas, Mycenae's Last Century of Greatness, Sidney, Univ. Press 1968.

[4] Zur Zerstörung Mykenes am Ende von SH III B vgl. neben den oben Anm. 2 und 3 genannten Untersuchungen auch E. French, A group of Late Helladic III B: 2 Pottery from Mycenae, BSA 64, 1969, S. 71 ff.; ferner L. W. Taylour, The House with the Idols, Mycenae, and its Chronological Implications, AJA 75, 1971, S. 266 ff.

[5] Das die Zerstörungen datierende Material ist von E. French, Pottery from Late Helladic III B: 1 Contexts at Mycenae, BSA 62, 1967, S. 149 ff. behandelt worden.

[6] S. Symeonoglou, Kadmeia I, Göteborg 1973, S. 11 (zur Lage der verschiedenen Grabungsstellen), S. 72 ff. (zur Chronologie der Paläste).

[7] Vgl. dazu S. Symeonoglou, a. a. O., S. 74 ff. sowie unten bei S. 56 f.

worden sein. Einer vorläufigen Datierung der Tafeln in die Phase SH III A:2 (etwa Mitte bis Ende des 14. Jh. v. Chr.), wie sie von den Ausgräbern [8] und dem Herausgeber der Tafeln, J. Chadwick [9], genannt wird, muß, da mehrere Besiedlungsphasen des betreffenden Gebäudes wahrscheinlich sind, seiner späten Zerstörung nicht widersprechen, obschon darüber erst die endgültige Publikation der Grabung genaueren Aufschluß geben können wird. Wenn sich die bisher angenommene Datierung bestätigt, wären diese Tafeln die ältesten bisher auf dem Festland gefundenen. Gleiches könnte für die unten (S. 50 ff.) näher zu besprechenden beschrifteten Gefäße aus Theben gelten.

Nach der plausiblen, freilich noch durch weitere Grabungsbefunde zu erhärtenden Argumentation von S. Symeonoglou wurde das Haus des Kadmos bereits im 2. Viertel des 14. Jahrhunderts zerstört, wie dies schon früher vom Ausgräber A. Keramopoullos [10] sowie von einem der vorzüglichsten Kenner der mykenischen Keramik, A. Furumark [11], angenommen worden war. Der jüngere Palast, so urteilt S. Symeonoglou aufgrund der Befunde des von ihm 1964/65 an der Oidipus-Straße untersuchten Gebäudes, dürfte von der Mitte des 14. Jh. bis zur endgültigen Zerstörung Thebens nach der Mitte des 13. Jh. bestanden haben. Dieser Katastrophe aber könnte möglicherweise der Brand jener zweiten, 1970 entdeckten Tafelgruppe [12] zugeschrieben werden, die nach den ersten Grabungsberichten in

[8] N. Platon, Atti Roma I, S. 42; E. Touloupa, Bericht über die Ausgrabungen in Theben, Kadmos 3, 1964. — Vgl. auch L. A. Stella, Considerazioni storiche sui testi scritti di Tebe, Atti Roma, Bd. I, S. 329 ff., 333. — Vgl. ferner Kap. V Anm. 24.

[9] Minos X, 1969, S. 116; Docs.², S. 388 zu S. 38.

[10] A. Keramopoullos, Arch. Eph. 1909, Sp. 106.

[11] A. Furumark, Chronology of Myceneaen Pottery, Lund 1941, S. 52.

[12] Vgl. dazu die Literaturangaben im Literaturteil, ferner Th. G. Spyropoulos, The Discovery of the Palace Archives of Boeotian Thebes, Kadmos 9: 2, 1970, S. 170 f.

einem Fundkontext des fortgeschrittenen 13. Jh. aufgefunden wurde. Wenn sich diese Angaben bestätigen, so ist die dadurch entstandene Situation nicht zuletzt deswegen bemerkenswert, weil wir damit erstmals vom selben Ort mykenische Schriftdokumente besitzen, die zeitlich mehr als ein Jahrhundert getrennt sind. Es ergäbe sich daraus wohl auch ein möglicherweise bedeutsamer Aspekt für die paläographische Beurteilung der Schriftentwicklung in Linear B [13].

[13] Die Tafeln sind nun von Th. G. Spyropoulos und J. Chadwick, The Theban Tablets II (1975) veröffentlicht worden. Darin wird nicht nur die Datierung um 1200 für die 1970 gefundenen Tafeln bestätigt, sondern zugleich auch für einen gleichzeitigen Ansatz der Tafelgruppe von 1964/65 plädiert.

IV. DAS ALTER DER KRETISCHEN
SCHRIFTTAFELN: KNOSSOSPROBLEM

Seit mehr als fünfzehn Jahren geht nunmehr der Streit um die Datierung der bei den Ausgrabungen A. J. Evans' zu Beginn des Jahrhunderts im Palast von Knossos gefundenen Linear B-Tafeln, der zunächst allein die chronologische Stellung der knossischen Texte, des weiteren aber grundsätzlich die Zuverlässigkeit der Evansschen Beobachtungen und Beurteilungen der für die Geschichte des Palastes von Knossos wesentlichen Stratifikationen betrifft. Nicht zuletzt deswegen drohte eine Zeitlang dieses sog. „Knossos-Problem" auch zu einem Streitfall um die Person von A. J. Evans zu werden. Mittlerweile sind jedoch die rein wissenschaftlichen Argumente wieder in den Vordergrund getreten, obschon eine Annäherung der Standpunkte kaum zu erkennen ist. Zwei grundsätzliche Sachverhalte sind zu entscheiden. Erstens: zusammen mit welchen Fundgegenständen wurden die Linear B-Tafeln gefunden und wann sind erstere zu datieren — und zweitens: in welche Zeit gehört die letzte Phase des die Tafeln beherbergenden Palastes, bzw. in welcher Zeit wurde er nach Ausweis der unter den Fußböden geborgenen, ihn datierenden keramischen Befunde errichtet?

Die Anfänge der Diskussion liegen weit zurück. Mit ein auslösender Faktor für das Knossosproblem darf mit Sicherheit in einem Aufsatz des bedeutenden, mittlerweile verstorbenen Archäologen und Ausgräbers bedeutender prähistorischer Orte wie Troja und Pylos, C. W. Blegen, gesehen werden, den er 1958 unter dem Titel ›A Chronological Problem‹[1] veröffentlichte. Durch eine Reihe von Entsprechungen zwischen dem

---

[1] Minoica, Festschrift J. Sundwall, S. 61 ff.

Fundmaterial des knossischen Palastes und dem von Pylos, nicht zuletzt auch durch bezeichnende Ähnlichkeiten in der Ausstattung des knossischen Thronraumes und des pylischen Megarons, sah er sich zu der Überlegung gedrängt, ob nicht daraus eine chronologische Gleichsetzung der bis dahin als zwei Jahrhunderte älter geltenden knossischen Linear B-Tafeln (um 1400) mit denen von Pylos (um 1200) erschlossen werden müsse und die Evanssche Stratigraphie und Datierung in diesem Sinne zu revidieren sei. Seine Beobachtungen, so lautete seine Schlußfolgerung, legten es nahe, "that in other Knossian areas too it might be worthwhile, more than fifty years after the original excavations, to review the actual evidence for dating the deposits of Linear B documents" (S. 64).

Zu entsprechenden Überlegungen gelangte auch der englische Philologe L. R. Palmer, der im weiteren Diskussionsverlauf zum Hauptgegner der Evansschen Datierung werden sollte, aus sprachwissenschaftlichen Gründen, insbesondere wegen der weitgehenden sprachlichen und strukturellen Ähnlichkeit der Tafeln auf Kreta und dem Festland, von denen letztere kaum Hinweise auf eine um zwei Jahrhunderte fortgeschrittene Sprachentwicklung aufweisen. So war eine Revision der Evansschen Grabungen, nicht zuletzt anhand der von L. R. Palmer wieder aufgefundenen Grabungsnotizen des Ausgräbers selbst wie auch seines Assistenten Mackenzie das Nächstliegende.

Wie schwierig sich allerdings eine solche Revision gestalten mußte, zeigte sich spätestens, als 1963 das Buch mit dem Titel ›On the Knossos Tablets‹ erschien, das sich in seinen beiden Teilen, die von verschiedenen Autoren verfaßt sind, äußerst stark unterscheidet: Im ersten Teil ›The Find-Places of the Knossos-Tablets‹ legt L. R. Palmer seine Ausführungen vor, durch die er seine These bestätigt sieht. Im zweiten Teil hingegen sucht J. Boardman unter dem Titel ›The Date of the Knossos Tablets‹ und unter Verwendung des gleichen Urkundenmaterials, auf das sich auch Palmer stützte, die Richtigkeit der Evansschen Ergebnisse zu bekräftigen: der Palast sei um 1400 durch Brand zerstört worden; eine lokal begrenzte Nachsiedlung, eine sog. „Reokkupations-Periode", wie sie auch von Evans erkannt worden war, habe es zwar gegeben, doch habe diese keinesfalls palatialen Charakter besessen, so daß ihr auch die Schrifttafeln nicht zugewiesen werden können.

Mit dem Erscheinen dieses Buches, das in bibliographischer Hinsicht als Unikum bezeichnet werden kann, war in der Auseinandersetzung ein erster Höhepunkt erreicht, der zugleich verdeutlichte, daß allein mit Hilfe der alten Notizen und Tagebücher nicht weiterzukommen war: die Richtung, in der eine fruchtbare Diskussion gesucht werden konnte, wiesen zwei als Appendices aufgenommene Beiträge von M. R. Popham ›Notes on the Stratigraphical Museum‹ und V. E. G. Kenna ›Notes on the Knossos Sealings‹, deren erster einen vorläufigen Einblick in die im sog. „Stratigraphischen Museum" von Knossos aufbewahrten keramischen Befunde aus den Palastgrabungen gab, während letzterer aufgrund einer unabhängigen stilistischen Datierung der zusammen mit den Tafeln gefundenen Siegelabdrücke deren chronologische Einordnung festzulegen suchte.

Von der kritischen Überprüfung der Fundnotizen, die eine in allen Punkten zuverlässige und unbestrittene Rekonstruktion der stratigraphischen Zusammenhänge nicht erbringen konnte, verlagerte sich so das Schwergewicht der Forschungen auf eine nochmalige Überprüfung der aufbewahrten Fundkomplexe, insbesondere des keramischen Materials, wie sie vor allem von M. R. Popham besorgt wird. Popham vertritt im wesentlichen, mit bestimmten Vorbehalten, die Meinung von Evans. Eine Reihe von Evans nicht oder nur ungenügend publizierter Gefäße der Phase SM III B (13. Jh.) hat er in der Schrift ›The Last Days of the Palace of Knossos. Complete Vases of the Late Minoan III B Period‹[2] vorgelegt und sie der räumlich begrenzten Reokkupationsphase nach der Zerstörung des eigentlichen Palastes zugewiesen: da auch der sog. "Shrine of the Double Axes" dieser Phase angehört, hat man daran gedacht,

---

[2] Lund 1964 (Studies in Mediterranean Archaeology Bd. V).

diese späteren Hinterlassenschaften als Überreste eines „Ruinen-
kultes" [3] zu deuten. Den auch von Evans hervorgehobenen Umstand, daß kein dem eigentlichen Palaststil (SM II) der letzten
Phase gleichzeitiges kleinformatiges Gebrauchsgeschirr gefunden
wurde, versucht M. R. Popham dadurch zu erklären, daß die
Zerstörung des Palastes nicht, wie Evans meinte, am Ende der
Phase SM II (um 1400) erfolgte, sondern zu Beginn der Phase
SM III A:2, wie er dies zunächst in dem Aufsatz ›The Palace of
Knossos: Its Destruction and Reoccupation Reconsidered‹ [4] ausführlich begründet hat. Tatsächlich kann er auf ein umfang-
reiches, zum großen Teil sehr qualitätvolles Material von kleineren Tongefäßen der Phase SM III A:1 verweisen, das er in
einer breit fundierten Publikation mit dem Titel ›The Destruction of the Palace at Knossos. Pottery of the Late Minoan
III A Period‹ [5] vorgelegt hat. Die Menge und die Fundumstände
dieser Keramik machen es wahrscheinlich, daß es gegen Ende
von SM III A:1 eine größere Zerstörung in Knossos gegeben
hat, in der M. R. Popham die endgültige Vernichtung des Palastes erkennt, mit der zusammen auch die „Konservierung" der
Tontafeln durch Brandeinwirkung erfolgte. Er faßt die Summe
seiner Beobachtungen zusammen im Satz: "All this evidence
adds up to a strong probability that the destruction at Knossos
took place within the period 1400—1375 and that it may have
been towards the end of this time rather than at the beginning"
(S. 84). Gegenüber der grundsätzlichen Divergenz der Palmer-
schen These zu den Ergebnissen von Evans darf darin lediglich
eine mehr oder minder graduelle Differenzierung des Zerstö-
rungsdatums erkannt werden.

Eine bis zu einem gewissen Grad vermittelnde Stellung zwischen den beiden Exponenten hat M. S. F. Hood in einer Reihe

[3] Vgl. dazu auch S. Alexiou, Peri to problema tes hysteras chreseos
tou chorou ton minoikon anaktoron, in: Pepragmena tou B'Diethnous
Kretologikou Synedriou, Athen 1968, Bd. 1, S. 105 ff.
[4] Kadmos 5, 1966, S. 17 ff.
[5] Göteborg 1970 (Studies in Mediterranean Archaeology Bd. XII).

von Beiträgen zum Knossos-Problem eingenommen [6]. Er bestätigt darin einerseits L. R. Palmer die Richtigkeit des von ihm betonten Umstandes, daß die Linear B-Tafeln in den gleichen stratigraphischen Zusammenhang wie das Material der sog. Reokkupations-Phase gehören — glaubt andererseits aber einer Spätdatierung der Tafeln durch Palmer insofern widersprechen zu müssen, als seiner Meinung nach die Keramik und damit die gesamte Reokkupationsphase nicht später als SM III A:2 anzusetzen ist und er somit in etwa auf eine dem Vorschlag von M. R. Popham entsprechende Datierung kommt, der seinerseits allerdings nach wie vor an der Trennung von Palastphase (Ende gegen 1375) und nichtpalatialer Nachbesiedlungsphase (Ende gegen 1200) festhält.

L. R. Palmer hat verständlicherweise versucht, die Differenz der Positionen von Popham und Hood in einem Beitrag zum Römischen Mykenologenkongreß [7] im Sinne seiner These zu nutzen und stellt fest: "To sum up, Popham's case is lost if he cannot refuse Hood's statement of basic fact about the overall picture of the destruction debris ... Hood, for his part, cannot avoid his own lower absolute date if he fails to win acceptance for his reclassification. At all events, there will be general agreement that the primary task is to etablish the find data, and to that both Hood and Popham have made much notable contributions" (S. 322). L. R. Palmer hat damit das Knossosproblem, das sich in der Diskussion zwischen Popham und Hood zeitweise zur Datierungsfrage bestimmter Keramikgruppen zu verselbständigen drohte, wieder auf den Ausgangspunkt zurückgeführt, der lautet: In welchen Fundzusammenhang gehören die Schrifttafeln? Erst wenn diese Frage zur allgemeinen Zufriedenheit entschieden werden kann, ist die Frage nach der Datierung des betreffenden Fundzusammenhangs zu stellen.

---

[6] Last Palace and Reoccupation at Knossos, in: Kadmos 4, 1965, S. 16 ff.; ders., The Date of the Reoccupation Pottery from the Palace at Knossos and the Date of its Destruction, SMEA 2, 1967, S. 63 ff.

[7] Knossos: Towards a Final Solution, Atti Roma, Bd. 1, S. 318 ff.

Dieser Frage nach dem Fundzusammenhang ist L. R. Palmer nochmals auf breiter Materialbasis, zum Teil freilich auch mit bereits bekannten, schon früher vorgetragenen Argumenten in seinem Buch ›The Penultimate Palace of Knossos‹ [8] nachgegangen, und er sucht sie indirekt, aber mit äußerster Entschiedenheit gegen Evans zu beantworten, indem er durch Fußböden nach oben hin gesicherte Stratifikationen heranzieht, die ihrerseits die Zerstörung des vorletzten und die Errichtung des letzten Palastes bestimmen. Solche Stratifikationen belegt er aus den erwähnten Tagebuchaufzeichnungen sowie aus den Befunden im „Stratigraphischen Museum" für weite Bereiche des Palastes und kommt so zu folgendem Resultat: "If pottery found on the floors of rooms indicates final occupation and pottery found underneath floors and inside wall masonry gives a terminus post quem for construction, then the only conclusion which the evidence permits is that the Last Palace at Knossos was largely reconstructed when late Minoan III A and B pottery had already become stratified. It was finally destroyed when the octopus stirrupjars and the other Late Minoan III B pottery found so abundantly on the site were in use." In einer allgemeineren Form mehr populären Zuschnitts hat L. R. Palmer diese Beobachtungen in einem Führer zum Palast von Knossos [9] niedergelegt.

Neben der Keramik sind zur Beurteilung der Datierung der Linear B-Tafeln auch die Siegel und Siegelabdrücke, die zusammen mit ihnen gefunden wurden, immer wieder herangezogen worden. Die weitgehend einhellige Meinung der Experten [10] bestätigt hier den von M. R. Popham aus der Keramik

[8] L. R. Palmer, The Penultimate Palace of Knossos, Rom 1969; ders., Mycenaean Inscribed Vases I, The Evidence from the "Unexplored Mansion" at Knossos, Kadmos 10, 1971, S. 70 ff.; III, The Consequences for Aegean History, Kadmos 12, 1973, S. 60 ff.

[9] L. R. Palmer, A New Guide to the Palace of Knossos, London 1969, — daraus auch das angeführte Zitat.

[10] V. Kenna, in: On the Knossos Tablets, Oxford 1963, Appendix B zu J. Boardman, The Date of the Knossos Tablets, S. 96 ff.; ders., in: Pepragmena tou B'Diethnous Kretologikou Synedriou, Athen 1968,

erschlossenen Zeitpunkt der Zerstörung, den auch P. Warren in seinen Untersuchungen zu den minoischen Steinvasen zu stützen sucht [11].

Eine zumindest vorläufige Zusammenfassung des Standes der Diskussion in Hinsicht auf eine mögliche Übereinstimmung der unterschiedlichen Auffassungen erscheint somit kaum möglich. Festzuhalten bleibt, daß die These Palmers von archäologischer Seite weitestgehend mit Ablehnung aufgenommen wird, wohingegen Palmer selbst, gestützt auf die — teils widersprüchlichen — Aussagen der Archäologen von ihr nicht abgeht und immer neue Bestätigungen ihrer Richtigkeit zu finden glaubt. So spricht das sehr umfangreiche, von Popham publizierte keramische Material aus dem Beginn des 14. Jh. (SM III A:1/2) für eine Zerstörung des Palastes zu diesem Zeitpunkt, die, sollten die genannten Befunde aus der Schicht unmittelbar über den Fußböden des Palastes stammen, den Zeitpunkt auch der endgültigen Vernichtung anzeigen müßte. Eben das aber wird von L. R. Palmer, der auch in seinen letzten Arbeiten [12] unbeirrbar auf eine Reihe von über den gesamten Palastbereich verbreiteter Sondagen unter die Fußböden verweist, die zum Teil ebenfalls sehr junges Material enthielten (SH III A:2/B), in Zweifel gezogen. Er bemerkt hinsichtlich der von Popham veröffentlichten Keramik: "It seems to me that the pottery in question, including much LM III B, came from sub-floor deposits and is evidence not for the final destruction of the Last Palace but for its constructional date. Not a single LM III:A vase in Popham's monograph can be unequivocally assigned to the supra-floor destruction deposit in which the tablets and sealings were found." [13] Nach Palmers Auffassung datieren also die fraglichen

Bd. I, S. 189 ff.; Kadmos 3, 1964, S. 29 ff.; BICS 13, 1969, S. 68 ff. — Vgl. auch M. Gill, BSA 60, 1965, S. 68 ff.; J. H. Betts, BSA 62, 1967, S. 27 ff.

[11] BSA 62, 1967, S. 195 ff.; vgl. ders., Minoan Stone Vases, Cambridge 1969, S. 187.

[12] Vgl. die oben Anm. 8 gegebenen Literaturhinweise.

[13] Kadmos 12, 1973, S. 62.

keramischen Befunde nach wie vor nicht die Zerstörung des letzten, sondern die des vorletzten und zugleich den Zeitpunkt der Errichtung des letzten Palastes, der wie die festländischen bis an das Ende des 13. Jh. v. Chr. bestanden hätte.

Freilich tritt gegenüber der großen Menge von bemalten SH III A:1/2 Gefäßen aus dem knossischen Palast die an SH III B-Gefäßen auffällig stark zurück — was aber vielleicht seine Erklärung darin finden könnte, daß die Gebrauchskeramik des 13. Jh. zum überwiegenden Teil aus unbemalter Ware bestanden haben könnte[14], die bei den Grabungen nicht aufbewahrt wurde.

In einer Reihe von Fällen sind Palmers Hinweise auf keramische Befunde, die von Sondagen unter den Fußböden herrühren und in die Phasen SH III A:1/2 (und später?) datieren, kaum mit guten Gründen zu entkräften. Auch P. Warren, der sich grundsätzlich der Auffassung von Popham (Zerstörung um 1375) anschließt, sieht sich zu diesem Eingeständnis gezwungen. Die Füllung etwa einer zur Zeit des letzten Palastes bereits geschlossenen Bodeneintiefung im 13. Magazin enthielt neben den Resten von Produkten einer Werkstatt für Steingefäße zumindest acht Scherben der Phase SH III A, "probably not later than early III A:2"[15]. Zweifellos ist damit ein terminus post quem, bzw. ad quem für eine bauliche Änderung in zumindest einem Teil des Palastes gegeben, die nach P. Warrens Folgerung nicht allzu lange vor der in der gleichen Phase des Palastes erfolgten Zerstörung vorgenommen worden wäre.[16] Nimmt man für die Phase SH III A:1 eine Spanne von ca. 25

---

[14] Vgl. M. R. Palmer, On the Knossos Tablets S. 142 f.; auch M. R. Popham, The Unexplored Mansion at Knossos, Arch. Rep. 19, 1972/73, S. 60, wo für die Phase SH III B eine "paucity of painted pottery" vermerkt wird. — Auch von der im Palast von Pylos in großer Menge aufgefundenen Keramik war nur ein äußerst geringer Prozentsatz bemalt.

[15] BSA 62, 1967, S. 198.

[16] A. a. O., S. 196, Anm. 5: "the workshop is earlier than the tablets. But . . . there is very little difference in date."

Jahren an, so ist es in der Tat nicht auszuschließen, daß sich beides, Neubau wie auch endgültige Zerstörung, innerhalb dieses Zeitraums ereignet hat.

Anderseits: Die historisch so bedeutsame Epoche des letzten Palastes wird auf diese Weise, wie auch von L. R. Palmer betont wird, auf einige wenige Jahrzehnte eingeengt: "This brief span has to suffice for the drastic rebuilding of this part of the palace from the basement up, for the introduction of the Linear B script, for the extension of Mycenaean domination to virtually the whole island, and for the final expulsion of Mycenaean Greeks from Crete." [17] Schwierig wird auch, sollte der Palast tatsächlich zu Beginn der Phase SH III A:2 endgültig zerstört worden sein, die Beantwortung der Frage nach dem weiteren Schicksal der Insel bis zum Ende der späten Bronzezeit. Mit diesem ebenfalls noch sehr undurchsichtigen Problem hat sich neben L. R. Palmer zuletzt auch J. T. Hooker [18] auseinandergesetzt. Zu denken gibt in dieser Hinsicht die Aussage des Schiffskataloges, daß am Trojanischen Krieg auch ein griechisches Kontingent aus Kreta unter dem König Idomeneus teilgenommen hat — es sei denn, man spricht der (sicherlich vor-)homerischen Truppenliste jegliche historische Bedeutung ab.

Die Stellung Kretas innerhalb der mykenischen Welt und seine innere Verwaltung ist nicht zuletzt durch die Entdeckung von mit Linear B-Schriftzeichen bemalten Gefäßfragmenten aus Westkreta (Chania) sowie einer entsprechenden vollständig erhaltenen Bügelkanne aus Knossos selbst, die der Phase SH III B angehören, wieder stärker in den Vordergrund der Diskussion getreten. Geht man von der üblichen Annahme aus, daß die Existenz von Linear B-Schriftzeugnissen auch eine palatiale Verwaltung voraussetzt, so müßte diese in irgendeiner Form auch nach einer Zerstörung des Palastes von Knossos um 1375 fortbestanden haben — möglicherweise in Knossos selbst. Die Kon-

---

[17] Kadmos 10, 1971, S. 82.

[18] J. T. Hooker, Homer and Late Minoan Crete, JHS 89, 1969, S. 60 ff.

sequenzen, die sich daraus für das Knossosproblem ergeben, sind allerdings nur ein Aspekt der vor allem auch auf dem Festland gefundenen, im folgenden zu behandelnden beschrifteten Bügelkannen.

V. BESCHRIFTETE GEFÄSSE

Lange vor der Entdeckung von Schrifttafeln im Jahre 1939 im Palast von Pylos waren bronzezeitliche Schriftzeugnisse auf dem griechischen Festland bereits durch beschriftete Tongefäße bekannt geworden — einige davon schon im 19. Jh., der Großteil jedoch im Jahre 1921, als bei Ausgrabungen im Palast von Theben ein Magazin mit großen Bügelkannen zutage kam, von denen viele Aufschriften trugen. Dieser Gefäßtypus, der wohl ursprünglich hauptsächlich der Aufbewahrung von Öl und Wein gedient hat, überwiegt unter den bisher bekannt gewordenen, in Linear B beschriebenen Gefäßen bei weitem. Nur selten trägt eine andere Gefäßart, etwa eine Schüssel, die in dunklem Tonschlicker aufgetragenen Schriftzeichen.

Außer in Theben, Tiryns und Mykene, wo Gefäße dieser Art häufiger bezeugt sind, fand sich auf dem Festland jeweils ein weiteres Gefäß in Eleusis und im boiotischen Orchomenos. Alle bis 1966 bekannt gewordenen Zeugnisse dieser Denkmälergruppe hat J. Raison in seinem gut ausgestatteten Werk unter dem Titel ›Les Vases à Inscription Peintes de l'Age Mycénien et leur Context Archéologique‹ (Rom 1968) gesammelt und vorgelegt. Vereinzelte weitere Funde sind in den letzten Jahren hinzugekommen, so aus Tiryns [1] und Boiotien [2].

[1] Das Fragment aus Tiryns zeigt, bisher einzigartig, Schriftzeichen auf der Henkelscheibe; es ist besprochen bei A. Leonhard, A new Inscribed Fragment from Tiryns, AAA 6, 1973, S. 306 ff. — Dieses und weitere Fragmente, darunter auch das von L. Godart und J.-P. Olivier in AAA 7, 1974, S. 25 veröffentlichte Frgm. TI Z 29, enthält nun A. Sacconi's übersichtliches und umfassendes Corpus delle Iscrizioni Vascolari in Lineare B (Rom 1974), das erst während der Drucklegung dieses Bandes erschienen ist und daher hier die ihm gebührende Beachtung nicht mehr finden konnte.

Inhaltlich interessiert in erster Linie eine Anzahl von Texten mit drei Worten,

z. B. TH Z 853   *eudamo wato ri-82-ta-o*
       TH Z 839   *kauno oduruwijo wanakatero*
       TH Z 849   *areimene wato reukojo*

Die Struktur der Texte ist unschwer zu durchschauen. Auf einen PN im Nom. *(eudamo, kauno, areimene)* folgt ein Ortsname *(wato* bzw. Ethn.: *oduruwijo)*, hierauf ein Personenname im Genetiv *(ri-82-ta-o, reukojo)* oder ein Adjektiv *(wanakatero)*.

Dieselbe Textstruktur begegnet auch in anderem Zusammenhang, etwa der knossischen D-Serie [3], wo neben dem Namen der den Herden beigegebenen Hirten sowie des Ortes, der ihren Aufenthalt nennt, ebenfalls die Namen weiterer Personen im Genetiv begegnen, wobei sich diese, im Gegensatz zum Namen der Hirten, häufig wiederholen; sie haben also diesen gegenüber eine übergeordnete Position aufgrund einer näher nur schwer zu präzisierenden Funktion. Es kann als sicher angesehen werden, daß damit eine bestimmte soziologische Konstellation in den mykenischen Produktionsverhältnissen angezeigt ist. Im Sinne eines Modells wird man die genannten Vasenaufschriften entsprechend etwa in der Weise begreifen dürfen, daß mit den im Gen. genannten Personen die „Grossisten", mit den Ortsnamen der Herstellungs- bzw. Abfüllort, mit den im Nom. verzeichneten Personen die Lieferanten bzw. die für die „Grossisten" arbeitenden „Hersteller" angegeben sind. Der Genetiv der „Grossisten" könnte als ein auf die „Hersteller" bezogener Besitzhinweis gewertet werden. Das Verhältnis zwischen den beiden Personenkreisen erinnert etwa an das der Schmiede zu

---

[2] Es handelt sich wohl um das Schulterfragment einer Bügelkanne, bekanntgegeben von A. Sacconi, Un Coccio Iscritto in Lineare B da Kreusis, PdP Fasc. 147, 1972, S. 424 f.; — Vgl. auch E. Vermeule, Kadmos 5, 1966, S. 142 ff. zu einem Fragment aus Glypha/Euboia, wobei die Aufschrift jedoch nicht eindeutig als Linear B zu bestimmen ist.

[3] Vgl. dazu unten S. 126 ff.

den *doero* (δοῦλοι) in der pylischen Jn-Serie[4], die dort zwar
nicht namentlich, aber in vergleichbarer Weise durch den im Gen.
stehenden Namen ihrer Herren als deren Abhängige (Eigentum?)
charakterisiert werden; so etwa sind die doero der Schmiede aus
apinoewe (Jn 605) als die des *pereqonojo, a₃kiewo, mikarijojo,
puratao* angeführt.

Sieht man vom Inhalt ab, so sind besonders die kretischen
Neufunde hervorzuheben, die seit kurzem erstmals mit Linear B
beschriftete Vasen auch für Kreta bezeugen, und zwar sowohl in
Knossos wie auch außerhalb. Einige Fragmente stammen aus
dem westkretischen Chania[5], in dem man wohl das antike Kydonia, d. h. das *„ku-do-ni-ja"* der knossischen Linear B-Texte
erkennen darf. Eine weitere und zugleich die erste gesicherte
Vaseninschrift in Linear B aus dem Bereich des knossischen Palastes — die ebenfalls von dort stammende, seit A. J. Evans
bekannte Inschrift KN Z 1715 ist in ihrer Zuordnung[6] umstrit-
ten — gehört wie die genannten westkretischen Vaseninschriften
der Phase SM III B an. Sie fand sich in dem unweit des sog.
„Kleinen Palastes" gelegenen, sog. "Unexplored Mansion"[7].
Das Gefäß verdient insofern vorrangige Beachtung, als die

---

[4] Vgl. dazu unten S. 175 ff.

[5] J. G. Tzedakis, Zeugnisse der Linear-Schrift B aus Chania, Kadmos 7, 1967, S. 106 ff.; zu einem weiteren Fragment aus der Höhle
von Mameloukou vgl. Ergon 1968, S. 110, Abb. 131. — Ob ein Fragment aus der Höhle von Nerospilios Linear B-Beschriftung aufweist,
ist unsicher, vgl. dazu P. Faure, Le Tesson Inscrit du Nèrospilios, in:
SMEA 9, 1969, S. 36 ff. — Weitere aus Chania stammende Inschriften,
die nun E. Hallager, Linear A und Linear B Inscriptions from the
Excavations at Kastelli, Khania, 1964—1972, Op. Ath. 11, 1974,
S. 53 ff. bekanntgegeben hat, wurden ebenfalls bereits in A. Sacconis
Corpus (vgl. oben Anm. 1) berücksichtigt.

[6] Dazu J. Raison, a. a. O., S. 138 ff.

[7] M. Popham, An LM III B Inscription from Knossos, Kadmos 8,
1969, S. 43 ff.; AR 15, 1968/69, S. 32, Abb. 42. — Ein erster zu-
sammenfassender Vorbericht zu den Ausgrabungen von 1967/72 im
Unexplored Mansion findet sich AR 19, 1972/73, S. 50 ff.

Fundlage genau beobachtet und seine Datierung in die Phase SM III B (13. Jh.) gesichert ist, worauf nochmals zurückzukommen sein wird.

Die vom Text her nicht sehr ergiebigen bisher auf Kreta gefundenen Vasenaufschriften konnte J. Raison in seinem Werk, soweit überhaupt, nur noch am Rande berücksichtigen[8], was zumindest insofern bedauerlich ist, als J. Raison ohnehin mehr als auf die oben angedeuteten inhaltlichen Fragen auf die archäologischen Aspekte eingeht, wobei er sich allerdings in zwei grundlegenden Punkten von den bisher im allgemeinen vertretenen Auffassungen absetzt: diese betreffen die Lokalisierung und Datierung der Gefäße.

Bereits in einer Besprechung von Ventris-Chadwick's Documents wies L. R. Palmer[9] darauf hin, daß zahlreiche der aus den kretischen Tafeln bekannten Toponyme auch in den Beschriftungen der festländischen Bügelkannen erscheinen — etwa *oduruwijo (oduruwe), wato, 56-kowe* und *da-22-to.* Der Schluß, daß die genannten Gefäße aus Kreta importiert wurden, war dadurch nahegelegt. L. R. Palmer selbst hat ihn in der Folgezeit mehrfach begründet[10], und seiner Ansicht haben sich u. a. A. Heubeck[11], G. R. Hart[12] und L. Godart[13] angeschlossen. A. Heubeck wies in diesem Zusammenhang u. a. auf spezifisch kretische Eigenheiten der Orthographie, G. R. Hart vor allem darauf hin, daß die auf den Vasen genannten Toponyme auch innerhalb der knossischen Tafeltexte eine engere Beziehung untereinander aufweisen, was auf eine engere geographische Zu-

[8] A. a. O. S. 190 (Chania).

[9] Gnomon 31, 1959, S. 30.

[10] L. R. Palmer, Interpretation S. 275 ff.; ders., Mycenaean Inscribed Vases II, The Mainland Finds, Kadmos 11, 1972, S. 27 ff.

[11] Zu den Linear B-Texten auf mutterländischen Vasen, Studi in Onore die Piero Meriggi, Athenaeum NS 47, 1969, S. 144 ff.

[12] The Grouping of the Place-Names in the Knossos-Tablets, Mnemosyne Ser IV, 18, 1965, S. 1 ff., insbes. S. 15 ff.

[13] Les Tablettes de la Série Co de Cnossos, Acta Mycenaea II (Minos XII, 1972), S. 418 ff., insbes. 422 ff.

sammengehörigkeit schließen lasse. Dies wie auch die vermutliche Lokalisierung des zu erschließenden geographischen Bezirks in Westkreta (Kydonia) hat zuletzt nochmals L. R. Palmer [14] ausführlich dargelegt, während L. Godart zu einer ähnlichen Schlußfolgerung anhand der für diesen Bereich durch die Co-Texte angezeigten umfangreichen Tierhaltung gelangte, da für letztere in Ostkreta wohl kaum entsprechende Weideflächen vorhanden gewesen sein dürften.

Zu diesen philologischen Beobachtungen kommen die Ergebnisse von H. W. Catling und A. W. Millet [15] durchgeführter Tonanalysen, die ebenfalls für eine kretische Herkunft der Gefäße sprechen, wobei die genannten Autoren allerdings in erster Linie eine ostkretische Entstehung annehmen, was freilich in einem gewissen noch zu klärenden Widerspruch zur Textanalyse steht, die für eine westkretische Lokalisierung der fraglichen Orte spricht.

Die kretische Herkunft der festländischen Kannen hat, wie vor ihm G. E. Mylonas [16], zuletzt J. Raison in seinem genannten Werk bestritten. Der Umstand, daß bis jüngst entsprechende Gefäße nur vom Festland bekannt waren, mag wesentlich dazu beigetragen haben, einen minoischen Import auszuschließen, obschon die Texte selbst eindeutig nach Kreta weisen. Gerade jedoch auch die toponymischen Entsprechungen hält J. Raison für nichts anderes « que de banal, étant donné l'uniformité linguistique et onomastique de la κοινὴ mycénienne » [17]. Dieser Auffassung einer nur zufälligen Entsprechung der Toponyme ist allerdings L. R. Palmer mit Entschiedenheit und gutem Grund entgegengetreten [18]; er sagt, ein Zufall sei hier bei der allgemeinen Verschiedenheit der festländischen (pylischen) und der

[14] Kadmos 11, 1972, S. 33 ff.

[15] A Study of the Inscribed Stirrup-Jars from Thebes, in: Archaeometry 8, 1965, S. 3 ff.; dies., Theban Stirrup-Jars: Questions and Answers, in: Archaeometry 11, 1969, S. 20 ff.

[16] Hesperia 31, 1962, S. 305 ff.

[17] A. a. O. S. 203.

[18] Kadmos 11, 1972, S. 41 ff.

kretischen Toponyme auszuschließen: unter ca. 220 pylischen und 67 kretischen Ortsnamen findet sich nur eine einzige Entsprechung. Daß zwischen der thebanischen und kretischen Toponymie ein ähnliches Verhältnis bestanden hat, ist — bei der Spärlichkeit der bisher bekannten Texte aus Theben — zwar nicht stringent beweisbar, jedoch sehr wahrscheinlich.

Auch andere Gründe, die J. Raison für die festländische Entstehung der beschrifteten Bügelkannen anführt, sind in keiner Weise zwingend, so etwa die technische Homogenität der thebanischen Gefäße wie auch ihre — mittelbare — Fundvergemeinschaftung mit Linear B-Tafeln, daneben auch die innerhalb derselben Gefäßserie wechselnden Personennamen oder die Verbreitung gleicher Inschriften an verschiedenen Orten des Festlandes.

Leider kennen wir den praktischen Zweck der Gefäßaufschriften zu wenig, um daraus weiterreichende Folgerungen ziehen zu können. Aber wie sich auch der Sinn der Beschriftungen im einzelnen interpretieren lassen mag: denkbar ist es in jedem Fall, daß etwa dieselbe Töpferwerkstatt im Bereich von Kydonia für verschiedene „Grossisten" oder „Lieferanten" gearbeitet hat und somit verschiedene Namen innerhalb einer technisch einheitlichen Gefäßgruppe auftreten — nicht minder, daß diese Gefäße gemeinsam exportiert wurden, wobei als Empfänger durchaus verschiedene Orte des Festlandes auftreten können. Als Exporteur käme, da die bestimmten Tafeltexten strukturell entsprechenden Formeln der Aufschriften an einen engen Zusammenhang mit der palatialen Verwaltung denken lassen, der Palast in Frage — sofern wir zur Zeit des Exports dieser Gefäße noch mit einem kretischen Palast rechnen können.

Wir kommen damit zum zweiten nicht minder problematischen Punkt, in welchem J. Raison von der bisherigen Auffassung abweicht: zur Datierung der festländischen, d. h. in erster Linie der thebanischen Bügelkannen.

Der Gefäßtypus als solcher scheint im 14. und 13. Jh. keine markante Formentwicklung zu durchlaufen, so daß eine Datierung dieser gröberen Gefäße vor allem vom Fundkontext, d. h.

in erster Linie der feineren, bemalten Keramik abhängt. Für die beschrifteten Bügelkannen aus Theben ist dieser Fundkontext durch die Zerstörung des „Hauses des Kadmos" gegeben. A. Keramopoullos[19], der Ausgräber, hat diese in das frühere 14. Jh. datiert. Der bereits als vorzüglicher Kenner der mykenischen Keramik genannte A. Furumark und nach ihm P. Ålin sowie zuletzt S. Symeonoglou haben sich dieser Ansicht angeschlossen, obschon auch ihnen nicht entgangen war, daß einige wenige Scherben des genannten Fundkomplexes einer späteren Zeit angehören, die aber nach ihrer Meinung nachträglichen Störungen des Befundes zuzuschreiben und damit nicht für die Datierung maßgeblich sind. Auf eben diese Scherben aber stützt, darin mit G. E. Mylonas[20] übereinstimmend, J. Raison[21] seine Datierung der Bügelkannen in die Phase SH III B (13. Jh.).

L. R. Palmer, der sich dieser Datierung aus begreiflichen Gründen anschließen zu müssen glaubt und sich zudem nun auch auf das gesicherte SM III B-Gefäß aus dem "Unexplored Mansion" berufen kann, hat sogleich auf die sich hier ergebenden Konsequenzen für das Knossos-Problem hingewiesen. Stammen die fraglichen Gefäße tatsächlich aus Kreta und gehören sie dem 13. Jh. an, so bezeugen sie nicht nur die Fortdauer der Schriftkenntnis im spätminoischen Kreta, sondern widerlegen zugleich das verbreitete Bild einer nach 1400 (1375) an der Peripherie des mykenischen Reiches liegenden, in den Zustand der Schriftlosigkeit und provinziellen Bedeutungslosigkeit zurückgesunkenen Insel.

Der erstgenannten Voraussetzung, auf der L. R. Palmers Folgerung beruht, der kretischen Provenienz der fraglichen Gefäße, muß auch nach der hier vertretenen Auffassung zugestimmt

---

[19] Vgl. dazu und zum Folgenden: Kap. III, Anm. 10 ff. — P. Ålin, Das Ende der mykenischen Fundstätten auf dem griechischen Festland, Lund 1962, S. 118 f.

[20] Hesperia 31, 1962, S. 302 f. mit Anm. 54.

[21] A. a. O. S. 53, — ders., Recherches sur la Chronologie des Ecritures Mycéniennes: Les Inscriptions sur Vases, in: Atti Roma Bd. 1, S. 326 ff.

werden. Große Bedenken ergeben sich jedoch hinsichtlich der Datierung der Gefäße in die Phase SH III B, die sich mit der Geschichte des „Hauses des Kadmos" nach den jüngsten, oben genannten Untersuchungen nur schwer zu vertragen scheinen. — Wurde, was nach allem das Wahrscheinlichere ist, das Haus des Kadmos noch vor der Mitte des 14. Jh. zerstört, müssen auch die kretischen Gefäße vor diesem Zeitpunkt nach Theben gebracht worden sein und könnten also sehr wohl aus dem Kreta der Zeit vor der Zerstörung des knossischen Palastes und einer noch intakten Verwaltung stammen [22]. Anderseits wird man zumindest bis auf weiteres auch die Möglichkeit erwägen müssen, daß die Verhältnisse für jenen Teil des Kadmos-Hauses, aus dem die beschrifteten Gefäße stammen, ähnlich denen sind, die N. Platon und E. Touloupa in dem an der Pelopidas-Straße aufgedeckten Gebäudetrakt vorfanden, der die Orientierung des Kadmos-Palastes teilt, jedoch neben dem jüngeren Palast bis in das 13. Jh. hinein fortbesteht. So muß auch hier wie bei den Tafeln von der Pelopidas-Straße, deren Datierung gelegentlich unterschiedlich mit 1375/1350 [23] bzw. 1300 [24] angegeben wird, die chronologische Einordnung bis auf weiteres unentschieden bleiben.

Angesichts dieser Schwierigkeiten, die eine befriedigende Antwort derzeit kaum gestatten und neben dem Knossos-Problem beinahe ein die beschrifteten Bügelkannen betreffendes „Theben-Problem" befürchten lassen könnten, erscheint jenes bereits oben

[22] Diese Feststellung muß jedoch nicht gleichzeitig eine Herkunft der Gefäße aus dem Palast von Knossos beinhalten.

[23] Vgl. Kap. III, Anm. 8, 9.

[24] Eine Datierung um 1300 wurde von N. Platon und E. Touloupa in Illustrated London News vom 5. 12. 1964, S. 896 genannt; sie wird u. a. von C. Sourvinou-Inwood, Minos 13, 1972, S. 135 Anm. 20 übernommen, die sich auf eine Zerstörung in "LH III A:2 or early III B" beruft, was ebenfalls in die Jahre um 1300 deutet. — Th. G. Spyropoulos, The Thebes Tablet II (Minos, Suppl. 4, Salamanca 1975) plädiert nun für eine Datierung aller in Theben gefundenen Tafeln an das Ende von SH III B, d. h. um 1200.

erwähnte Gefäß, das in Knossos im "Unexplored Mansion" zusammen mit einem Kultidol in gesichertem SH III B-Zusammenhang gefunden wurde, um so wertvoller. Mit Sicherheit belegt es den bisher unbewiesenen Umstand, daß es auf Kreta auch noch nach der im allgemeinen angenommenen Zerstörung der Paläste zu Beginn des 14. Jh. weiterhin Linear B-Schrift gegeben hat, da an der kretischen Herstellung des Gefäßes wohl kaum ein Zweifel möglich ist. Ist es aber, so fragt es sich darüber hinaus, sinnvoll, anzunehmen, daß das Schriftsystem auch ohne zentrale Verwaltungsorganisation in Verwendung war? Man wird diese Möglichkeit nicht ganz ausschließen mögen — alle bisherigen Erkenntnisse aber sprechen nicht dafür; vielmehr hat gerade auf dem mykenischen Festland der Untergang der Paläste und der ihrer zentralen Verwaltungsorganisation das Ende von Linear B nach sich gezogen. Hätten wir also in Kreta auch noch für die Phase III B palatiale Verwaltungszentren (Knossos, Kydonia) vorauszusetzen? Vielleicht werden künftige Forschungen hier klarer sehen lassen.

Das Gefäß selbst trägt die Aufschrift „wi-na-jo", offenkundig ein Personenname, der in anderem Zusammenhang auch auf den Linear B-Tafeln aus dem knossischen Palast begegnet. Die naheliegende Frage, ob sich nicht auf Grund einer Identität des auf dem Gefäß genannten winajo mit der gleichnamigen Person auf den Tafeln eine Gleichzeitigkeit von Gefäß (SH III B) und Tafeln notwendig ergibt, kann leider ebenfalls nicht mit Entschiedenheit beantwortet werden, obschon — sieht man von der Evansschen Datierung der Tafeln zunächst ab — nichts gegen eine solche Identität sprechen müßte, die freilich anderseits im positiven Sinn ebenfalls kaum schlüssig zu beweisen ist.

Auch die inhaltlichen Entsprechungen zwischen den übrigen beschrifteten Gefäßen und den knossischen Tafeln sprechen stark für deren Gleichzeitigkeit. Wie anders nämlich sollte man es verstehen, daß neben Personennamen vor allem die von der zentralen Palastverwaltung erfaßten und wiederholt genannten Orte auch auf den Gefäßen erscheinen? Nach dem Untergang des Palastes und seiner Verwaltungsbüros dürften dafür die

Voraussetzungen kaum mehr gegeben gewesen sein. Freilich, die thebanischen Gefäße sind vorerst nicht mit Sicherheit datiert. Ein Rückschluß auf die zeitliche Stellung der knossischen Tafeln ist daher derzeit keinesfalls statthaft.

VI. VERWALTUNG UND ARCHIVWESEN

Der Gebrauch der Linear B-Schrift war ausschließlich auf die mykenischen Paläste beschränkt und diente der Verwaltung des Staatsgebietes. Die Tafeltexte beinhalten Angaben über den Personalstand und seine Verwendung in Verwaltung, Kult, Dienstleistung, handwerklicher Produktion und Heer; daneben über die Zuteilung von Nahrungsmittelrationen an bestimmte Personenkreise; über die Belange des Ackerbaus und der Viehzucht — hier in erster Linie über die Zuweisung von Saatgut oder Ackerland, bzw. die Überwachung von Schafherden zum Zweck der Wollgewinnung und der textilen Produktion; des weiteren über die Zuteilung von Rohmaterialien wie Erz oder pflanzliche Produkte (etwa Ingredienzien zur Veredelung von Öl) durch bzw. an den Fiskus; über die Durchführung kultischer Handlungen, soweit diese mit der Darbringung von Opfergaben verbunden sind; schließlich über die Aufbewahrung zivilen wie militärischen Geräts. Somit umfaßt die mykenische Verwaltung die wesentlichsten personalen wie materiellen Sektoren des Staates und seines Haushalts, die vom Palast aus zentralistisch gesteuert werden. Da alle entsprechenden Regelungen zwar vom Palast aus erfolgen, jedoch — soweit wir dies beurteilen können — die gesamte geographische Ausdehnung des Staatsgebietes betreffen, obliegt der zentralen Verwaltung, wie dies u. a. von I. Tegyey [1] mehrfach betont wurde, die administrative und wirtschaftliche Organisation des Staatsgebietes und dessen militärische Sicherung.

[1] I. Tegyey, Die Organisation des Pylischen Staates, Acta Antiqua Acad. Scient. Hung. 15, 1967, S. 225 ff.; ders., Some Aspects of Mycenaean Archives and Economy, Acta Class. Univ. Scient. Debrecen., 5. 1969, S. 129 ff.

Die hohe Bedeutung, die der zentralen Verwaltung und ihren Schriftarchiven für die innere Funktionsfähigkeit des Staatswesens zukam, bedarf demnach keiner besonderen Betonung. Die Gliederung und Organisation der Zentralverwaltung, das gegenseitige Abhängigkeitsverhältnis der einzelnen Verwaltungsbereiche läßt sich freilich nur noch indirekt aus archäologischen Indizien wie aus der inhaltlichen Gliederung der Schrifttexte bis zu einem gewissen Grad erschließen, ist jedoch für unser Verständnis des Inhalts der Tafeln von großer Tragweite.

Die erhaltenen Tontafeln gehören zwei verschiedenen Typen an, die sich durch ihre äußere Gestalt [2] unterscheiden. Der eine Typus, der längliche Gestalt aufweist (ca. 15 cm) wird in Analogie zu einer antiken Überlieferung, die Palmblätter als Schreibmaterial nennt, als jener der Palmblatt-Tafeln bezeichnet; er weist im allgemeinen nicht mehr als drei Textzeilen auf. Der andere Typus hingegen ist von hochrechteckiger Gestalt, zumeist mit ca. 10 bis 25 Zeilen versehen, und kann, da er unserem Schriftbild vergleichbar ist, als Typus der „Seiten-Tafel" umschrieben werden. Im allgemeinen werden die Tafeln mit einem spitzen Gegenstand nur auf der geglätteten Oberseite beschrieben, während die gröbere Unterseite, die oftmals die Fingerabdrücke des Schreibers aufweist, textlos bleibt. Doch finden sich gelegentliche Ausnahmen.[3]

Mitunter, so in der pylischen E-Serie, läßt sich auch eine Doppelredaktion desselben Textes auf Palmblatt- und Seitentafeln beobachten. Erstere enthalten jeweils eine einzelne, letztere eine Mehrzahl von Buchungen. Es ergibt sich daraus der Eindruck, als hätten die Palmblatt-Tafeln, unseren Notizzetteln vergleichbar, gelegentlich nur vorläufige, kurzfristige Vermerke enthalten, die dann unter übergeordneten Gesichtspunkten auf die Seitentafeln übertragen wurden. Freilich stellt sich für uns die Frage, warum

[2] Vgl. auch J. P. Olivier, Pinacologie mycénienne, Atti Roma II, S. 507 ff.

[3] Dazu J. P. Olivier, Tablettes opisto- et pleurographes de Cnossos, SMEA 4, 1967, S. 53 ff.

dann, nach erfolgter Übertragung, die Einzelvermerke aufbewahrt wurden. Eine Erklärung für diesen Umstand könnte darin gesehen werden, daß zu einem späteren Zeitpunkt eine Revision geplant war, die im Falle der uns erhaltenen Doppelredaktionen noch nicht durchgeführt worden war. Die zweifache Überlieferung der Texte ergibt zugleich die Möglichkeit, den Verlust an Tafelmaterial ungefähr abzuschätzen. Er scheint für Pylos nicht allzu umfangreich zu sein und dürfte bei etwa 10 % liegen; in Knossos aber dürfte er, soweit sich das bisher beurteilen läßt, wesentlich größer sein. — Der Zeitraum, der von den Tafeln erfaßt wird, ist auf ein Jahr beschränkt, wie dies aus entsprechenden Eintragungen hervorgeht, die das laufende Jahr (*toto weto* = τοῦτο ἔτος), das kommende (*a₂tero weto* = ἄτερον ἔτος), insbesondere aber Schuldüberträge des vergangenen (*perusinwo* — vgl. περυσινός) Jahres betreffen. Da entsprechende Sachgruppen jedoch nicht in mehrfachen, aus verschiedenen Jahren stammenden Niederschriften vorliegen, kann davon ausgegangen werden, daß die Tafeln im Regelfalle nach dem Jahresabschluß vernichtet wurden, was bei den nur luftgetrockneten, jedoch nicht gebrannten Dokumenten nichts anderes als ihre Entfernung aus den schützenden Archivräumen bedeutet hat.

Die Begrenzung des von den Tafeln erfaßten Zeitraumes auf ein Jahr setzt eine entsprechende Jahresbilanz voraus, die um so notwendiger erscheint, als das gesetzte Plansoll offenkundig oftmals nicht eingehalten werden konnte und als Fehlbetrag bei der entsprechenden Buchung des folgenden Jahres übernommen werden mußte. Doch sind unter den Tontafeln keine Niederschriften entsprechender Jahresbilanzen aufgetaucht. Man hat daraus, sicherlich mit Recht, die Existenz solcher Aufzeichnungen auf anderem vergänglichem Material erschlossen. Dort dürften entsprechende wichtige Daten über einen längeren Zeitraum hin festgehalten worden sein. Als Schreibmaterial [4] könnte

---

[4] Zur Frage des außer Tontafeln möglicherweise verwendeten Schreibmaterials vgl. H. T. Bossert, Sie schrieben auf Holz, in:

ebenso Papyros, Leder oder Holz in Frage kommen. Daß man in mykenischer Zeit neben der Handhabung des Ritzgriffels auch die des „Tintenstiftes" verstand, zeigen die in flüssiger Farbe beschriebenen Tongefäße. Auch der vergleichsweise flüssige Duktus der einzelnen Schriftzeichen führt zur Annahme, daß Linear B nicht allein in Ton geritzt, sondern auch mit „Feder und Tinte" geschrieben wurde. Durch eine Ironie des Schicksals aber dürften eben jene Brandkatastrophen, die zur Härtung und dauernden Konservierung der nur ephemeren Zwecken dienenden Tontafeln entscheidend beigetragen haben, zugleich auch den Verlust der auf anderem Material niedergeschriebenen „Annalen" mit sich gebracht haben. Anderseits dürften die auf vergänglichem Schreibmaterial niedergelegten Texte sich inhaltlich von jenen der Tafeln nicht wesentlich unterschieden haben, also ebenfalls ausschließlich der Buchführung gedient haben. Für kompliziertere Texte mit literarischem Anspruch[5] dürfte das Schriftsystem von Linear B nicht geeignet gewesen sein.

Die Archivräume selbst waren auf verschiedene Orte im Palast verteilt, wie das aus den Fundplätzen der Tafeln hervorgeht. Neben den jeweiligen Hauptarchiven, die in Pylos unmittelbar beim Palastzugang, in Knossos u. a. am nördlichen Palasteingang lagen, gab es eine Reihe weiterer Büros, die wohl zugleich auch als Archivräume dienten[6]. Durch J.-P.

Minoica, Festschrift Sundwall, S. 67 ff., bes. 77; H. Brunner, Schreibmaterial, in: Handbuch der Archäologie, Allgem. Grundlagen, München 1969, S. 303 ff.

[5] Positiver in dieser Hinsicht urteilen T. B. L. Webster, Von Mykene bis Homer, 1960, S. 40, 93, 127 ff.; A. J. B. Wace in: Ventris-Chadwick, Docs. S. XXXIII.

[6] Ähnlich scheinen die Verhältnisse in Theben gewesen zu sein. J. Chadwick, Minos 10, 1970, S. 127 bemerkt hinsichtlich der beiden bisher dort entdeckten Tafelgruppen, die sich sowohl durch den jeweils einheitlichen Inhalt wie auch durch ihre beschränkte Anzahl auszeichnen: "Thus in both cases it would seem likely that the Theban tablets represent the local records of a particular store or workshop, rather than a section of the main archives. Consequently the search

Oliviers[7] bewundernswerte Untersuchungen der knossischen Tafeln nach ihrem Fundort sowie ihrer Herkunft von individuellen Schreiberhänden haben sich wertvolle Aufschlüsse hinsichtlich der Organisation der Palastverwaltung ergeben. Unter Berücksichtigung der Fundorte einzelner Tafelgruppen, der von ihnen erfaßten Sachbereiche sowie der daran jeweils beteiligten Schreiber läßt sich ein hohes Maß an Spezialisierung erkennen: an verschiedenen Orten gelegene Schreibbüros beschäftigen sich mit bestimmten Sachgebieten, die jeweils von bestimmten, zumeist fast ausschließlich damit befaßten Schreibern wahrgenommen wurden.

Schreibbüros und Archivräume dürften, wie bereits gesagt, oftmals zusammenfallen — den Schreibern war damit der Einblick in die bereits vorhandenen Aufzeichnungen jederzeit möglich. Dies könnte ein bezeichnendes Licht auf die soziale Stellung der Schreiber werfen. J.-P. Olivier vermutet, daß diese nicht nur als einfache „Schreibsklaven" oder untergeordnete Bedienstete angesehen werden dürfen, sondern daß in ihnen vielmehr gehobene Verwaltungsfunktionäre zu erkennen sind, die sich zur Wahrnehmung ihres Amtes der Schrift bedienten. Dafür könnte, seiner Meinung nach, die völlige Anonymität der Schreiber[8], die als eigener Berufsstand offenkundig nicht her-

for an Archive Room at Thebes must continue elsewhere ...". Zu den Fundorten der Tafeln aus Pylos und Knossos vgl. auch Kap. IX, Anm. 5 ff.

[7] J. P. Olivier, Les scribes de Cnossos, Rom 1967.

[8] E. L. Bennett, Anonymous Writers in Mycenaean Palaces, Archaeology 13, 1960, S. 26 ff. — Der Name der Schreiber als Berufsbezeichnung scheint nicht überliefert zu sein. — Vgl. zu einer entsprechenden Deutung von dipteraporo: M. Gerard-Rousseau, Les Mentions Religieuses dans les Tablettes Mycéniennes, Rom 1968, S. 65, — von raptere vgl. J. P. Olivier, A propos d'une liste de desservants de sanctuaire dans les documents en linéaire B de Pylos, Brüssel 1960, S. 79, 96, — von opikapeewe vgl. J. Taillardat, Opisukoqe opikapeeweqe ›Les archivistes et les scribes‹?, Atti Roma, Bd. II, S. 709 ff. — In allen Fällen dürften jedoch andere Deutungen vorzuziehen sein.

vortreten, ebenso sprechen wie der Umstand, daß von einigen Händen nur jeweils eine einzige, bzw. sehr wenige Tafeln vorliegen: was, so stellt sich die Frage, haben diese offenkundig nur wenig beschäftigten Schreiber in der übrigen Zeit getan, wenn nicht neben der Niederschrift der Tafeln auch die Verwaltung des gesamten Ressorts von ihnen wahrgenommen worden wäre?

Auch scheint die Anzahl der Schreiber gegenüber den überlieferten Textbeständen viel zu groß. J.-P. Olivier konnte am knossischen Material 75 Hände scheiden, davon 41 dominierende, während die übrigen nur selten erscheinen. Geht man davon aus, daß uns vom knossischen Material ca. 70 % erhalten sind, so dürfte bei gleichen Proportionen die ursprüngliche Anzahl der Hände bei 100 gelegen haben. In Pylos lassen sich etwa 40 verschiedene Schreiber unterscheiden.

Ein einziger geübter Schreiber hätte, nach J.-P. Oliviers Auffassung, die Gesamtheit der in den mykenischen Palästen gefundenen Texte innerhalb weniger Wochen verfassen können [9]. Daraus ergibt sich ein wesentliches Indiz für die Annahme, daß dem „Schreiber" auch andere Aufgaben innerhalb der Verwaltung oblagen. Daß jedoch auch innerhalb eines Schreibbüros gewisse, gelegentlich wohl nicht unbedeutende Rangunterschiede bestanden haben, kann mit gutem Grund angenommen werden. So dürften jene Hände, die nur selten erscheinen, in erster Linie mit der Durchsicht der Tafeln zu tun gehabt und eine Kontrollfunktion wahrgenommen haben. Bemerkenswert sind nicht zuletzt auch gewisse graphologische Abhängigkeitsverhältnisse innerhalb der einzelnen Verwaltungsressorts bzw. Schreibstuben, die sich von anderen durch bestimmte Eigenheiten des Schriftgebrauchs unterscheiden. Dies könnte so gedeutet werden, daß innerhalb dieser jeweils eine bis zu einem gewissen Grad eigene Schrifttradition bestand — das heißt, daß die Ausbildung der schreibkundigen Funktionäre innerhalb der jeweiligen

[9] Entsprechend auch J. Chadwick, Burocrazia di uno Stato Miceneo, Riv. Fil. 40, 1962, S. 340.

Büros erfolgte. — Anderseits hat J. Chadwick [10] daran gedacht, in den Dokumenten des sog. "Room of Chariot Tablets" die Produkte einer palatialen Schreiberschule erkennen zu können. Ihm hat C. Camera [11] widersprochen. Außergewöhnlich bleibt jedoch die Vielzahl der von den in diesem Bereich gefundenen Tafeln behandelten Sachgebiete — d. h. die Vielzahl der hier vertretenen Tafelserien, wozu auch epigraphische Besonderheiten kommen.

Ein zentrales Problem jeder Verwaltung ist der Austausch von Informationen mit den einzelnen geographischen Teilbereichen des verwalteten Gebiets. Wie dieser Austausch vor sich ging, kann mit Sicherheit nicht gesagt werden. Auffällig ist jedoch das hohe Maß an Vertrautheit seitens der Palastverwaltungen mit der personalen Situation an den einzelnen, oftmals vom Palast wohl weit entfernten Orten. Diese war wohl nur durch einen engen Kontakt der einzelnen Verwaltungsressorts mit den örtlichen Einrichtungen zu gewährleisten. Daß die Schreiber in ihrer Funktion als Verwaltungsbeamte diesen Kontakt persönlich aufrechterhalten haben und entsprechende Aufzeichnungen an Ort und Stelle vorgenommen haben, muß allerdings vorerst eine Vermutung bleiben [12].

[10] J. Chadwick, The Archive of the Room of the Chariot Tablets at Knossos, BICS 14, 1967, S. 103 ff.; ders., The Organization of the Mycenaean Archives, Studia Mycenaea, S. 17 f.

[11] C. Camera, Una presenta scuola degli scrivani a Cnossos, SMEA 7, 1968, S. 116 ff.; vgl. dazu J. Chadwick, Acta Mycenaea, Salamanca 1972, I, S. 29.

[12] Vgl. zu dieser Frage J. H. Betts, New Light on Minoan Bureaucracy, Kadmos 6, 1967, S. 15 ff., wo anhand gleicher, jedoch an verschiedenen Orten gefundener Siegelabdrücke aus der Phase SM I B (1500—1450) die Frage nach der Zentralgewalt von Knossos sowie den Administratoren an anderen Orten untersucht wird. Ähnliche Verhältnisse könnten auch für die folgenden Jahrzehnte vorausgesetzt werden. — Vgl. ferner SMEA 15, 1972, S. 64 ff., — L. Godart, Acta Mycenaea II (Minos XII) S. 424, wo von den Tafeln des Schreibers 107 angenommen wird, sie seien von Chania nach Knossos gebracht worden.

VII. DAS SCHRIFTSYSTEM —
DIE SCHREIBREGELN

Das Schriftsystem von Linear B weist neben Zeichengruppen mit phonetischem Wert auch solche mit bildhaftem auf[1]. Das Zusammenspiel der Zeichengattungen geht in die Anfänge des Schriftsystems zurück, und es kann als sicher gelten, daß das eine oder andere Bildzeichen zum phonetischen Schriftzeichen wurde, indem es den Lautwert der einleitenden Silbe des ursprünglich sematographisch bezeichneten Wort-Begriffes erhielt[2].

Nach dem derzeit gültigen, vom Salamanca-Colloquium bestätigten Zeichenindex umfaßt das Schriftsystem von Linear B 91 phonetische Zeichen, die Vokale oder Silbenwerte wiedergeben (vgl. Tab. II). Zu den Grundvokalen a, e, i, o, u treten Vokalverbindungen (ai, au), aspirierte Vokale (a_2); die Silbenzeichen beinhalten überwiegend offene Silben aus der Kombination von Konsonant und Vokal, daneben aus Silben mit zwei einleitenden Konsonanten (dwe, dwo, nwa, pte, twe, two); außerdem finden sich Doppelnotierungen einzelner Silbenwerte (pu_2, ra_2, ra_3, ro_2, ta_2), die im einzelnen jedoch wohl bestimmte, nicht immer unmittelbar einsichtige phonetische Differenzierungen (etwa Palatalisierung, Aspiration u. a. m.) beinhalten dürften. Während zwei der ursprünglich von Bennett auf 93 angesetzten Lautzeichen als Variationsformen anderer Zeichen ausgeschieden werden können[3], besteht für weitere 16 phonetische Zeichen bisher keine allgemein akzeptierte, verbindliche

---

[1] Zur Klassifizierung der Zeichengruppen vgl. E. L. Bennett, Names for Linear B Writing and for its Signs, Kadmos 2, 1965, S. 98 ff.

[2] Vgl. dazu G. Neumann, Zur Sprache der kretischen Linear-Schrift A, Glotta 36, 1957, S. 156 ff.; C. J. Ruijgh, L'origine du signe 41 (si) de l'écriture Linéaire B, Kadmos 9, 1970, S. 172 ff.

[3] Vgl. dazu Acta Mycenaea Bd. 1, S. 74, 3.

Tabelle II: Syllabogramme

a 08	da 01	ja 57	ka 77	ma 80	na 06	pa 03	qa 16	ra 60	sa 31	ta 59	wa 54	za 17	
e 38	de 45	je 46	ke 44	me 13	ne 24	pe 72	qe 78	re 27	se 09	te 04	we 75	ze 74	
i 28	di 07		ki 67	mi 73	ni 30	pi 39	qi 21	ri 53	si 41	ti 37	wi 40		
o 61	do 14	jo 36	ko 70	mo 15	no 52	po 11	qo 32	ro 02	so 12	to 05	wo 42	zo 20	
u 10	du 51		ku 81	mu 23	mu 55	pu 50		ru 26	su 58	tu 69			
a₂ 25	dwe 71				nwa 48	pu₂ 29		ra₂ 76		ta₂ 66			
ai 43	dwo 90					pte 62		ra₃ 33		twe 87			
au 85								ro₂ 68		two 91			

18, 19, 22, 34, 35, 47, 49, 56, 63, 64, 65, 79, 82

83, *84, 86, *88, 89

* Numeri deleti

Lesung. Es handelt sich hierbei jedoch um vergleichsweise sehr seltene, zumeist nur in wenigen Worttypen belegte Zeichen[4], ihre bisher nicht eindeutig mögliche Lautbestimmung ist nicht zuletzt auf ihre beschränkte Verwendung zurückzuführen, wirkt sich jedoch anderseits im allgemeinen keineswegs gravierend auf das Verständnis der Texte aus.

Die sematographischen Zeichen[5] (vgl. Tab. III), von denen wir ca. 150 zählen, können in mehrere Untergruppen gegliedert werden. Neben reinen Ideogrammen (Bildzeichen) finden sich auch Kombinationen (Ligaturen bzw. Adjunkte) aus Silbenzeichen und Ideogramm, mehreren Ideogrammen wie auch aus mehreren Silbenzeichen (Monogramme). Die Bedeutung der Ideogramme ist oftmals unmittelbar aus dem Bildcharakter abzulesen (Personen, Tiere, Gebrauchsgegenstände), kann gelegentlich aus dem vorausgehenden Text erschlossen werden, bleibt jedoch in einer Anzahl von Fällen unsicher — vor allem dann, wenn der Bildcharakter stark linearisiert und abstrahiert ist und zudem der Text den entsprechenden Aufschluß versagt.

Bisweilen können auch zwei Ideogramme zusammen erscheinen, so etwa, wenn ein bestimmtes Gefäß als ehernes oder goldenes bezeichnet werden soll; in diesen Fällen steht das Ideogramm für das Material vor jenem, das den Gefäßtypus anzeigt.

Aus Linear A hat Linear B neben der Verwendung von Ideogrammen auch die Besonderheit übernommen, Bildzeichen

---

[4] Zusammengestellt bei M. Lejeune, Les Syllabogrammes B et leur Translitération, Acta Mycenaea Bd. I, S. 78 ff. (Appendice: I: Syllabogrammes de valeur phonétique incertaine); J.-P. Olivier, Index Généraux du Linéaire B, Rom 1973, S. 353 ff.; (Annexe 1: Index des Groups de Syllabogrammes contenant des Syllabogrammes non translittérés).

[5] Zur Interpretation vgl. E. L. Bennett, Linear B Sematographic Signs, Acta Mycenaea, Bd. 1, S. 55 ff. — Eine lexikalische Zusammenstellung bietet A. Sacconi, Ideogrammata Mycenaea, in: Atti Roma, Bd. II, S. 513 ff.; J.-P. Olivier u. a., Index Généraux S. 317 ff. (III. Index des Déterminatifs et des Idéogrammes).

No.	Sign	No.	Sign	No.	Sign	No.	Sign	No.	Sign
100	VIR	108m	SUSm	118	L	125+PA	CYP+PA	142	
102	MULier	108+KA	SUS+KA	120	GRAnum	127	KAPO	144	CROCus
104	CERVus	108+SI	SUS+SI	120+PE	GRA+PE	128	KANAKO	145	LANA
105	EQUus	23-109	MU:BOS	121	HORDeum	129	FAR	146	
105f	EQUf	109f	BOSf	122	OLIVa	130	OLEum	146+PE	
105m	EQUm	109m	BOSm	122+A	OLIV+A	130+A	OLE+A	150	
21-106	QI-OVIS	109+SI	BOS+SI	122+TI	OLIV+TI	130+PA	OLE+PA	151	CORNu
106f	OVISf	110	Z	123	AROMa	130+WE	OLE+WE	152	
106c	OVISm	111	V	123+KO	AROM+KO	131	VINum	153	
106+TA	OVIS+TA	112	T	124	PYC	132		154	
22-107	CAPer	113	S	124+QA	PYC+QA	133	AREPA	155	
107f	CAPf	114	Q	124+O	PYC+O	134		155	VAS
107m	CAPm	115	P	125	CYPeros	135	MERI	156	TURO₂
85+108	SUS	116	N	125+KU	CYP+KU	140	AES	157	
108f	SUSf	117	M	125+O	CYP+O	141	AURum	158	
								159	TELA

No.	Sign
159+KU	TELA+KU
159+PA	TELA+PA
159+PU	TELA+PU
159+TE	TELA+TE
159+ZO	TELA+ZO
160	
161	
162	TUNica
162+KI	TUN+KI
162+QE	TUN+QE
162+RI	TUN+RI
163	ARMa
164	
165	
166	

					Numeri vacantes (vel *deleti)
166+WE	179	205 205^VAS	218 218^VAS	242 CAPSus	*101, *103,
167	180	206 206^VAS	219 219^VAS	243 ROTA	*119,
167+PE	181	207 207^VAS	220	243+TE ROTA+TE	*124+123,
168	182	208 208^VAS	225 ALVeus	245	*126,
168+SE	183	209 209^VAS	226 226^VAS	246	*130+PO,
169	184	209+A 209^VAS+A	227 227^VAS	247 DIPTE	136-139, *143,
170	185	210 210^VAS	228 228^VAS	248	147-149, *175,
171	189	211 211^VAS	229 229^VAS	249	*186, *187,
172	190	212 212^VAS	230 HASta	250 250^VAS	*188, *192-
172+KERO.	191 GALea	212+U 212^VAS+U	231 SAGitta	253	193, 194-199,
173 LUNA	200 200^VAS	213 213^VAS	232	254 JACulum	221-224, *235,
174	201 201^VAS	214 214^VAS	233 PUGio	255	236-239, *244,
176 ARBor	202 202^VAS	215 215^VAS	234	256	*251-252,
177	203 203^VAS	216 216^VAS	240 BIGae	257	259-298, *299.
178	204 204^VAS	217 217^VAS	241 CURrus	258	

Tabelle III: Ideogramme
(Nach Acta Mycenaea, Salamanca 1972, S. XX, XXI.)

(Ideogramme) mit syllabischen Zeichen zu kombinieren; diese können in das Ideogramm gezeichnet (Ligatur) oder diesem beigefügt (Adjunkt) werden. Für die Ligaturen lassen sich zwei grundsätzliche Möglichkeiten unterscheiden: entweder hat das beigefügte Syllabogramm qualifizierenden Wert, d. h. es bestimmt die spezifische Art des angezeigten Gegenstandes (etwa die Webtechnik oder Gestalt des Textilproduktes), oder aber es wiederholt verdeutlichend den Begriff des angezeigten Gegenstandes, so etwa, wenn zum Bild einer Amphora als deren Anlaut das Schriftzeichen für „A" tritt.

Fallweise wurden die Schreiber offenkundig mit dem Problem konfrontiert, daß für verschiedene Produkte ein entsprechendes Ideogramm fehlte, dieses jedoch in Analogie zum üblichen Buchungsvorgang aufscheinen mußte. Hier konnte sich der Schreiber auf zweierlei Weisen behelfen: entweder er erfand, wenn der verzeichnete Gegenstand eine charakteristische, leicht wiederzugebende Gestalt hatte, ad hoc ein entsprechendes Bildzeichen (Dreifuß, Gefäßart), oder aber er vereinigte die dem Gegenstand adäquaten Schriftzeichen zu einem Monogramm (so etwa KA+PO für καρπός, A+RE+PA für ἄλειφαρ, ME+RI für μέλι). Wie die Kombination zweier Ideogramme, so kann auch die Verbindung von Ideogramm und Monogramm zur sematographischen Kennzeichnung eines bestimmten komplexeren Sachverhaltes auftreten, etwa wenn eine Amphora mit Honig verzeichnet wird (Bildzeichen für Amphora + Monogramm für Honig).

Auch einzelne syllabische Zeichen können anstelle von Ideogrammen auftreten, wobei sie im Sinne von Abkürzungen gebraucht werden. Hierbei kann, je nach Kontext, dasselbe Silbenzeichen für verschiedene Begriffe verwendet werden, etwa *ko* für *ko-wo*, *ko-wa* (κόρϝος, κόρϝα; att. κόρος, κόρα), *ko-ri-ja-do-no* (κορίανδρον), *ko-ru-to* (κόρυθος). Als Abkürzung im eigentlichen Sinn ist *o* für *o-pe-ro* (ὄφελος) zu verstehen, das ausstehende Beträge, bzw. nicht erfüllte Leistungen bezeichnet. Ähnlich dürften die in Verbindung mit Ideogrammen sich findenden Vermerke wie *pa* für *pa-ra-jo* (παλαιός) und *ne* für *ne-wo* (νέος) eingestuft werden.

Eigene Zeichen stehen für Maß- und Zahlangaben zur Verfügung[6]. Die Maßzeichen unterscheiden zwischen Hohlmaßen für flüssige und trockene Stoffe (Öl, Wein, Honig, Salben, — bzw. Korn, Gerste, Oliven, Feigen, Mehl, Gewürze), sowie Gewichtsmaße für Feststoffe (Erz, Gold). Nicht unproblematisch sind hier die absoluten Maßbestimmungen, die nur auf Umwegen ungefähr zu berechnen sind: etwa durch den Vergleich mit erhaltenen „Normal"-gewichten, Gefäßinhalten und auch mit den in vergleichbaren Systemen üblichen Rationen der Nahrungsmittelzuteilungen an einzelne Personen. Die Unterteilung der jeweils übergeordneten Maßeinheit erfolgt bei Gewichts-, Trocken- und Naß-Maßen nach unterschiedlichen Maßstäben. In der hier wiedergegebenen Tabelle (vgl. Tab. IV) folgen wir den Berechnungen durch L. R. Palmer, doch sind für die absoluten Maßeinheiten auch andere Bestimmungen versucht worden[7].

[6] Dazu A. Sacconi, Gli ideogrammi micenei per le cifre ed i segni di misura, Kadmos 10, 1971, S. 135 ff.

[7] L. R. Palmer (Interpretation, S. 11 ff.; zuletzt Nestor, 1. August 1975) geht von der Ration einer männlichen Aufsichtsperson (DA) in den pylischen Ab-Texten (vgl. nun auch TH Of 34) aus, die dort 5 Einheiten T = 30 Einheiten V erhalten. Seine plausible, auch durch KN Am 819 gestützte Folgerung ist, daß in den T-Beträgen die Monats-, in V demnach die Tagesration angezeigt ist. Die Einheit V setzt er mit der späteren Choenix (ca. 1 l) gleich, die in historischer Zeit das Grundmaß der Tagesration bildet. Eine Choenix besteht aus vier Kotylen, wobei das Verhältnis 1:4 dem der mykenischen Maßeinheiten V:Z entspricht.

J. Chadwick hingegen (Docs.[2], S. 58 ff., 393 f.), legt seiner Berechnung die von M. Lang (AJA 68, 1964, S. 99 ff.) anhand der im Palast von Pylos gefundenen Gefäße bestimmten, häufigsten Volumen mittelgroßer Gefäße von 2,4 und 3,2 l zugrunde, was an eine Untereinheit von 0,8 l denken läßt, die er mit 1/2 V (= 2 Z) identifiziert, was für V ca. 1,6 l ergibt. (Zuletzt Nestor, 1. Oktober 1975.)

Geringere Schwierigkeiten bereitet die Bestimmung der absoluten Werte für Gewichte, für die übereinstimmend das im Palast von Knossos gefundene Oktopus-Gewicht von 29 kg (PoM IV, S. 651, Abb. 635) als höchste Grundeinheit angesetzt wird.

A) Gewichte

Ideogramm	L	M	N	P	Q
Teilmenge der vorausgehenden Einheit		$\frac{1}{30}$	$\frac{1}{4}$	$\frac{1}{12}$	$\frac{1}{6}$ (oder weniger)
Teilmenge der Grundeinheit	1	$\frac{1}{30}$	$\frac{1}{120}$	$\frac{1}{1440}$	$\frac{1}{8640}$
Absoluter Wert	29 kg	967 g	242 g	20,2 g	3,36 g

B) Trockenmaße

Ideogramm	—	T	V	Z
Teilmenge der vorausgehenden Einheit		$\frac{1}{10}$	$\frac{1}{6}$	$\frac{1}{4}$
Teilmenge der Grundeinheit	1	$\frac{1}{10}$	$\frac{1}{60}$	$\frac{1}{240}$
Absoluter Wert	60 l	6 l	1 l	$\frac{1}{4}$ l

C) Flüssigmaße

Ideogramm	—	S	V	Z
Teilmenge der vorausgehenden Einheit		$\frac{1}{3}$	$\frac{1}{6}$	$\frac{1}{4}$
Teilmenge der Grundeinheit	1	$\frac{1}{3}$	$\frac{1}{18}$	$\frac{1}{72}$
Absoluter Wert	18 l	6 l	1 l	$\frac{1}{4}$ l

Tabelle IV: Das mykenische Maßsystem

Keine Schwierigkeiten bereitet das Verständnis des numerischen Systems; diesem liegen Dezimal-Einheiten zugrunde; jeweils ein eigenes Zeichen steht für 10 000 (-⊖-), 1000 (-⊘-), 100 (○), 10 (—) und 1 (|). Mehrere Einheiten derselben Größenordnung werden paarweise angeordnet. Eine Zahl wie 12 347 schreibt sich demnach wie folgt:

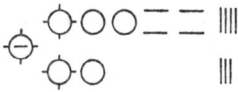

Die Schreibregeln

sind in den verschiedenen einführenden Werken zu Linear B zumeist ausführlich und umsichtig dargelegt[8]. Hier seien nur einige Faustregeln, die jedoch zum Verständnis der in diesem Rahmen zitierten Linear B-Wörter ausreichen, angeführt. Auszugehen ist bei der Lesung von transliterierten — d. h. die Lautwerte der Zeichen werden in unserer alphabetischen Schreibweise wiedergegeben — Texten davon, daß für die Schreibung griechischer Wörter der aus offenen Silbenzeichen bestehende Lautbestand in Linear B nicht sehr gut geeignet ist. Schwierigkeiten müssen sich in erster Linie dort ergeben, wo mehrere Konsonanten aufeinandertreffen, die mit offenen Silben naturgemäß nicht dargestellt werden können. In diesen Fällen von Konsonantenhäufung stehen prinzipiell zwei Möglichkeiten zur Verfügung — entweder wird der erste Konsonant mit Hilfe eines blinden Vokals, d. h. durch Einfügung des auf die Konsonanten folgenden Vokals, als offene Silbe umschrieben (Plene-Schreibung) oder aber der erste der beiden Konsonanten wird unterdrückt (defektive Schreibung). Welche der beiden Möglichkeiten zur Anwendung kommt, hängt von der Silbengrenze

[8] Vgl. Ventris-Chadwick, Docs. S. 42 ff., 389 f.; M. Doria, Avviamento S. 38 ff.; L. R. Palmer, Interpretation S. 24 ff.; A. Heubeck, Lineartafeln S. 13 ff.

ab: liegt diese zwischen den beiden Konsonanten, wird der erste unterdrückt — leiten hingegen zwei Konsonanten die Silbe ein, kommt die Plene-Schreibung zur Anwendung. Gleiches gilt auch, wenn mehr als zwei Konsonanten aufeinander folgen. Silbeneinleitende Konsonantenverbindungen sind solche, die auch ein Wort einleiten können. Entsprechend werden worteinleitende Konsonantenhäufungen immer plene geschrieben. Hierzu gehören auch Lauteinheiten, die im griechischen Alphabet durch ein einzelnes konsonantisches Zeichen ausgedrückt werden: etwa *ks* (ξ), *ps* (ψ). Eine wesentliche Ausnahme bildet hierbei einleitendes *s*, das gleichfalls unterdrückt wird. Auslautende Konsonanten werden nicht berücksichtigt.

Zu beachten ist ferner, daß Doppelkonsonanten nicht angezeigt werden, ferner daß bei Verschlußlauten (k, p, t) zwischen Tenuis, Media (g, b) und Aspirata (kh, ph, th) nicht unterschieden wird, lediglich t und d werden verschieden ausgedrückt. Graphisch nicht unterschieden werden schließlich die Liquiden r und l.

Zu den Vokalen ist zu sagen, daß Quantitäten nicht angezeigt werden (vgl. o-ω, e-η). Bei Diphthongen wird u als zweiter Bestandteil geschrieben, bei i-Diphthongen dieses an gleicher Stelle auf den festländischen Tafeln im allgemeinen unterdrückt, in Knossos hingegen zumeist notiert. Weitere Änderungen gegenüber der in historischer Zeit üblichen Schreibweise ergeben sich durch die fortschreitende Lautentwicklung, so etwa durch den Schwund des Digamma, der Wandlung der Labiovelare, erfolgte Kontraktionen oder dialektologische Abweichungen.

Einige Beispiele mögen das Gesagte verdeutlichen.

a-ko-ro	ἀγϱός	(Pleneschreibung für -gr-; Unterdrückung des Endkonsonanten)
a-ko-so-ne	ἄξονες	(Pleneschreibung für -ks-; Unterdrückung des Endkonsonanten)
api	ἀμφί	(Unterdrückung von -m-; -p- für -ph-)
a-re-pa	ἄλειφαϱ	(-r- für -l-; Ausfall von -i- im Diphthong; Unterdrückung des Endkonsonanten)

76

arekuturuwo	Ἀλεκτρυών	(Pleneschreibung für die Konsonantenhäufung -ktr-; Unterdrückung des Endkonsonanten)
ekara	ἐσχάρα	(Unterdrückung von -s-; k für -kh-)
ko-wa	κόρα/κόρη	(Unterdrückung des -r-; Schreibung des später in mehreren Dialekten ausgefallenen -w-; Wandel des -α- zu att. -jon. η noch vor dem Schwund des *F*)
pakana	φάσγανα	(-p- für -ph-; Unterdrückung des s; -k- für -g-)
pu-ra-u-to-ro	πυραύστρω	(Schreibung des -u- im Diphthong; Unterdrückung des [silbeneinleitenden?] -s-; Plene-Schreibung für -tr-)
rewotorokowo	λουτροχόος	(Metathese von -e- und -o-; -r- für -l-; Pleneschreibung von -tr-; -k- für -kh-; Schreibung des später geschwundenen -w-; Unterdrückung des Endkonsonanten)
suqota	συβώτης	(Schreibung des Labiovelars -q-, der später in dieser Umgebung zu -b- wird; -o- für -ō-; Unterdrückung des Endkonsonanten)
teo	θεός	(-t- für -th-; Unterdrückung des Endkonsonanten)
te-se-u	Θησεύς	(-t- für -th-; -e- für -ē-; Unterdrückung des Endkonsonanten)
to-ra-ke	θώρακες	(-t- für -th-; -o- für -ō; Unterdrückung des Endkonsonanten)
wo-no	οἶνος	(Schreibung des später geschwundenen -F-; Unterdrückung des -i- im Diphthong des Endkonsonanten)

VIII. DIE MYKENISCHE SPRACHE

Der folgende Überblick erhebt keinerlei Anspruch auf Vollständigkeit oder Symmetrie und möchte nicht einmal als summarischer Ersatz der in Mycenaeis ohnehin reichlich fließenden bibliographischen Quellen verstanden werden. Es ist vielmehr beabsichtigt, an einigen signifikant erscheinenden Beispielen die philologisch-linguistische Bearbeitung des Mykenischen zu demonstrieren, verbleibende Probleme aufzuzeigen und auf bisher nicht oder erst ansatzweise wahrgenommene Aufgaben der Zukunft zu verweisen.

A. Lautlehre, Grammatik, Lexikologie

Die folgende Beschränkung des bibliographischen Zeitraums ist nicht bloß von der Willkür einer runden Jahreszahl bestimmt. Am Ende des vorletzten Jahrzehntes stehen vielmehr zwei Werke zum Griechisch von Linear B, welche die bis dahin erzielten Resultate der sprachlichen Forschung handbuchartig zusammenfassen und mit reichen Literaturangaben präsentieren: der Abschnitt ›Mykenisch‹ von A. Scherer im zweiten Band der Bearbeitung von A. Thumbs ›Handbuch der griechischen Dialekte‹[1] und die „provisorische" Grammatik von E. Vilborg.[2] Daß diese beiden Darstellungen bis heute ihren Wert behalten haben, zumindest für eine erste Information des Nicht-Spezialisten, ist auf mehrere Umstände zurückzuführen: zunächst auf ihre, in zahlreichen Rezensionen gewürdigte gediegene Qualität,

---

[1] Thumb-Scherer, Handbuch der griechischen Dialekte II, Heidelberg 1959, S. 314—361.
[2] A Tentative Grammar of Mycenaean Greek, Göteborg 1960.

vor allem die besonnene Beurteilung des Materials, die extreme Positionen scheut und verbleibende Unsicherheiten nicht zu kaschieren sucht; weiters auf den überaus geringen Zuwachs an neuen Tafelfunden, welche die sprachliche Palette von Linear B hätten bereichern oder anstehende Fragen aufhellen können; schließlich die Tatsache, daß das Gerüst der mykenischen Grammatik relativ bald feststand, so daß sich die Forschung der Folgezeit bis auf einige gewichtige Ausnahmen dem Feinputz, der philologischen Detailarbeit widmen konnte.

So können wir aus dem letzten Dezennium außerhalb der sprachlichen Abschnitte der zusammenfassenden bzw. einführenden Werke von L. R. Palmer[3], L. Deroy[4], M. Doria[5] und A. Heubeck[6] an global-grammatikalischen Büchern nur die ›Etudes sur la grammaire et le vocabulaire du grec mycénien‹ von C. J. Ruijgh[7] zitieren, in denen der grammatikalische Abriß allerdings mehr der Abrundung dient (§§ 19—77 = S. 42—96), während das zentrale Anliegen des Werkes zwei später erwähnten Spezialthemen gilt.

Neue Zusammenfassungen der mykenischen Lautlehre bieten M. Lejeune, Phonétique historique du mycénien et du grec ancien[8], sowie das vor allem als didaktisches Hilfsmittel verfaßte Kompendium ›Formazione e struttura fonologica del miceneo‹ (Palermo 1973) von G. Caracausi.

Das mykenische Textcorpus liegt als unverhofft entdeckter erratischer Block vor dem gewaltigen Überlieferungskontinuum der alphabetisch notierten griechischen Sprachdenkmäler. Diese chronologische Sonderstellung bringt es mit sich, daß die Sprache von Linear B an zweierlei Bezugssystemen Anteil nimmt: dem

[3] Interpretation, S. 36—60.
[4] Initiation, S. 101—109.
[5] Avviamento, S. 54—81.
[6] Aus der Welt der frühgriechischen Lineartafeln, S. 25—30.
[7] §§ 19—77 = S. 42—96.
[8] Paris 1972: es handelt sich um eine Neubearbeitung des ›Traité de la phonétique grec‹, ²Paris 1954, in die das mykenische Material eingearbeitet ist.

durch Sprachvergleich rekonstruierten indogermanischen System und dem im Weg der Abstraktion aus mehreren divergierenden Dialekten integrierten „griechischen" Idiom. Sie ist damit zugleich wertvolles Forschungsobjekt der Komparatisten wie der Gräzisten, für die ersteren älteste Bezeugung des Griechischen als indogermanischer Einzelsprache und damit Prüfstein in Fragen der Rekonstruktion, für letztere hinwiederum als entfernter Vorposten der Überlieferung Kriterium für die interne Rekonstruktion der griechischen Sprachentwicklung, Maßstab in Fragen der relativen wie der absoluten Chronologie sprachlicher Veränderungen, zugleich aber auch selbst Gegenstand dialektaler Klassifikation.

Diese doppelte Relevanz des Mykenischen, seinen zeitlichen und systemhaften Bezug „nach oben und unten" hat O. Szemerényi am Mykenologenkongreß von Rom hervorgehoben und anhand zweier Kataloge von sprachlichen Archaismen und Innovationen trefflich dokumentiert.[9] Um die dort registrierten Phänomene kreist denn auch nach wie vor ein Großteil der linguistisch-philologischen Arbeiten: als Inventarisierung des mykenischen Materials und Anwendung seines Zeugnisses auf Fragen der Entwicklung und Aufgliederung des Griechischen oder als Diskussionsbeiträge zu offenen Fragen der Linear B-Sprache selbst.

Besonderes Interesse gilt dabei auf dem lautlichen Sektor den Labiovelaren. Diese Verschlußlautreihe (k^w, g^w, g^wh), für die indogermanische Grundsprache vergleichend erschlossen, ist im späteren Griechisch komplementär in den anderen — gutturalen, dentalen und labialen — Serien aufgegangen, wobei die Distribution, nach Dialekten unterschiedlich, von der lautlichen Umgebung abhängt. Das Mykenische hingegen präsentiert diese Lautreihe noch im Phonemstatus, vertreten von den Silbenzeichen *qa, qe, qi, qo*. Es setzt damit das grundsprachliche Kon-

---

[9] Mycenaean: a Milestone between Indo-European and Historical Greek, in: Atti Roma II, S. 715—725. Vgl. nun E. Risch, Donum Indogermanicum, Festschrift A. Scherer, Heidelberg 1971, S. 107—117.

sonantensystem des sogenannten „Kentum"-Typus linear fort (mit der auch für die anderen Verschlußlaute geltenden Ausnahme, daß die idg. Media Aspirata = /g^{w}h/ schon zu Tenuis Aspirata = /k^{w}h/ verschoben worden ist) und liefert anderseits wichtige Anhaltspunkte für die Chronologie der innergriechischen Veränderungen.[10] Partielle Schwächungen der phonematischen Geltung dieser Laute sind dissimilatorisch verursacht: So ist, wenn die Schreibung in den wenigen sicheren Beispielen nicht trügt, in Kontaktstellung mit /u/ die Opposition zu den Gutturalen neutralisiert (das „Archiphonem", welches so entsteht, wird als *ku* notiert[11]), während durch regressive Ferndissimilation (fakultativer?) Zusammenfall mit den Labiallauten zu konstatieren ist.[12] Für labiovelarartige Phoneme im vorgriechischen Substrat argumentieren u. a. A. Heubeck[13] und F. B. Kuiper[14] (letzterer aufgrund von Appellativen auch für die vorindogermanische Schicht).

Eine Reihe von Beiträgen gilt auch den Halbvokalen /y/[15]

***

[10] O. Szemerényi, The Labiovelars in Mycenaean and Historical Greek, SMEA 1, 1966, S. 29—52; R. Arena, La continuazione delle labiovelari nei dialetti greci, SMEA 8, 1969, S. 7—27; vgl. zuletzt Y.-M. Charue, Les ‹labiovélaires› mycéniennes, leur état antérieur et leur évolution postérieure, Recherches de Philologie et de Linguistique (Louvain) 3, 1972, S. 77—95.

[11] Vgl. schon M. Lejeune, Mémoires de philologie mycénienne I, Paris 1958, S. 293 ff.

[12] A. Heubeck, IF 63, 1960, S. 252 ff., bes. 255 ff.; ders., Glotta 39, 1961, S. 165.

[13] In: Beiträge zur Indogermanistik und Keltologie (Festschrift J. Pokorny [Innsbruck 1967]), S. 33—37.

[14] Lingua 21, 1968, S. 269—277.

[15] Vgl. C. Gallavotti, Esiti e segni di jod in miceno, PdP 15, 1960, S. 260—281; F. W. Householder, Early Greek — j —, Glotta 39, 1961, S. 179—190; W. F. Wyatt, Jr., Early Greek /y/, Glotta 46, 1968, S. 229—237; vgl. dazu M. Lejeune, A propos des traitements de yod en grec ancien, REA 71, 1969, S. 379—382, u. zul. A. Heubeck, Remarks on the Sign-Doublets *ro*$_2$, *ra*$_2$, *ta*$_2$ (Kolloquium Neuchâtel).

und /w/[16] und ihrer lautlichen wie graphischen Vertretung auf den Linear B-Tafeln. Da der letztere, der in den griechischen Dialekten des ersten Jahrtausends zu verschiedenen Zeiten, im Attisch-Ionischen schon vor dem Einsetzen der Überlieferung, geschwunden ist, im Mykenischen konstant erhalten scheint, vermochte er einerseits so manche geläufige griechische Etymologie zu falsifizieren und avancierte anderseits auch zu einem der Kriterien für die dialektale Einstufung des Linear B-Idioms. In diesem Zusammenhang gewinnt die Frage Bedeutung, in welchen Stellungen dieser Laut vielleicht doch bereits auf der Stufe dieser Texte untergegangen sein mag — durch totale Assimilation, dissimilatorischen Schwund usw.[17] Ähnlich wie Gallavotti nimmt nun L. Deroy[18] bereits vollständigen Schwund des /y/ auf der Stufe des Mykenischen an und schlägt für die Reihe *ja, je, jo* eine Transliteration a_4, e_2 und o_2 vor. Der Entwicklung dieses Halbvokals im Anlaut gehen Aufsätze von M. Leroy[19] und A. Nocentini[20] nach.

Zahlreiche Spezialuntersuchungen haben sich mit dem Problem der Vertretung von /m̥,n̥,r̥,l̥/, also der silbischen Nasale und Liquiden, auseinandergesetzt: auch hier schafft die Beurteilung der Belege ein gewichtiges Indiz in Fragen der Dialektologie. Der Wechsel zwischen *a* und *o* in den Schreibungen der Tafeln, wo mit einem dieser grundsprachlichen Sonanten zu rechnen ist, hat bisher mannigfache Deutung gefunden, und ein Konsens zeichnet sich noch nicht ab. Grundlegend für die Vertretung der

[16] C. Gallavotti, Le grafie del wau nella scrittura micenea, Myc. Stud., S. 57—65. Zul. C. Camera, La questione del digamma nel greco miceneo, SMEA 13, 1971, S. 123—138 und A. Morpurgo-Davies, Greek and Indo-European Semiconsonants: Mycenanean *u* and *w*, Acta Mycenaea II, S. 80—121.

[17] A. Heubeck, „Digamma"-Probleme des mykenischen Dialekts, Sprache 9, 1963, S. 193—202.

[18] Le problème du yod en mycénien, Kadmos 13:1, 1974, S. 9—16.

[19] Sur le double traitement de *y- initial en grec, Mélanges Chantraine S. 105—117.

[20] L'esito di *y* iniziale nel greco, AGI 17:1, 1972, S. 24—43.

Liquiden die Arbeit von A. Morpurgo-Davies (allgemeines Resultat /ar,ra/, in labialer Umgebung /or,ro/)[21], interessant C. J. Ruijghs synoptische Behandlung der r/n-Vertretung aus morphonologischer Sicht: paradigmatischer Ausgleich von ursprünglich /r/ > /or/ und /n/ > /a/ innerhalb der Kategorie der sogen. Heteroklitika (= nominale -r/-n-Stämme), dann analogische Ausweitung auf die -mn-Neutra, daher *pema, pemo* = gr. σπέρμα „Same".[22] Eine feinere Differenzierung der beiden silbischen Nasale untereinander im lautlichen Resultat (/n/ > /a/, /m/ > /o/) mit Konsequenzen für die relative Chronologie vertritt E. Risch[23]. F. Bader möchte auch das (gewöhnlich als Themavokal gedeutete) auslautende -o- des Vorderglieds nominaler Komposita des alphabetischen Griechisch (ὑδρο-, ἀνδρο-, μητρο-; σπερμο-, αἱμο- usw.) als vokalischen Reflex silbischer Liquiden und Nasale deuten, wodurch die aus diesen Sonanten resultierende Vokalqualität als dialektologisches Kriterium (für die Einordnung des Mykenischen wie die Klassifizierung der griechischen Mundarten überhaupt) weitgehend entfiele[24]. Dagegen sieht Vl. Georgiev[25] in der schwankenden Vokalqualität eine Stütze für seine Auffassung des Mykenischen als Mischsprache. A. Heubeck wiederum sieht in graphischen Dubletten wie *qetoropopi* / *topeza, tono* / *torono-* wechselnde Schreibungen silbischer Liquiden, die diesen ihren lautlichen Status auf der Stufe des Mykenischen noch bewahrt hätten[26].

[21] Atti Roma II, S. 791—812. Vgl. zul. W. F. Wyatt Jr., SMEA 13, 1971, S. 106—122.

[22] Mnemosyne 14, 1961, S. 193—216; dann ders., Etudes, S. 69 ff.

[23] Le Protolingue, Atti del IV Convegno Internazionale di Linguisti (2—6 sett. 1963 [Milano 1965]), S. 91—118.

[24] De mycénien *matoropuro, arepozoo* à grec ματρόπολις, ἀλειφόβιος: le traitement des sonantes-voyelles au premier millénaire, Minos 10:1, 1969, S. 7—63.

[25] Le traitement des sonantes voyelles indo-européennes et le problème du caractère de la langue mycénienne, Acta Mycenaea II, S. 361—379.

[26] Syllabic r in Mycenaean Greek?, Acta Mycenaea II, S. 55—79, ansatzweise bereits Kadmos 1, 1962, S. 61 f. Anders beurteilt diese

Besonders heikel ist dann die Frage — und entsprechend divergent die Ansichten — nach dem Lautwert von ⟨z⟩ (und ⟨s⟩) innerhalb der Silbenzeichen za, ze usw. oder anders formuliert, das Problem der Vertretung bzw. des Palatalisierungsgrades der Konsonantengruppen /ky/, /t(h)y/, /gy/, /dy/ und von /y/ sowie andererseits von /ki/ vor Vokalen im Mykenischen. Die übersichtliche Zusammenstellung und Abwägung der Ansichten durch G. R. Hart[27], läßt den weitgehend an Palmer orientierten Schluß der Verfasserin plausibel erscheinen, die z-Serie repräsentiere lautlich keine Affrikaten /ts/, /dz/, sondern palatalisierte Verschlußlaute /k'/ (</ki/ vor Vokal), /g'/ (letzterer = "a palatal plosive . . . between the position of d . . . and g", S. 130, nach erfolgtem Zusammenfall von /gy/, /dy/ und /y/ zu e i n e m Phonem). Die mit dieser Annahme gegebene Asymmetrie zu den stimmlosen Pendants /*ky/, /*gy/, deren Palatalisation bereits zur Affrikata /ts/ oder zum Sibilanten /s/ (die Schreibungen mit ⟨s⟩) fortgeschritten ist, weiß Hart mit vergleichbaren Proportionen aus dem späteren Griechisch zu rechtfertigen. Gleichfalls für stark palatalisiertes k', g' tritt M. D. Petruševski in mehreren Arbeiten[28] ein, wobei er sich besonders auf die alternativen Schreibungen aketirija / azetirija und keijakarana / zeijakarana berufen kann. Er rechnet wegen der Formen zeukeusi (*yeug-) und topeza (*-pedyə) mit einer phonetischen Realisierung des Graphems z zwischen [g'y] und [dy], für die er Beispiele aus modernen mazedonischen Dialekten beibringen kann. Eine weiter fortgeschrittene Palatalisierung nimmt hingegen A. Heu-

alternierenden Belege G. Klingenschmitt, Antiquitates Indogermanicae (Gedenkschrift für H. Güntert, [Innsbruck 1974]), S. 275 f.: -ro- sei lautgesetzlich, -or- dagegen nach voll- bzw. dehnstufigen Formen analogisch ausgeglichen (z. B. matopuro = /mātorpulos/ nach mātěr-).

[27] The Effects of the Palatalization of Plosives in Mycenaean Greek, Proceedings Cambridge, S. 125—134.

[28] ŽA 12, 1963, S. 293—312; SMEA 12, 1970, S. 127—130; Macedonian Academy of Sciences and Arts, Contrib. 1:1, 1970, S. 81—103; zuletzt Acta Mycenaea II, S. 122—137 sowie beim Kolloquium Neuchâtel.

beck[29] an: für ihn repräsentiert die z-Reihe die Lautungen /dz/ (< gy, gᵘy, dy, y-) und /ts/ (<k(h)y, kᵘ(h)y), die s-Reihe dagegen /ss/ (<t(h)y, t(h)s).

Weitere Fortschritte in dieser komplizierten Problematik sind von strukturalistischen (diachron-phonologischen) Untersuchungen zu erhoffen. Ansätze dazu finden sich bereits in einem Beitrag G. Nagys zum Rom-Kongreß, in dem er unter strukturellen Aspekten auf die Assibilierung von /t(h)i/ zu /si/, ein weiteres in dialektaler Hinsicht aussagekräftiges Merkmal des Mykenischen, eingeht.[30]

Überhaupt sind von einer kohärenten Anwendung phonologischer Methoden — bisher liegen nur sporadische Versuche vor[31] — auch in solchen Fragen Fortschritte zu erhoffen, wo das Material zu gering oder ambivalent ist, und damit einer rein philologischen oder komparatistischen Lösung Grenzen gesetzt sind. So liegen etwa im Falle der ⟨z⟩-Serie für ursprüngliches /ky/ an sicher etymologisierbaren Fällen nur *suza* = Pl. „Feigenbäume", vgl. att. συκέα, äol. dor. συκία, *kaza* = χαλκία, fem. Adj. „aus Bronze", *kazoe* „minder" = Komparativ Plur. masc. von κακός (vgl. att. κακίονες) und *zawete* „heuer" = att. τῆτες, ion. σῆτες vor, die aber allesamt auch auf /kiy/ zurückführbar

[29] Zur s- und z-Reihe in Linear B, Kadmos 10:2, 1971, S. 113—124. — Vgl. jetzt, unter starker Betonung morphologischer Kriterien, E. Risch, Les consonnes palatalisées dans le grec du 2e millénaire et des premiers siècles du 1er millénaire (Kolloquium Neuchâtel).

[30] Atti Roma II, S. 663—679; vgl. jetzt: ders., Greek Dialects and the Transformation of an Indo-European Process, Cambridge/Mass. 1970, S. 101—151.

[31] So besonders in den Büchern von A. Bartoněk zum Konsonantensystem bzw. zum Langvokalsystem in den altgriechischen Dialekten, Prag 1961, beziehungsweise Brünn-Prag 1966; Vývoj konsonantického systému v řeckých dialektech bzw. Development of the Long-Vowel System in Ancient Greek Dialects. Vgl. auch seinen Aufsatz: Monophonemic Diphthongs in Mycenaean, Minos 8 : 1, 1963, S. 51—61; ferner P. Kiparsky, A Phonological Rule of Greek, Glotta 44, 1966/67, S. 100—134. Vgl. auch G. R. Hart, BICS 15, 1968, S. 144.

sind.[32] Das mykenische Personennamenmaterial muß für lautliche Fragen ja stets mit Vorsicht benützt werden, da etwa die Dublette *kapatija/kapasija* (= unassibilierte::assibilierte ethnische Ableitung von *Karpathos*) aus verschiedenen pylischen Serien von vorneherein mehrere Deutungen zuläßt:

a) Schreib- bzw. Sprechvariante einer Namensform:: Identität der Person;

b) dass.:: Verschiedenheit der Person, d. h. Gleichnamigkeit *Karpathia/Karpasia* I und II;

c) distinkte Namensformen (vgl. das Minimalpaar B*acher*::P*acher* im Deutschen):: verschiedene Person.

Dabei sind unter a) noch weitere Subvarianten wie okkasionelle Verschreibung, Unterschied in Dialekt oder Idiolekt zwischen Namensträgerin und Schreiber möglich. Die Beseitigung solcher Ambiguitäten erfordert noch umfangreiche und systematische prosopographische Untersuchungen, die auch für weitere Fortschritte in der Serien-Interpretation unabdingbar sind.

Zahlreiche Arbeiten suchen das im Mykenischen nicht seltene Schwanken der Graphie phonetisch zu deuten, beispielsweise den Wechsel *e/u*[33] bzw. *e/i*[34] und *o/u*[35] oder die „Varianten" *a/a₂/a₃*[36]. Nach den grundlegenden, mittels Schemata verdeutlichten Ausführungen Lejeunes darf nun wohl für ⟨a₂⟩ die Lautung *[ha]* im Anlaut bzw. Hiat *['a]* im Inlaut für sicher gelten, ebenso für ⟨a₃⟩ die Realisierung als *[ai]*.

[32] G. R. Hart, Proceedings Cambridge, S. 127 ff.

[33] Zuletzt M. Petruševski, Stud. Myc., S. 53—57.

[34] A. Heubeck, IF 63, 1960, S. 252 ff.; C. Milani, Aevum 41, 1967, S. 225—231; grundlegend bleibt der Aufsatz von D. A. Hester, The *i/e* alternation in Mycenaean Greek, Minos 6:1, 1958, S. 24—36; G. Restelli, Una sopravvivenza micenea in alcuni dialetti greci, Aevum 35, 1961, S. 307—314.

[35] M. Doria, Una caratteristica dialettale del miceneo. Il passaggio di *ŏ* in *ŭ* in vicinanza di labiale, RALinc 18, 1963, S. 507—525; C. Milani, Oscillazioni vocaliche nel miceneo, Aevum 41, S. 205—245, bes. 233—236.

[36] M. Lejeune, Proceedings Cambridge, S. 135—149, bes. 140 ff.; C. Milani, Aevum 32, 1958, S. 101—138.

Das Vorhandensein einer morphonologischen Erscheinung, des Augments, im Mykenischen wird unter Heranziehung Homers und des altindischen „Ṛgveda" seit langem diskutiert[37]. Abgesehen vom Fehlen sicherer Fälle in den Linear B-Texten — im naheliegendsten Beispiel *apedoke* ist ⟨-e-⟩ auch als Präposition /e(k)s/ erklärbar — bietet sich nun die anziehende Hypothese von R. Schmitt an, in den präteritalen Verbalformen des Mykenischen wegen ihrer resultativ-konstatierenden Funktion die im Vedischen reichlich vertretenen sogenannten Injunktive zu sehen, bei denen dann das Augment obligatorisch fehlte[38].

In der Morphologie hat sich das Interesse der Forschung auf die folgenden, besonders relevanten Erscheinungen konzentriert: die im Mykenischen noch als *s*-Stämme konservierten Komparativformen[39] (*mezoe* = /*mezo(h)es*/ : dagegen *n*-Stämme im späteren Griechisch, vgl. att. μείζονες); die Instrumentalformen im Plural auf -*pi* = -φι in allen Flexionsklassen bis auf (mit wenigen Ausnahmen) die Nominalstämme auf -*o*[40]; die Duale der femininen -*ā*-Stämme auf -*ō* (z. B. *purautoro*/*puraustrō*/, „zwei Feuerzangen")[41]; die Partizipia des aktiven Perfektums, die noch keine Spuren einer Substituierung des ursprünglichen -*s*- durch einen sekundären -*t*-Stamm in der späteren Gräzität

[37] S. Luria, PdP 15, 1960, S. 258; H. M. Hoenigswald, Myc. Stud., S. 179—182.

[38] KZ 81, 1967, S. 63—67.

[39] Zusammenfassend O. Szemerényi, The Mycenaean and the Historical Greek Comparative and their Indo-European Background, Stud. Myc., S. 25—36.

[40] Seit M. Lejeunes grundlegendem Aufsatz, in: BSL 52 (1956) S. 187—218.

[41] Interessant hier die Konfrontation des stärker immanent griechisch orientierten Standpunkts von M. Lejeune, BSL 60:1, 1965, S. 11 f. und zuletzt RPh 42, 1968, S. 234—239, gegenüber der primär komparatistischen Position von O. Szemerényi, Proceedings Cambridge, S. 217—222. Vgl. zul. V. Georgiev, L'origine des désinences du nominatif-accusatif-vocatif duel d'après les données mycéniennes (Kolloquium Neuchâtel).

(myk. *araruwoa* = homer. ἀρηρότα zu ἀραρίσκειν)[42]. Stärkste Beachtung wurde auch den primären Endungen der medialen 3. Person, Sing./Plur., myk. *-to* = /(n)toi/ gegenüber den nach der 1. Pers. Sing. ausgeglichenen Formen auf -ται/-νται in den meisten Dialekten (aber vgl. ark. ἐ[σ]ετοι = att. ἔσται (Fut.), kypr. κειτοι = κεῖται „liegt") zuteil. Belege wie *euketo* „erklärt feierlich" (vgl. griech. εὔχεται) vermögen das bereits vor der Entzifferung aufgestellte, von systemhaften Erwägungen getragene Postulat von M. S. Ruipérez nach medialen Primärendungen auf *-soi, -toi, -ntoi* in der Grundsprache, das zunächst aus anderen indogermanischen Einzelsprachen nicht beweisbar war, entscheidend zu erhärten[43]. Hier liegt also eine Umkehrung des Normalfalles vor, wonach das Mykenische zur Interpretation und Rechtfertigung seines Laut- und Formeninventars der Hilfeleistung des rekonstruierten Indogermanischen bedarf.

Im letzten Jahrzehnt besonders lebhaft diskutiert wurden die mittels sorgfältigster Observation der Texte und struktureller Überlegungen von zwei Forschern, E. Risch[44] und P. Hr. Ilievski[45], unabhängig erzielten Resultate in Fragen des mykenischen Kasussystems, für welches man bis dahin, verleitet durch die oft mehrdeutigen Graphien, allzu großzügig mit Synkretismus (= Zusammenfall mehrerer Funktionen, z. B. der instrumentalen und ablativischen, unter eine Form) operiert hatte. Eine Schlüsselstellung in der Argumentation behaupten hier die pluralischen Formen der o-Stämme in den Schreibungen ⟨-o⟩ und ⟨-o-i⟩. Sieht man mit den eben zitierten Forschern in ersterer

[42] J. Puhvel, Myc. Stud., S. 171—178; O. Szemerényi, SMEA 2, 1967, S. 7—26; P. Chantraine, SMEA 3, 1967, S. 19—27.

[43] Emerita 20, 1952, S. 8 ff.; zuletzt ders., Minos 9:1, 1968, S. 156 bis 160.

[44] Mus. Helv. 16, 1959, S. 215—227, bes. 220 f.

[45] In Buchform: Ablativot, instrumentalot i lokativot vo najstarite grčki tekstovi [= The Ablative, Instrumental and Locative in the Oldest Greek Texts] (Skopje 1961 [=Živa Antika Monographs 2.]); zuletzt ders., SMEA 12, 1970, S. 88—116, mit ausführlicher Bibliographie S. 88 f., Anm. 1.

einen Instrumental(-Ablativ) auf /ōis/, in ⟨-o-i⟩ hingegen einen Dativ-Lokativ auf /-oi(h)i/ — und die Textinterpretation legt diese Auffassung überaus nahe —, so ergeben sich für die -o-Stämme, was auch strukturell einleuchtet, dieselben Proportionen wie in den für uns deutlicheren anderen Stammklassen (vgl. -pi = Instr.(-Abl.):: -si = Dat.-Lok. bei den -eu-, den Konsonantenstämmen u. a.). Wir dürfen ferner mit analogen Verhältnissen, also lautlicher Differenzierung, auch im Singular rechnen (z. B. ⟨-o⟩ = /oi/; ⟨-e⟩ = /ei/ usw. im Dativ-Lokativ:: ⟨o⟩ = /ō/; ⟨-e⟩ = /ē/ usw. im Instrumental-Ablativ; dabei empfiehlt sich bei den o-Stämmen eine weitere Unterscheidung in /ōi/, Dativ, und /oi/, Lokativ). Gleichwohl ist in diesen Fragen noch keine einheitliche Auffassung erreicht[46].

Werfen wir nun einen flüchtigen Blick auf die Wortbildung: Hier haben sich zahlreiche wertvolle Untersuchungen mit den Suffixen, besonders im nominalen Bereich, befaßt und durch übersichtliche Inventarisierung der Belege sowie Abstecken ihrer Bedeutungsmöglichkeiten mit intern-philologischen und sprachvergleichenden Mitteln Vorarbeiten für größere Zusammenfassungen geleistet: an solchen ist besonders die Neubearbeitung von E. Rischs ›Wortbildung der homerischen Sprache‹ (Berlin 1973) zu erwähnen, die nun auch die mykenischen Daten regelmäßig in die Betrachtung einbezieht. ›Die frühgriechischen Nomina auf -tās und -ās‹ behandelt die Dissertation von A. Leukart, die demnächst im Druck erscheinen soll.[47]

Besonderes Interesse innerhalb der Einzelforschungen galt den überaus stark vertretenen Bildungen auf -eu-[48], auf

[46] Gegenstimmen u. a. A. Morpurgo-Davies, Proceedings Cambridge, S. 191—202; M. Doria, Atti Roma II, S. 764—780. Vgl. aber die gewichtigen Pro-Argumente von M. Lejeune, RPh 42, 1968, S. 219—229.

[47] Als Veröffentlichung der Kommission für mykenische Forschung (Österreichische Akademie der Wissenschaften).

[48] Vgl. zuletzt J. L. Perpillou, RPh 43, 1968, S. 248—261, und seine Monographie ›Les substantifs grecs en -εύς‹, Paris 1973: zum Mykenischen bes. S. 34—45 und die Materialsammlung S. 150—161;

-(a)won[49], *-wont*[50], dem Kontrastsuffix *-tero-*[51] u. a. Nicht selten geht die Untersuchung von den homographischen Wortausgängen aus, die dann verschiedenen Kategorien zugewiesen werden, so etwa die Fälle auf ⟨*iko*⟩ = /*-ikos*/, /*-ikhos*/, /*-iskos*/ bei P. Chantraine[52], die Graphien auf ⟨*-jo/-ja*⟩ bei C. J. Ruijgh[53]. Für Studien dieser Art hat sich im übrigen der schon erwähnte rückläufige Index von M. Lejeune als unentbehrliches Hilfsmittel bewährt.

Was die Nominalkomposition betrifft, hat F. Bader nun auch das Mykenische in dieses ihr bevorzugte Arbeitsfeld einbezogen: Neben einem größeren Aufsatz[54] sind vor allem die ›Etudes de composition nominale en mycénien‹ zu nennen, deren Band I, gewidmet den ›Préfixes mélioratifs du grec‹, also den Entsprechungen von griech. εὖ „gut" im Vorderglied nominaler Zusammensetzung, bereits vorliegt (Roma 1969).

Demgegenüber sind neue überzeugende Wortdeutungen in der letzten Zeit spärlich geworden: die eindeutigen oder naheliegenden Identifizierungen liegen vor und sind weitgehend schon von den Lexika (Morpurgo; Chadwick-Baumbach s. u.) registriert. Was vor der Entdeckung etwaiger neuer Texte übrigbleibt, sind vor allem die zahlreichen „schwierigen Fälle". Welche auch linguistisch bedeutsamen Ergebnissen aber noch immer möglich sind, hat besonders H. Mühlestein mit seiner plausiblen Auslegung von *amorama* als Iterativkomposition „(tag)täglich" be-

weiter M. F. Galiano, Quelques observations sur les noms mycéniens en *-e-u*, Acta Mycenaea II, 1972, S. 261—280.

[49] C. J. Ruijgh, REG 80, 1967, S. 6—16 (an Personennamen).

[50] Zuletzt — innerhalb der Toponymie — M. Lejeune, BSL 64, 1969, S. 43—56.

[51] Ders., REA 64, 1962, S. 5—19.

[52] Finales mycéniennes en *-iko-*, Proceedings Cambridge, S. 161 bis 179.

[53] Sur les noms en *-jo/-ja,* ein Hauptteil seiner ›Etudes‹, S. 97 bis 286.

[54] Minos 10:1, 1969, S. 7—63.

wiesen[55], das wir nun neben das kategoriell gleichartige, mehrfach bezeugte weteiwetei „jährlich" der Es-Serie stellen dürfen[56].
Unter den Partikeln haben besonders -de (vgl. griech. δε) und -qe[57] (= griech. enklitisches -τε) lebhaftes Interesse gefunden. Das erstere ist mykenisch bereits in dreifacher Funktion bezeugt[58]: zur Richtungsanzeige = „allativisch", besonders im Anschluß an Ortsnamen (z. B. aminisode = /amnisonde/ „nach Amnisos", woikode, vgl. οἴκαδε „nach Hause"), adversativ und „demonstrativ", wobei die letztere Funktion eine gewichtige Rolle bei der Satzverknüpfung spielen dürfte. Damit haben wir eine gegenwärtig überaus aktuelle Art der Sprachbetrachtung, die Supra- oder Textsyntax erreicht, deren Anwendung auf das mykenische Material erfolgversprechend ist.[59] Aber auch in der Satzsyntax sind etwa die Fragen der Wortstellung erst ansatzweise behandelt und für die Deutung der Serien genützt[60]; denn ist das Linear B-Corpus auch relativ klein und sind die Texte

[55] Le mot cnossien a-mo-ra-ma, Pepragmena tou II diethnous krētologikou synedriou II (Athen 1968) S. 135 f.; vgl. zuletzt W. Dressler, Rev. ét. armén., N. S. 6, 1969, S. 19 ff.

[56] Dazu ausführlich mit kyprischer Parallele O. Masson, ŽA 15, 1966, S. 257—266; vgl. auch W. Dressler, Studien zur Sprachwissenschaft und Kulturkunde (Gedenkschrift f. W. Brandenstein [Innsbruck 1968]) S. 39 f.

[57] Zu beiden Formen bes. C. J. Ruijgh, Etudes, S. 287—350.

[58] Darüber zuletzt E. Risch, Die verschiedenen Partikeln δε im Griechischen, Studi linguistici in onore di V. Pisani, II (Brescia 1969) S. 831—843, bes. 833 ff. (mit Literatur).

[59] Vgl. u. a. E. Risch, Die mykenischen Einleitungsformeln, Atti Roma II, S. 686—698; W. Dressler, Eine textsyntaktische Regel der indogermanischen Wortstellung, KZ 83, 1969, S. 1—25, bes. 5 f. (mit Literatur in Anm. 20). Zul. O. Panagl, Textual Features in the Linear B Tablets (Kolloquium Neuchâtel).

[60] Vgl. z. B. O. Panagl, Eine Wortstellungsopposition im Mykenischen (kotona kitimena : : kekemena kotona), ACD 9, 1973, S. 3—14. Zul. F. Bader, La subordination en mycénien (Kolloquium Neuchâtel) sowie die zusammenfassende Darstellung der mykenischen Wortstellung von Y. Duhoux, Minos 14, 1975, S. 123 ff.

auch zumeist kurz und im Formular stereotyp, so kommt in ihnen, was der Linguist zu schätzen weiß, eine Fachsprache zur Anwendung, die keinen künstlerischen Gestaltungsprinzipien unterliegt und auf keine Forderungen des Versmaßes Rücksicht zu nehmen hat. Daher ist die Chance, an diesem Material unliterarische, „natürliche" Wortstellung studieren zu können, verhältnismäßig gut.

Nur summarisch können wir in diesem Rahmen die umfangreiche onomastische Forschungstätigkeit zu den Linear B-Tafeln erwähnen. Nachdem bereits im vorvergangenen Dezennium ein solides, allgemein positiv aufgenommenes Werk erschienen war, das neben der Aufarbeitung der Spezialliteratur auch manche eigenständigen Lösungen anbot[61], haben im letzten Jahrzehnt besonders A. Heubeck, O. Masson und H. Mühlestein ihre Untersuchungen in einer Reihe von Aufsätzen mit aller in solchen Fragen angebrachten Akribie fortgesetzt. Daß die Anthroponyme generell bessere Aussicht auf eine sichere Deutung haben als die Toponyme, liegt an dem wesentlich größeren Anteil vorgriechischer, z. T. nicht-indogermanischer Etyma im Kreise der letzteren. Unter den Personennamen sind die zweigliedrigen Beispiele (oder die aus ihnen durch Kürzung des Hintergliedes entstandenen Formen) der Interpretation besonders zugänglich, da sie, als Fortsetzer eines indogermanischen ererbten Typus, häufig bekannte Elemente des griechischen Wortschatzes enthalten. Außerdem nimmt der Grad der Determiniertheit einer graphischen Sequenz mit ihrer Länge, d. h. der Anzahl ihrer Elemente, zu.

Mit einem Wort sei noch auf die vielen onomasiologischen Beiträge sowie auf Arbeiten zu Geschichte und Gebrauch einzelner Wörter bzw. ganzer Wortfamilien verwiesen, über die M. Doria[62] trefflich und übersichtlich informiert. So haben etwa die Untersuchungen von M. Lejeune zum administrativ-ökono-

[61] O. Landau, Die mykenisch-griechischen Personennamen (Göteborg 1958).

[62] Il lessico miceneo (Corso di Filologia Micenea a. a. 1968—1969 [Trieste 1969]).

92

mischen Wortschatz des Mykenischen auch für die Sachinterpretation der Texte, besonders der E-Tafeln (s. u.), Beträchtliches geleistet.[63] An Einzelstudien sei hier auf Y. Duhoux' Aufsatz zur Vertretung von gr. δίδωμι einschließlich seiner Ableitungen im Mykenischen[64] sowie auf J.-L. Perpillous Beitrag zu εὔχομαι bei Homer, der auch das Verständnis von myk. *euketo* beträchtlich fördert[65], aufmerksam gemacht.

B. Dialekt

Ein Hauptanliegen der Mykenologie seit Bekanntwerden der Entzifferung, das Problem der dialektalen Stellung dieses frühgriechischen Idioms, hat bereits im vorletzten Jahrzehnt eine Reihe von individuellen Lösungen gefunden. Die recht divergenten Positionen haben sich seither im Grundsätzlichen kaum verändert, sie sind zudem in neueren verdienstvollen Zusammenfassungen bequem einzusehen: In dem kritischen Überblicksartikel ›Ancient Greek Dialectology in the Light of Mycenaean‹ von W. C. Cowgill[66], in den als Appendix I der Brünner Kongreßakten[67] publizierten Antworten zahlreicher namhafter Fachleute auf einen von A. Bartoněk entworfenen Fragenkatalog zum Urgriechischen und zur griechischen Dialektsituation, vor allem in der mykenischen Epoche, den Bartoněk in einem Beitrag zum Kolloquium von Salamanca selbst resümiert,[68]

[63] Vgl. bes. Sur quelques termes du vocabulaire économique mycénien, Myc. Stud., S. 77—109; Le δᾶμος dans la société mycénienne, REG 78, 1965, S. 1—12 u. a.

[64] Le groupe lexical de δίδωμι en mycénien, Minos 9:1, 1968, S. 81—108.

[65] La signification du verbe εὔχομαι dans l'épopée, Mélanges Chantraine, S. 169—182.

[66] In: H. Birnbaum—J. Puhvel (Hrsg.), Ancient Indo-European Dialects (Berkerley — Los Angeles 1966) S. 77—95.

[67] Stud. Myc., S. 157—210.

[68] Acta Mycenaea II, S. 346—360.

und in M. Dorias ›Corso di Filologia Micenea‹ über dieses Thema.[69]

Kurz die markantesten Positionen in der Beurteilung des Mykenischen als Dialekt:

a) Das Mykenische ist eine Koiné (Mischsprache), gebildet vom protoäolischen Dialekt auf der Basis eines protoionischen Substrats, sie hat in der Sprache Homers und der arkadisch-kyprischen Dialektgruppe ihre lineare Fortsetzung gefunden. Diese stark von der Theorie P. Kretschmers — die Griechen seien nacheinander in drei „Wellen" (Ionier, Achäer, Dorer) nach Griechenland eingewandert — geprägte Hypothese hat Vl. Georgiev zuerst 1956 vorgetragen[70] und seither in wenig modifizierter Form mehrmals wiederholt.[71]

b) Sein schärfster Opponent, E. Risch, nimmt hingegen seit seinem frühen, methodisch vielbeachteten sprachgeographischen Aufsatz[72] für die Zeit der Linear B-Texte eine noch kaum differenzierte südgriechische Dialektgruppe an, der das Mykenische ebenso wie die Vorläufer von Arkadisch-Kyprisch und Attisch-Ionisch angehört hätten, während das Äolische, von diesem Bündel stärker abgesetzt, dem Westgriechischen (mit Dorisch) nahestand.

c) Dagegen glaubt C. Gallavotti Isoglossen gefunden zu haben, die das Mykenische in eine spezifische Nähe zum Äolischen rücken.[73]

---

[69] La posizione dialettale del miceneo, Trieste 1967.

[70] Et. Myc., S. 173—188.

[71] Z. B. Minoica und Homer, hrsg. von Vl. Georgiev und J. Irmscher, Berlin 1961, S. 10—19; Myc. Stud., S. 121—139; Proceedings Cambridge, S. 104—124; zuletzt Acta Mycenaea II, S. 361—379.

[72] Die Gliederung der griechischen Dialekte in neuer Sicht, Mus. Helv. 12, 1955, S. 61—76. Methodisch wichtig in der Folge sein Aufsatz: Historische Sprachbetrachtung und Dialektgeographie, Kratylos 11, 1966, S. 142—155.

[73] Vgl. zuletzt SMEA 5, 1968, S. 42—55. Eine kritische Stellungnahme zum Verhältnis Mykenisch-Äolisch findet sich bei P. Wathelet, Les traits éoliens dans la langue de l'épopée grecque, Roma 1970, passim.

d) M. Lejeune, C. J. Ruijgh u. a. vertreten die bereits in den ersten Arbeiten der Entzifferer M. Ventris und J. Chadwick ventilierte Auffassung, das Mykenische sei praktisch als der Vorläufer von Arkadisch-Kyprisch im zweiten Jahrtausend anzusprechen.

e) Wieder andere Gelehrte wie etwa L. R. Palmer sehen in der Linear B-Sprache ein achäisches Idiom, das demnach Eigenheiten der später differenzierten Dialektgruppen Arkadisch-Kyprisch und Äolisch aufweise, ein Standpunkt, der auch schon in den "Documents" anklingt.

f) A. Heubeck rechnet hingegen mit gar keinem direkten, breiteren Fortleben der mykenischen Sprache nach der Zerstörung der Paläste und begründet dies sprachlich mit lexikalischen Diskrepanzen wie auch mit dem Fehlen einiger besonders auffälliger Fortschritte in der Lautentwicklung des Mykenischen (Palatalisierung in *kazoe*, *suza*; Assibilierung von /thi/>/si/; Ferndissimilation zwischen zwei Labiovelaren: zu allen Fällen vgl. dieses Kap., Teil A) in den späteren Dialekten.[74]

Wie Lejeune beim römischen Kongreß betont hat[75], ist keine dieser Lautveränderungen irreversibel — so können etwa durch neue Ableitungen auf -*ios* nach der Geltungsphase der Assibilation Bildungen wie Κορίνθιος neu entstehen! —, so daß auch der unter f) skizzierte Standpunkt nicht unanfechtbar ist. Vielleicht wird man sich am besten der vorsichtigen Formulierung A. Scherers anschließen, wonach das Mykenische der gemeinsamen Vorstufe des Arkadischen und Kyprischen nahegestanden war[76].

In einem methodisch wichtigen Beitrag[77] reduziert A. Bar-

---

[74] Zur dialektologischen Einordnung des Mykenischen, Glotta 39, 1961, S. 159—172.

[75] Atti Roma II, S. 728 f.

[76] Handbuch der griechischen Dialekte II, Heidelberg 1959, S. 326. Eine vergleichbare Position vertritt A. Bartoněk, Acta Mycenaea II, S. 337.

[77] Relevance of the Linear B Linguistic Phenomena for the Classification of Mycenaean, Acta Mycenaea II, S. 329—345.

tonēk die dialektale Gliederung des klassischen Griechisch auf ihre signifikantesten und ältesten Isoglossen und projiziert diese in die vorauszusetzende sprachliche Situation des Griechischen in der zweiten Hälfte des zweiten Jahrtausends v. (bes. im 13. Jh.). Er macht auf diesem Wege eine bereits vollzogene dialektale Differenzierung wahrscheinlich. Da die Dialekträume in dieser Periode weniger scharf begrenzt erscheinen und noch kaum mit einer Häufung der Isoglossen ('Isoglossenbündeln') zu rechnen ist wie dann im ersten Jahrtausend, vermutet Bartonēk ansprechend "the Late Helladic situation as a dialectally fairly continuous territory with several more or less distinct lines of division and transition".

In seinem strukturalistischer Denkweise verpflichteten Vortrag[78] tritt M. S. Ruipérez beim selben mykenologischen Kolloquium (Salamanca) für eine ziemlich späte dialektologische Profilierung des Griechischen ein. Die zeitliche Raffung, in der sich die entscheidenden lautlichen Prozesse vollzogen hätten, sei den äußeren Fährnissen und der instabilen politischen Situation in den „dunklen Jahrhunderten" nach dem Zusammenbruch der mykenischen Reiche und der Einwanderung der Dorer zuzuschreiben. Unter diesem Blickwinkel versteht Ruipérez manche sprachlichen Züge des Mykenischen (Gen. Sg. -ojo; ra$_2$, das als /rra, lla/ aufgefaßt wird) nicht als Dialektismen, die es in den zitierten Beispielen zum Äolischen stellte, sondern als Archaismen, die eine Klassifizierung der Sprache von Linear B im Rahmen der griechischen Mundarten nicht zulassen.

Da die alles entscheidenden Kriterien zur Lösung dieser heiklen Fragen zumeist in wenigen, phonologisch nicht immer sicher gedeuteten mykenischen Beispielen bestehen, da zudem die Auffassungen über das Tempo und damit den Zeitraum postmykenischer Lautveränderungen und ihre Aussagekraft in dialektologischen Fragen stark differieren, scheint in diesem Problemkonnex zwischen der philologisch-linguistischen Inter-

[78] Le dialecte mycénien, Acta Mycenaea I, S. 136—166.

pretation und der spekulativen, gleichsam aprioristischen Erwartung nicht selten ein Zirkel zu bestehen.

Erweckt demnach dieser Zweig der Mykenologie bisweilen einen etwas festgefahrenen Eindruck, so scheint ein neues Arbeitsfeld in der Behandlung der binnenmykenischen Sprachunterschiede heranzuwachsen, die lange Zeit hindurch wenig beachtet und oft als Schreibvarianten oder -versehen rein graphisch interpretiert worden waren. So hatte man vor allem die beträchtliche Ähnlichkeit der sprachlichen Zeugnisse aus allen mykenischen Archiven hervorgekehrt und Divergenzen wie den Dativausgang im Singular der Konsonantenstämme auf ⟨-e⟩ = /ei/ in den Knossostafeln gegenüber daneben auftretendem ⟨-i⟩ = /i/ in den Texten aus Pylos und Mykene vor allem diachronisch, also mit dem höheren Alter und einer demzufolge archaischeren Sprachform des knossischen Materials begründet, das man ja bekanntlich vor dem Akutwerden des „Knossos-Problems" zuversichtlich auf etwa 1400 datiert hatte.

Die im anderen Zusammenhang behandelten, sehr wertvollen paläographischen Untersuchungen von E. L. Bennett und J.-P. Olivier haben zu einer Identifikation der Schreiberhände geführt und somit die Möglichkeit eröffnet, sprachliche Varianten auf ihre graphische Distribution hin zu untersuchen. Beobachtungen von E. Risch[79] zu drei auffallenden Unterschieden innerhalb der Pylos-Texte (*pemo::pema;* (Dat.Sg.) *posedaone::posedaoni; timitija::temitija*) haben ergeben, daß die von der immanenten Norm — in Rischs Terminologie « mycénien normal » — abweichenden Fälle (= *-ma; -i; -e-:* « mycénien spécial »)

1. weitgehend kombinatorisch und
2. in auch paläographisch kohärenten und von den Tafeln mit den „normalen" Vertretungen (*-mo; -e; -i-)* deutlich abgesetzten Texten

auftreten. So liegt die Zuordnung dieses Bündels distinkter Formen an Schreiber mit anderem Mutterdialekt nahe genug.

---

[79] Les différences dialectales dans le mycénien, Proceedings Cambridge, S. 150—157.

Sehr attraktiv ist sodann die auf der Tatsache, daß gerade die Anomalien (« mycénien spécial ») von den späteren Dialekten fortgesetzt wurden, begründete Spekulation Rischs, « mycénien normal » sei als offizielle Sprache des Hofes und der Aristokratie bis auf wenige Kulturwörter mit der Katastrophe der Paläste untergegangenen, wohingegen « mycénien spécial » als Idiom der niederen Volksschichten überlebt habe. Weitere Aktivität in dieser auch soziolinguistisch relevanten Forschungsrichtung dürfte das Repertoire der innermykenischen Dialektismen noch beträchtlich vergrößern lassen. Neue Fälle zeichnen sich bereits in einer Arbeit von G. Nagy[80] ab.

Abschließend soll in diesem Zusammenhang noch kurz auf A. Bartoněk[81] verwiesen werden, der die Ansicht Georgievs vom Koiné-Charakter des Mykenischen (s. o.) insofern mit dem soeben referierten Standpunkt Rischs zu versöhnen weiß, als er am Beispiel der hellenistischen Gemeinsprache betont, "that the substance of those linguistic structures that we call Koine, or in modern linguistic terminology 'interdialect', 'common language' and the like, consists not in their representing a mixture of a greater number of elements, but rather their degree of integration even if on the basis of one single dialect" (S. 99). Als dieser Basis-dialekt komme nunmehr Rischs « mycénien normal " in Betracht: dagegen sei das langlebigere « mycénien spécial » "an individual dialectal basis of the scribes, which very likely was of local character" (S. 103).

In der Sprache der Linear B-Tafeln eine Art von früh-griechischer Koiné, eine mykenische Gemeinsprache im Sinne etwa von A. Bartoněk zu sehen, empfehlen folgende, vonein-ander unabhängige Gründe:

1. Wir entkommen dadurch der mißlichen Aufgabe, die ein-heitliche, sichtlich standardisierte Sprache der Linear B-Texte

[80] On Dialectal Anomalies in Pylian Texts, Atti Roma II, S. 663 bis 679.

[81] Mycenaean Koine reconsidered, Proceedings Cambridge, S. 95 bis 103.

mit einer zu erwartenden dialektalen Gliederung des Griechischen dieser Periode auf einen Nenner zu bringen. Entfällt nämlich die Interpretation als eine überdialektale Gemeinsprache, so kommt man entweder in Schwierigkeiten mit Lokalisierung und Chronologie der Einwanderung der übrigen griechischen Stämme oder muß sich mit der keinesfalls selbstverständlichen Annahme befreunden, daß die Ausdifferenzierung einer Vielzahl dialektaler Merkmale erst spät und innerhalb eines ziemlich kurzen Zeitraumes stattgefunden hat.

2. Zu dem evidenten Mangel an markanten regionalen Unterschieden in den Sprachdenkmälern der einzelnen Fundorte kontrastieren die weiter oben genannten aufschlußreichen Wechselformen im Textcorpus von Pylos. Da sich diese Varianten nach Rischs erwähnter Untersuchung komplementär auf bestimmte Schreiber verteilen, sind sie nicht als gleichwertige Parallelbildungen innerhalb der offiziellen Standardsprache, sondern als distinktive dialektale Züge zu bewerten, die dem Verfasser der Tafel aus seiner Lokalmundart (mehr oder weniger bewußt) zugeflossen und in seinen Text eingedrungen sind. Diese gelegentlichen Einsprengsel bestätigen demnach ebenso das Vorhandensein eines Standards, indem sie sich davon abheben, wie sie neben der angenommenen Koiné lokale bzw. regionale Dialekte bezeugen.

3. Die Sprache von Linear B scheint, wie bereits festgestellt, sowohl in einzelnen Merkmalen (bestimmte Dissimilationen, Allegroformen) als auch in der Gruppierung ihrer sprachlichen Züge, also in ihrem dialektologischen Gesamthabitus, keine direkte Fortsetzung in einem griechischen Dialekt des 1. Jts. v. Chr. gefunden zu haben. Von den zuvor genannten Dubletten aber kehren gerade die als Substandard und der regionalen Mundart zugehörig betrachteten Lesarten nach den dunklen Jahrhunderten wieder, während die der „Norm" zugewiesenen Formen nur gelegentlich als Petrefakte überdauern. Dieser Umstand läßt gleichfalls die Standardsprache als das überregionale, hyperdialektale Idiom der mykenischen Höfe, ihrer Archive und Kanzleien beurteilen, das weitgehend bereits ohne Verbindung zu

den bodenständigen Dialekten ist und daher auch die Katastrophe der ägäischen Welt um 1200 v. Chr. und den nachfolgenden kulturellen Hiat nur in sporadischen Reliktwörtern überlebt hat.

4. Die auffallende Übereinstimmung in der Verwaltung, im Wirtschaftssystem und in der politisch-sozialen Struktur der einzelnen Residenzen stellt im Verein mit der einheitlichen materiellen Kultur, wie sie uns aus den Bodenfunden entgegentritt, ein überzeugendes sachliches Substrat für sprachlichen Ausgleich im Sinne einer Koiné dar.

Dem Ansatz einer mykenischen Koiné im Sinne einer Mischsprache (Georgiev) haftet hingegen das Manko einer « solution de facilité » (M. Lejeune [82]) an, da ein solches Konzept nicht zur methodenstrengen, geradlinigen Entscheidung aller lautlich-etymologischen Probleme verpflichtet, sondern von vornherein und per definitionem eine dialektologische „Hintertür" offenhält: vgl. in Georgievs Entwurf die Beurteilung von *o-* gegenüber *a-*Tönung bei den Ergebnissen der silbischen Liquiden und Nasale, von athematischen gegenüber thematischen Formen bei den Verba contracta auf *-e-*, von *peda* neben *meta* und der parallelen Verwendung von *-ijo-* :: *-ejo-* als Materialsuffix.

Mit zunehmender Durchlässigkeit und Kompromißfähigkeit läuft eine solche Konzeption jedoch Gefahr, an Bündigkeit und Beweiskraft zu verlieren und heikle Fragen eher zu vernebeln als zu lösen: « là où tout est possible, rien n'est prouvable, car une preuve est toujours assortie de l'exclusion des autres hypothèses » [83]. Immerhin hält Lejeune aus dem Zusammenspiel mehrerer Faktoren heraus eine Art von Gemeinsprache, die er allerdings auf den administrativen Gebrauch und die Verwendung in der „Schule" der mykenischen Schreiber einengen möchte, in den Linear B-Texten für plausibel: « une humble forme de langue savante ... sinon une langue technique, du moins la langue d'une technique.» [84]

[82] Rapport sur le mycénien, Atti Roma II, S. 726—732.
[83] Atti Roma II, S. 730.
[84] Ebd., S. 730 f.

IX. DIE SERIEN

Die Einteilung der Tafeln in verschiedene Serien erfolgte noch vor der Entzifferung anhand der Ideogramme, wobei Aufzählung und Kennzeichnung der einzelnen Serien durch große Buchstaben (A, B, C usw.) festgelegt wurde; dieses System wird A. Kober und E. L. Bennett Jr. verdankt[1]. Das jeweils gleiche Ideogramm durfte, auch als der eigentliche Inhalt der Tafeln noch unbekannt war, als Bürge dafür gelten, daß innerhalb einer Serie eine einheitliche Sachgruppe erfaßt wurde. Als zusätzliches Kriterium für eine weitere Unterteilung konnten Herkunft und äußere Erscheinungsmerkmale, so vor allem das Tafelformat, herangezogen werden. Im wesentlichen hat sich dieses System auch nach der Entzifferung bewährt.

Die Seriennummer bestimmt üblicherweise die Zitierweise, wobei zu dem die Serie bezeichnenden Großbuchstaben (A—Z) noch ein Kleinbuchstabe tritt; letzterer dient zur Kennzeichnung der einzelnen Untergruppen innerhalb der Gesamtheit der durch dasselbe Ideogramm unter dieselbe Seriennummer fallenden Tafeln; auch sind bestimmte Kleinbuchstaben bestimmten Tafelformen sowie Fundorten (Pylos, Knossos, Mykene, Theben) vorbehalten. Zur Kennzeichnung des Fundortes tritt dessen Abkürzung (PY, KN, MY, TH) vor die Seriennummer. Auf diese folgt die durch die Ausgräber oder Bearbeiter gegebene Inventarnummer, also z. B. „PY Aa 96" (d. h. Tafel aus Pylos mit Personenverzeichnissen [A], Inventar Nr. 96).

Galt nach der Entzifferung verständlicherweise die erste Aufmerksamkeit dem neu erschlossenen Wortmaterial und seinen

[1] E. L. Bennett, The Minoan Linear Script from Pylos (Unveröff. Diss. Cincinnati 1947); zu den Schriften der sehr verdienstvollen, noch vor der Entzifferung verstorbenen A. E. Kober vgl. die Bibliographie in Docs.[2], S. 600.

griechischen Entsprechungen, so zeigte sich andererseits doch bald angesichts der als Unsicherheitsfaktor nicht immer auszuschließenden Mehrdeutigkeit der mykenischen Schreibung die Notwendigkeit, für jede Lesung zugleich auch ihren engeren und weiteren Kontext heranzuziehen. Das mußte von sich aus zu einer intensiven Beschäftigung mit den einzelnen Serien als in sich zusammenhängenden Komplexen führen, wobei sich die Frage nach der ursprünglichen Zusammengehörigkeit einzelner Tafelgruppen auch innerhalb einer Serie als oftmals entscheidend erwies. Nur dort nämlich, wo es gelang, die Systematik der ursprünglichen Anordnung und die entsprechenden Querverbindungen einzelner Tafeln und Tafelgruppen festzulegen, konnte und kann man mit einer gewissen Sicherheit Aufschluß über den Vorgang der Niederschrift und zugleich über Zweck und Inhalt erwarten.

Die Notwendigkeit der Abgrenzung einzelner zusammengehöriger Tafelgruppen auch innerhalb der durch dasselbe Ideogramm als Serien ausgewiesenen Sachkomplexe hat besonders J. Chadwick [2] betont, der für die Untergruppen die Bezeichnung "set" (d. h. Tafelsatz) einführte. Ein solcher Tafelsatz umfaßt die innerhalb eines Sachbereiches als einheitlicher, zusammengehöriger Text verfaßte Abfolge mehrerer Tafeln. Daß solche Tafelsätze in den einstigen Schreibarchiven als selbständige Einheiten aufbewahrt wurden, kann als sicher gelten [3]. Die Grabungsbefunde von Knossos wie auch von Pylos haben erkennen lassen, daß die abgeschlossenen Tafelgruppen in eigenen Behältern, Kisten aus Holz oder Gipsstein sowie geflochtenen

[2] J. Chadwick, The Organization of the Mycenaean Archives, Studia Mycenaea, S. 12: "A set is a group of tablets which were intended by their writers to be read as a single document."

[3] Dazu J. Chadwick, The Mycenaean Filing System, BICS 5, 1958, S. 1 ff. — Zu den knossischen Befunden vgl. A. J. Evans, PoM IV, S. 668 ff.; zu Pylos, C. W. Blegen und M. Rawson, The Palace of Nestor, Cincinnati 1966, Bd. I, S. 97 ff. — Auch der in Theben gefundene Tafelset von 1970 war offenkundig in einem hölzernen „Kartei"-Kasten aufbewahrt worden, vgl. Kadmos 9, 1970, S. 171.

Körben, aufbewahrt wurden. Die Kisten wurden gelegentlich fest verschnürt und mit einem Tonsiegel versehen, auf dem mit einigen Schriftzeichen summarisch der Inhalt der Tafeln bzw. das von ihnen erfaßte Sachgebiet vermerkt werden konnte. Ähnlich wurden auf den Körben Tonetikette angebracht, wie dies aus den Abdrücken des Geflechtes auf der Rückseite der Etikette abzulesen ist. Entsprechende Etikette konnten jedoch auch zur Beschriftung von Kisten, in denen Gebrauchsgegenstände (etwa Lanzenspitzen) aufbewahrt wurden, dienen [4].

Die Kriterien, die demnach für die Rekonstruktion der Archive in ihrer einstigen Anordnung herangezogen werden können, sind innerer wie äußerer Natur. Als inneres Kriterium wird man den entzifferten Inhalt einer Tafel — Einleitungszeile; Wiederholungen und Entsprechungen am Ende der einen und am Anfang einer anderen Tafel; Sachzusammengehörigkeit — nicht unterschätzen dürfen. Eine wesentliche Bestätigung hierfür aber bieten die äußeren Kriterien: die Materialbeschaffenheit und Gestalt, die oft mehrere Tafeln als eng zusammengehörig kennzeichnen kann — daneben die Fundumstände, etwa gleicher Fundort als Hinweis auf eine ursprüngliche Zusammengehörigkeit — schließlich aber auch ganz besonders die individuelle Handschrift des einzelnen Schreibers. — Vor allem das Zusammentreffen dieser einzelnen Anhaltspunkte erlaubt es, in einer großen Anzahl von Fällen die ursprüngliche Abfolge der einzelnen Texte mehr oder minder exakt zu bestimmen.

Für die Lokalisierung und die Bestimmung des Anteils der einzelnen Schreiber liegen nun für die knossischen Tafeln die bereits oben genannte Diskussion über die Fundorte in L. R. Palmers Beitrag [5] und J.-P. Oliviers bereits genanntes Werk [6] vor, das, was seine Arbeitsleistung wie auch seine Be-

---

[4] Vgl. A. J. Evans. PoM, S. 616; daneben auch Živa Antika 22, 1972, S. 74 f. Auch unten Kap. XXIII.

[5] The Find-Places of the Knossos-Tablets, in: Palmer-Boardman, On the Knossos Tablets, Oxford 1963.

[6] Les Scribes de Cnossos. Essai de Classement des Archives d'un Palais Mycénien, Rom 1967. Als wichtige Ergänzung tritt hierzu auch

deutung für eine weitere Einordnung der knossischen Tafeln in einzelne geschlossene Textgruppen anbetrifft, als ein entscheidender Fortschritt und als solide Basis für jede künftige Arbeit am knossischen Tafelmaterial hervorgehoben werden muß.

Untersuchungen zur genauen Fundlage der pylischen Tafeln haben E. L. Bennett[7] und A. Sacconi[8], zur Trennung der Schreiberhände wiederum E. L. Bennett[9] veröffentlicht. Auch die Bestimmung der für die in Mykene gefundenen Tafeln zuständigen Schreiber hat E. L. Bennett Jr. vorgenommen[10].

Neben dem Einblick, den diese Untersuchungen in den Aufbau und die Organisation der mykenischen Verwaltungszentren geben, liegt ihr überwiegender Wert aber in der Hilfe, die sie zur Erfassung der Serienstruktur gewähren. Wie bereits betont, kann nur dort, wo diese Struktur greifbar wird, mit entscheidenden, vielleicht endgültigen Fortschritten der Interpretation gerechnet werden. Über solche Bemühungen und Fortschritte, zugleich auch über die bestehenden Schwierigkeiten, nicht zuletzt aber auch über den Inhalt eines größeren Teils der Tafelserien aus Knossos und Pylos sollen die im folgenden referierten Arbeiten zu den wesentlichsten Tafelgruppen Aufschluß gewähren. Daß dabei stärker als der lexikalische Aspekt, der sich durch die jeweilige Wortinterpretation ergibt, jener der Serienstruktur im Vordergrund steht, bedarf nach den obigen allgemeinen Bemerkungen keiner zusätzlichen Begründung mehr.

J. Chadwick, The Classification of the Knossos Tablets, Acta Mycenaea (Minos XI), S. 20 f.

[7] E. L. Bennett, The Find-Places of the Pylos Tablets, in: Myc. Stud., S. 241 ff.

[8] Indice Topografico dei Documenti nel Palazzo di Pilo, in: SMEA 2 (1967), S. 94 ff.

[9] Tentative Identification of the Hands of the Scribes of the Pylos Tablets, in: Atti Pavia, S. 35 ff.

[10] Mycenae Tablets II, S. 89 ff.; III, S. 68 ff.

X. PYLISCHE PERSONENVERZEICHNISSE

(PY Aa, Ab, Ad)

Unter den Listen, die Aufzeichnungen von Personen beinhalten, fand von Anfang an eine Anzahl von Tafeln, die offenkundig Gruppen von Frauen und Kindern verzeichnen, besondere Beachtung. Bereits in dem für die Entzifferung grundlegenden Aufsatz von M. Ventris sind einige der Berufsbezeichnungen sowie einige Ethnika, welche die verschiedenen Gruppen von Frauen mit Mädchen und Knaben klassifizieren, enthalten. Diese Verschiedenartigkeit der Benennung, die teils durch Berufs-, teils durch Herkunftsangabe erfolgte, ließ es angeraten sein, einen möglichst umfassenden, breiten Personenstand, aus dem sich die genannten Gruppen rekrutieren, anzunehmen. T. B. L. Webster, der diese Faktoren in Rechnung stellte, kam zu dem Schluß, daß es sich um Sklaven handeln müsse.[1] Man ist ihm darin weitgehend gefolgt — auch Ventris-Chadwick schlossen sich[2] dieser Auffassung an.

Einen näheren Einblick gewährte dann die ebenso knappe wie präzise Darstellung des inneren Aufbaues der in Frage stehenden Tafeln, die sich als aufeinander bezogene Serien zu erkennen geben. E. L. Bennett[3] konnte zeigen, daß die Serien von verschiedenen Schreibern verfaßt worden sind, deren jeder seinen eigenen Aufgabenbereich hatte. Zwei Schreiberhände sind zuständig für die Aa-Serie, in der die u. a. als *rewotorokowo/* λεϝοτϱοχόϝοι (Badefrauen), *aketirija/*ἀϰέστϱιαι (Näherinnen), *rineja/*λινέαι (Flachsarbeiterinnen), *apiqoro/*ἀμφίπολοι (Dienerin-

---

[1] BICS 1, 1954, S. 11 ff.
[2] Docs.², S. 155 ff.
[3] Correspondences entre les textes des tablettes pyliennes des séries Aa, Ab, et Ad, in: Et. Myc., S. 121 ff.

nen), sowie als *kinidija*/Κνίδίαι (Knidierinnen), *raminija*/Λαμνίαι (Lemnierinnen), *miratija*/Μιλατίαι (Milesierinnen) bezeichneten Frauen zusammen mit ihren Kindern sowie zusätzlich je ein DA und TA aufgeführt werden. Hinzu kommen Ortsangaben, offensichtlich die Aufenthaltsorte der Frauen zur Zeit der Abfassung der Tafeln. Der eine der beiden Schreiber (Schreiber der Tafel Aa 240) ist zuständig für den Ort Pylos, daneben einige kleinere Orte: *apunewe, eudewero, metapa, newopeo, owitono, piwere, rouso*; der zweite Schreiber vor allem für den Ort *reukotoro*, daneben die kleineren Orte *daminija, epijotana, epikoo, ewiripo, kee, korito, potorowa(pi)* und *puro rauratijo* (Pylos in der Provinz Rawarata$_2$). — Während der Schreiber von Aa 240 (Hand 1) auf seinen Tafeln die Eintragung *puro* (Pylos) unterläßt, verfährt der Schreiber der Tafel Aa 60 (Hand 4) ebenso für den Ort *reukotoro*. Daß die jeweiligen Tafeln dennoch diese Orte betreffen, geht aus den entsprechenden Parallelverzeichnissen der Ab- und Ad-Serie hervor, die jeweils von einem weiteren Schreiber abgefaßt wurden.

Der Schreiber der Ab-Serie (Hand 21) wiederholte die vom erstgenannten Schreiber der Aa-Serie (Hand 1) verzeichneten Personengruppen und Orte (unter ausdrücklicher Nennung von Pylos), fügt jedoch zu den genannten Personen noch eine Angabe über eine bestimmte Menge von Feigen und Getreide hinzu. Wie L. R. Palmer [4] überzeugend nachgewiesen hat, handelt es sich um die Gesamtsumme der Monatsration aller auf der jeweiligen Tafel verzeichneten Personen, wobei das Verhältnis von Frauen : Kindern : DA : TA wie 2 : 1 : 2 : 5 ist. Die DA und TA aber stellen, worin man L. R. Palmer ebenfalls zustimmen darf, bevorzugte, offensichtlich die der jeweiligen Gruppe als Vorgesetzte beigegebenen Aufsichts- bzw. Führungspersonen dar.

Diese Lebensmittelrationen (für jeweils einen Monat) werden allerdings nur für die vom ersten Schreiber erfaßten Personen-

---

[4] Methodology in Linear B Interpretations, Die Sprache 5 (Festschrift für Wilhelm Havers, 1959), S. 137 ff.

gruppen, d. h. für die Orte von Pylos und Umgebung, berechnet, während bezeichnenderweise entsprechende Ab-Tafeln zu den Aa-Tafeln des zweiten Schreibers (Hand 4), der für Reukotoro und Umgebung zuständig ist, fehlen. Man hat daraus geschlossen, daß die Versorgung dieser um Reukotoro gruppierten Personen von dort aus und nicht von Pylos selbst aufgebracht wurde.[5] Pylos und die zusammen mit ihm von Schreiberhand 1 genannten Orte liegen offenkundig in der diesseitigen, Reukotoro und die zu ihm gehörigen Orte in der jenseitigen Provinz des pylischen Reiches.

Die Ad-Serie (Hand 23) wiederholt sowohl die Orte des Schreibers „Hand 1" wie auch die des Schreibers „Hand 4". Während nach den Feststellungen von E. L. Bennett und F. J. Tritsch[6] die Aufzeichnung der Ab-Serie unabhängig von der Aa-Serie erfolgte, greift die Ad-Serie wohl auf diese zurück, wobei einerseits auffällt, daß die Ad-Serie eine Reihe zusätzlicher Klassifizierungen für Frauen, die in der Aa-Serie nur nach ihrer Herkunft spezifiziert waren, enthält — andererseits aber der Schreiber offenkundig zunächst die Schriftzeichen und Ideogramme und erst nachträglich die jeweiligen Zahlzeichen eingetragen hat. Die Ideogramme betreffen Männer, und anschließend werden „kowo", d. h. in diesem Zusammenhang wohl „Jünglinge", genannt. Die Männer und Jünglinge aber werden als diejenigen der in der Aa- und Ab-Serie verzeichneten Frauen genannt, was dadurch zum Ausdruck kommt, daß die Ethnika und Berufsbezeichnungen der Frauen in der Ad-Serie immer im Genetiv erscheinen. Während die Ortsnamen, die den Aufenthaltsort zur Zeit der Abfassung der Tafeln wiedergeben, in allen Serien gleich sind, ist die Anzahl der Personen gewissen Schwan-

---

[5] Nach J. Chadwicks Auffassung, Docs.[2], S. 418 könnten die Tafelsätze jedoch auch unvollständig sein — wofür auch die relativ häufigen numerischen Differenzen zwischen der Aa- und der Ab-Serie sprechen könnten. — Nach L. R. Palmer, Interpretation, S. 118 handelt es sich hierbei jedoch um den Reflex einer "fluid situation, which would tally with our overall hypothesis of an emergency".

[6] The Women of Pylos, in: Festschrift J. Sundwall, S. 406 ff.

kungen unterworfen. Diese sind zwischen der Aa- und Ab-Serie nur unbedeutend, auffällig hingegen ist, daß die Zahl der Männer in der Ad-Serie weit hinter jener der Frauen der beiden anderen Serien zurück bleibt. Während für die Frauen und Kinder in der Ab-Serie Nahrungsmittel rationiert werden, fehlen solche Angaben für die Männer der Ad-Serie.

Die Frauen umfassen, wie gesagt, Gruppen, die nach ihrer Tätigkeit, und auch solche, die nach ihrer Herkunft genannt werden. Für die Bedeutung von Pylos spricht es, daß für diesen Ort ca. 30 solcher Gruppen vermerkt sind — für *reukotoro* sind es nur 6, für *rouso* 2, für die übrigen Orte nur jeweils eine (oder keine namentlich spezifizierten). Die Entsprechungen zwischen den einzelnen Serien lassen wiederum einen interessanten Einblick in den Umfang des Erhaltenen zu: E. L. Bennett gibt ihn mit ca. 80 Prozent an.

Daß die in den genannten Serien erfaßten Personengruppen aufeinander bezogen und wohl insgesamt aus gleichem Anlaß registriert wurden, kann nach den Untersuchungen von E. L. Bennett als gesichert gelten. Eine Erklärung über Inhalt und Zweck der Serie wird diese Faktoren zu berücksichtigen haben. Sie betrifft vor allem zwei Umstände: einmal den einer Bestimmung des Personenstandes der genannten Frauen und Männer — zweitens aber den Anlaß der Registratur.

Zwei Voraussetzungen sind hierbei vor allem zu beachten: zunächst der bereits erwähnte, nicht leicht erklärbare Unterschied in der Bezeichnung der weiblichen Gruppen nach ihrer Tätigkeit beziehungsweise ihrer Herkunft; daneben aber auch die Gesamtzahl der verzeichneten Personen. Nach der Berechnung von E. L. Bennett handelt es sich um etwa 750 Frauen (Aa-Serie), etwa 450 Mädchen und 350 Knaben, was zusammen 1550 Personen, die Hälfte davon Kinder, ergibt. Die Ad-Serie nennt demgegenüber etwa 350 Männer und 100 Jünglinge, also zusammen 450 Personen. — Was nun aber die Interpretation der genannten Serie angeht, so sind zwei ernsthaft zu erwägende Vorschläge unterbreitet worden. Einer davon ist die bereits erwähnte Theorie, derzufolge es sich um ein Verzeichnis von Sklaven handelt, die dem Palast unmittelbar unterstehen und auch von ihm, sofern sie in ihm oder in seiner näheren Umgebung tätig sind, versorgt werden. Diese These ist mit Nachdruck zuletzt wieder von Ja. A. Lencman[7] vertreten worden.

Die in der Ad-Serie verzeichneten männlichen Personen werden von Lencman als Söhne der in den beiden anderen Serien genannten Frauen aufgefaßt — von denen die älteren durch das Ideogramm für Männer, die jüngeren aber als Knaben näher bestimmt werden. Der Gedanke, daß die Ad-Serie die Männer der Frauen darstellen, wird abgelehnt, da die Benennung von Männern nach Frauen (also etwa „Männer der Flachsarbeiterinnen") nur unter matriarchalischen Voraussetzungen denkbar wären, die jedoch in Pylos keinesfalls gegeben sind.

Was die Frauen angeht, so wissen wir demnach nichts von ihren Männern und Familien (mit Ausnahme dessen, daß sie Kinder haben) und können demnach mit großer Wahrscheinlichkeit annehmen, daß sie keine Familien im eigentlichen Wortsinn hatten: „Was die Beschäftigungsarten der Frauen anbetrifft, so erweisen sich einige von ihnen recht bald als den typischen Beschäftigungen der Sklavinnen in den homerischen Gesängen analog." Die Bezeichnung der Frauen nach Ethnika aber ist, so Lencman, abzulehnen; es handelt sich auch hier um Berufsbezeichnungen — so etwa sind die Kinidija (An 292,3) als Frauen aufzufassen, deren Bezeichnung von der Tätigkeit des „κνίζειν (schaben)" abzuleiten ist und die demnach aller Wahrscheinlichkeit nach mit Brotbacken beschäftigt waren. „Jedenfalls darf man nicht übersehen, daß wir nur einen geringen Teil der 30 nicht territorialen Benennungen der Sklavenabteilung zu bestimmen vermögen. Zum Teil ist dies dadurch zu erklären, daß im homerischen Epos den Beschäftigungen der Sklavinnen wenig Platz eingeräumt wurde. Praktisch finden alle in der Odyssee erwähnten Sklavinnenbeschäftigungen ihre Parallelen

[7] Die Sklaverei im mykenischen und homerischen Griechenland, Wiesbaden 1966.

auf den Tafeln. Jedoch blieben die meisten Beschäftigungsarten der Sklavinnen von Pylos trotzdem unbekannt" (S. 163).

Hinsichtlich der Anzahl der Sklavinnen kommt Ja. A. Lencman zu folgender Feststellung: „Die Berechnung der Zahl von Frauen und Kindern, die in den Dokumenten von Pylos erwähnt werden, ergibt, wie wir sahen, dreistellige Zahlen, die mindestens um das Zehnfache die im Epos angegebene Zahl der Sklavinnen im Haus des Alkinoos oder des Odysseus übertreffen. Aber auch das Haus des Odysseus in der Darstellung des Dichters ist ja bedeutend kleiner als der ausgegrabene Palast in Pylos, geschweige denn jener von Mykene. Das Vorhandensein riesiger Paläste in mykenischer Zeit ist eindeutig durch archäologische Ausgrabungen bezeugt. Deshalb ist in ihnen eine entschieden größere Zahl von Sklavinnen als im Epos nicht erstaunlich. In Sumer zählte das Personal sogar von einzelnen Stadttempeln manchmal Tausende von Menschen" (S. 163).

Das ökonomische System, in dem diese Sklaven beschäftigt sind, ist also das der Palastwirtschaft — und den „gleichzeitigen und früheren Herrscher- und Tempelwirtschaften Vorderasiens vergleichbar". — Hierbei war es nicht so nötig, daß alle Personen im Palast selbst arbeiteten, sondern sie konnten sich auch an anderen Orten befinden.

„Die Ergebnisse der Analyse der Inschriften Aa, Ab und Ad laufen" nach Ja. A. Lencman „auf folgende Thesen hinaus: die der Erfassung unterworfenen Sklavinnen und Sklaven waren in stabile Abteilungen gruppiert. Die Frauenabteilungen wurden ihrer Beschäftigung entsprechend zusammengestellt, die Jünglinge und Knaben wurden vor ihrer Verteilung auf andere Arbeiten den Abteilungen ihrer Mütter entnommen. Die Frauenabteilungen erhielten die Verpflegung aus den Lagerhäusern des Palastes. Für keine dieser Abteilungen ist der Name ihres Besitzers angegeben. Man muß annehmen, daß sie der Palastwirtschaft angehörten. Die Zahl der Frauen und Jünglinge weist darauf hin, daß die Sklavenarbeit eine sehr wichtige Rolle in der Wirtschaft von Pylos spielte" (S. 168).

Die Thesen von Ja. A. Lencman hat G. Wickert in einer ausführlichen Rezension [8] kritisch durchleuchtet. Sie weist hierbei unter anderem auf die besonderen Schwierigkeiten der Vergleiche homerischer und mykenischer Zustände hin, wobei für „Sklaven" im klassischen Wortsinn in den homerischen Gedichten grundsätzlich keine sicheren Beweise enthalten sind. Was die Serien selbst angeht, so sind weder aus dem Fehlen des Namens der verzeichneten Personen noch aus dem in anderen Serien verwendeten Terminus *doero*/δοῦλος („Sklave") sichere Schlüsse auf den Stand der in der Aa-, Ab- und Ad-Serie genannten Personen zu gewinnen — und vielmehr könnte der Umstand, daß viele der in der Ad-Liste verzeichneten männlichen Personen als „fehlend" vermerkt sind, eher auf den Zustand der Freiheit als auf den des Sklavenstandes hinweisen. Dem ist anzufügen, daß wohl kaum alle Ethnika als Berufsbezeichnungen aufgefaßt werden können — daß außerdem das Ideogramm „Männer" wie die Angabe *„kowo"* in der Ad-Serie den Schluß, daß es sich hier um die „Söhne" der jeweilig zugehörigen Frauen handelt, keineswegs rechtfertigt. —

Ein anderer Vorschlag, den u. a. A. Heubeck [9] übernommen hat, ist von F. J. Tritsch [10] unterbreitet worden, der in den registrierten Personen Flüchtlinge erkennt, die kurz vor der Zerstörung des Palastes in Pylos eingetroffen wären. Andere Notstandsmaßnahmen ließen sich diesem Vorgang erklärend zur Seite stellen, so etwa die Aktivierung des Küstenschutzes in der *„oka*-Serie" (vgl. dazu unten), oder aber auch die Ablieferung von *„Tempelerz"* zur Herstellung von Speer- und Lanzenspitzen, wie sie aus Jn 829 hervorgeht. Alles das scheint auf eine allgemeine Krisensituation hinzuweisen, in der man auch Flüchtlinge aus anderen Gegenden durchaus erwarten könnte.

Tritsch hält die Zahl der in den behandelten Serien erfaßten Personen für zu hoch, als daß man in ihnen Sklaven des Palastes erkennen dürfte. Auch können, da die Zahlen nicht

[8] Gnomon 39, 1967, S. 587 ff.
[9] Lineartafeln S. 50 ff.
[10] A. a. O. (Anm. 6).

übereinstimmen, die in der Ad-Serie genannten „ko-wo", sowie die mit dem Ideogramm „VIR" bezeichneten Personen, keinesfalls identisch mit den männlichen Knaben aus der Aa- und Ab-Serie sein. Daß die Männer aber als die der jeweiligen Frauengruppe angeführt werden, hat keine andere Ursache als die, daß sie sich am gleichen Ort wie die Frauen befanden, so daß man also für ihre Erfassung die Angaben der Aa- und Ab-Serien verwenden konnte.

Was die Niederschrift der einzelnen Serien betrifft, so zeigt Tritsch, daß sie nacheinander erfolgt sein müsse. Die Serie Aa nennt etwa 20 Gruppen von Frauen nach der Art ihrer Tätigkeit, die von ihr unabhängig aufgezeichnete Serie Ab gibt zwei dieser Gruppen mehr, während die Serie Ad nochmals zusätzlich zwölf Gruppen nach der Art ihrer Tätigkeit bestimmt. Dies heißt mit anderen Worten: "the groups of women were being gradually employed, i. e. work was only gradually found for them. That alone shows they were not primarily 'working women', slaves, professionals, captives, toilers, etc. etc. In fact, each time the Aa catalogue gives an ethnic there is no occupation mentioned with it, only the Ab, Ad lists and An 292 add the latter to the ethnics. We must therefore conclude that the Aa catalogue listed ethnics precisely when and because no occupation had been found" (S. 437).

Was die Männer der Ad-Serie angeht, so folgert er aus dem Umstand, daß sie ohne namentliche Bezeichnung und lediglich ihrer Anzahl nach genannt wurden, daß ihr sozialer Stand nicht sehr bedeutend gewesen sein könne, aber andererseits wohl nicht geringer gewesen sein muß als jener der in der „oka-Serie" genannten Truppeneinheiten der pylischen Küstenwache, die ebenfalls nur ihrer Anzahl nach registriert werden. — Hinsichtlich der — gemessen an den Frauen der Aa-Serie — bedeutend geringeren Anzahl der in der Ad-Serie verzeichneten Männer stellt sich die Frage: " ... is not the smaller number of the menfolk as compared with the women in each case an indication of the fighting that must have preceeded the arrival of the refugees at Pylos?" Und weiter heißt es zur Verwendung dieser

Männer: "These men with no apparent professions or occupations, stationed in the same places as their womenfolk who were already being employed, had not been given other manual tasks because they would be needed for military purposes ... On no other grounds would Pylos have employed the women first, having the men to be listed later. This is perhaps one of the simplest arguments in support of the new interpretation." (S. 441).

Was schließlich die Ethnika betrifft, so ist es F. J. Tritsch nicht entgangen, daß eine Reihe von ihnen Orte wiedergibt, die innerhalb des pylischen Reiches gelegen sind; als die gefährdetsten sollten sie — so seine Erklärung — vor dem Zugriff des Feindes durch Evakuierung der Bevölkerung geschützt werden. Die übrigen Orte aber weisen, da sie Personen enthalten, die als Knidierinnen, Lemnierinnen und Milesierinnen verzeichnet werden, auf den Bereich der Ägäis, besonders die östlichen Ägäisbezirke.

Wägt man die genannten Interpretationen gegeneinander ab, so wird man aus verschiedenen Gründen jener den Vorzug geben müssen, die in den Verzeichnissen die Listen vom Palast abhängiger, von ihm zu Arbeiten eingesetzter Personen erkennt; sie dürften mit einen wesentlichen Bestandteil der wirtschaftlichen Leistungsfähigkeit des pylischen Staates gebildet haben, wobei ihr sozialer Status wohl in keinem Fall bedeutend gewesen sein kann. Obschon die soziale Struktur der mykenischen Gesellschaft in sich noch zu wenig bekannt ist, als daß mit der Annahme von „Sklaven" im klassischen Wortsinn sicher gerechnet werden dürfte und folgedessen auch die inhaltliche Gleichsetzung von den in anderen Texten genannten *doero* und *doera* (δοῦλοι, δούλαι) mit „Sklaven" nur bedingt zulässig erscheint, dürfte doch der Abhängigkeitsgrad ein sehr hoher gewesen sein, und der Vergleich mit dem homerischen Hausgesinde liegt in der Tat nahe.

Daß in den Tafeln noch kurz vor der Zerstörung des Palastes aus Grenzbereichen evakuierte Personen sowie Flüchtlinge aus anderen Gebieten der Ägäis erfaßt und in den Wirtschaftsprozeß eingegliedert worden wären, ist an sich wenig wahrscheinlich. Der Untergang des pylischen Reiches scheint sich hierfür zu schnell und überraschend vollzogen zu haben. Auch andere historische Gründe sprechen dagegen: so sind offenkundig gerade die Inseln der südlichen Ägäis, soweit sich dies bisher beurteilen läßt [11], von der großen Zerstörungswelle des späten 13. Jh. weniger stark berührt worden als die festländischen Gebiete. Vor allem aber widerlegen, wie auch K. Wundsam betont hat,[12] die knossischen Ak-Tafeln, die weitgehend dem Schema der pylischen Aa-Serie entsprechen, die Annahme einer aus aktuellem Notstand vorgenommenen Registratur von Flüchtlingen. Die von J. T. Killen [13] zuletzt hervorgehobenen Zusammenhänge zwischen den knossischen L-Tafeln einerseits und der Ak-Serie anderseits zeigen, daß sowohl in den knossischen wie auch analog in den pylischen Texten die ordnungsgemäßen Verzeichnisse jener Gruppen vorliegen, die vom Palast im Rahmen der industriellen Produktion eingesetzt wurden — in Knossos überwiegend zur Verarbeitung von Wolle, in Pylos wohl von Flachs. Diese Arbeitskollektive waren zum Teil auch außerhalb des Palastes in verschiedenen Orten des Landes stationiert, wobei freilich in den Zentralen wie Knossos oder Pylos eine größere Anzahl beschäftigt und auch nach ihrer speziellen Tätigkeit unterschieden wurden. Dies erklärt das Nebeneinander von einerseits nach ihrer Tätigkeit wie anderseits auch nach ihrem Aufenthaltsort identifizierten Personengruppen.

Es verbleiben somit noch jene Gruppen, deren Ethnika über den engeren pylischen Staatsbereich hinausweisen, also in erster Linie die Frauen aus Lemnos, Milet und Knidos, zu denen solche

[11] Vgl. dazu V. R. d'A. Desborough, The Last Mycenaeans and their Successors, Oxford 1964, S. 223 ff. — Zur Situation in Milet vgl. G. Kleiner, Alt-Milet, Wiesbaden 1966, S. 11 ff. — zu möglichen Folgerungen auch J. Chadwick, Docs.², S. 410.

[12] Die politische und soziale Struktur in den mykenischen Residenzen nach den Linear B-Texten, Wien 1968, S. 175 ff.

[13] J. T. Killen, Two Notes on the Knossos Ak Tablets, Acta Mycenaea, Bd. II, S. 425 ff.

aus Lydien (a-*64-ja, wohl Frauen aus „Aswia" — alter Name für L.) sowie aus Halikarnass (Frauen aus „Zephyria" — alter Name für H.) [14] hinzuzurechnen sein dürften. Hierbei mag es sich um auf Kriegszügen erbeutete Frauen handeln oder um solche, die aus den genannten Orten erworben wurden. Die homerischen Überlieferungen von entsprechenden Beutezügen in der nördlichen und östlichen Ägäis, aber auch von käuflich erworbenen Sklaven stimmen darin überein.

Unklar bleibt die Verwendung der nach den Frauen benannten Männer. Wurden sie innerhalb des Beschäftigungsbereiches der Frauen zu anfallenden gröberen Arbeiten herangezogen — oder aber stellen sie ein Reservoir von Arbeitskräften für andere Tätigkeiten dar —, etwa im Einsatz als Ruderer, im Bauwesen oder verschiedenen handwerklichen Sparten, so etwa der Lederverarbeitung?

Größerer Aufmerksamkeit unter den Mykenologen hat sich auch immer wieder die außerhalb der pylischen Aa/b/d-Serie stehende, obschon vom gleichen Schreiber wie Aa 240/1182 (Hand 1) stammende Tafel An 607 erfreut, die eine als *doqeja* bezeichnete Gruppe von 13 Frauen und deren Abstammung registriert: unter den Vätern dieser Frauen finden sich *doero* und *kakeu* (δοῦλος, bzw. χαλκεύς), unter den Müttern ebenfalls *doera* sowie eine *diwija doera* (Διϝίας δούλη). In jedem Fall ist zumindest ein Elternteil „Sklave". — Nach der unter Berücksichtigung etwa gleichzeitiger, nahöstlicher Analogien vorgenommenen jüngsten Studie von S. Deger-Jalkotzy [15] muß damit gerechnet werden, daß beide Elternteile Palast-Sklaven, jedoch unterschiedlichen Ranges, sind. Die *doqeja (kiritewija)* sind ebenfalls Palastsklavinnen, vielleicht zuständig für die Verarbeitung von Gerste (vgl. κριθή/Gerste). Der Anlaß für die Niederschrift der Tafel war offenkundig die Überstellung der *doqeja* an Funktionäre *(eqeta)* außerhalb des Palastes (in

[14] Vgl. J. Chadwick, Docs.², S. 410, 417.
[15] S. Deger-Jalkotzy, The Women of Py An 607, Minos 13, 1972, S. 138 ff.

metapa). Der Vermerk über ihre Abstammung diente wohl ihrer Identifizierung.

Der Umstand aber, daß 13 Palastarbeiterinnen allein nach ihrer Abstammung, nicht jedoch mit Namen registriert und vom Palast (als Geschenk oder im Dienst der Verwaltung?) an Funktionäre an anderen Orten überstellt werden, spricht wohl stark für ihre geringen persönlichen Entscheidungsmöglichkeiten, d. h. für ihre weitgehende Unfreiheit. Gleiches kann mit gutem Grund auch für die in der pylischen Aa/b/d-Serie sowie den knossischen Ak-Tafeln und wohl auch für zumindest einige weitere in den verbleibenden A-Tafeln registrierte Kollektive angenommen werden.

XI. DIE O-KA SERIE

(PY An)

Die fünf mit dem Index An versehenen Tafeln (657, 656, 519, 654, 661) bilden innerhalb der pylischen Personen-Texte eine inhaltlich kohärente Gruppe, wir können also wieder mit Chadwick[1] von einem "set" sprechen, dessen Text insgesamt über 70 Zeilen umspannt.

Zunächst war nur die bereits 1939 gefundene und in der ersten Auflage von ›The Pylos Tablets‹ (1951) als An 43 registrierte Tafel An 519 bekannt gewesen: mit ihr beschäftigten sich Arbeiten von H. Mühlestein[2] und J. Kerschensteiner[3], und Palmer hatte bereits in seiner "Inaugural Lecture" vom November 1954 auf den militärischen Charakter des Textes hingewiesen.[4] Die zweite Auflage der ›Pylos Tablets‹ (1956) publizierte dann den kompletten set, dem alsbald intensive Aufmerksamkeit zuteil wurde: außerhalb der ›Documents‹ (bes. S. 55—60 und 2. Aufl. S. 427—430) befaßten sich mit den Texten besonders L. R. Palmer[5], H. Mühlestein[6] und E. Risch[7].

Das besondere Verdienst der drei letztgenannten Forscher besteht in der ersten Erarbeitung der Struktur dieser untereinander ganz ähnlichen Texte, der Untermauerung ihres vom Gros

---

[1] Stud. Myc., S. 12.

[2] Olympia in Pylos, Basel 1954.

[3] Pylostafeln und homerischer Schiffskatalog, MSS 9, 1956, S. 34 ff.

[4] Achaeans and Indo-Europeans, Oxford 1955, S. 20 f.

[5] Military Arrangements for the Defence of Pylos, Minos 4, 1956, S. 120 ff.

[6] Die oka-Tafeln von Pylos, Basel 1956.

[7] L'interprétation de la série des tablettes caractérisées par le mot o-ka, Atti Pavia, S. 40 ff.

der Tafeln deutlich abweichenden militärisch-historischen Gehalts sowie wertvoller Detailarbeit am Wortinventar, morphologischer Bestimmung der Ortsnamen und dem Versuch einer zumindest relativen Lokalisierung; ferner Untersuchungen zur Prosopographie der Personen anhand anderer Texte, in denen sie auftreten. Diese Methode hat zuletzt R. Schmitt-Brandt in einer gewichtigen Abhandlung[8] über die bisherigen Ansätze kräftig hinausgeführt und damit überaus aufschlußreiche Querverbindungen herstellen können.

Die Anfangsstellung der Tafel An 657 ergibt sich eindeutig daraus, daß sie als einzige eine Einleitungsformel, u. zw. *ouruto opia₂ra epikowo* = *hōs wruntoi opihala epikowoi*, „in folgender Weise (sollen) überwachen das Küstengebiet die Wächter", trägt. Daran schließt eine Folge von Eintragungen, die sich im Typus insgesamt zehnmal, also zweimal pro Tafel, innerhalb dieser Serie findet: Personenname im Genitiv — *oka* (das für den "set" eponyme Wort) — Ortsname — mehrere Personennamen im Nominativ — zwei bzw. drei Wörter (davon ein lokativischer Ortsname, ein Gattungsname, s. u.) — das Ideogramm VIR — Zahlzeichen (zwischen 30 und 140). Mehrmals findet sich noch die Zusatzformel *metaqe pei eqeta* + Personenname + (okkasionell) Patronymikon: „und mit ihnen der *eqeta* (s. u.) ...". Im übrigen ergeben sich dadurch Unregelmäßigkeiten im Formular, daß der Ortsname unmittelbar nach *oka* fehlen kann, ebenso auch der zweite, der noch dazu seine Stellung — vor oder nach dem Appellativ — wechselt, die Appellative wieder können innerhalb einer Sequenz mehrmals hintereinander, jeweils gefolgt von VIR + Zahlzeichen, erscheinen usw.

Den Konsens der Arbeiten vor seiner eigenen Untersuchung skizziert Schmitt-Brandt zutreffend in folgender Weise: „Die oka-Tafeln beziehen sich auf die Vorbereitungen der militärischen Führung des Reiches von Pylos zur Küstenverteidigung gegen die Feinde, die das Reich schließlich vernichteten. Mit dem Wort *oka* ist eine militärische Einheit oder deren Oberkom-

[8] Die OKA-Tafeln in neuer Sicht, SMEA 7, 1968, S. 69—96.

mando zu Lande (etwa = ἀρχή) oder zu Wasser (= ὁλκάς) gemeint, der ein bestimmter Küstenstrich zur Verteidigung zugeteilt ist. Der Mann, dessen Name im Genitiv vor dem Wort *oka* auftritt, ist der Kommandant der in diesem Abschnitt genannten Truppen, der Ortsname nach *oka* die Operationsbasis dieser *oka*. Die 4—6 bzw. 8 Personennamen im Nominativ sind Offiziere der Verbände, die im folgenden nach Herkunft und/ oder Waffengattungen bezeichnet werden und deren Stärke die dem Ideogramm VIR folgende Zahl angibt. In den Ortsnamen, die im Zusammenhang mit den Verbänden auftreten, sieht man teils den Standort der Truppen, teils den Ausgangspunkt, teils das Ziel einer Truppenbewegung, wobei durch die oben gezeigte Unregelmäßigkeit bei der Bezeichnung der Truppen nach Gattung und Herkunft und durch die mangelhafte Abgrenzung dieser Bezeichnungen von den zugehörigen Ortsnamen sich auf Anhieb eine derartige Vielfalt von Deutungsmöglichkeiten ergibt, daß uns die Tafeln, wie es scheint, gerade in diesem Punkt nichts Sicheres sagen können."[9] Dabei hat man für die syntaktische Interpretation der Ortsnamen in den Endungen der Pluralwörter auf *-si* und *-ai* ein sicheres Indiz (Lokativ!), dem auch die anderen, an sich mehrdeutigen Belege nicht widersprechen. Die Formen *nedowotade* und *wawoude* weisen durch ihr allativisches Suffix eine Richtungsangabe aus.

Die sechs verschiedenen Truppengattungen (s. o. die „Gattungsnamen") *okara₃* (4 Belege), *iwaso* (3), *kurewe* (3), *kekide* (8), *urupijajo* (3) und *korokuraijo* (5) scheinen teils nach der Waffenart oder der Bekleidung (z. B. *kurewe*; *kekide*), teils nach ihrer Herkunft *(iwaso, korokuraijo)* bezeichnet zu sein, wobei die letztere freilich ihre strikt geographische Relevanz eingebüßt haben mag[10]. Die überzeugendsten Deutungen liegen wohl für die *kurewe* = „Kürassiere" (nach Risch: *skulēwes,* zu griech.

---

[9] SMEA 7, S. 70 f.
[10] Vgl. Schmitt-Brandts Hinweis auf Kreter als typische Bogenschützen, Rhodier als Schleuderer oder in der Neuzeit die päpstliche Garde der „Schweizer".

σκῦλα „(geraubte) Rüstung" oder σκύλος „Haut") und die *korokuraijo* als *Korkyraioi* oder *Krokylaioi* (vom Inselnamen Korkyra oder dem Ortsnamen Krokyle) vor.

Für den *eqeta*, den schon Ventris-Chadwick formal mit griech. ἐπέτας „Trabant, Diener" (bei Pindar) identifizierten und der uns auch auf anderen Linear B-Tafeln begegnet, hat man aus der gelegentlichen Beifügung des Vaternamens (z. B. -ke-re-we-i-jo „Sohn des *Ete(w)okle(w)ēs*") und dem Auftreten aristokratischer, zweigliedriger Personennamen vom indogermanischen Typus[11] auf adelige Herkunft und hohen sozialen Rang geschlossen. Die von der Etymologie mitgeprägte Interpretation „Gefolgsmann" (scil. des Herrschers = *wanaks*) würde nach Palmer und Chadwick seine Funktion als Verbindungsmann zwischen Palast und Truppe, als Repräsentanten des Herrschers im Felde definieren. Andere haben wiederum, zumindest daneben, auch an kultische Aufgaben gedacht, wofür ihnen u. a. die Angabe *eqeta diwijeu* (An 659,9) zu sprechen schien: die Deutung von *diwijeu* als Zeuspriester[12] ist allerdings keineswegs zwingend, das Vorliegen eines Eigennamens ebenso möglich. Eine kritische Überprüfung dieser Vorschläge findet sich bei Kl. Wundsam[13].

Der bereits vorhin angedeutete Interpretationsfortschritt von Schmitt-Brandt gegenüber dem charakterisierten Forschungsstand vor seiner Untersuchung betrifft folgende Punkte:

1. Der berechtigte Anstoß an den schwankenden Proportionen zwischen einem Kommandanten sowie im Durchschnitt 4 „Offizieren" einerseits und andererseits einem zwischen 30 und 140 Mann schwankenden Truppenkontingent läßt ihn den Begriff *oka* nicht auf das gesamte Personal jedes Abschnitts, sondern nur auf die jeweils am Beginn namentlich Erwähnten beziehen, die allein in ihrer jeweiligen Summe die militärische Kategorie

[11] S. Risch, Atti Pavia, S. 59.

[12] Risch, Atti Pavia, S. 56.

[13] Die politische und soziale Struktur in den mykenischen Residenzen nach den Linear B-Texten, Wien 1968, S. 125—129.

120

der *epikowo* „Späher, Beobachter" verkörperten. Damit ist für das Verbum *uruto* = *wruntoi* auch strukturell die Bedeutung „bewachen, behüten" nahegelegt. „Die Verteidigung der Küste dürfte dagegen den Truppen anvertraut gewesen sein, die am Ende jedes Abschnitts mit einem Ortsnamen, soweit erkennbar im Lokativ, aufgeführt sind. Nehmen wir an, daß diese Ortsnamen den Standort der Truppen bezeichnen, der meist nicht mit dem Ort identisch ist, an dem die Wächter postiert sind, so liegt der Schluß nahe, die jeweils einer *oka* zugeteilten Truppen dienen der Verteidigung dieses bestimmten, von den vorgenannten / *epikowoi* / bewachten Küstenabschnitts. Daraus ergibt sich wieder, daß die Aufgabe der / *epikowoi* / darin bestand, bei der Landung von Feinden die für ihren Küstenabschnitt zuständigen Truppen zu alarmieren" (a. a. O. S. 73 f.).

2. Zur schwankenden Verwendung adjektivischer Herkunfts-bezeichnungen bei den Truppengattungen spricht der Verfasser unter Heranziehung des Textes PY Cn 3 die überzeugende Vermutung aus, „daß die in den oka-Texten ohne Herkunftsangabe eingetragenen Verbände sich in ihren Heimatorten aufhalten" (a. a. O. S. 81).

3. Den bisherigen, aus etymologischen oder sachlichen Gründen problematischen Auffassungen von *oka* als ὀρχά (= ἀρχή) „Kommando" oder ὁλκάς „Schiff" stellt Schmitt-Brandt seine Deutung als ὀρχάς „Schanze" (vgl. ὄρχατος) „Gehege" gegenüber: „Wir dürfen daher annehmen, daß mit *oka* irgendeine Art von Verschanzung gemeint ist, die an bestimmten Stellen der Küste errichtet wurde" (S. 91).

4. Daraus wiederum ergibt sich, „daß die Garnisonen der Truppen, die einer bestimmten Schanze zugeteilt sind, d. h. von dort aus alarmiert werden, nicht allzu weit von dieser Schanze und damit auch nicht allzu weit voneinander entfernt liegen müssen" (S. 91). Nun ist mit Zuversicht eine Verzeichnung der „Schanzen" in e i n e r Richtung, der Küste folgend anzunehmen und e i n Extrem können wir mit der *oka* des *mareu* (An 657,2), der ersten *oka* nach dem Einleitungssatz der Serie fixieren. So gelingt es Schmitt-Brandt durch scharfsinnige text-interne Be-

121

obachtungen und kombinatorische Einbeziehung der Tafel PY Cn 3, einen relativen Lageplan der Schanzen und Stationierungsorte (Garnisonen) zu erstellen, mit dessen Hilfe jetzt auch die Abfolge der *oka*-Texte, von denen bisher nur die Anfangs- und die Schlußtafel feststand, definitiv bestimmt werden kann: An 657 — 656 — 519 — 654 — 661.

Während des letzten Jahrzehntes fanden die *oka*-Tafeln auch im Rahmen der Bücher von L. R. Palmer[14], M. Doria[15] und A. Heubeck[16] die ihrer Bedeutung gemäße Behandlung, ohne daß freilich die eben dargelegten Deutungsfortschritte schon hätten genützt werden können.

Wichtige Beobachtungen besonders zur Prosopographie und Terminologie der *oka*-Texte sowie zur Deutung der verzeichneten Personennamen liefert M. Doria[17], eine übersichtliche Zusammenfassung der anstehenden Probleme mit besonderer Betonung des militärischen Aspektes dieser Tafeln verdanken wir M. Lejeune[18].

Die *oka*-Texte stehen als die wichtigsten mykenischen Quellen erwartungsgemäß auch im Mittelpunkt des ersten Teils von St. Hillers ›Studien zur Geographie des Reiches um Pylos nach den mykenischen und homerischen Texten‹[19]. In seinem Bemühen um die Erschließung der relativen und der realen Geographie des pylichen Reiches mit seinen beiden Provinzen beleuchtet Hiller in eigenen Kapiteln seines Buches ›Die Abfolge der oka-Serie‹ (S. 30—34), ›Die Geographie der oka-Serie‹ (S. 35—52

---

[14] Bes. Interpretation, S. 147—163.

[15] Avviamento, S. 112—115: die Tafeln An 657 und 654.

[16] Lineartafeln S. 41—48.

[17] Le tavolette della classe An di Pilo (Corso di Filologia Micenea, a. a. 1965—66, Trieste 1966), S. 1—36.

[18] La civilisation mycénienne et la guerre, in: Problèmes de la guerre en Grèce ancienne, Paris 1968, S. 31—51 (über die *oka*-Serie S. 34—43).

[19] Wien 1972. (Österreichische Akademie der Wissenschaften, phil.-hist., Sb. 278:5 = Veröffentlichungen der Kommission für mykenische Forschung, 1.)

bzw. 53—67) und äußert sich schließlich ›Zur inhaltlichen und historischen Deutung der oka-Serie‹ (S. 68—82). Hiller folgt in der Anordnung der Tafeln Schmitt-Brandt (s. o.), in der Deutung des Wortes *oka* versucht er quasi zwischen den Auffassungen als *ὀρχᾱ* „Kommando" und ὀρχάς „Schanze" zu vermitteln, indem er den Ausdruck als „lokales Wehrbereichskommando" versteht und so auch eine mögliche areale Nuance des Begriffes einfügt. Daß *oka* „die an eine bestimmte Person gebundene Kommandogewalt sowie den ihr unterstellten Personenkreis bezeichnet" (S. 71), ergibt sich aus der „Abhängigkeit des jeweiligen *oka*-Angehörigen vom *oka*-Kommandanten, was sowohl aus dem Umstand, daß einzelne *oka* aus ihrem ursprünglichen Rekrutierungs- und Einsatzgebiet in andere, mehr oder minder weit entfernte Bereiche verlegt werden können, sowie auch daraus hervorgeht, daß in jedem Fall ein *oka*-Kommandant, nicht aber ein *oka*-Ort genannt wird" (S. 100).

Hillers Lokalisierungen der in den *oka*-Tafeln genannten Orte läßt Truppenbewegungen erkennen, die Kontingente von den nördlichen Grenzregionen des Pylischen Reiches in den Süden, besonders in Orte an der messenischen Westküste verlagern. Da solche Aktionen über beträchtliche Entfernungen hinweg kaum Routinemaßnahmen (etwa im Sinne militärischer Manöver) darstellen dürften, wird man die Truppenverlegungen, über die wir aus dieser Serie erfahren, zu den (letztlich vergeblichen) Abwehrmaßnahmen des Palastes von Pylos zählen können. Für die Bezeichnung *epikowo* schwankt Hiller wegen der geringen Stärke der Verbände zwischen den Auffassungen als „Vorhut mit überwiegend taktischer Aufgabe ... die vor allem darin bestand, auch einen zahlenmäßig überlegenen Feind so lange am Vormarsch zu hindern, bis weitere Truppen, um die eigentliche Abwehr zu übernehmen, bereitgestellt waren" (S. 79, vgl. gr. ἐπικόοι) und als „Hilfstruppen", die „aus dem nördlichen Bereich und dem Binnenland zur Verstärkung des Küstenschutzes in die als besonders gefährdet geltenden Abschnitte beordert werden" (S. 80, vgl. gr. ἐπίκουροι), wobei die lautlichen Probleme dieser Deutung durchaus nicht verschwiegen werden.

Die Konzentration der Truppen an der messenischen Küste macht es in jedem Fall wahrscheinlich, daß man den Feind, bei dem es sich wohl um Angehörige der sogenannten „Seevölker" handelte, von der See zu gewärtigen hatte.

Mit einer Konzentration der Truppen vor allem im Norden des Reiches, die auch dem offensiven Zweck von Gebietseroberungen in der Pisatis gedient haben soll, rechnet hingegen D. A. Was[20]. Allerdings gelangt er zu dieser Hypothese wie auch zu seiner Skizze der Pylischen Geographie durch überaus willkürliche, sachlich und sprachwissenschaftlich gleichermaßen anfechtbare Interpretationen. Seine Auffassung wird daher von Hiller mit ausführlicher Begründung abgelehnt[21].

In seinem (noch nicht publizierten) Beitrag ›The Defence of Pylos against sea-borne Attack‹ zum Third International Colloquium on Aegean History (Sheffield, 15—19 April 1973) vertritt J. Chadwick für die *oka*-Tafeln die Abfolge An 657, 654, 519, 656, 661. Aus der Verteilung der *oka*-Kontingente und der geographischen Beschaffenheit der jeweiligen Region erschließt Chadwick eine Massierung von Truppen um die Bucht von Navarino. Wichtig ist in seiner Argumentation auch die Zuordnung der 11 *eqeta* (durch die Phrase *metaqe pei* ...) an die militärischen Einheiten, die bekanntlich nicht mit der Gliederung der *oka*-Kommandos kongruiert. Gerade in der Bai von Navarino finden wir aber eine auffällige „Dichte" der Truppen im Verhältnis zu den *eqeta,* deren Funktion Chadwick als "officer of the royal household placed in command of a regiment of the Pylian army" bestimmt.

Völlig andere, ja revolutionäre Wege der Auslegung hat L. Deroy mit seinem Buch betreten.[22] Seine bereits beim Brünner Symposium in Kurzform vorgetragene[23] Deutung des oka-

---

[20] The Kingdom of Pylos, its Topography and Defense, Anatolica 3, 1969/70, S. 147—176.

[21] Geographie des Reiches um Pylos, S. 217 ff.

[22] Les leveurs d'impôts dans le royaume mycénien de Pylos, Rom 1968.

[23] Stud. Myc., S. 95 ff.

Komplexes als Dokumentation über Steuereinhebung geht von einer völlig neuen Übersetzung der Themazeile aus: « Ainsi les auxiliaires lèvent les redevances. » Den Ansatz für diese Version bilden die von P. Wathelet[24] aufgezeigten Anlaut-Probleme im Falle der üblichen Gleichsetzung von *wruntoi* mit griech.-homer. ἔρυσθαι „schützen, bewachen"[25] und die daraus resultierende Identifizierung des Verbums mit gr. ἐρύειν „ziehen". Die immerhin auffällige Tatsache, daß als *epikowo* (nach Deroy = *epikorwoi*, „Hilfsbeamte bei der Steuereinhebung") häufig Namen aufscheinen, deren Träger uns anderweitig als *kakewe* / *khalkēwes* / „Schmiede" bekannt sind, gibt Deroy Anlaß zu der Spekulation, daß die Schmiede im pylischen Reich (offenbar in Zeiten verminderten Arbeitsanfalles?) auch zu fiskalischen Diensten eingesetzt wurden[26]. Wir halten diese Interpretation der oka-Tafeln insgesamt für verfehlt; besonders die rein etymologisch und noch dazu unter teilweise unrichtigen Annahmen im Sprachlichen gewonnene Neudeutung der „Überschrift" (s. o.) trägt schwerlich die daraus gezogenen weitreichenden Folgerungen[27]. Ungeachtet dessen sind dem Buch wertvolle Einsichten in Einzelfragen zu verdanken.

---

[24] Stud. Myc., S. 105—111.

[25] Eine Lösung dieser lautlichen Schwierigkeit und damit die Möglichkeit, *uruto* in seiner bislang angenommenen Bedeutung zu halten, zeigt jetzt F. Bader, REA 71, 1969, S. 136—138 und BSL 66:1, 1971, S. 158 ff. auf.

[26] Leveurs, S. 77—82.

[27] Vgl. O. Panagl, SMEA 13, 1971, S. 156—165.

XII. SCHAFE IN KNOSSOS

Mit den Fragen der Schafzucht und Schafhaltung auf Kreta hat sich insbesondere J. T. Killen[1] auseinandergesetzt; die Ergebnisse seiner Untersuchungen, die um so verdienstvoller sind, als sie eine mit einer Anzahl von ca. 800 Tafeln besonders umfangreiche Gruppe des überlieferten knossischen Materials betreffen, sind im nachfolgenden insbesonders von D. Young[2] einer scharfen Kritik unterzogen worden. Obschon zugegeben werden muß, daß angesichts des fragmentarischen Erhaltungszustandes, der leider oftmals gerade die Beurteilung einzelner Mengen- und Zahlenangaben erschwert, sich in statistischen Fragen gewisse Unsicherheiten nicht ausräumen lassen, so kann doch andererseits behauptet werden, daß sich die Thesen von J. T. Killen in der Diskussion[3] erhärtet haben.

Wesentlich und grundlegend ist die Erkenntnis, daß sich die in den Da/g-Tafeln aufgezeichneten Schafe, die dort fast durchwegs in einer Anzahl von je einhundert oder mehreren Hunderten aufgezählt werden, in den Dk-Tafeln wiederfinden, dort allerdings unter einem anderen Gesichtspunkt. Während in den Da/g-Tafeln die Schafe als männliche und weibliche (Ideogramm), bzw. alte *(pa)*, abgängige *(o)* oder vorjährige *(pe)*

---

[1] The Wool Ideogram in Linear B Texts, in: Hermathena 96, 1962, S. 38 ff.; ders. Some Adjuncts to the Sheep Ideogram on Knossos Tablets, in: Eranos 61, 1963, 69 ff.; ders. The Wool Industry of Crete in Late Bronze Age, in: ABSA 59, 1964, S. 1 ff.

[2] Some Puzzles about Minoan Woolgathering, in: Kadmos 4, 1965, S. 111 ff.; ders. Minoan Woolgathering: A Rejoinder, in: Kadmos 8, 1969, S. 39 ff.

[3] Minoan Woolgathering: A Reply, in: Kadmos 7, 1968, S. 105 ff.; 8, 1969, S. 23 ff.

Schafe beschrieben sind, spielen diese Umstände in der Dk-Gruppe keine Rolle mehr. In dieser wird zusammen mit der sich aus der entsprechenden Da/g-Tafel ergebenden bzw. vorauszusetzenden Summe aller dort vermerkten Tiere — im Normalfall hundert oder ein Mehrfaches — lediglich eine bestimmte Wollmenge vermerkt, die ihrerseits im allgemeinen durch zwei Posten näher in ihrem Umfang präzisiert wird: der eine dieser Posten vermerkt hierbei offenkundig die (noch?) abgängige Menge, während der andere eine wohl (bereits?) vorhandene Menge angibt.

Eine nähere Betrachtung des sich aus fehlender und vorhandener Wolle ergebenden Gesamtbetrags im Verhältnis zu der jeweilig zugehörigen Anzahl der Schafe zeigt, daß auf jeweils vier Schafe e i n e verrechnete Wolleinheit (ca. 3 kg) kommt, daß sich also die Wollmenge zu den Schafen wie 1 : 4 verhält. — Da sich aber offenkundig die in der Dk-Serie niedergelegten Berechnungen für die (zu erwartende?) Wollmenge auf die in der Da/g-Serie verzeichnete Anzahl der Schafe stützt, so kann gefolgert werden, daß ursprünglich jedem in der Da/g-Serie enthaltenen Täfelchen eines in der Dk-Serie entsprochen haben muß. Leider läßt sich dieser Idealfall für die etwa 300 Tafeln der Da/g-Serie bisher nur in einigen wenigen Beispielen belegen, was jedoch andererseits einen instruktiven Einblick in die hier festzustellenden Verluste der Überlieferung ermöglicht.

Wie in den Da/g-Tafeln, so werden auch in den Dl-Tafeln Schafe unter verschiedenen Gesichtspunkten vermerkt, auch ihrerseits meist in geschlossenen Hundertschaften. Auffällig ist, daß hier, im Gegensatz zu den Da/g-Tafeln, zunächst die weiblichen Schafe und erst anschließend die männlichen Schafe aufgezeichnet werden, wobei die letzteren durchwegs mit dem Zusatz „ki" gekennzeichnet sind — eine Charakterisierung, die auf den anderen Tafeln nicht begegnet. Das Verhältnis der weiblichen zu den männlichen „ki"-Schafen ist jeweils 1 : 1, wobei zu berücksichtigen ist, daß sowohl weibliche wie auch männliche „ki"-Schafe als „fehlend" bezeichnet werden. Hinzu kommt, daß, ähnlich wie auf den Dk-Tafeln, auch hier neben den Schafen eine bestimmte Wollmenge vermerkt ist — wie dort normalerweise in zwei Posten als „fehlende" bzw. „vorhandene" Wolle spezifiziert. Das Verhältnis der summierten Wollmenge zu der Gesamtzahl der Schafe beträgt allerdings hier 1 : 10; die veranschlagte Wollproduktion ist also proportional zu der dafür angesetzten Anzahl der Schafe wesentlich geringer.

Aus diesen grundsätzlichen und sehr wesentlichen Betrachtungen lassen sich eine Reihe von Folgerungen ableiten. Fragt man zuerst nach der Ursache der verhältnismäßig gering veranschlagten Wollproduktion der Dl-Serie, so liegt hier der Gedanke nahe, daß es sich um Muttertiere mit jeweils einem Jungen handelt, die, wie die Praxis lehrt, bedeutend weniger Wolle liefern als die normalen Herden; die Ideogramme, die Nennung der weiblichen Tiere an erster Stelle, das ausgeglichene Verhältnis von weiblichen Tieren und männlichen „ki"-Schafen spricht für diese Interpretation der Dl-Serie.

Eine andere Überlegung betrifft die Zusammensetzung der übrigen Herden, die teils nur aus männlichen, teils aus weiblichen und männlichen Schafen besteht, wobei insgesamt die männlichen Tiere um ein wesentliches überwiegen. Daß soviel männliche Tiere nicht zu Zuchtzwecken benutzt werden, liegt auf der Hand. Da andererseits aber die Registratur der Schafe, wie die genannten Beziehungen zwischen Da/g-Serie und Dk-Serie belegen, offenkundig der Berechnung der Wollerzeugung dienten, was demnach zugleich auch den Hauptzweck der Registratur der Schafherden ausmacht, dürfte es sich bei den männlichen Tieren wohl um kastrierte handeln. Daß das die männlichen Tiere bezeichnende Ideogramm durchaus auch in diesem Sinne gebraucht werden konnte, wird, wie Killen gezeigt hat, u. a. durch die Tafeln KN Ce 59 belegt, auf der männliche Rinder als *we-ka-ta*, d. h. als „ἐργάται/Arbeitstiere", demnach Ochsen bezeichnet werden. Daß das Ideogramm für das männliche Schaf auch insgesamt als umfassender Begriff für die Spezies „Schaf" gebraucht werden konnte, geht darüber hinaus ebenfalls aus dem Vergleich der Dk-Serie mit der Da/g-Serie hervor: die in letzterer je nach Genus differenzierten Tiere werden in den summierenden Tafeln der Dk-Serie insgesamt mit dem Ideogramm für „(männliche) Schafe" bezeichnet.[4]

Wir haben also diesen Untersuchungen zufolge mit zwei verschiedenen Gruppen von „Herden" zu rechnen, solchen, die einerseits aus männlichen bzw. männlichen und weiblichen Tieren bestehen — und andererseits, die sich aus Muttertieren und ihren Jungen zusammensetzen und die demnach unterschiedlich eingestuft werden.

Schwieriger ist die Frage zu beantworten, ob es sich um tatsächlich existierende Herden handelt, oder sozusagen nur um fiktive, d. h. vom Zensus veranschlagte Herden, die insgesamt als Bemessungsgrundlage für zu erwartende Wollabgaben dienten. — Gegenüber der älteren Meinung, die aufgrund der zu vollen Hunderten abgerundeten Zahlen, insbesondere der als „Schuldbeträge" gedeuteten „Fehlanzeigen" („o"-Eintragungen = ὄφελος) sowie dem Überwiegen der (vermeintlich) männlichen Tiere hier Tributslisten von an den Palast abzuliefernden Herden erkennen wollte, hat J. T. Killen die Ansicht vertreten, daß es sich hier um einen allgemeinen Generalzensus von wohl allen auf Kreta (dem Palast?) verfügbaren Schafen zum Zweck der Berechnung der Wollproduktion und der damit verbundenen Abgaben handeln dürfte. — Daß es sich bei den männlichen Tieren um solche handeln dürfte, die kastriert wurden, ist bereits gesagt worden und wird zudem durch die Tatsache unterstützt, daß der Wollertrag wie auch die Qualität des Fleisches dem der unkastrierten Tiere überlegen ist. Was die sogenannten „Schuldbeträge" angeht, so läßt sich wohl auch die Deutung vertreten, daß es sich hier um „Fehlbeträge" ergänzungsbedürftiger, der vollen Sollstärke ermangelnder Herden handelt — eine Erklärung, die hier zutreffen dürfte, obschon sich das Schuldzeichen

[4] Dieser Umstand trifft jedoch, wie L. Godart, Valeur des idéogrammes OVIS^m, OVIS^f, CAP^m, CAP^f, SUS^m, SUS^f, BOS^m et BOS^f dans les tablettes de Cnossos et de Pylos, Kret. Chron. 23, 1971, S. 89 ff. gezeigt hat, nicht auf die pylische Cn- und die knossische Co-Serie zu.

ansonsten regelmäßig auf ausstehende, also geschuldete Lieferungen bezieht.

Auffällig innerhalb der D-Serie aber ist in jedem Fall die Höhe dieser Fehlbeträge an Schafen und Wolle wie auch das zuweilen sehr unterschiedliche Verhältnis vorhandener Schafe und fehlender Wolle bzw. fehlender Schafe und vorhandener Wolle.

Was die runden Zahlen der Herdenstärke betrifft, so hat J. T. Killen anhand von auch ansonsten sehr überzeugenden und fruchtbaren Vergleichen mit mittelalterlichen Dokumenten englischer Züchter gezeigt, daß dort solche Herdenstärken durchaus üblich waren, sie also nicht unbedingt gegen die Auffassung der knossischen Tafeln als Belege realer Herden zu sprechen brauchen. Auch die Verteilung der nach unterschiedlichen Gesichtspunkten zusammengestellten Herden auf verschiedene Ortschaften, wie dies für die knossischen Zeugnisse gilt, ist für das Mittelalter und die ältere Neuzeit das Übliche, ebenso ein starkes Überwiegen kastrierter Schafe. Das wohl schlagkräftigste Argument gegen die Tribut- und für die Zensus-Theorie aber gibt der Umstand ab, daß in den knossischen Tafeln insgesamt ca. 100 000 Schafe erfaßt sind, was als jährliche Abgabe an den Palast die Leistungsfähigkeit des minoischen Kreta bei weitem überstiegen haben dürfte; zum Vergleich: 1927 wurden in Kreta weniger als 400 000 Schafe gezählt.

Neben den Schafideogrammen und Zahlenangaben beinhalten die Schaftafeln drei weitere Wortkategorien: regelmäßig einen mit großen Zeichen geschriebenen Personennamen und anschließend einen Ortsnamen; außerdem weist aber eine größere Anzahl von Tafeln darüber hinaus einen zusätzlichen, in kleinen Schriftzeichen wiedergegebenen Personennamen auf; dieser steht in der Regel über den beiden anderen Eintragungen und kann sowohl im Nominativ wie im Genetiv erscheinen. Man hat, da die zusammen mit den Ortsnamen genannten Personennamen nur in ganz wenigen Ausnahmen wiederholt werden, die nur auf einem Teil der Tafeln zusätzlich genannten Personennamen sich jedoch (auch im Genetiv) sehr häufig finden, daran gedacht, daß demgemäß in ersteren die der jeweiligen Herde beigegebenen Hirten, in letzteren die „Besitzer" oder „Einsammler der Wolle" zu erkennen seien; Tafeln, auf denen diese zusätzlichen Personennamen fehlen, hat man dementsprechend als Registraturen „besitzerloser" Herden bezeichnet.

Diese Überlegungen hat G. R. Hart[5] insofern bekräftigen zu können geglaubt, als sie nach den von ihr erzielten Ergebnissen geographischer Studien zu dem Schluß kommt, daß sich „eigentümerlose" Herden in Zentral- und Nordkreta konzentrieren, wohingegen in Süd- und Südostkreta Herden mit „Eigentümern" überwiegen. Als Besitzer der „eigentümerlosen" Herden kommt demnach nur der Palast (von Knossos) in Betracht, während es sich bei den „Eigentümern" um einen offenkundig verhältnismäßig kleinen, wohlhabenden Personenkreis handelt, der dem Palast abgabepflichtig ist. — Allerdings kann das Verhältnis dieser Personengruppen zueinander und zur zentralen Verwaltung noch nicht als sicher gelöst betrachtet werden. Zur Vorsicht rät vorderhand der Hinweis von J. P. Olivier[6], daß diese sogenannten Eigentümer « à Cnossos comme à Pylos, semblent avoir eu des responsabilités multiples (et importantes) dans la vie économique du palais, responsabilités qu'un terme aussi restrictif et précis que propriétaires ne saurait évoquer ». So werden einige dieser Personen in Zusammenhang mit der knossischen Textilindustrie erwähnt.

In dieser Arbeit hat J. P. Olivier[7] die aus einer verhältnismäßig geringen Anzahl von Tafeln bestehende Dn-Serie untersucht, deren Bedeutung jedoch — wie schon früher erkannt wurde — insofern nicht zu unterschätzen ist, als die in ihr enthaltenen ungewöhnlich hohen Zahlenangaben für Schafe offenkundig nur durch die Annahme erklärt werden können, daß es

---

[5] The Grouping of the Place-Names in the Knossos-Tablets, Mnemosyne 18, 1965, S. 1 ff.

[6] SMEA, 2, 1967, S. 84.

[7] La série Dn de Cnossos, SMEA 2, 1967, S. 71 ff.; ders., La série Dn de Cnossos réconsiderée, Minos 13, 1972, S. 22 ff.

131

sich hier um Summierungstäfelchen handelt, welche die auf den anderen Tafeln nach einzelnen Herden verzeichneten Schafe zusammenfassen. Dieser Möglichkeit einer engeren Beziehung zwischen den in den Da/Dg-Serien aufgeführten Herden und den Summierungstafeln der Dn-Serie ist der genannte Gelehrte nachgegangen.

Für einen Zusammenhang zwischen den Da/g-Tafeln einerseits und den Dn-Tafeln anderseits spricht zunächst der Umstand, daß sie durchwegs vom Schreiber 117 stammen, dem wir mit ca. 700 Tafeln der insgesamt etwa 850 vorliegenden Inschriften der D-Serie den Hauptanteil an ihr zuweisen können. Ein zahlenmäßiger Vergleich der in den Da/g-Tafeln erfaßten Tiere mit den in der Dn-Serie registrierten ergibt, daß die den anhand der Toponyme vergleichbaren Summierungstafeln hinter jenen der Einzeltafeln zurück bleiben, daß also die Dn-Tafeln nur einen Teil der in der Da/g-Serie registrierten Schafe erfassen. Welchen Teil? Vergleicht man die jeweils am besten erhaltenen Gruppen der einzelnen Serien für bestimmte Orte, so zeigt sich, daß sich die für den jeweiligen Ort überlieferten Summen der Dn-Serie näher zu den für den gleichen Ort in der Da/g-Serie aufgezählten Herden ohne „Besitzer" als jenen „mit Besitzern" stellen. Treffen diese, angesichts des oftmals sehr lückenhaften Überlieferungsbestandes am Zahlenmaterial nicht immer sehr exakt durchführbaren Vergleiche zu, so sind demnach in dem größeren Teil der Summierungstäfelchen der Dn-Serie die „besitzerlosen" Herden jeweils nach den Orten, an denen sie sich befinden, zusammengezählt.

In den verbleibenden Texten dieser Gruppe aber wären demnach die Summierungstafeln der Herden „mit Eigentümern" zu erwarten. J. P. Olivier errechnet diese auf insgesamt 15 000 Stück Schafe anhand der Angaben der Da/g-Serie. Nun enthält das ebenfalls von Schreiber 117 aufgezeichnete Täfelchen Dn 1088 einen Vermerk über 19 000 Schafe. Setzt man voraus, daß die erhaltenen Tafeln der Da/g-Serie etwa 80 Prozent der ursprünglichen Bestandteile darstellen, so könnte das Täfelchen möglicherweise auf die in der Da/g-Serie insgesamt verzeichneten Herden „mit Eigentümern" zu beziehen sein. Daneben scheint für jeden dieser insgesamt 13 Eigentümer ebenfalls vom Schreiber 117 ein einzelnes Summierungstäfelchen angelegt worden zu sein (vgl. Dn 2016, 5668).

Manche Frage allerdings bleibt schwer entscheidbar. So werden etwa auf der Summierungstafel Dn 1319 11 900 Schafe für den Ort *a-mi-ni-so* (Amnisos) verzeichnet, der ansonsten in der D-Serie nicht erscheint. Doch werden die Schafe mit der Abkürzung „*ne*" bezeichnet, was mit einer gewissen Wahrscheinlichkeit als „*newo*" gedeutet werden kann. Sollte also, wie J. P. Olivier vermutet, in Amnisos eine große Aufzuchtfarm gelegen haben, in der die Jungtiere zunächst zusammengefaßt wurden, um sodann auf die ergänzungsbedürftigen Herden aufgeteilt zu werden und so deren Vollständigkeit zu garantieren? Der Umstand, daß diese Tafel vom Schreiber 117 stammt, könnte diese Vermutung bestärken.

Nicht uninteressant ist daneben die Berechnung der Gesamtzahl der in den Archiven erfaßten Schafe und die von ihnen zu erwartende Wollmenge. Die vom Schreiber 117 in der Da/g-Serie registrierten Schafe ergeben, wenn eine Verlustquote von 20 Prozent der Tafeln einkalkuliert wird, etwa 62 000, hinzu kommen weitere 15 000 aus den Summierungstafeln Dn 1319 und Dn 5286, so daß die Gesamtsumme der von ihm verzeichneten Tiere sich auf insgesamt 77 000 beläuft, während von weiteren 9 Schreiberhänden nochmals 15 000 Tiere erfaßt werden. Dies ergibt 92 000 Schafe, von denen die knossischen Tafeln berichten. Die Mehrzahl der demnach rund 100 000 Schafe dient der Wollerzeugung. Von den nach den Berechnungen von J. P. Olivier insgesamt 72 000 Schafen, die in Zusammenhang mit der Wollproduktion angeführt werden, wird ein Ertrag von etwa 17 500 Einheiten Wolle erwartet, von denen 10 300 Einheiten als vorhanden, 7200 Einheiten als ausstehend registriert sind.

Wird eine Wolleinheit mit 3 kg angesetzt, ergeben sich ca. 52 500 kg veranschlagter Wollproduktion, denen im Augenblick der Niederschrift ca. 30 900 kg tatsächlich vorhandener Wolle gegenüberstehen. Ob hier die vorläufigen Schätzungen zu hoch angesetzt worden sind, oder aber ob die noch ausstehende Menge tatsächlich eingebracht wurde, läßt sich aus den Tafeln selbst nicht entscheiden — doch liegt vielleicht letzteres näher, da der der Berechnung zugrundeliegende Wollertrag von etwa ³/₄ kg je Schaf, wie J. T. Killen [8] gezeigt hat, einer unter gleichen Voraussetzungen tatsächlich zu erwartenden Produktion entspricht. Auf jeden Fall aber zeigen diese Berechnungen, daß die Woll- und Textilindustrie einen in seiner Bedeutung kaum zu überschätzenden Hauptzweig der kretischen Wirtschaft dargestellt hat.

Über die Wollverarbeitung in Zusammenhang mit bestimmten Wollmengen gibt die knossische L-Serie Aufschluß. Da die einzelnen Gewebe in einem bestimmten Verhältnis zu der jeweils dafür benötigten Wollmenge stehen, läßt sich ein ungefährer Betrag an Wolle, der für die verzeichneten Gewebe vorauszusetzen ist, errechnen. J. P. Olivier [9] hat ihn auf ca. 11 500 Einheiten Wolle angesetzt und vergleicht ihn mit der in den Schaftafeln als vorhanden bzw. fehlend verzeichneten Wollmenge von 10 000 bzw. 7000 Einheiten; seine Folgerung: « les quantités sont étonnamment voisines et les résultats de l'enquête vraiment satisfaisants; naturellement, il ne s'agit sans doute pas de la même laine dans les deux cas, mais on peut supposer que la production ne variait pas énormément d'une année à l'autre. »

[8] BSA 59, 1964, S. 9.
[9] A. a. O. S. 89 ff.

XIII. SCHAFE IN PYLOS

(PY Cn)

Die pylischen Tafeln, welche Herden registrieren, stehen an
Zahl weit hinter den knossischen zurück. Auch unterscheiden sie
sich dadurch, daß sie insgesamt geringere Mengen von Tieren
und diese seltener in genau abgerundeten Zahlen verzeichnen;
außerdem aber führen sie — im Gegensatz zu den knossischen,
die innerhalb der oben besprochenen D-Serie ausschließlich
Schafe verzeichnen — auch Ziegen und Schweine an; die Herden werden jeweils nach Art und Geschlecht getrennt.

Das Verständnis der pylischen Tafeln scheint schwieriger und
weniger deutlich greifbar, als dies vor allem durch die Arbeiten
von J. T. Killen für die knossischen Tafeln nunmehr der Fall
ist. — Auch sie waren in den vergangenen Jahren wiederholt der Gegenstand eingehender Untersuchungen.

Nach den Ergebnissen der Untersuchungen von M. Doria [1]
unterscheidet man gewöhnlich drei Gruppen von Tafeln: solche,
die von einem Ortsnamen zusammen mit dem Wort *„wereke"*
eingeleitet werden — solche, die das Wort *„akora"* erwähnen,
und schließlich Tafeln, die als Überschrift einen Ortsnamen,
gefolgt von *„ta-to-mo o-pe-ro"*, enthalten. — Zu beachten ist
freilich, daß innerhalb dieser Gruppen Tafeln von verschiedenen
Schreiberhänden auftauchen.

Mit ein Schlüssel zum besseren Verständnis der Serien könnte
in dem Umstand erkannt werden, daß zwischen bestimmten
akora-Tafeln (Cn 655, Cn 719, Cn 643) sowie einer *wereke*-
Tafel (Cn 131, die den Bezirk *pi-82* betrifft), gewisse Wieder-

[1] Interpretazioni di teste micenei II, Le iscrizioni della classe Cn di Pilo, Triest 1958.

holungen auftauchen: so finden sich elf der 25 Personen von
Cn 131 *(wereke)* in den entsprechenden *akora*-Tafeln wieder;
darüber hinaus tragen einige Zeilen auf Cn 131 Sichtvermerke,
die in die Tafel nachträglich in trockenem Zustand eingeritzt
worden sind.

Aus diesen Beobachtungen hat M. Lang[2] gefolgert, daß der
Typus der *wereke*-Tafeln "represents an assessment levied on
men of a district", während die *akora*-Tafeln "would be related
to the actual collection". Der Vorgang, der zur Abfassung der
Tafeln in der vorliegenden Form führte, wäre demnach in folgender Weise zu rekonstruieren: Die *wereke*-Tafeln stellten zunächst die auf älteren Unterlagen beruhende Schätzung dar; als
die Abgaben dann tatsächlich vom Palast erhoben und ein-
gezogen wurden, wäre der „Einzahler" auf den *wereke*-Tafeln
gleichsam abgehakt worden, zugleich aber wäre sein Name auf
den nun neu niedergeschriebenen *akora*-Tafeln und zusammen
mit ihm die Anzahl der eingebrachten Tiere vermerkt worden;
die neue Niederschrift wäre nicht zuletzt durch die nicht unbedeutenden Abweichungen in der Anzahl der veranschlagten
Tiere wie auch durch Änderungen innerhalb der Gruppe der
„Lieferanten" nötig geworden, die keineswegs die Angaben der
Schätzung sehr genau widerspiegeln. Diese Abweichungen im
Personalstand erklärt M. Lang aus der bereits kritischen, durch
kriegerische Ereignisse erschütterten historischen Situation — die
Unterschiede in der Anzahl der Tiere aber könnten zum Teil auch
auf die unvollständige Erhaltung der Serie zurückzuführen sein,
was von der Verfasserin im einzelnen begründet wird.

Anders als M. Lang nimmt L. R. Palmer[3] die Zusammengehörigkeit der einzelnen oben unterschiedenen Tafelgruppen
an, und zwar innerhalb einzelner großer zusammenhängender,
nach regionalen Gesichtspunkten angeordneter Textgruppen.
Seiner Meinung nach, und er stützt sich hierbei auf die genannten personalen Entsprechungen, waren die Tafeln nach den ein-

[2] Cn-Flocks, Proceedings S. 250 ff.
[3] Interpretation, S. 169 ff.

136

zelnen Bezirken des pylischen Reiches geordnet. Jeder Bezirk wird von einer oder mehreren *wereke*-Tafeln eingeleitet, die ihrerseits innerhalb derselben Gruppe von *akora*-Tafeln gefolgt werden: die *wereke*-Tafeln enthalten die dem Palast gehörigen Herden und ihre Hirten, die *akora*-Tafeln hingegen verzeichnen Hirten und Herden der Notablen des Reiches. Die genannten personalen Entsprechungen zwischen den *wereke*-Tafeln und den *akora*-Tafeln aber erklären sich dadurch, daß ein und derselbe Hirte innerhalb einer engeren Umgebung für mehr als eine Herde zuständig sein konnte.

P. H. Ilievski, dem wir die jüngste der hier zu nennenden Untersuchungen verdanken[4], geht von der Worterklärung der Termini „*a-ko-ra*", „*we-re-ke*" und „*ta-to-mo*" aus. *Akora,* das sowohl als „Herde" wie auch als „Steuerabgabe" gedeutet wurde, kann, so versucht er vor allem am homerischen Wortmaterial (ἀγείρω) aufzuzeigen, nur in letzterem Sinne verstanden werden; *wereke* hängt etymologisch mit ἔργω, ἐέργω bzw. ἔρκος zusammen: "Therefore, the only meaning which could be admitted for *wereke* would be 'enclosures'." *Tatomo* aber wird, was die im allgemeinen angenommene Interpretation darstellt, als σταθμός „Pferch", bzw. „Zuchtstation" gedeutet. Für das Gesamtverständnis der Serie ergibt dies folgendes: Die von den *Cn*-Tafeln verzeichneten Tiere stellen grundsätzlich „Abgaben" *(akora)* an den Palast dar; sie wurden zum Teil in eigenen Pferchen *(wereke)* gehalten, "so that when the palace needed to take some produce or a larger number of animals for consumption or exchange, its collectors would go only to several centres, not all over the country." Der σταθμός aber ist nach Meinung von H. P. Ilievski im Gegensatz zu den leichten Pferchen des *wereke*-Typus "a well-built cattle station, or steading" also demnach eine feste Stallung, in denen die Schafe speziell zur Mästung wie auch zur Züchtung besonderer Vliese gehalten wurden und nicht zuletzt auch die Funktion eines prämonetären

---

[4] A reexamination of the Pylos Cn Tablets, in: Atti Roma, Bd. 2, S. 616 ff.

Wertgegenstandes erfüllten. Diese Überlegungen werden durch reiches mittelalterliches und neuzeitliches Parallelmaterial aus dem Balkanbereich begleitet und unterstützt.

Daß es sich bei den *tatomo*-Tafeln um „*o-pe-ro*" (ὄφελος), d. h. um „Schuld- bzw. Defiziteintragungen" handelt, bleibt bei H. Ilievski unberücksichtigt. L. R. Palmer äußert sich dieses Schuldvermerks wegen skeptisch gegenüber einer Gleichung *ta-to-mo*/σταθμός, während M. Lang in diesen Tafeln die Schuldeintragungen erkennt, die von verschiedenen Personen an verschiedenen Orten einer zentralen Zuchtstelle geschuldet werden.

Eine andere Frage betrifft die Bedeutung der in den *akora*-Tafeln genannten Personen. Wie auf den kretischen Schaftafeln finden sich auch auf den pylischen neben den in großer Anzahl erscheinenden Namen von Hirten eine Reihe weiterer Personen, die nach den Hirten (im Genitiv) genannt werden und sich häufig wiederholen, zuweilen auch in Verbindung mit *akora*. L. R. Palmer erkennt in ihnen, entsprechend den knossischen Tafeln, die sozial wohl privilegierten „Besitzer" und unterscheidet dementsprechend zwischen Herden mit Besitzern und solchen ohne ausdrücklich genannten Besitzer, d. h. also dem Palast gehörige Herden. Ilievskis Interpretation von *akora* als „Steuerabgabe" bedingt notwendig ein Verständnis dieses Personenkreises als Funktionäre des Palastes, die für die Eintragung der Herden bzw. für ihre Verwaltung zuständig waren, was durchaus ein angesehener, bedeutender Berufsstand gewesen sein kann. M. Lang hingegen, gestützt auf die (nicht gesicherte) Unterscheidung von Schafen als *pa-ra-jo*/παλαιοί und *wo-ne-we*/ϝοινῆϝες ("*parajo* labels the old stock and *wonewe* is a descriptive term for a breed of dark-fleeced sheep"), erkennt dementsprechend in den Namen die Züchter von neuen Schafrassen, bzw. die nach ihrem Züchter benannten neuen Schafrassen.

Eine andere Frage, die weniger unterschiedlich beantwortet wird, gilt dem Zweck der Schafregistratur und der Nutzung der verzeichneten Tiere. Sowohl Palmer wie auch Ilievski geben der Ansicht Ausdruck, daß es sich um Tributslisten handelt. Das

138

Überwiegen der männlichen Tiere, so stellt Palmer fest, "indicates that the purpose of the list was delivery, or assessment for delivery, with a view to consumption". Ähnlich argumentiert M. Lang. Die Trennung der Herden von weiblichen und männlichen Tieren hat praktische Gründe: es geht hierbei in erster Linie darum, daß die schwerer zu betreuenden weiblichen Tiere, die außerdem Milch liefern, in der Nähe von Siedlungen in geschlossenen Herden gehalten werden müssen, während die männlichen Tiere ihrerseits auf entfernten Weiden untergebracht werden können. Daraus, daß in den *akora*-Tafeln die männlichen zu den weiblichen Tieren in einem offenkundig nicht üblichen Verhältnis stehen, folgert sie, daß diese Verzeichnisse nicht die tatsächliche Herdenstärke wiedergeben, sondern nur eine bestimmte Proportion, wobei "the larger numbers of the less useful males suggest that their purposes was either sacrifice or meat. Decision between these two purposes is more difficult but the fact that there are females at all and in somewhat larger numbers than one would expect from mere culling of the flocks suggests that it was sacrifice. That is, male animals make perfectly satisfactory meat, and men will eat meat of either sex (providing it is young enough), but some divinities have preferences. So the presence of significant numbers of females in these lists of contributed animals makes it likely that part, at least, of their purpose was sacrifice." (S. 254)

Nicht unwesentlich ist der Vergleich der Größe des knossischen Schafbestandes mit dem von Pylos. Die Anzahl der auf Kreta registrierten Schafe liegt bei ca. 100 000 — die der pylischen Kleintiere bei insgesamt ca. 12 500. Davon entfallen — nach Ilievski — auf männliche Schafe ca. 8200, auf weibliche etwa 1500, auf männliche Ziegen ca. 1000 und weibliche Ziegen etwa 750. — Allerdings wissen wir nicht, wieviel vom ursprünglichen Tafelmaterial uns heute verloren ist; dafür, daß der Verlust vielleicht höher, als gewöhnlich angenommen wird, anzusetzen ist, könnten die folgenden Überlegungen von L. R. Palmer sprechen: L. R. Palmer zeigt, daß von den 16 pylischen Bezirken der von *pi*-82, welcher uns am ausführlichsten überliefert ist, folgenden Tierbestand aufweist: Unter insgesamt 5500 Tieren befinden sich ca. 4500 Schafe, wobei es durch die geringe Anzahl der weiblichen Schafe von nur 475 wahrscheinlich wird, daß auch hier nicht der gesamte Viehbestand erfaßt ist. Da aber, wie aus den Naturalleistungen der *Ma*-Serie zu erschließen ist, der Bezirk von *pi*-82 keineswegs der produktionsfähigste und größte gewesen sein kann, dürfte eine Berechnung des pylischen Kleinviehs auf einer Grundlage von 16 × 5500 bzw. der Schafe von 16 × 4500 hinter der Realität zurückbleiben.

Diese Berechnung, die eine Anzahl von mehr als 70 000 Schafen ergäbe, läßt die Menge der pylischen Schafe nicht allzu weit hinter jener der kretischen zurückstehen. Kann aber unter der Voraussetzung, daß diese Überlegungen zutreffen, angenommen werden, daß alle diese Tiere einen Tribut an die Staatskasse darstellen? Die sehr einleuchtenden Ergebnisse von J. T. Killen hinsichtlich der knossischen Tafeln scheinen eher dagegen zu sprechen — doch bleibt offen, inwieweit die kretischen Verhältnisse auf die pylischen übertragbar sind. — Daß die pylischen Verzeichnisse wohl nicht wie die kretischen unter dem Aspekt der Wollproduktion abgefaßt wurden, scheint, da einerseits unmittelbar entsprechende Wollserien fehlen und andererseits zusammen mit den Schafen auch Ziegen und Schweine registriert werden, mit gutem Grund angenommen werden zu dürfen.

Wenn uns die pylischen Cn-Tafeln um vieles weniger durchsichtig sind als die knossischen Schaf-Register, so liegt dies nicht zuletzt daran, daß es bisher nicht gelungen ist, in die eigentliche Struktur der Serie einzudringen und die gegenseitigen Beziehungen ihrer zweifellos vorhandenen "sets" zu erfassen. Es muß schließlich auch fraglich erscheinen, ob durch philologische Interpretationen bzw. etymologische Gleichungen möglicher Schlüsselworte wie wereke, tatomo oder akora, die zudem nur einen kleineren Teil der Tafeln und entsprechend der Herden kennzeichnen, der klärende Zugang zu gewinnen ist. So darf man mit Spannung und Zuversicht der angekündigten Arbeit von

L. Godart entgegensehen[5], der bereits in zwei früheren Arbeiten[6] wesentliche Ansätze, die einen Durchbruch in den Aufbau der Cn-Serie verheißen, aufzeigen konnte. Die Schreiber, so wurde von ihm nachgewiesen, folgen geographischen Gesichtspunkten, wobei sich die Herden der einzelnen erfaßten Bereiche zu größeren, zahlenmäßig festgelegten Einheiten zusammenschließen lassen. Es zeigt sich hierbei, daß die Anzahl der männlichen Schafe genau jener entspricht, die für die jeweils selben Orte als *parajo* (παλαιοί, alt) angeführt werden. Dies legt den Gedanken nahe, daß die Cn-Tafeln einen Vorgang der Erneuerung der Herden zu einer bestimmten Jahreszeit erfassen.

Wenn anderseits eine der knossischen Dk/l-Serie entsprechende Registratur von Schafen zusammen mit Wolle in Pylos fehlt, so könnte hierfür der Zeitpunkt der Zerstörung des Palastes eine Rolle spielen: die Jahreszeit der Wollschur könnte noch nicht gekommen gewesen sein. Freilich kann die von L. Godart erkannte Ergänzung der Herden durch die Eliminierung der alten Tiere nicht der einzige Gesichtspunkt gewesen sein, nach dem die Registratur erfolgte. Auch andere Termini (z. B. *wonewe*) scheinen für die Klassifizierung eine wesentliche Rolle zu spielen. Gleichzeitig mit der Auffrischung des Tierbestandes dürfte wohl auch ein Zensus aller verfügbaren Herden angestrebt worden sein.

---

[5] La série Cn de Pylos (in Vorbereitung).

[6] L. Godart, The grouping of the place-names in the Cn-Tablets, BICS 17, 1970, S. 159 ff.; ders., Valeur des Idéogrammes OVIS^m, OVIS^r, CAP^m, CAP^r, SUS^m, SUS^r, BOS^m et BOS^r dans les tablettes de Cnossos et de Pylos, Kret. Chron. 23, 1971, S. 89 ff.

XIV. LANDVERTEILUNG

Pylos (PY En/Eo, Ep/Eb)

Wenn A. Heubeck im Rahmen seines Forschungsberichtes
›15 Jahre Mykenologie‹ konstatiert: „Das Buch über die E-Tafeln, in dem die bisherigen Ergebnisse und Vermutungen zusammengefaßt, konfrontiert, kritisch gewürdigt und gesichtet
werden, ist noch nicht geschrieben"[1], so ist damit das genaue
Gegenteil eines Mankos an einschlägiger Spezialliteratur zu diesen Serien signalisiert. Die Untersuchungen zur Zweckbestimmung und zum Aufbau dieser Texte, zu den einzelnen immer
wiederkehrenden Schlüsselbegriffen, zu Prosopographie und sozialer Einstufung der aufgeführten Personen, zu den von hier
aus möglichen Einblicken in die Struktur des pylischen Reiches
und seine gesellschaftliche Ordnung sind vielmehr seit dem
grundlegenden Aufsatz von E. L. Bennett ›The Landholders of
Pylos‹[2] und einem Abschnitt der ›Documents‹ (S. 232—274) in
einem Maße Legion geworden, daß der Einstieg in die zahlreichen Detailfragen dieses vielleicht schwierigsten Tafelkom-
plexes der Archive von Pylos ein recht mühevolles Unterfangen
darstellt. Gute bibliographische Hilfe leisten hier die Aufsätze von I. Tegyey, ›Observations on a Linear B Cadastral
List‹[3] und J. Masai, ›La série E de Pylos: un cadastre?‹[4]. Da
eine auch nur einigermaßen umfassende Darstellung der For-
schungsarbeit zu diesen Texten den Rahmen eines Überblicks
vollends sprengen müßte, wollen wir uns mit einigen Hinweisen
auf die Problemlage begnügen.

[1] Gymnasium 76, 1968, S. 530.
[2] AJA 60, 1956, S. 103—133.
[3] Acta Classica Univ. Debrecen., 1, 1965, S. 1—10.
[4] RBPh 45, 1967, S. 97—115, bes. 99, Anm. 1.

Das meiste Interesse innerhalb der E-Tafeln haben zwei an
Umfang und Erhaltungszustand herausragende Komplexe be-
ansprucht, die einen Teil des pylischen Landverteilungsplanes,
also eine Art von Kataster darstellen dürften. Beide liegen in
doppelter Redaktion vor: die jeweils auf großen, z. T. über
20zeiligen und fast vollständig konservierten „Seiten" depo-
nierte Variante der "sets" En und Ep (4 Tafeln: En 609 mit
Einleitungsformel, 74, 659, 467 unvollständig:: 6 Tafeln Ep 301,
613, 705, 212, 704, 539) gibt sich den Anschein einer Endversion,
die aufgrund einer Aufarbeitung und vielleicht Revision von
zahlreichen vorausliegenden, ganz ähnlich formulierten Einzel-
notizen (repräsentiert durch die 13 Eo- und die über 50, durchwegs zweizeiligen und teilweise stark fragmentierten Eb-Ta-
feln) erstellt worden ist. Auch eine Relation von zentralistischer
Projektierung und definitiver Realisierung „an Ort und Stelle"
ist dabei — ähnlich wie für die Doppelfassungen innerhalb der
pylischen *Jn*-Serie — erwogen worden. Bemerkenswert ist in
jedem Fall die paläographische Zuweisung sämtlicher „Vor-
lagen" an den einen Schreiber Nr. 41 und der ganzen „End-
redaktion" an die „Hand" Nr. 1.

Aber mehr noch als diese „vertikalen" Verhältnisse inter-
essieren die „horizontalen" Beziehungen zwischen den En/Eo-
und Ep/Eb-sets. Eine strukturelle Kontrastierung der beiden
„Zusammenfassungen" hat zunächst von den Unterschieden im
sprachlichen Formular auszugehen, und hier ergibt sogleich die
strikt komplementäre Verteilung von zwei Leitbegriffen, *kotona
kitimena (En/Eo): kekemena kotona (Ep/Eb)*, einen deutlichen
Gegensatz. Ein weiteres Kriterium liefert sodann der Kontext
dieser beiden Ausdrücke, wobei der in beiden Serien-Typen
vertretene Terminus *onato* (bzw. das damit verwandte *onate*)
die Vermittlerrolle übernimmt: Während die *kotona kitimena*
verschiedenen natürlichen Personen gehören (ausgedrückt durch
eindeutige „Besitzer"-Genitive von Personennamen jeweils am
Beginn neuer Eintragungen im En-Komplex), ist die *kekemena
kotona* Einzelpersonen nur in Form von *onato ... paro damo*,
also „vom Dāmos" (vgl. att. δῆμος) zugänglich und erscheint

damit fest an eine juristische Person bzw. Korporation gebunden. Jenseits dieser grundlegenden Unterschiede weisen die beiden Serien jedoch zahlreiche Querverbindungen und Verklammerungen terminologischer wie prosopographischer Art auf. Wie in Gestalt einer *kekemena kotona paro damo* kann man *onato* (wahrscheinlich „Pacht", eigentl. „Nutznießung", wenn zu griech. ὀνίνασθαι „Nutzen haben") auch von der *kotona kitimena* einer Privatperson „haben" und wird dann in En/Eo als deren *onate* „Pächter" (= Nomen agentis ὀνατήρ) bezeichnet, vgl. En 74. 11 (∼ Eo 247. 1): *odaa₂ onatere ekosi a₃tijoqo kotona* = „in folgender Weise (Aufteilung) haben die Pächter die *kotona* des Aithiops". So finden wir eine Reihe von Personen als Pächter in beiden Kategorien, z. B. *atuko* in Ep 301. 5: En 609. 5 (∼ Eo 211. 2). Inhaber einer *kotona kitimena* wiederum — sie werden in der „Überschrift" der En-Serie (609. 2) kollektiv als *tereta* (= τελέσται) bezeichnet — können auch innerhalb des Ep/Eb-sets *onato* nehmen, natürlich von *kekemena kotona* und *paro damo*: so der eben genannte *Aithiops,* der in Ep 301. 2 (∼ Eb 846) als der erste Pächter dieses Komplexes aufscheint, dort aber — wie die anderen in solcher Doppelfunktion registrierten Personen — zusätzlich als *kotonooko* „Inhaber einer *kotona* (scil. *kitimena*)" qualifiziert ist.

Doch neben diesen beiden Grundtypen des bebauten Landes treffen wir in Ep/Eb noch auf eine weitere Spielart mit der Bezeichnung *kama*[4a] (Ep 613. 11), deren Inhaber oder Pächter als *kamaeu,* Plur. *kamaewe* bezeichnet sind (z. B. Ep 613. 13; Ed 236. 1). Auch scheint es eine stark privilegierte, vielleicht dem kultischen Bereich vorbehaltene Form von *onato,* genannt *etonijo,* gegeben zu haben. Daß sie einen entscheidenden Vorteil brachte, um den es sich zu „prozessieren" lohnte, lehrt uns der

---

[4a] Vgl. zu diesem Terminus A. Heubeck, Myk. *wo-ro-ki-jo-ne-jo ka-ma,* ŽA 15, 1965, S. 267—270; M. R. Cataudella, KA-MA. Studi sulla società agraria micenea. Catania 1971; Y.-M. Charue, Mycénien *kama, kamaeu,* Recherches de Philologie et de Linguistique (Louvain) 3, 1972, S. 97—107.

in den beiden Redaktionen unterschiedlich formulierte Streitfall der Priesterin *erita* mit dem Damos bzw. den *kotonooko: Ep* 704. 5 ∽ Eb 297. Dazu ist zuletzt auf J. Kerschensteiner[5] zu verweisen.

Schon die bisherigen Ausführungen lassen uns komplizierte und voraussetzungsreiche Verhältnisse erahnen, für deren Verständnis in den faktischen Einzelheiten es uns an authentischen, zusammenhängenden Nachrichten gebricht. So sind wir für die inhaltliche Deutung des administrativen Wortschatzes auf jene Wortformen verwiesen, die uns die polyseme Schreibung — oft genug mit Fragezeichen! — gewinnen läßt: genauer gesagt auf ihre Etymologie und die etwaigen innergriechischen Entsprechungen. In beiden Fällen aber werden semantische Rückschlüsse notwendig, recht trügerische Prozeduren also, die uns höchstens die Richtung weisen, aber kaum je exakt ans Ziel zu führen vermögen. „Einigen Erfolg verspricht nur die Methode, der inneren Struktur des Urkundenmaterials gewisse Aussagen abzulocken"[6].

Was hilft — im konkreten Fall — selbst eine so augenfällige Entsprechung wie die zwischen dem Schlüsselwort unserer Texte *kotona* und dem lokal bezeugten ϰτοίνα im späteren Griechisch, wenn letzteres etwa auf Rhodos örtlich organisierte politische Korporationen, die auch kultischen Pflichten oblagen, bezeichnete, während der mykenische Beleg eine Interpretation als Landparzelle verlangt?

Was vermag ferner der Vergleich des Sammelbegriffs *tereta* mit späterem τελέσται (in der Sphäre der Mysterien) anderes, als zu einer religiösen Interpretation dieser E-Tafeln zu verleiten[7], die keineswegs sachlich nahezuliegen scheint. Ja selbst den frappierenden Hinweis auf *Telestai,* die in einer elischen

---

[5] Die mykenische Welt in ihren schriftlichen Zeugnissen, München 1970, S. 32—38. Vgl. auch J.-L. Perpillou, Mélanges Chantraine, Paris 1972, S. 179 ff.

[6] A. Heubeck, Lineartafeln, S. 57.

[7] Vgl. J. Chadwick, Minos 5, 1957, S. 117—129, u. a.

Inschrift neben *Wetai* und dem *Damos* erscheinen[8], wird man angesichts des anachronen Zeugnisses und der verschiedenen historischen Situation vorsichtig beurteilen müssen.

Einer allzu zuversichtlichen Projizierung der „Welt Homers" auf die mykenischen Verhältnisse, im vorliegenden Fall einer Verwendung von Stellen aus seinen Epen als Interpretamenta der E-Tafeln, hat ein methodisch wichtiger Aufsatz M. Finleys das Urteil gesprochen: "The Homeric world was altogether post-Mycenaean, and the so-called reminiscences and survivals are rare, isolated, and garbled. Hence Homer ... is no guide at all".[9]

Nach all dem sei in der Folge auf eine Anführung der zahl-reichen und oft recht unkritischen Etymologisierungsversuche verzichtet, denen die Termini des Katasters seit Bekanntwerden der Tafeln ausgesetzt sind. Diese Methode kulminiert zweifellos in der Monographie von L. Deroy-M. Gérard[10], und die scharfe Kritik eines J. P. Olivier[11] entbehrt in diesem Punkt zweifellos nicht der Berechtigung. Den richtigen Weg hat demgegenüber A. Heubeck in einer Folge von bisher drei Aufsätzen zu einzel-nen Ausdrücken dieser Serien eingeschlagen[12]: bei ihm dominiert der immanente Vergleich, die strenge Observanz morphologischer und wortbildungsmäßiger Kriterien.

Was wir von den Serien Ep/Eb und En/Eo aus Pylos zu ver-stehen meinen, ist ihr katastraler Charakter, ihr unmittelbarer Bezug auf kultiviertes Ackerland: auf letzteres läßt die Setzung der Formel *toso(de) pemo* = τοσ(σ)όνδε σπέρμα „so viel Saatgut (eigtl. Samen)", gefolgt vom Getreide-Ideogramm und unter-schiedlichen Mengenangaben an den Zeilenenden schließen. Daß es hierbei um eine nähere Bestimmung der *kotona* bzw. *onato* geht, ist klar, „ohne daß man genauer sagen könnte, ob die

---

[8] Dittenberger, Sylloge I³, 9; vgl. Palmer, Interpretation, S. 193.

[9] Historia 6, 1957, S. 159.

[10] Le cadastre mycénien de Pylos, Roma 1965.

[11] AC 36, 1967, S. 613 ff.

[12] Živa Antika 15, 1965, S. 267—270; 17, 1967, S. 17—21; 19, 1969, S. 3—12.

Mengenangaben in erster Linie dazu dienen, die Größe des bestellten Landes (durch die Menge des Saatgutes) oder die erzielte Ernte oder — zumindest in bestimmten Fällen — die Menge des Abzuliefernden bezeichnen"[13]. Letztere Vermutung drängte sich vor allem zu den *onato* auf, besonders wo sie — wie im bereits erwähnten „Rechtsstreit" — im Gegensatz zu bevorzugten (abgabenfreien?) „Pachtformen" zu stehen scheinen. Eine weitere, von J. Masai erwogene Möglichkeit sieht dagegen eine Wertbestimmung vor: « il se peut que les quantités de blé mentionnées sur les tablettes aient été un moyen oblique d'évaluer la valeur de la terre, c'est-à-dire représenteraient conventionnellement la valeur cadastrale »[14].

Fest steht weiter aus der Themazeile En 609.1: *pakijanija tosa damate* der Bezug dieser Serie auf den zentralen Bezirk des pylischen Reiches, *pakijane*. Per analogiam ist vielleicht der Schluß erlaubt, daß auch für die 15 anderen Distrikte gleichartige Register angelegt worden waren. Fragmente eines weiteren Katasters meint man in den *Ea*-Tafeln zu erkennen, ohne freilich seinen Geltungsbereich mit Sicherheit angeben zu können.[15]

Fragen wir nach dem Personal, den *tereta* der *kotona kitimena* und den *onatere* bzw. *kamaewe* — zusammengefaßt sind die Anteile einzelner Gruppen auf 4 eigenen Tafeln (Ed 236, 317, 847, 901)[16] —, so scheinen angesichts des Auftretens gleicher Namen, d. h. wohl auch Personen, in mehreren Funktionen die sozialen Unterschiede im allgemeinen nicht allzu beträchtlich zu sein. Sofern auch Berufe verzeichnet sind, erscheinen sie allerdings heterogen. Neben Handwerkern finden sich, wohl der

---

[13] Heubeck, Lineartafeln, S. 55. Freilich hat sich nunmehr die erste Variante durchgesetzt, vgl. Y. Duhoux, Kadmos 13:1, 1974, S. 26—33, der weitere Möglichkeiten erörtert, u. M. Lejeune, RPh 48:2, 1974, S. 247.

[14] RBPh 45, S. 114.

[15] Vermutungen bei Deroy-Gérard, Cadastre S. 32 ff. und bes. 44—49; vgl. auch I. Tegyey, Acta Classica Debrec. 1, S. 1 ff.

[16] Vgl. M. Lejeune, Proceedings Cambridge, S. 260—264.

Rolle von *pakijane* als kultisch-sakralem Zentrum entsprechend, vorwiegend diesem Bereich nahestehende Persönlichkeiten, in besonders signifikanter Zahl *teojo doero* bzw. *doera* „'Sklaven/Sklavinnen' der Gottheit", deren Status noch immer nicht sicher erklärt ist, jedenfalls aber — schon wegen ihrer Stellung im „Kataster" — von Sklaven stricto sensu erheblich abweichen dürfte.[17]

All diese Personen scheinen in ihrer Gesamtheit den *damo* zu repräsentieren, dessen quasi-synonymische Relation zu den *tereta* bzw. *kotonooko* (wohl ein leitendes Gremium innerhalb des *damo*) aus einer Gegenüberstellung der beiden Versionen der *erita*-Affaire (Ep 704. 5 / Eb 297, s. o.) einerseits sowie von PY Er 312 und Un 718 anderseits erhellt. So glauben wir, gerade im Ep/Eb-set mit der an den *damos* gebundenen Form der Landzuweisung zumindest das Rudiment eines open field-Systems fassen zu können.[18]

Doch wie vieles bleibt daneben unklar! Stellen die *kotona kitimena* echtes Eigentum der *tereta* dar, oder werden sie ihnen nicht vielmehr bloß vom Herrscher verliehen — als Entgelt für Dienstleistungen? — und ist somit der eigentliche Privatbesitz gar nicht verzeichnet?[19] Zu dieser Interpretation paßte trefflich die Deutung der *tereta* als "servicemen" (scil. des Herrschers) durch L. R. Palmer.[20]

Ist ferner der *damos* der pylischen Texte nach Wundsams einleuchtender, intern gewonnener Auffassung eine „Landverwaltungsorganisation, die der Zentralgewalt unterstellt ist, wenn sich diese auch in ihre Angelegenheiten nicht einmischte"?[21]

Die Aporie der genauen Bedeutungsbestimmung einzelner Termini, die mit *damate* in der Einleitungszeile des En-Kom-

---

[17] Vgl. G. Wickert, Gnomon 39, 1967, 589 ff., bes. 598 f.

[18] Vgl. Kl. Wundsam, Die politische und soziale Struktur in den mykenischen Residenzen nach den Linear B-Texten (Wien 1968 = Diss. Wien 1967), S. 158 f.

[19] So Wundsam, a. O., S. 143, 165.

[20] TPhS, 1954, S. 37 ff.; Interpretation, S. 190 ff.

[21] A. O., S. 163.

plexes (En 609. 1) schlagartig einsetzt, haben wir schon gestreift.
Für *damate* ist die anfangs ventilierte Deutung als *Dāmātēr* (vgl.
Demeter) trotz gelegentlicher Reaktivierungsversuche (= meta-
phorische Bedeutung „Getreide") wohl abzulehnen. Ein — wie
immer aufzufassendes — *damartes* (vgl. griech. δάμαρ mit der
(Sonder-?)Bedeutung „Gattin") scheint formal das Richtige zu
treffen.[21a] Problematisch auch die beiden Verbalformen *woze(e)*
und *tereja(e)*, zu deren annäherndem Verständnis wiederum nur
text-immanente Überlegungen verhelfen können. Das Auftreten
der beiden Verben in vergleichbaren Kontexten (Eb 338 — Eb
149) legt eine semantische Affinität nahe, die parallele Einbet-
tung in eine Formel: Eb 338: *operosade wozee o⟨u⟩ woze/* Eb
149: *operoqe terejae ouqe tereja* (also femin. bzw. maskul. Par-
tizip eines Verbums „verpflichtet sein" (vgl. griech. ὀφείλειν) +
Infinitiv *wozee* bzw. *terejae* + Indikativ 3. Person Singularis
desselben Verbums in negierter Form (*ou* = griech. οὐ) läßt uns
ihren Inhalt als Obligation, im Gegensatz zu einem Vorrecht
o. ä., bestimmen. Anderseits ist volle Synonymie der beiden
Zeitwörter, in die etwa Deroy-Gérard (Cadastre, S. 54 ff.) auch
noch die recht unsichere Form *terapike* (Ep 613. 8 ∼ Eb 842)
einbeziehen möchten, wohl auszuschließen, da im Bereich einer
administrativen Fachsprache mit distinkter Terminologie gerechnet werden darf.[22] So scheint, alles eingerechnet, eine approxi-
mative Bedeutung „Abgaben leisten, abliefern" als gemeinsamer
Nenner festzustehen, ohne daß wir derzeit die sicher vorhandenen spezifischen Unterschiede auszumachen wüßten.[23]

Die großen Auffassungsdifferenzen in Einzelfragen dieser

[21a] In seinem für den gesamten pylischen E-Komplex bedeutsamen
Artikel ›Sur l'intitulé de la tablette pylienne En 609‹, RPh 48:2, 1974,
S. 247—266, vertritt nun M. Lejeune eine Deutung als Verbalform
im passiven Aorist *δαιμᾶθεν (zu *δαιμάω « déterminer les parts
privilégiées » < *δαιμᾶ « part » < δαίομαι « partager ») und faßt die
erste Zeile der Tafel als τόσαι δαιμᾶθεν δα(ιμαι) 40.

[22] Vgl. M. Lindgren, Gnomon 39, 1967, S. 376.

[23] Vgl. zuletzt A. Heubeck, Živa Antika 19, 1969, S. 4—12, bes.
6 ff.

Texte mag ein Detail aus den schon erwähnten Bruchstücken des zweiten Katasters illustrieren: Ea 59: *kereteu eke eneka iqojo* + Angabe eines Getreidequantums = „Kreteus hat im Hinblick auf *iqo*" (vgl. griech. ἵππος „Pferd"). Während Palmer[24] in *iqo* einen Gott, ja den Hauptgott jenes Distrikts erkennen möchte, erfährt der Passus bei anderen eine schlicht agrarische Deutung: vgl. z. B. J. Masai, « le personnage (scil. kereteu) ... possédait donc un cheval ».[25]

Der gute Erhaltungszustand der Katastraltafeln von *pakijane* macht sie im Verein mit ihrer relativen Gesprächigkeit zu einer unserer Hauptquellen für die soziologisch-administrative Struktur des pylischen Reiches. Eine kritische Auseinandersetzung mit der bisherigen Sekundärliteratur zu solchen Fragen sowie eine besonnene Auswertung der Lineartexte bietet in diesem Zusammenhange die schon oben erwähnte, methodisch vorbildliche und kenntnisreiche Dissertation von Kl. Wundsam, durch die ein Teil des Heubeckschen Desiderates (s. den Kapitelanfang) nunmehr erfüllt erscheint.

Mit dem pylischen Landverteilungsplan und seiner Terminologie setzt sich nun auch der erste Teil der monumentalen Dissertation von Y. Duhoux[26] auseinander. Duhoux faßt die drei oppositionellen Begriffe *kotona kitimena, kekemena kotona* und *kama* in rein landwirtschaftlicher Bedeutung: Während *kitimena* /ktimenā/ das bebaute Land bezeichne, sei *kekemena* /kekhemenā/ (zu *κίχημι) der Ausdruck für das Brachland, und *kama* /kamas/ (zu κάμνω) benenne einen Boden von minderer Güte und mit schwachem Ertrag, der besonders „mühevolle" Bearbeitung verlangt. Auch *woze(e)* (zu (Ϝ)έργον) weise in diese Richtung. Damit erschließt er für die Landwirtschaft in Pylos ein Bewirtschaftungssystem mit Wechsel zwischen Ackerbau und

[24] Interpretation, S. 220.

[25] RBPh 45, S. 109 f.

[26] Aspects du vocabulaire économique mycénien (Cadastre — Artisanat — Fiscalité) I. II. (Dissert.) Louvain 1971. I, 1: Le cadastre, S. 1—121.

150

Nutzung der Brachfelder als Weideland. Den Gegensatz zwischen *onato* /onāton/ und *etonijo*, nach Duhoux /hetōnion/, sieht er darin, daß jenes als „Vorteil" den Pächter *(onate)* zu einer Gegenleistung, etwa einen Anteil am Ertrag, verhalte, während die privilegierte Variante *etonijo* das vollständig unentgeltliche Nutzungsrecht von Ackerland bedeute. Wie Wundsam so ist auch Duhoux überzeugt, daß der echte Privatbesitz an Boden in den pylischen E-Tafeln gar nicht verzeichnet ist.

Zur strittigen Zweckbestimmung dieser Serien ist die zuletzt bei St. Dow—J. Chadwick [27] vertretene Meinung beachtenswert, daß gegen eine Interpretation als Kataster im strikten Sinne das Fehlen exakter Lokalisierungen der jeweiligen Grundstücke und Pachtflächen spreche. So scheint das pylische Landregister eher der Feststellung von Abgaben nach der (am Saatgut gemessenen) Bodenfläche zu dienen [28].

Die Es-Tafeln aus Pylos

Die gleiche Formel *eke tosode pemo* im ersten Text verbindet diesen 15 Tafeln umfassenden "set" mit den zuvor besprochenen Serien. Während die auf den Monat Krithos (Gen. *kiritojo*) datierte Tafel Es 650 die Größe des Ackerlandes von 13 Männern — wieder anhand der Menge des Saatgutes — angibt [29], hält Es 644 eine Ablieferung *(dosomo* = /dosmos/) von Weizen derselben Personen *weteiwetei*, d. h. „jährlich", fest.

Die restlichen 13 Tafeln (645—49, 651—53, 703, 726—29) verzeichnen für jeden einzelnen dieser Männer Getreideabgaben in unterschiedlicher Höhe an (in dieser Reihenfolge) Poseidon

---

[27] The Linear Scripts and the Tablets as Historical Documents, Cambridge Ancient History II²:13 (Fasz. 70), S. 41.

[28] Vgl. zuletzt Docs.², S. 443 ff.

[29] Eine vierzehnte Person, *piroteko*, wird in der letzten Zeile dieser Tafel erwähnt, die Angabe des Quantums ist in diesem Fall jedoch getilgt. In den folgenden Tafeln der Serie scheint dieser Name nicht mehr auf.

(posedaone), 34-ketesi (im Dat. Pl.), Werdaneus *(?, wedanewe)* und Diwijeus *(diwijewe)*[30]. Daß die Zuwendung an Poseidon zumeist das Doppelte bis Dreifache (in einigen Fällen sogar ein Vielfaches) dessen beträgt, was die drei übrigen Adressaten in untereinander gleichen Rationen erhalten, erhärtet die überragende Stellung dieses Gottes im pylischen Kult, die uns auch noch bei Homer entgegentritt[31]. Über die drei anderen Empfänger sind stark divergierende Auffassungen im Umlauf. Diese werden meist von der verständlichen Neigung zur Textökonomie getragen und wollen alle drei Dative derselben Kategorie zuordnen, d. h. sie einheitlich als Personennamen, Titel, (priesterliche) Funktionäre, Ethnika oder als regionale Epiklesen des Poseidon ansprechen[32].

Die Nennung des Poseidon an der jeweils ersten Stelle der Eintragungen macht einen religiösen Kontext wahrscheinlich, so daß für Diwieus und Werdaneus die Deutungen A. Heubecks als „Priester des Zeustempels" *(/diwijon/)* bzw. „Opferpriesters" (vgl. gr. ἔρδω) viel für sich haben[33]. Die Interpretation von *34-ketesi* laboriert noch an der unbestimmten Lautung des Silbenzeichens 34.

Man hat vergeblich versucht, Querverbindungen von den Persönlichkeiten der Es-Serie, deren Namen wir zumeist erfahren[34], zu den *tereta /telestai/* des großen pylischen Landregisters

[30] Varianten wie *posedaono* (649.1) oder *posedao* (659.1), also Gen. bzw. Nom., sieht man gewöhnlich als Schreibfehler für den zu erwartenden und syntaktisch geforderten Dativ an.

[31] Vgl. Od. 3, 55—59 und dazu Docs., S. 280.

[32] Eine bequeme Zusammenstellung der Meinungen findet sich bei P. H. Ilievski, The Recipients of the Es-Tablets, Proceedings Cambridge, S. 238 ff.

[33] Zu den pylischen Es-Tafeln, Die Sprache 4, 1958, S. 80—95, bes. 84, 94. Die Gleichsetzung des hier erwähnten *wedaneu* mit dem gleichnamigen bedeutenden Herdenbesitzer (Cn 40 u. ö.) liegt nahe.

[34] Nur ein *wedanewo doero* („Sklave des Werdaneus") bleibt anonym; *a₃kiwaro* wird in Es 650 noch als *atemito doero* („Sklave der Artemis") bezeichnet.

(En 609. 2), die uns gleichfalls namentlich faßbar sind, herzustellen. Näher liegt hingegen eine Beziehung zur Summierungstafel Er 312: Die Kornmenge für die dort erwähnten 3 *tereta* beträgt 30 „Großeinheiten", während die Gesamtsumme der Personen in Es 28½ ausmacht. Auf dieses Zahlenverhältnis gründete sich die Vermutung, nur (die ersten?) drei Personen aus Es wären mit den *tereta* von Er 312 identisch[35] und die Texte bezögen sich auf Ackerland sowie daraus resultierende Abgaben in der unmittelbaren Nähe des pylischen Palastes, was gleichzeitig das Fehlen eines Ortsnamens rechtfertigen könnte[36].

Von den „Lieferungspflichtigen" der Es-Tafeln heben wir zunächst *arekuturuwo* /alektruwōn/ hervor. Eine gleichnamige Persönlichkeit mit dem Patronym *-ke-re-we-i-jo* / etewoklewehijos/ treffen wir in der *oka*-Serie im „Amt" eines *eqeta* wieder (PY An 654. 8 f.). Der anonym notierte *wedanewo doero* stellt eine Beziehung zum Empfängernamen (im Dativ/Genitiv) *wedanewe/wo* her. Ein *atemito doero*, „Sklave der Artemis", tritt auch mit seinem Individualnamen auf, was auf höhere soziale Stellung hinweist.

Die Zahlenproportionen in dieser Serie haben Anlaß zu mehreren Untersuchungen gegeben[37], ohne daß eine allseits befriedigende Erklärung bereits gefunden wäre[38]. M. Lang meint, aus der jeweiligen Summe des Saatgutes (= 282 Einheiten der zweiten Kategorie) und (um ½ aufgerundet) der Lieferungen an alle Empfänger (= 141 Einheiten) die Schlüsselzahl 47 erschließen zu können. Da $47 \times 3 = 141$ bzw. $47 \times 3 \times 2 = 282$, versucht sie zugleich eine Verteilung der Personennamen auf Gruppen von je 3 Personen. Eine weitere rechnerische Möglichkeit ergibt sich nach M. Lang mit der Zahl 14, also der erschließbaren ur-

---

[35] Docs., S. 277.

[36] Denn *kiritojo* in Es 650.1 ist höchstwahrscheinlich ein Monatsname (s. o.) wie *pakijanijojo* (scil. *meno*) in PY Fr 1224.

[37] Besonders M. Lang, Es Proportions, Myc. Stud., S. 37—51; W. F. Wyatt, Jr., Remarks on Professor Lang's Paper 'Es Proportions', ebd. S. 53—55.

[38] Vgl. zuletzt Docs.², S. 456 ff.

sprünglichen Anzahl von registrierten Personen: denn
14 × 10 = 140 und 14 × 20 = 280. Diese Produkte kommen
aber den vorhin genannten Summen von 282 bzw. 141 Einheiten
jeweils sehr nahe. Dazu ist 112 (die Summe aller Abgaben an
Poseidon) = 14 × 8, und eine entsprechende Ergänzung der
fehlenden jährlichen „Zahlungen" von *oporomeno*, *a₃kiwaro*
und *rukoworo* ergibt als Total der Gruppe 42, also 14 × 3 T-
Einheiten (in Es 644).

Knossos [39] *(KN Uf, E)*

Wenigstens anhangsweise soll auch über die Verhältnisse in
Knossos gesprochen werden, wie sie, leider überaus rudimentär,
den wenigen, kurzen und nicht recht aufschlußreichen Texten
zu entnehmen sind. Daß wir den kargen Zeugnissen immerhin
gewisse Aussagen abringen können, ist den ergiebigeren Serien
aus Pylos zu danken, deren begriffliches Arsenal in Knossos teilweise wiederkehrt. So treffen wir auch hier auf den Typus der
kotoina (Uf 981, 1031, mit spezifisch knossischer Orthographie!),
und *tereta* als ihre Inhaber (Uf 970, 990), auf das *kekemena*-
Land (Uf 835, 983) sowie das Verbum *eke* (835, 1031). Das
Ideogramm DA, bereits aus PY En 609,1 bekannt, mit seiner
Untereinheit PA entspricht in den knossischen Uf-Tafeln offensichtlich der üblichen Mengenangabe *tosode pemo* in Pylos.
Schwierig bleibt die exakte Deutung von *pute* (Uf 835) =
/*phutēr*/?, „Pflanzer, Gärtner"(?) und *puterija* (981, 1031) =
Akk. /*phuteliān*/?, vgl. gr. φυταλιά „Pflanzung" oder Adjektiv
/*phutēriān*/ (scil. /*ktoinān*/?).

Die wegen des Weizenideogramms unter E gestellten knossischen Tafeln sind gering an Zahl und schlecht erhalten. Sie
dürften einem anderen Zweck, der Vorschreibung relativ großer
Getreidelieferungen (an den Palast in Knossos?) gedient haben [40].

[39] Docs., S. 269—272; Y. Duhoux, Aspects du vocabulaire mycénien, I S. 15 f.

[40] Zu dieser Textgruppe vgl. Palmer, Interpret., S. 233 f. (mit etwas
anderer Deutung).

154

XV. ÖL

Die unter der Sigle F zusammengefaßten Tafeln registrieren mit Ausnahme von Weizen (Ideogramm 120), der in den E-Serien verzeichnet ist, und den in den G-Texten behandelten „Gewürzpflanzen" alle pflanzlichen bzw. agrarischen Produkte. Unter den F-Tafeln wiederum dominieren an Zahl wie an Bedeutung die Texte, die sich mit der Herstellung und Zuteilung von Öl befassen und durch das Bildzeichen 130 (OLEUM) gekennzeichnet sind[1]. Aus Knossos sind es die sets Fh, Fp und Fs, aus Pylos vor allem die in ihrer Aussage ebenso gewichtige wie umstrittene Fr-Serie, aus Mykene nur die isolierte Tafel Fo 101.

Knossos Fh[2]

Die ca. 130 z. Z. stark fragmentierten Texte dieser Serie wurden bis auf wenige Ausnahmen im sog. "Room of Column

---

[1] Das von E. L. Bennett, Jr., zunächst für die Pylostafeln entwickelte Klassifikationssystem hatte die landwirtschaftlichen Produkte außer Weizen (= E) nach der Angabe ihres Quantums im Trocken- (= F) oder Flüssigkeitsmaß (= G) unterschieden. Eine Verwischung dieses Schemas bei der Bestimmung der Texte aus Knossos und Mykene ließ die zahlreichen 'Öltafeln' einschließlich der erst spät entdeckten Serie aus Pylos unter den Indexbuchstaben F geraten.

[2] Vgl. bes. Docs.², S. 217, 439; M. Doria, Le iscrizioni dell'olio a Pilo, Cnosso e Micene. Corso di Filologia Micenea a. a. 1967—68, Trieste 1968, S. 63—71; L. Godart, Les quantités d'huile de la série Fh de Cnossos, Atti Roma II, S. 598—610; ders., ku-pi-ri-jo dans les textes mycéniens, SMEA 5, 1968, S. 64—70; ders., La série Fh de Cnossos, SMEA 8, 1969, 39—65; C. J. Ruijgh, Remarques sur les mots we-je-we, we-je-ke-a₂, we-ja-re-pe et to-ro-qa, Atti Roma II, S. 699

Bases" des Palastes von Knossos gefunden und stammen fast durchwegs von derselben Hand (141). Sie stellen nach der allgemeinen Ansicht ein „Kontobuch" dar, in dem die Palastverwaltung, wie wir das auch aus anderen Bereichen kennen, die Eingänge und Auslieferungen von Waren festhielt. Damit ist für diese Öltafeln zum Unterschied von den nachstehenden Serien ein spezifisch kultischer Charakter auszuschließen. Dieser Feststellung widerspricht nicht, daß unter den Empfängern bzw. Bestimmungsorten des ausgefolgten Öls auch Namen von Gottheiten (Fh 5475: *qerasi[ja*, vgl. passim in KN Fp; Fh 390: *erinu[*, vgl. Fp 1.8), kultischen Verbänden (Fh 356: *omirijoi*, Dat. Pl., viell. ein Priesterkolleg der Regengottheit(en)[3], vgl. die *anemo ijereja* „Priesterin der Winde", Fp 1.10 u. ö ; viell. auch *deujoi*, „Zeuspriester" (?)[4], Dat. Pl., Fh 352) und Sakralstätten (besonders Fh 5467: *dikatade*, vgl. dieselbe allativische Form in Fp 7 und das wahrscheinlich synonyme *dikatajo diwe*, Dat., „dem Zeus von Dikte" in Fp 1.2) nicht fehlen. In der überwiegenden Zahl der Fälle erfolgen jedoch die Lieferungen in Orte und an Personen, für die aus anderen Zusammenhängen eine profane Deutung naheliegt. Die letzteren sind gelegentlich nur mit ihrer Berufsbezeichnung angeführt: *aikipata* „Ziegenhirt" (Fh 346), *kakewe* „Schmied", Dat. Sg. (386), *raptere* „Näher", „Sattler (?)", Dat. Sg. oder Nom. Pl. (1056).

Zwei Summierungstafeln des gängigen Typs — *toso* „soviel" bzw. *toso kusupa* „soviel insgesamt" + Ideogramm + Mengenangabe — fassen das jeweilige Gesamtquantum des eingegangenen wie des abgegebenen Öls zusammen (Fh 366 + 5503, 367

bis 708; Y. Duhoux, Aspects du vocabulaire économique mycénien (cadastre — artisan — fiscalité) Dissertation Louvain 1971, I, S. 215 bis 220.

[3] So H. Mühlestein, MH 15, 1958, S. 223. Nach Palmer, Interpret., S. 437 handelt es sich um "rain gods".

[4] Mühlestein, Minos 4, 1956, S. 85. Vgl. A. Heubeck, SMEA 11, 1970, S. 63—70, bes. 64 f.

+ 5460)[5]. Berechnungen von L. Godart[6], die die zahlreichen Überlieferungslücken bei den Zahlenangaben der einzelnen Tafeln durch die Konjektur mittlerer Werte überbrücken müssen, haben eine wirtschaftlich plausible Gebarung erkennen lassen. Ein besonderes Kennwort *apudosi* (= gr. ἀπόδοσις „Erstattung, Zahlung") bezeichnet nach Godarts überzeugenden Ausführungen[7] die Eingänge im Detail (z. B. Fh 340, 349, 379) wie in der Summe (366): Wo dieser Ausdruck auf den Tafeln fehlt, handelt es sich um Ausgänge, die zuvor erwähnten Zuteilungen bzw. Lieferungen der Palastmagazine an Individuen oder (Kult)Orte. Letztere sind regelmäßig durch das Allativmorphem *(ramana d e, era d e, tunija d e)*, die Personen in günstigen Fällen (athematische Nominalstämme!) durch die Dativendung *(dorew e, kaparijon e, kakew e)* oder die Präposition *opi*[8] *(opi durupo)* eindeutig gekennzeichnet. Außer den Namen der Adressaten und leicht verständlichen Attributen des Öls wie *newo* = gr. vέ(ϝ)ον „frisch" (Fh 362, 375) weisen zahlreiche Tafeln über Ölausgänge noch appellativische Zusätze auf, für die bisher unterschiedliche bis konträre Bedeutungen vorgeschlagen wurden, sofern ihre Deutung nicht überhaupt noch bei etymologischen Mutmaßungen stagniert.[9] *qeteo*, bzw. Pl. *qetea*, zumeist als Gerundivform *kʷeiteon* „zahlbar, fällig" mit verschleppter Vollstufe der Wurzel zu gr. τίνω, ποινή gestellt, scheint auf noch offene Lieferungen

---

[5] Ein neuer 'join' (Fh 5434 + 5438, vgl. KT[4], S. 175) hat mit der Formulierung *to-]so apudosi* OLEUM[eine weitere Zusammenfassung von Öleingängen ergeben. Leider bricht der Text der Tafel vor der Mengenangabe ab. Vgl. den Deutungsversuch von L. Godart im Zusammenhang mit seiner Auffassung von *zoa* (s. u.), SMEA 8, S. 39 f.

[6] Die drei einschlägigen Untersuchungen sind in Fn. 2 genannt.

[7] Bes. Atti Roma II, S. 598 ff.

[8] Vgl. Godart, SMEA 8, S. 45. Zur Bedeutung von *opi*, „bei (= chez), in der Werkstätte von" vgl. J. T. Killen, Atti Roma II, S. 636 ff., bes. 643.

[9] Grundlegend bleibt M. Lejeune, Sur quelques termes du vocabulaire économique mycénien, Myc. Stud., S. 77—109.

seitens der Magazine hinzuweisen. Die Bedeutung von *ono* dürfte nach J. Chadwicks einleuchtenden Argumenten[10] von etymologisch erschließbarem „Nutzen, Gewinn" (ὀνίνασθαι) zu „Anteil, Ration" verblaßt sein[11], was an die semantische Entwicklung der etymologisch zugehörigen Termini *onato* = /onāton/ „Pacht(?)" bzw. *onate* /onātēr/ „Pächter" in den E-Serien aus Pylos erinnert. War dieses *ono* zunächst als der eigentliche Wechselbegriff zu *apudosi* der „Eingangstafeln" angesehen worden, so hat Godart durch den Vergleich der Lieferungsmengen, die auf Eintragungen mit und ohne diese Etikette registriert sind, aus ihrer Verwendung auf Ölzuteilungen zum persönlichen Gebrauch des Adressaten geschlossen. Wo *ono* fehlt, legen es nach Godart in einigen Fällen die auffallend großen Mengen nahe, daß ihr Empfänger sie zu professionellen Zwecken, d. h. zur Weiterverarbeitung zu Salböl u. a., erhält. Daran hängt auch Godarts Auffassung der Ausdrücke *kupirijo* und *toroqa*, die sonst gewöhnlich als Appellative (/kuprijon/ „das kyprische (scil. Gewürz)", also eine Gewürzsorte, /trokʷā/ s. u.) gedeutet wurden, als Personennamen.[12] Ein Kuprijos, dem daneben auch wesentlich bescheidenere Rationen zum Privatgebrauch ausgefolgt werden (z. B. Fh 361, mit *ono!*) ebenso wie Toroqa und Wirineu (im Dativ *wirinewe* bezeugt) empfangen ähnlich große Ölrationen, wie sie in Pylos der als *arepazoo* „Salbensieder" ausgewiesene *eumede* (Εὐμήδης) zur Verarbeitung erhält (PY Fr 1184): damit liegt nach Godart für die genannten Personen

---

[10] Myc. Stud., S. 21—25.

[11] Die voraussetzungsreiche Erklärung des Syntagmas *ono ikuwodoto* (Fh 348.1) bei L. Deroy-M. Gérard, Le cadastre mycénien de Pylos, Roma 1967, S. 23 ff., scheitert auch an lautlichen Unstimmigkeiten (ὦνος „Kauf" müßte in Linear B mit anlautendem *w-*, also **wono* geschrieben sein!).

[12] SMEA 5, S. 64 ff., Atti Roma II, S. 663, SMEA 8, S. 52 ff. Für *kupirijo* hatten diese Deutung schon G. Pugliese-Carratelli, PdP 17, 1962, S. 8 f. und J. Chadwick, Myc. Stud., S. 22 ins Auge gefaßt. Für *toroqa* als Personennamen tritt auch M. Doria, Iscrizioni dell'olio, S. 69 ein.

in Knossos die gleiche oder wenigstens eine ähnliche Funktion nahe. Vor bzw. neben dieser onomastischen Interpretation[13] hat man in *toroqa* den finalen Dativ eines femininen Nomens gesehen (= /trok^{w}āi/), entweder in der Bedeutung „Nahrung" wie gr. τροφή[14] — also Öl für den Gebrauch in der Küche — oder als „Umrühren, Wenden", gr. *τροπή, zu τρέπω, als Prozedur bei der Herstellung von aromatischen Ölen oder Salben[15]. Eine solche Auffassung setzt *toroqa* in enge Beziehung zu drei weiteren Substantiven desselben Wortbildungstyps im Dativ innerhalb dieser Serie: *zoa* (Fh 343 u. a. = *ζοᾱ zu ζέω „sieden, kochen") und die beiden offensichtlich parallel gebildeten Komposita *epikowa* (343, 380) und *porokowa* (350, 381), d. h. /epikhowā/ „Übergießen(?)" und /prokhowā/ „Ausgießen" zu gr. χέω „gießen, schütten". Während die durchsichtige Etymologie dieser lexikalischen Geschwister an kultische Libationen denken läßt[16], stehen die beiden restlichen Ausdrücke in einer je nach der Deutung von *toroqa* verschieden gelagerten Opposition:

— (Verwendung als) Speiseöl :: (Erzeugung von) Salböl oder
— (Salbölfabrikation durch) Umrühren :: Aufkochen, Erhitzung (scil. von Öl und aromatischen Zutaten).

Doch auch für *zoa*, das durchwegs im Kontext von ungewöhnlich großen Ölrationen erscheint (Fh 343, 355, 380 + 3006 + 5445), hat Godart eine eigenständige Interpretation entwickelt[17]. Er erkennt in der Verbindung dieses Wortes mit dem Ölideogramm ein Öl minderer Qualität, wie es auch heute noch durch

[13] Bei *kupirijo* und *wirineu* scheint Godart zwischen einer Auffassung als männlicher Personenname und als Berufstitel zu schwanken, vgl. SMEA 7, S. 67, 69 gegenüber SMEA 8, S. 51 (« des types de bouilleurs d'onguents », « la fonction de *ku-pi-ri-jo* »).

[14] Vl. Georgiev, Ét. Myc., S. 55; Docs., S. 410; M. Lejeune, Myc. Stud. S. 103 u. a.

[15] C. J. Ruijgh, Atti Roma II, S. 705 ff. mit lautlicher Kritik an der älteren Auslegung (die Wurzel von τρέφω endet eher auf Labial /bh/ als auf Labiovelar /g^{w}h/!).

[16] Vage Vermutung bei Ruijgh, Atti Roma II, S. 705, Fn. 35.

[17] Atti Roma II, S. 604 ff., 609 f.

Auslaugen der beim Pressen von Oliven anfallenden Frucht-
fleischreste, des „Preßkuchens", in heißem Wasser gewonnen
wird. Der Ausdruck *zoa,* den er in gr. ζόη „Schaum auf Milch
bzw. Honig" (Hesych, Eustathius) wiederzufinden meint, bezeichne die schaumartig auf der Wasseroberfläche schwimmenden
Preßrückstände. Der etwas gekünstelt anmutenden sprachlichen
Seite dieser Etymologie stehen zweifellos wohlbegündete text-
immanente Erwägungen gegenüber. Auf diese „zweite" Sorte
Öl bezieht Godart denn auch die zusätzliche Summierungstafel
der Eingänge *(apudosi,* s. o. Fn. 7). Trotz Godarts monogra-
phischer Behandlung steht in dieser Serie noch eine Fülle von
Problemen an. Doch gewährt sie uns bereits im gegenwärtigen
Stand ihrer Erforschung wichtige Einblicke in die Verwaltung
der knossischen Öldepots und in das ökonomische Prinzip der
„Redistribution". Wieder erweist sich der Palast als Zentrum
und Knotenpunkt der wirtschaftlichen Bezüge.

Knossos Fp [18]

Die 11 Tafeln dieser Serie sind zusammen mit den Fs-Texten
(s. u.) bereits zu Beginn der Grabungskampagne von Sir Arthur
Evans (1900) entdeckt worden. Sie befanden sich zwischen Pro-
pylaion und Zentralhof in einem "bath shaped receptacle of
clay" (Docs., 303), der auch noch Überreste eines hölzernen Be-
hälters, ihres seinerzeitigen „Aktenordners", aufwies. Der verhältnismäßig gute Erhaltungszustand dieser Tafeln und ihre
übersichtliche, weitgehend regelmäßige Gliederung haben schon

---

[18] Documents², S. 303—308, 475; L. R. Palmer, Interpretation,
S. 235—237; J. Chadwick, The Olive Oil Tablets of Knossos, Proceed-
ings Cambridge, S. 26—32, bes. 27 ff.; A. Heubeck, Myk. *qerasija*,
Beiträge zur Indogermanistik und Keltologie (Festschrift J. Pokorny),
Innsbruck 1967, S. 33—37; M. Doria, Iscrizioni dell'olio, S. 55—63.
Zul. L. Baumbach, Further Thoughts on the Knossos Fp Series (Kollo-
quium Neuchâtel).

bald nach der Entzifferung von Linear B Gelehrte wie A. Furumark [19] und P. Meriggi [20] in der Serie Teile eines Ritualkalenders vermuten lassen, der die Ölspenden für bestimmte Kultstätten, Priester(schaften) und Gottheiten festlegt. Das Formular dieser Texte, deren Länge zwischen 2 (Fp 6.15) und 12 Zeilen (Fp 1 + 31, mit Summierung in Z. 12) beträgt, leitet durchwegs ein Monatsname ein, darauf folgen Ortsnamen und/oder Namen von Göttern bzw. an zwei Stellen der Ausdruck *anemo ijereja* (Fp 1. 10, 13. 3), gefolgt jeweils vom Öl-ideogramm und variierenden Mengenangaben. Die Toponyme mit dem Allativsuffix *-de* (Fp 7. 2: *dikatade*, 13. 2: *aurimode*, 48. 3: *aminisode*) und die Götternamen im Dativ (Fp 1. 2: *dikatajo diwe*, 1. 5: *pasiteoi*, 1. 4 u. ö.: *pade*) erweisen sich als die Bestimmungsorte bzw. Empfänger der verzeichneten Öl-rationen. Wo nur eine dieser beiden Angaben vorliegt, scheint sich die andere für den sachkundigen „Redaktor" von selbst verstanden zu haben. So deutet das Fehlen des Ortsnamens (z. B. Fp 5. 6) auf Knossos selbst oder seine nächste Umgebung hin, die bloße Erwähnung des Toponyms hingegen läßt auf die jeweilige Lokalgottheit als Adressaten schließen (z. B. 1. 9: *47-dade*, 13. 2: *aurimode*). Die Eintragung *dikatade* „nach Dikte" ist wohl sachlich mit dem Dativ *dikatajo diwe* „dem diktäischen Zeus" identisch [21]. Bei der Deutung von *dadarejode* (Fp 1. 3, Allativ!) mag man zwischen einem Heiligtum des Daidalos (in Knossos) und einem Ort dieses Namens schwanken, auf den eine Angabe bei Stephanos von Byzanz [22] hinzuweisen scheint. An den Monatsnamen fallen morphologisch die teilweise unerwarteten Endungen auf: neben regulärem *-ojo* (temporaler Genitiv des o-Stammes: 1. 1 *deukijojo*, 5. 1 *diwijojo*) findet sich häufig ein Ausgang auf bloßes *-o* (z. B. 6. 1: *karaerijo*, 16. 1 *wodewijo*): rubrizierender Nominativ oder Nebenform des Genitivs auf die

[19] Eranos 51, 1954, S. 103—120, bes. 116.
[20] Glotta 34, 1954, S. 22—26.
[21] J. Chadwick, Proceedings Cambridge, S. 28 f.
[22] S. v. Δαίδαλα ... καὶ Κρήτης ἄλλη (scil. πόλις).

ursprünglich ablativische Endung /-ō(d)/[23]. Die Annahme einer Fehlschreibung, wie sie in den zitierten Beispielen als Haplographie naheläge, scheitert wohl an der Vielzahl der Fälle. In *rapato* den Genitiv (eines Konsonantenstammes) auf /-os/ zu sehen, verbietet wiederum die augenfällige Parallele eines arkadischen Monatsnamens (μηνὸς Λαπάτω[24]). Das Appellativ „Monat" (*meno*, Gen. = gr. μηνός) kann fehlen (z. B. Fp 6), in mehreren Tafeln wiederum steht es in kleinerer Schrift über der Zeile, scheint also nachträglich (zur Verdeutlichung?) eingefügt worden zu sein.

Die sachliche, religionsgeschichtliche Interpretation der hier und in den pylischen Fr-Tafeln erwähnten Götter und Priester (in KN Fp: *are, (dikatajo) diwe, erinu, pade, pasiteoi, pipituna, qerasija* bzw. *-jo, 56ti; anemo ijereja*) ist dem Kapitel XXVIII „Religion" vorbehalten.

In der stark zerstörten Tafel Fp 30 darf aufgrund der lesbaren Wörter *toso* auf der Vorder- und *kono/* auf der Rückseite eine Zusammenfassung der für Knossos selbst bestimmten Ölmengen vermutet werden.

L. R. Palmer hat den ritualen Charakter dieser Serie in Zweifel gezogen und möchte in den Tafeln bloß Vermerke über die Ausgabe von Öl in einem Magazin erkennen[25]. Doch scheinen die von Ventris-Chadwick (Docs. 305) beigebrachten Parallelen aus den Keilschrifttexten von Alalach die Deutung als Kultkalender zu erhärten.

---

[23] S. Luria, Über die Nominaldeklination in den mykenischen Inschriften, PdP 12, 1957, S. 321 ff.; J. Chadwick, Error and Abnormality in the Mycenaean Noun Declension, PdP 13, 1958, S. 285 ff.

[24] Cauer-Schwyzer, Dialectorum Graecarum exempla epigraphica potiora, Nr. 667 (Orchomenos).

[25] Interpretation, S. 235 ("store-room dockets for the disbursement of oil").

Knossos Fs [26]

Ein näherer Zusammenhang dieser 17 schwierigen Tafeln mit der Fp-Serie, wie er sich vom Fundzusammenhang her vermuten ließe (s. o.), wird durch Formular und Inhalt, soweit uns dieser zugänglich ist, nicht bestätigt. Sie verzeichnen ohne Zeitangabe [27] die Zuteilung von maximal 6 Nahrungsmitteln (Gerste, Feigen, Öl, Weizenmehl (?), Wein und Honig) in ziemlich konstanten, nicht eben großen Rationen. Nur *pade,* vermutlich ein Göttername, ist auch aus Fp bekannt. Die übrigen Wörter, von durchwegs ungriechischem Aussehen, sind außerhalb dieser Serie nicht bezeugt. *sanatode* (2.B) dürfte wegen seines Suffixes ein Ortsname sein, in *etiwa* (19.1) mag man einen Personennamen vermuten [28]. Andere Bildungen *(a-65-manake, qesamaqa, tamitemo)* bleiben ganz unklar.

Pylos Fr [29]

Da diese Serie unsere Hauptquelle für die Erschließung der mykenischen Religion und Kultübung darstellt, werden auch ihr

[26] Docs., S. 308; L. R. Palmer, Interpretation, S. 237; J. Chadwick, Proceedings Cambridge, S. 30—32; M. Doria, Iscrizioni dell'olio, S. 71 f.

[27] Es sei denn, man sieht in *mena* (Fs 3. B) den Akk. μῆνα: Vgl. E. Risch, MH 16, 1959, S. 223, Fn. 34.

[28] Doria, Iscrizioni dell'olio, S. 72 (wegen *etewa* in Pylos!).

[29] Grundlegend bleibt die Monographie von E. L. Bennett, Jr., The Olive Oil Tablets of Pylos, Salamanca 1958 (Suplem. a „Minos", 2); dazu Docs.², S. 476—483; J. Chadwick, Potnia, Minos 5, 1957, S. 117 bis 129; L. R. Palmer, New Religious Texts from Pylos, TPhS 1958, S. 1—35; ders., Interpret., S. 240—258; C. Gallavotti, I documenti unguentari e i dei di Pilo, PdP 14, 1959, S. 87—105; F. R. Adrados, Micénico -*o-i*, -*a-i* = -οι, -αι y la série Fr de Pilos, Minos 7, 1961, S. 49—61; ders., Sobre el aceite perfumado: Esquilo, Agam. 96, las tablillas Fr y la ambrosia, Kadmos 3:2, 1965, S. 122—148; M. Doria, Iscrizioni dell'olio, S. 29—50 (mit reichhaltiger Bibliographie, S. 75).

religionsgeschichtlicher Aspekt und zahlreiche einzelne Ausdrücke wie Götternamen, Kultorte, Heiligtümer, Rituale, Festesdaten u. a. im Religionskapitel (XXVIII) ausführlich erörtert. Daher sollen in diesem Abschnitt vor allem die technologische, industrielle Seite dieser Tafeln besprochen und Querverbindungen zu thematisch zugehörigen Texten aus anderen Serien hergestellt werden.

Die 51 Tafeln bzw. Tafelfragmente der Fr-Serie sind fast alle während der Grabungen der Jahre 1954—56 (C. W. Blegen) geborgen worden, nur die bereits 1939 entdeckte Tafel 343 und der Nachzügler 1355 aus 1958 machen eine Ausnahme.

Im Formular der Texte lassen sich 5 Typen von Eintragungen feststellen, die in wechselnder Kombination, aber niemals vollzählig auf den einzelnen Tafeln vertreten sind [30]:

1. Zeitbezeichnung (Monats- bzw. Festesname),
2. Ortsangabe (Toponym im Lokativ oder Allativ),
3. Empfänger (im Dativ),
4. Kennzeichnung des Öls durch qualifizierende Adjektive (s. u.),
5. das (Salb)Öl selbst, zumeist ideographisch, gelegentlich aber auch silbisch geschrieben *(era₃wo, aropa)* [31], gefolgt von Mengenangaben.

Mit dem Ölideogramm sind in etlichen Tafeln Silbenzeichen in Ligatur verbunden (A, PA, PO, WE), für die z. T. unterschiedliche Deutungsvorschläge vorliegen. Während A und PA wegen der immanenten Entsprechungen gewöhnlich als akrophone Abkürzungen von *aropa* /aloiphā/ bzw. *pakowe* /sphakowen/ (s. u.) angesehen werden, versteht sie L. R. Palmer [32] als die Anfangssilben von φαυλία (= PA) und ἀμύγδαλον (bzw. -ος, -η = A) mit der Bedeutung „wilde Olive" bzw. „Mandel", aus denen nach Theophrast, de odoribus 15 f. Salböl gewonnen

---

[30] Vgl. Doria, Iscrizioni dell'olio, S. 29 ff.

[31] Die stark zerstörte Tafel 1198 bietet vermutlich die Ligatur A-RE-PA (= ἄλειφαρ „Salböl").

[32] Interpretation, S. 246. Nach Palmers Meinung sind die internen Bezüge von PA und A zu *pakowe* bzw. *aropa* nicht stringent genug.

wird. M. Doria wiederum denkt für PA an *parajo* /*palaion*/ „alt" oder *pakoto /*pākton*/ „fest, dick".[33]

Für PO liegen mehrere Vorschläge vor: *porokowa* /*prokhowā*/ „Ausguß" (Doria, Lejeune, Docs.[2]), *porowito* /*prōwiston*/ „von erster Qualität" (Doria), *ponikijo* oder *-no* /*phoinikijon, phoinikinon*/ „Palmöl" (Palmer, Milani).

Die qualifizierenden Adjektive, von denen schon die Rede war, umfassen *(we(j)arepe, pakowe, wodowe, kuparowe, etiwe* und *aetito.* Unter den zahlreichen Deutungsvorschlägen für *we(j)arepe* besticht aus sachlichen Gründen und wegen der internen (Fr 1225. 2: *wea₂noi aropa*) und externen Parallelen (Od. 5, 264; Theophrast, de odor. 69) besonders die Herleitung von *wes-aleiphes „zur Parfümierung/Salbung von Kleidern", wenn auch gewisse lautliche und morphologische Bedenken bestehen bleiben. Daneben verdienen die gleichfalls nicht gänzlich glatten Interpretationen als Qualitätsmarke „gut für die Salbung/salbend" aus *wesu-aleiphes[34] bzw. als Determination /*u-aleiphes*/ „für die Salbung"[35] Erwähnung.

Die Adjektiva *pakowe, wodowe, kuparowe* und *etiwe* fallen durch ihre gleichartige Bildungsweise mit dem Suffix *-went-* „versehen mit" auf. Als Basis für die Ableitung der ersten drei Wörter bieten sich gr. σφάκος „Salbei", ῥόδον „Rose" und κύπαιρος (att.-ion. κύπειρος) „Zypergras"[36] an.

Durch gründliches Studium der Flora des Mittelmeerraumes,

---

[33] Iscrizioni dell'olio S. 48 f. Doria verweist darauf, daß in 1224 das Öl durch ein weiteres Attribut, die Adjektivkombination *etiwe pakowe,* qualifiziert wird.

[34] F. Bader, Études de composition nominale en mycénien, I. Les préfixes mélioratifs du grec, Roma 1969, S. 29 ff.

[35] J. Chadwick, Docs.[2], S. 477. Andere Deutungen z. B. bei L. Deroy, Kadmos 1, 1962, S. 117—125 (*we(j)ar-repes* „im Frühling gefallen", von Oliven ausgesagt) und ders., ŽA 22, 1972, S. 85—89 (*wē-aleiphes*, « peu, guère onctueux », was auf ein Öl minderer Qualität hindeutete!).

[36] Die Identifikation dieser Ausdrücke geht schon auf Bennett, Olive Oil Tablets, zurück.

Vertiefung in die Technologie der Herstellung von aromatischen Ölen und Salben und umsichtige Auswertung der einschlägigen antiken Zeugnisse gelangt M. Wylock[37] zu einem überzeugenden Verständnis der Realien in diesen Texten. So kann er für *pakowe* /*sphakowen*/ eine botanische Deutung als Salvia pratensis „Wiesensalbei" wahrscheinlich machen, eine Art, deren in Öl lösliche Essenz nicht nur für medizinische Zwecke, sondern auch in der Parfümerie verwendet wurde und wird. Während die Festlegung auf eine bestimmte Rosensorte für die Erzeugung des Rosenöls *(wodowe)* natürlich schwererfällt, kommen für *kuparowe* besonders die Wurzeln von Cyperus longus (frz. « souchet odorant »!), vielleicht auch der untere Teil des Stengels von Cyperus rotundus in Betracht. Hier ist auch das Zeugnis des Theophrast besonders wertvoll, der κύπειρος unter den Pflanzen registriert, aus denen im Orient Parfum gewonnen wird, und für den griechischen Bereich eine Kypeirossalbe erwähnt. In seiner Verwendung als Futterpflanze, die daneben einhergeht, stimmen homerische Belege (Od. 4, 601 ff., hymn. Herm. 106 f.) und eine Linear B-Notiz (PY Fa 16) anscheinend zusammen.

Das gemeinsame Auftreten von *kuparowe* und *wodowe* als Attribute von Öl (Fr 1203), gelegentlich als Schwierigkeit apostrophiert, vermag Wylock plausibel zu machen, indem er mit Mischparfums (gr. σύνθετος ὀσμή) rechnet, die auch Theophrast an mehreren Stellen (de odor. 37, 45, 47, 58) bezeugt.

Während somit *pakowe, wodowe* und *kuparowe* sprachlich und sachlich befriedigend gedeutet sind, gibt die Interpretation von *etiwe* (343, 1209 + 1211, 1224) und *aetito* (1200) noch Probleme auf, obwohl sie ihrer Wortbildung nach durchsichtig sind (-*went*-Suffix bzw. Negationspräfix *a*- + Ableitung auf -*to*-) und deutlich die beiden Glieder einer privativen Opposition darstellen[38].

[37] La fabrication des parfums à l'époque mycénienne d'après les tablettes Fr de Pylos, SMEA 11, 1970, S. 116—133.

[38] Vgl. M. Lejeune, Observations sur les composés privatifs, RPh 32, 1958, S. 198—205 = Mémoires de philologie mycénienne II, Roma 1971, S. 37—45, bes. 39 f.

M. Lejeunes[39] Bezug auf die Hesychglosse ἔρτις· κρημνός, wobei das letztere in der (itazistischen?) Form κριμνός seinerseits als Pflanze glossiert wird, hat den Vorteil sachlicher Homogenität mit den übrigen Wörtern in attributiver Position. Das Auftreten von *etiwe* neben *pakowe* im selben Text (1224) erklärt sich leicht durch die Annahme kombinierter Essenzen im Salböl (s. o.). M. Gérards Versuch, das Wortpaar als /hēstiwen/ :: /ahēstiton/ („gefiltert-ungefiltert“, vgl. att. ἠϑμός „Sieb“) zu fassen[40], trägt dem oppositionellen Charakter der Bildungen besser Rechnung, läßt aber *etiwe* aus dem von den übrigen *-went*-Adjektiven gesteckten Rahmen fallen; abgesehen von der Frage, ob eine Bedeutungsentwicklung von „mit Filter versehen“ zu „gefiltert“ überhaupt akzeptabel ist.

Nach dieser Musterung der verschiedenen Sorten des Salböls drängt sich die Frage nach der Technologie seiner Herstellung auf. Wiederum kann M. Wylock aus dem einschlägigen Vokabular der Texte und späteren Zeugnissen wichtige Schlüsse ziehen. So gestatten das Syntagma *arepate zesomeno* „für die zu kochende (d. h. im Siedeverfahren erzeugte) Salbe“, PY Un 267 (vgl. gr. ζέω) oder die Berufsbezeichnung *arepa/ozoo* „Salbenkocher, -sieder“ (ebd. und öfters) sowie — das freilich auch anders interpretierbare — *zoa* der Fh-Serie aus Knossos den Rückschluß auf eine Fabrikationsmethode, bei der den aromatischen Pflanzen die Essenzen in kochendem Olivenöl bzw. heißem Tierfett entzogen werden[41]. Daneben mag es auch die Extraktion in kaltem, festem Fett gegeben haben[42].

Es sei in diesem Kapitel auf einen Text näher eingegangen, der den Gesichtspunkt der Salbölproduktion hervorkehrt und

[39] Les adjectifs mycéniens à suffixe *-went*, REA 60, 1958, S. 16 = Mémoires de philologie mycénienne II, Roma 1971, S. 26.

[40] Stud. Myc., S. 103 f. (mit Weiterentwicklung eines Vorschlages von F. W. Householder, Jr.).

[41] « extraction par épuisement à chaud (on dit aussi ‹ par macération › et ‹ par enfleurage à chaud ›) », S. 117.

[42] « extraction par épuisement à froid (on dit aussi ‹ par macération à froid ›, ‹ par enfleurage › et ‹ par absorption ›) », ebd.

außerhalb der „Ölserien" prosopographischen Anschluß findet, auf die Tafel Fr 1184: *kokaro apedoke era₃wo toso/eumedei* OLEUM + WE 18/ *paro ipesewa kararewe* 38. „Kōkalos hat an Eumēdēs die folgende Menge Öl abgeliefert: ÖL der Sorte *we(j)aleiphes* (s. o.) 18 Einheiten. Von (bei) Ipsewās (scil. werden dafür bereitgestellt/sind zu liefern) 38 Ölkrüge." Diese Auffassung kann viel eher befriedigen als die Erklärung von *(paro ipesewa) kararewe* 38 als zweites Objekt von *apedoke*[43]. Da man in *kararewe* wegen der Hesychglosse χλαρόν· ἐλαιηρὸς κώθων und des in KN K 778 beigefügten Bildzeichens einen Gefäßtypus erkennen darf, zwingt der alternative Vorschlag zur unwahrscheinlichen Annahme, daß eine Öllieferung einmal im üblichen Hohlmaß und dann nochmals nach der Anzahl von Krügen berechnet wird[44]. Denn die Abgabe von leeren Krügen zur Füllung mit Öl könnte schwerlich durch dasselbe Verbum *(apedoke)* ausgedrückt werden und würde außerdem schlecht in den vermuteten Sachzusammenhang passen. So wird man die Z. 3 des Textes am besten als selbständigen Satz mit gewechseltem Subjekt *(kararewe)* fassen, der die Bereitstellung von 38 Krügen für das registrierte Ölquantum festhält[45].

Von den Personennamen, die in dieser Tafel erwähnt werden, sind *kokaro* (PY Fg 374) und *eumede* (PY Ea 812, 820) ausdrücklich als „Salbensieder" bezeugt. An weiteren Vertretern dieses Berufs sind uns in Pylos *pirajo* (Un 249) und *tuweta* (Un 267. 2) namentlich faßbar[46]. Diese beiden Tafeln, von

[43] Vgl. zuletzt Docs.², S. 481.

[44] Die sprachlichen Schwierigkeiten dieser Version können nur kurz gestreift werden: *paro ipesewa* neben *eumedei* im Dativ; *kararewe* als Akk. Pl.: letzteres läßt sich allerdings möglicherweise mit E. Risch, BSL 53, 1957/58, S. 96 ff. und C. Milani, Aevum 40, 1966, S. 365 ff. rechtfertigen.

[45] Vgl. Palmer, Interpret., S. 276 f. Zum Handel mit aromatischen Ölen in dieser Epoche vgl. jetzt E. D. Foster, The Manufacture and Trade of Mycenaean Perfumed Oil, (Diss.) Duke University, Durham 1974 (vgl. Nestor IV, S. 921, 1. Juni 1974).

[46] Zur Situation in Knossos vgl. oben die Deutung der Fh-Serie.

denen Un 267 besonders gesprächig ist, verzeichnen in wertvoller Ergänzung der Fr-Serie weitere Ingredienzien (*tuwea,* Un 267. 3, vgl. gr. ϑύος) für die Zubereitung aromatischer Salben bzw. von Salböl: Wein, Wolle, Honig, Koriander und *wiriza* /*wridza*/ „Haarwurzel" (scil. der Wolle)[47]. Einige dieser Zutaten verweisen sachlich bereits auf die Gewürztexte (G-), deren administrativ enge Zugehörigkeit zu den Ölserien J. P. Olivier für Knossos paläographisch erwiesen hat.[48]

---

[47] Aus diesem Teil des Wollhaares (vgl. das beigefügte Wollideogramm) wird Lanolin gewonnen, vgl. J. T. Killen, Hermathena 96, 1962, S. 42. Anders, als /*wiridia*/ „Iris(wurzel)" (= Iris illyrica), wird die Form von Palmer, Interpr., S. 270, gedeutet.

[48] Les scribes de Cnossos, Roma 1967, S. 125 f., 129.

XVI. AROMATA

Eine enge Verbindung zwischen den Öl- und Gewürzserien, die sich durch die Prozeduren der Salbölherstellung ergibt und, wie erwähnt, in Knossos auch einen verwaltungstechnischen Niederschlag gefunden hat[1], führt zwangsläufig zu Überschneidungen bei der Darstellung. So haben wir die beiden wichtigen Tafeln PY Un 249 und 267 wegen ihrer Erwähnung von Salbensiedern bereits im vorigen Kapitel besprochen, die dort verzeichneten Spezereien haben sich durch den Kontext als Zutaten des Salböls erwiesen.

Nun sind uns Gewürze auch aus Knossos und in besonders reichhaltigem Sortiment auf einigen größeren Tafeln aus Mykene überliefert. Die kurzen Ga-Texte aus Knossos[2] registrieren unterschiedliche Mengen von Spezereien, meist in Verbindung mit einem Personennamen, manchmal noch ergänzt um ein Toponym: z. B. Ga 416: *akareu/ paito* AROM 9 T 2 „Agalleus (?) (in) Phaistos ...". Es können aber Personen auch anonym und kollektiv nach ihrer Herkunft erfaßt werden wie in Ga 415: *rukitijo korijadono* AROM 1 T 6 „Leute aus Lyktos(?): Koriander ...". Der Zusatz *apudosi*, eigentlich „Zahlung", weist auch hier auf Ablieferung der Ware an die Magazine des Palastes hin, ebenso wie *opero* ein Defizit bezeichnet. Unter den registrierten Gütern dominieren *korijadono/kori(h)adnon/* „Koriander (scil. -samen)", *kuparo/kupairos,* -on/ „Zypergras" und *ponikijo* mit unsicherer Bedeutung. Ob *kupirijo* in diesen Tafeln eine kyprische Gewürzsorte bezeichnet (z. B. Ga 517 neben *kuparo*)[3] oder hier als derselbe Personenname oder Be-

[1] Vgl. Fn. 48 des vorigen Kapitels.

[2] Vgl. Docs.[2], S. 221 ff., 441.

[3] Docs., S. 223. Ähnlich L. R. Palmer, Interpret. S. 260, 431 und Language 41, 1965, S. 319 (Ableitung von einem Appellativ κύπρος).

rufstitel anzusprechen ist wie wahrscheinlich in KN Fh [4], muß vorerst offenbleiben. Trifft die zweite Deutung zu, dann wäre die Bestimmung auch dieser Aromata für die Öl- bzw. Salbenfabrikation textimmanent erwiesen.

Nach Umfang und Bedeutung nehmen in diesem Sachkomplex zweifellos einige Tafeln auf Mykene, die A. J. B. Wace 1954 im sogenannten „Haus der Sphingen" entdeckt hatte (MY Ge 602—608) [5], die erste Stelle ein. Dieser Fundort hat daran denken lassen, die Texte der Buchführung selbständiger Geschäftsleute abseits und unabhängig von der Palastverwaltung zuzuordnen, was nicht ohne lebhaften Widerspruch geblieben ist [6]. Der damit vermutete „private" Charakter dieser Tafeln sollte sich sogar in einer verbalen Ich-Form der Einleitungszeile von Ge 602 *jooporo* /*hō ōphlon*/ „so schuldete ich" [7] geäußert haben, die in diesem Textcorpus ein Unikum darstellen würde [8].

Die Tafeln 602—605 weisen in Aufbau und Formular untereinander große Ähnlichkeit auf: einem — teilweise im Schriftbild hervorgehobenen — Personennamen im Nominativ, gelegentlich im Dativ, folgen jeweils mehrere Gewürze mit Angabe des Quantums, wobei die Auswahl und Reihenfolge stark variieren kann (Ge 602), z. T. aber auch stereotype Wiederholungen aufweist (603, 605). Auffallend in diesen Tafeln ist das Schwanken im Maßsystem: Hohlmaß und Gewicht wechseln innerhalb einer Tafel, daneben wird offensichtlich auch nach Bund (Ideogramm

[4] L. Godart, SMEA, 5, 1968, S. 66 f.; zögernd Docs.[2], S. 441.

[5] MT II, S. 100 ff., 107 ff., Docs.[2], S. 225—231, 442; Palmer, Interpret. 271—274; für das Verständnis der Realien und die botanische Klassifikation jetzt wichtig M. Wylock, Les aromates dans les tablettes Ge des Mycènes, SMEA 15, 1972, S. 105—146.

[6] Z. B. A. Heubeck, Lineartafeln, S. 80: „die fraglichen Häuser gehören in den Bereich der königlichen Verwaltung, und die dort gefundenen Tafeln sind Bestandteile der königlichen Registratur." Ähnlich Docs.[2], S. 442.

[7] Palmer, Interpret., S. 273, 439.

[8] Berechtigte Kritik in Docs.[2], S. 442, und Auffassung als 3. Pers. P. „(sie) schuldeten" wie bereits in Docs.[1], S. 228 und MT II, S. 108.

PE) gezählt, und Behälter werden (zur Aufbewahrung der Gewürze?) stückweise verzeichnet. Ebenso wechseln syllabische Schreibungen mit Abkürzungen (bes. 603, 604) der registrierten Waren ab: KO für *koria₂dana*[9] bzw. *-dono*, KU für *kumino*, SA für *sasama*. Die Tafel Ge 604 hält mit *opero* /*ophelos*/ „Schuld, Defizit" nach jedem Personennamen sichtlich Fehlbeträge im Sinne ausständiger Lieferungen fest.

Von den Gewürzen, die in dieser Tafelgruppe aufscheinen, haben fast alle eine Entsprechung in Ausdrücken des späteren Griechisch und können sachlich zuversichtlich gedeutet werden[10]:

maratuwo (μάραθον) = Foeniculum agreste, „Fenchel";

kumino (κύμινον) = Lagoecia cuminoides, „(Hasen-)Kümmel";

sasama (σήσαμον) = Sesamum indicum, „Sesam";

kanako (*reuka* bzw. *erutara*, κνῆκος λευκή / ἐρυθρά) = Carthamus (in mehreren Arten), „Safflor"[11];

kono (σχοῖνος) = Cymbopogon schoenanthus oder Acorus calamus, eine Binsenart[12];

serino (σέλινον) = Apium graveolens, „Sellerie";

kadamija (κάρδαμον) = Lepidium sativum, „Kresse";

koria₂dono, Pl. *koria₂dana* (κορίανδρον, -δρα) = Coriandrum sativum, „Koriander";

mita (μίνθη) = Mentha, „Minze";

[9] Die Schreibung mit *-a₂-* gegenüber *-ja-* in Knossos ist eine mykenische Variante.

[10] Dazu vgl. besonders Wylock, SMEA 15, S. 105 ff.

[11] Die Angabe des Gewichts bei *kanako erutara* gegenüber dem Hohlmaß bei *kanako reuka* empfiehlt im Verein mit der Hesychglosse κνηκόν· τὸ κροκίζον χρῶμα, ἀπὸ τοῦ ἄνθους· ὅτε δὲ ἀπὸ καρποῦ, τὸ λευκόν. die Auffassung von J. Chadwick (seit MT II, S. 107), daß es sich hier um die Blüten und den Samen derselben Pflanze handle. Als verschiedene Arten der Spezies Carthamus (vgl. z. B. Carthamus ruber — Carthamus leucocaulos) hat O. Panagl, Acta Class. Debrec. 9, 1973, S. 8, 11 die beiden Termini verstanden.

[12] In der englischen Literatur "sweet rush". Die daneben öfters verwendete Bezeichnung "ginger-grass" („Ingwergras") wird nun von Wylock, SMEA 15, S. 125, Fn. 102, angezweifelt.

karako (βλήχω(ν), ion. γλήχω(ν), dor. γλάχω(ν) = Mentha pulegium, „Polei".

Da es sich bei *sapide* (602. 3. 6) und *karato* (603.1a), beide nach Stückzahl registriert, wohl um Behälter handelt (vgl. Hesych: σαρπούς· κιβωτούς und gr. κάλαθος „Korb"), bleibt in dieser imposanten Spezereienliste nur das fragmentarisch überlieferte *dara* (vielleicht *darajomitaqe*, Ge 603. 1) ohne ansprechende Deutung. Um so mehr muß es verwundern, daß gerade diese homogenen Verzeichnisse, die noch dazu erst nach der Entzifferung von Linear B gefunden worden sind, zeitweilig gegen die Richtigkeit derselben ins Treffen geführt wurden[13].

Aus den knapperen Gewürztafeln von Knossos und Pylos, die aber mit diesen Texten nur in der Erwähnung von Koriander und der Binsenart *(kono)* übereinstimmen, ließe sich auch für die Aromata aus Mykene eine industrielle Verwertung ableiten. Der Hinweis J. T. Killens[14], daß in historischer Zeit, die Gegenwart mit eingeschlossen, wohl alle hier erwähnten Gewächse gastronomische Verwendung finden, einige von ihnen jedoch mangels einer spezifischen Duftnote in der Parfumerie fehlen, widerrät freilich diese Annahme.

Die orientalische Herkunft der meisten Gewürzpflanzen spiegelt sich in ihrer vorwiegend außerindogermanischen, z. T. semitischen Etymologie. Den mykenischen Zeugnissen vergleichbare Listen liegen auch in Keilschrifttexten vor[15]. Die frühe Erwähnung eines so breiten Sortiments auf griechischem Boden mag überraschen, findet aber im archäologischen Nachweis des Gebrauchs von Koriander und Anissamen in der Bronzezeit willkommene Bestätigung[16].

Die Referenz des Indexbuchstaben G auf Nahrungsmittel bzw. agrarische Produkte, deren Quantum im Hohlmaß an-

---

[13] So A. J. Beattie, Saeculum 10, 1959, S. 370—373, vgl. die Entgegnung von F. Schachermeyr, ebd., S. 376 f.
[14] Class. Rev. 14, 1964, S. 171 ff.
[15] MT II, S. 107; Docs., S. 225.
[16] Docs., S. 221.

gegeben ist, hat auch einige knossische Tafeln, die rituale Spenden von Honig an Gottheiten festlegen, hier einordnen lassen: KN Gg. Unter den Empfängern dominiert wieder der Ausdruck *pasiteoi* „allen Göttern" (702, 705). Daneben fallen *dapu₂ritojo potinija*, die „Herrin des Labyrinths" (702), sowie *ereutija*, die Geburtsgöttin Eleuth(y)ia, hom. Εἰλείθυια (705) besonders ins Auge.

XVII. SCHMIEDE UND ERZ IN PYLOS

(PY Jn)

Besondere Aufmerksamkeit ist auch den Tafeln der Jn-Serie zuteil geworden, die von Schmieden und Erz handelt und so innerhalb der Texte, welche die ökonomische Grundlage des mykenischen Staates von Pylos betreffen, eine besondere Stellung einnimmt. Diese in ihrer Struktur leicht durchschaubare Gruppe von ca. 20 Texten und einigen Fragmenten bietet dennoch eine Anzahl verschiedener Probleme, die sowohl die Interpretation einiger zum Gesamtverhältnis wesentlicher Termini wie auch die mögliche Beziehung dieser Textgruppe zu anderen Serien betrifft. Grundsätzlich werden zwei Gruppen von Schmieden erwähnt, solche mit *tarasija* (*tarasija ekote*, beziehungsweise *ekosi*) und solche ohne *tarasija* (*a-tarasijo*). Während für die Schmiede mit *tarasija* bestimmte Erzmengen, entweder individuell abgestuft oder insgesamt für alle verzeichneten Schmiede, vermerkt werden, fehlen diese Angaben für die „*atarasijo*".

Dies hat zu Überlegungen hinsichtlich der Bedeutung von „*tarasija*" Anlaß gegeben. Ventris-Chadwick[1], die darin die gleiche Wurzel wie griech. τάλαντον erkannten und es mit lat. *pensum* in Zusammenhang brachten, deuteten es in einem allgemeinen Sinn als "an amount allocated by weight for processing". Demgegenüber hat L. R. Palmer[2] darauf hingewiesen, daß bei einer unmittelbaren Herleitung von τάλαντον ein griechisches ταλāσία zu erwarten wäre, was eine Identifizierung mit dem historischen ταλᾱσία (das demnach nicht von ταλανσια abgeleitet sein kann) ausschließt.

---

[1] Documents[2], S. 352, 508.
[2] Interpretation, S. 278.

Die Auffassung, daß *tarasija* als von den Schmieden an die Palastverwaltung zu entrichtende Abgaben begriffen werden müsse, hat G. Pugliese Carratelli vertreten[3]; die *atarasijo* wären demnach dieser Besteuerung nicht unterworfen. Man wird diese Auffassung nicht von vornherein ausschließen wollen — allerdings verweisen die bei Ventris-Chadwick[4] zitierten Inschriften aus Ur und aus Alalakh, welche die Verteilung von Erz durch die Zentralverwaltung an Schmiede im Lande zur Herstellung von Kriegsgerät zum Inhalt haben, in die entgegengesetzte Richtung. Hinzu kommt, daß nach dem Zeugnis der Ma- und Na-Serie gerade die Schmiede verschiedentlich von Abgaben befreit sind, was auf eine besonders privilegierte Stellung dieses Berufsstandes schließen lassen könnte.

So hat auch M. Lejeune, dem wir eine umfassende Untersuchung der Serie verdanken[5], die gegenteilige Folgerung aus den Texten gezogen: das in ihnen verzeichnete Erz stellt eine Zuteilung des Palastes an bestimmte Schmiede dar, die zwischen 3 und 24 Pfund zur Bearbeitung erhalten, was insgesamt jedoch offenkundig nicht für eine länger dauernde Beschäftigung ausreicht. Demnach also sind die *tarasija* als « une attribution occasionelle de métal brut a façonner » aufzufassen, was jedoch keineswegs « une charge pour les attributaires (c'est à dire un τέλος), mais au contraire un privilège probablement recherché » bedeutet (S. 434).

Neben den Schmieden selbst werden u. a. *doero*/δοῦλοι, also „Sklaven" (immer in Zusammenhang mit den *atarasijo*), ferner *qasirewe* (βασιλῆϝες), was für die Bedeutung des Wortes *qasireu*/ βασιλεύς im Mykenischen einen nicht unwesentlichen Aufschluß bietet, und schließlich auch eine als *aketere* bezeichnete Personengruppe genannt; M. Lejeune hat sie versuchsweise als ἀσκητῆρες im Sinne von « *apprentis* » verstanden. A. Hurst[6] hat

---

[3] I bronzieri di Pilo Micenea, SCO 12, 1963, S. 240 ff.
[4] Documents, S. 352.
[5] Les forgerons de Pylos; Historia 10, 1961, S. 409 ff.
[6] A propos des forgerons de Pylos, SMEA 5, 1968, S. 92 ff.

diesen Gedanken aufgegriffen; unter Annahme der Wortbedeutung von ἀσκητής, d. h. eines « homme introduit dans son métier », in klassischer Zeit und angesichts des Umstandes, daß die *aketere* offenkundig in Gegensatz zu den „*atarasijo*" stehen (sie vertreten in Jn 832 die Position der „*tarasija ekote*"), und unter Berufung der allgemeinen alten Verbindung des Schmiedehandwerks zum Kultischen, die er in der Jn-Serie durch die „*kakewe potinijawejo*" belegt sieht, kommt er zu folgendem Verständnis: « *tarasija* pourrait donc être une ‹ pesée › d'ordre initiatique, une épreuve initiatique, de la forge comparable à l'épreuve moyenâgeuse du chef-d'œuvre. » Die Schmiede, die als „*tarasija ekote*" genannt werden, wären demnach diejenigen mit Fachdiplom und also zur Erzverarbeitung tatsächlich zugelassen, die „*atarasijo*" aber jene ohne das Fachdiplom. Die Tafel Jn 832 aber, in der, abweichend von der allgemeinen Norm, *kakewe aketere* und *atarasijo kakewe* genannt werden, wäre demnach nicht in erster Linie ein Dokument der Erzverteilung, sondern wohl eher ein Zeugnis « d'un examen qui fera des *atarasijo* des *tarasija ekote* ».

Der erwägenswerte Deutungsversuch von A. Hurst zeigt die Schwierigkeit, die genaue Bedeutung eines Begriffes innerhalb einer wohl bereits entwickelten Fachsprache zu erfassen. Fraglich bleibt daneben vor allem, ob die von ihm vertretene Deutung mit dem allgemeinen ökonomischen Aspekt der Tafeln in Einklang zu bringen ist, der auch dort, wo religiöse und soziale Bereiche mit einbezogen sind, doch in erster Linie materielles und nicht ideelles Besitztum zu erfassen sucht, der also vor allem Begriffe erwarten läßt, die sich auf ganz konkretes, materielles „Haben" beziehen.

Weitere Aspekte der Jn-Serie hat M. Lejeune in seiner genannten Arbeit behandelt. Ein wesentlicher betrifft die Prosopographie der genannten Schmiede. Von den insgesamt 270 Schmieden (ohne die nicht mit Namen genannten „Sklaven") gehören etwa zwei Drittel den „*tarasija ekote*" an, während sich das restliche Drittel aus den *atarasijo* zusammensetzt. Ein Viertel der genannten Namen von Schmieden begegnet auf anderen pylischen Tafeln, insbesondere solchen der An-Personalien, der Cn-Serie (Schaf- und Hirtenlisten) und der E-Serie (Landverteilung). Da aber keine gleichzeitigen Entsprechungen von Orts- und Personennamen feststellbar sind, handelt es sich wohl um mehr oder minder zufällige Namensentsprechungen, wie sie im übrigen auch innerhalb der Jn-Serie selbst, aber auch zwischen der Jn-Serie und knossischen Tafeln in größerer Zahl begegnen.

Daß allerdings ein Zusammenhang zwischen den Schmieden und der Landwirtschaft besteht, ergibt sich mit Sicherheit aus dem Umstand, daß von den in der Ma- und Na-Serie festgelegten Naturalabgaben die Schmiede größtenteils ausgenommen werden (*kakewe oudidosi:* χαλκῆϝες οὐ δίδουσι; *tosade kakewe ereutera:* τόσα δὲ χαλκῆϝες ἐλεύθερα). Daß darüber hinaus für einen Teil der in der Ma- und Na-Serie als nicht abgabepflichtig verzeichneten Schmiede entsprechende Ortsnamen in der Jn-Serie fehlen, stellt einen Hinweis auf den fragmentarischen Zustand dieser Serie dar. Allerdings wird man, wie von M. Lang[7] mit Recht betont worden ist, aus diesen fehlenden Entsprechungen von Ortsnamen nicht in jedem Fall einen Schluß auf den ursprünglichen Gesamtbestand der Jn-Serie ziehen dürfen, da u. a. damit gerechnet werden muß, daß diese Orte in der Angabe des Bezirkes, in dem sie liegen, indirekt enthalten sind. Eine Studie über die mögliche Zugehörigkeit der in den pylischen Inventaren sehr zahlreichen Ortsnamen zu den größeren Verwaltungsbezirken innerhalb der beiden pylischen Provinzen könnte hier vielleicht mehr Klarheit bringen.

Die in der Jn-Serie verzeichneten Erzmengen, die zusammen mit den Schmieden genannt werden, ergeben eine Summe von ca. 600 Einheiten (ca. 600 kg); dem steht in der Tafel Ja 749 eine Menge von 1046 entsprechenden Einheiten gegenüber, von denen allerdings nicht ausdrücklich die Qualität vermerkt wird. Doch kann für diese große Menge kaum etwas anderes als Bronze in Frage kommen. So hat man, da die Jn-Serie wohl in jedem Falle unvollständig erhalten ist, mit Recht Ja 749 auf die

[7] Hesperia 35, 1966, S. 406 ff.

178

Serie bezogen und in ihm das Summierungstäfelchen mit der Gesamtsumme der in der Jn-Serie ursprünglich verzeichneten kleineren, auf die einzelnen Schmiede verteilten Erzmengen erkannt. Das Verhältnis der in den Einzeltafeln verzeichneten Erzmengen zu jenen der Summentafel (ca. 2 : 3) spricht für einen Verlust von rund einem Drittel der ursprünglich bestehenden Texte.

Zur Analyse der inneren Struktur der Jn-Serie hat M. Lang[8] einen wertvollen Beitrag geleistet, der methodisch auch für andere Serien von Bedeutung erscheint. Sie geht darin von dem Grundgedanken aus, daß die Unterschiede innerhalb einer Serie, die den gleichen Gegenstand zum Inhalt hat und von e i n e r Schreiberhand abgefaßt wurde, eine gewisse freie Handhabung im Gebrauch der jeweiligen Formeln (Einleitung, Summenformel) erkennen lassen, die einerseits auf den Palastschreiber selbst, andererseits jedoch auch auf die ihm vorliegende Information zurückgehen muß. Wo die entsprechenden Variationen lokale Voraussetzungen und Bedingungen betreffen, die vom Palast her weder von Belang noch als zentral regelbar erscheinen, läßt sich die dem Palastschreiber vorliegende lokale Redaktion erschließen. — Solche Variationen, die offensichtlich teils auf die lokalen, von Palastschreibern mehr oder minder genau wiederholten Quellen, teils aber auch auf Gesichtspunkte der Zentralverwaltung zurückzuführen sind, betreffen in der Jn-Serie die Unterscheidung von individuell gestaffelten, bzw. gleich hohen Bronzemengen —, die nur auf einem Teil der Tafeln *(tosode epidato kako pasi)* angeführten zusätzlichen Gesamtbeträge, die für die Abrundung einer vorausgesetzten Gesamtmenge nötig werden —, die teils vorhandene, teils fehlende Nennung des jeweiligen *qasireu,* der offenkundig einer Genossenschaft von Schmieden vorsteht —, das Vorhandensein bzw. Fehlen der Gesamtsumme der auf einer Tafel verzeichneten Erzmengen, wie schließlich auch die kurze oder ausführlichere Fassung der jeweils einleitenden Formel.

[8] Jn Formulas and Groups, Hesperia 35, 1966, S. 397 ff.

Rücksichtnahme hinsichtlich des auf der Tafel zur Verfügung stehenden Raumes konnte ausschlaggebend sein für solche Kurzfassungen ausführlicherer Formeln, für die Unterlassung von summierenden Zusammenfassungen oder das Fehlen von leeren Zeilen, die normalerweise die einzelnen Absätze innerhalb einer Tafel markieren — während etwa bei genauer Aufschlüsselung individueller Beträge oder der Nennung des *qasireu* sicherlich die Angaben der lokalen Informationsquelle zugrunde liegen.

So ergibt sich ein aufschlußreicher Einblick in die Verfahrensweise bei der Niederschrift und über die Rangabstufung in der Wichtigkeit der einzelnen Vermerke. Bemerkenswert ist, daß offenkundig vor allem an eine klare Gliederung und an die damit verbundene Überschaubarkeit der Tafel gedacht wurde, was daraus hervorgeht, daß die Unterdrückung einer Freizeile erst als letztes mögliches Mittel zur Raumersparnis Anwendung fand.

Die Zusammenfassung einzelner lokaler Aufzeichnungen geschah nach den Gesichtspunkten der Verwaltungszusammengehörigkeit. So hat M. Lang gezeigt, daß die jeweils zu einer Gruppe gehörigen Schmiede aus den einzelnen Ortschaften wiederum in übergeordneten Korporationen zusammengeschlossen sind, die jeweils einen Betrag von 108 Einheiten Erz erhalten. Wie es zur Festsetzung des Betrages in dieser Höhe kommt, ist nicht feststellbar; immerhin könnte, da 108 neun Zehntel von 120 sind, vermutungsweise daran gedacht werden, daß dem ein System zugrunde liegt, in dem die von der Zentralverwaltung verteilte Bronze um ein Zehntel gekürzt wurde, so daß von jeweils 120 Einheiten 12 Einheiten einbehalten und nur 108 ausgegeben wurden. — Bei den in der Summierungstafel verzeichneten 1046 Einheiten wären demnach etwa 10 Korporationen vorauszusetzen. M. Lang hat in den erhaltenen Tafeln davon wieder fünf (zumindest versuchsweise) zusammengestellt, möchte jedoch aus den verbleibenden Fragmenten auf nicht mehr als zwei weitere Korporationen schließen, was dann allerdings gegenüber der Summierungstafel offenkundig einen Widerspruch bedeutet. Auch läßt die in den erhaltenen Tafeln vermerkte Erzmenge von ca. 600 Einheiten gegenüber den 1040 Einheiten der Summierungstafeln an eine höhere Verlustquote denken, als sie von M. Lang angenommen wird.

Die genannten Untersuchungen zeigen das Bemühen, aus der inneren Zusammengehörigkeit der Tafeln die ursprüngliche Struktur der Serie und damit die zugrundeliegenden Gesichtspunkte bei der Abfassung der Dokumente zu erschließen, eine für eine erfolgreiche Interpretation entscheidende Voraussetzung. So bedeutet es auch eine wertvolle Erkenntnis, daß die ob ihrer einleitenden Inschrift vielbeachtete Tafel Jn 829, in der eine größere Anzahl pylischer Funktionäre zur Ablieferung von *„kako nawijo"* (Tempelerz) verpflichtet wird, nicht zu den oben behandelten Tafeln gehört, sondern einen anderen Vorgang registriert. Da von den laut Überschrift zur Erzabgabe verpflichteten Funktionärsgruppen auf der Tafel selbst nur zwei, die *koretere* und *porokoretere*, nach einzelnen Abgabenmengen näher beschrieben werden, muß auch hier, wie u. a. L. R. Palmer [9] festgestellt hat, mit größeren Verlusten gerechnet werden. Immerhin läßt sich dieser zweiten, in erster Linie durch Jn 829 vertretenen Gruppe der Erztafeln noch ein weiteres Täfelchen zuweisen; Jn 881 nennt einen *„opisuko"* zusammen mit einer bestimmten Erzmenge: dieser *„opisuko"* aber erscheint auch unter den Funktionären auf Jn 829. Offensichtlich stellt Jn 881 eine Fortsetzung der Einleitungstafel Jn 829 dar — oder aber eine Registratur des aufgrund der in Jn 829 vorgenommenen Taxierung bereits tatsächlich eingegangenen Erzes? M. S. Ruipérez hat sich ausführlicher damit befaßt [10], die weitgehende Fragmentierung von Jn 881 und die grundsätzliche Mehrdeutigkeit der mykenischen Silbenschrift tragen allerdings auch hier nicht dazu bei, ein in jeder Hinsicht gesichertes Ergebnis erwarten zu lassen.

Trotz mancher verbleibender, auch grundsätzlicher Unsicherheiten, etwa in der Deutung des Wortes *tarasija* und der damit

---

[9] Interpretation, S. 283.
[10] En torno a la serie J de Pilo, Minos 8, 1963, S. 37 ff.

zusammenhängenden Frage, inwieweit die verzeichneten Erzmengen als Zuweisungen des Palastes an einzelne Schmiede
bzw. als Abgabe der Schmiede an die Zentralverwaltung aufzufassen sind[11], kann nicht bestritten werden, daß die genannten Untersuchungen unseren Einblick insbesondere in den inneren
Aufbau der Serie und damit in die pylische Wirtschaftsstruktur
wesentlich gefördert haben.

Abschließend bleibt zu bemerken, daß die — geht man vom
Verlust etwa eines Drittels der Tafeln aus — ursprünglich ca.
400 namentlich registrierten Schmiede wohl wesentlich über den
tatsächlichen Bedarf des pylischen Reiches, d. h. in erster Linie
des Palastes, hinausgehen dürften. So liegt es nahe, gerade in der
Erzverarbeitung einen wesentlichen Exportzweig der pylischen
Wirtschaft zu vermuten. Der Umstand aber, daß von den als
Aufenthaltsorte der Schmiede genannten Toponymen nur knapp
die Hälfte in den restlichen pylischen Texten erwähnt wird,
deutet nach J. Chadwicks[12] ansprechender Erklärung darauf hin,
daß die bronzeverarbeitenden Werkstätten außerhalb der Siedlungen im Bereich der als Energiequellen benötigten Waldgebiete
lagen.

[11] Dazu zuletzt S. Hiller, Allgemeine Bemerkungen zur Jn-Serie,
SMEA 15, 1972, S. 51 ff.

[12] Documents², S. 509.

XVIII. TEXTILIEN

Entsprechend der hohen ökonomischen Bedeutung der Schafzucht nimmt auch die Wollverarbeitung innerhalb der kretischen Wirtschaft eine erstrangige Stellung ein, wovon die zahlreichen Tafeln, welche die Fertigung von Textilprodukten registrieren, Zeugnis geben. Diesen in den knossischen L-Serien — ergänzend tritt nun auch die neue (1970 entdeckte) thebanische Of-Serie hinzu — zusammengefaßten Texten ist das an einen Webstuhl mit eingespanntem Gewebe erinnernde Ideogramm (TELA) gemeinsam.

Für eine gewisse Variationsbreite in der Textilproduktion zeugen sowohl die Variabilität des Ideogramms wie die vielfältigen, es in der Form von Ligaturen determinierenden zusätzlichen Schriftzeichen. Das Ideogramm selbst zeigt unterschiedlich am unteren Horizontalbalken einen bis fünf vertikale Striche (Fransen?), was, sollte darin ein Hinweis auf die unterschiedliche Anzahl der im Webstuhl eingespannten Kettenfäden erkannt werden, auf eine unterschiedliche Tuchdichte deuten könnte. Eine Variante des normalen Gewebezeichens stellt Ideogramm *164 dar, das im Inneren der Tuchbegrenzung vier nach außen hin geöffnete Halbkreise zeigt. Ebenfalls auf die Textilindustrie ist das (aus den Zeichen MI und PU₂ kombinierte?) Monogramm *161 beschränkt. Als zusätzliche determinierende Zeichen finden sich neben dem gewöhnlichen Tuchideogramm KU, PA, PU, TE und ZO eingeschrieben. Von diesen stehen, wie sich aus gelegentlichen vollständigen Schreibungen ergibt, das sehr häufige TE für „tepa", PU für „pukatarija" und PA wohl für „pawea", während KU und ZO nicht sicher zu deuten sind. Sie dürften, da sie sich bereits in Linear A finden, entsprechende minoische Fachausdrücke beinhalten.[1]

---

[1] Vgl. Ventris-Chadwick, Docs, S. 486.

Aus der großen Zahl der L-Texte heben sich zwei Textgruppen besonders hervor, die eine von ihnen dadurch, daß zusammen mit den Geweben auch die Wollmenge verzeichnet ist (Lc-Serie), die andere durch bestimmte, häufig wiederkehrende, die Verwendung und das Aussehen der Textilien beschreibende adjektivische Angaben (Ld-Serie).

Das Wort *pawea* findet sich in einer Anzahl zweizeiliger Tafeln der Lc-Serie ohne weiteren Zusatz mit dem einfachen Gewebe-Ideogramm; diese sind von zwei verschiedenen Händen (113/115) geschrieben; der andere, größere Teil entstammt der Hand eines einzigen Schreibers (103) und zeichnet sich durch eine gewisse Einheitlichkeit der Textstruktur innerhalb der einzelnen Tafeln aus: Gruppen weiblicher Personen, zumeist nach ihrem Aufenthaltsort (Ethnika), daneben nach ihrer Tätigkeit oder auch durch den Namen ihres „Besitzers" (PN im Gen.) bezeichnet, leiten die Tafeln ein. Darauf folgt die Aufzählung von Textilprodukten nach gewissen Ordnungsprinzipien: In der ersten Zeile steht entweder *pawea koura* mit dem einfachen Gewebeideogramm oder aber *pekoto* mit dem durch TE determinierten Gewebeideogramm, wobei auf das einfransige Ideogramm zumeist ein zweites mehrfransiges folgt. In der zweiten Zeile wird zunächst *„tunano"* vermerkt, das seinerseits wiederum vom einfachen Gewebeideogramm begleitet wird, auf das aber ebenfalls das Ideogramm mit der Ligatur TE folgen kann.

Einfacher gesagt: *pawea* bzw. *pawea koura* stehen immer mit dem einfachen Tuchideogramm, *pekoto* immer mit dem Ideogramm + TE, während *tunano* beide Verbindungen eingehen kann. Zu *tunano* kommt hinzu, daß die verzeichnete Stückzahl jeweils hinter jener für *pawea koura* bzw. *pekoto* angegebenen zurückbleibt.

Mit den Textilprodukten sind, wie gesagt, jeweils Wollmengen verzeichnet, wobei ein festes Verhältnis von Tuchprodukt und Wollqualität ersichtlich wird: auf jeweils ein einfaches Gewebe der *tunano*-Gattung kommen drei Wolleinheiten, auf ein *tunano* oder *pekoto*-Gewebe der *tepa*-Gattung (TELA + TE) kommen sieben Wolleinheiten, während auf ein Gewebe der *pawea koura*-Gattung ca. ⁵/₃ Wolleinheiten entfallen.

Leider sind die meisten der im Vorhergehenden genannten Termini nicht sicher deutbar — allein mit *pawea*, das als Nom. Pl. zu φᾶρος („großes Stück Gewebe", auch „Mantel") zu deuten ist, stehen wir auf sicherem Boden. Ist die Annahme richtig, daß die Ligatur TELA+PA die φᾶρος-Gattung bezeichnet, so sind *tepa, pukatarija* sowie die durch die Ligaturen TELA+KU und TELA+ZO bezeichneten Gewebe ebenfalls als bestimmte Textil-Gattungen zu verstehen, wobei zunächst unentschieden bleiben muß, ob damit unterschiedliche Tuchformen (Größe, Gestalt etc.) oder Tucharten (Gewebeart, Gewebedichte etc.) angezeigt wird.

Für die erstgenannte Annahme könnte der Umstand sprechen, daß sowohl φᾶρος wie auch die — wohl mit *pukatarija* in irgendeiner Form verwandten — ἀμπυκτήρια (Zügel, Binden) eine bestimmte Gestalt des Endproduktes, nicht so sehr jedoch die Gewebeart bezeichnen: doch mögen, da der Webvorgang mehr als für die Tuchgestalt für die Tuchstruktur den Ausschlag gibt, beide Aspekte in den Bezeichnungen der Endprodukte, wie sie in den genannten Termini vorliegen, enthalten gewesen sein.

Zwischen der Gewinnung der rohen Wolle einerseits und der Fertigung der Gewebe anderseits liegt der Vorgang des Wollspinnens. Nicht zuletzt hat auch die Art des Wollfadens bzw. Garns wesentlichen Anteil an der Qualität des fertigen Gewebes. In welcher Form aber enthielten die in den Lc-Tafeln an erster Stelle genannten Arbeiterinnen die Wolle: als Rohstoff oder als bereits gesponnenes Wollgarn?

Letzteres ist, obschon, wie zuletzt M. Lejeune betont hat, die Bezeichnung „Wolle" in den mykenischen Tafeln fehlt[2], wahrscheinlicher; die in Knossos (Lc 531) und in Pylos (Aa 89, Ad 677) genannten *arakateja* dürften wohl (zu ἠλακάτη Spindel, Spinnrocken) als Spinnerinnen zu verstehen sein — obschon sie

---

[2] M. Lejeune, Sur le nom grec de la « laine », in: Mélanges de linguistique et de philologie grecques offerts à Pierre Chantraine, Paris 1972, S. 93 ff.

in den knossischen Texten auch zusammen mit „*pawea koura*"
bzw. Erzeugnissen der *tunano*-Gattung erwähnt werden.

Sollte, was freilich ganz unsicher ist, in *pekoto* (zu πέκειν
kämmen, krempeln) und *koura* (zu κουρεῖν scheren?) wie auch
in *tunano* eine Bezeichnung für das von den Arbeiterinnen-
Kollektiven bei der Fertigung der Gewebe verwendete unterschiedliche Wollgarn (vgl. unsere Begriffe wie „Schur"-Wolle,
„Kamm"-Garn) zu sehen sein?

Eine von J. T. Killen und J. Chadwick in Vorbereitung be-
findliche Arbeit [3] zur Textilproduktion wird gewiß auch diese
noch dunklen Zusammenhänge in einem neuen Licht sehen lassen, nachdem J. T. Killen [4] bereits in einer früheren Arbeit
wesentliche Fortschritte zum Verständnis der die Lc-Texte betreffenden organisatorischen und personalen Fragen erzielen
konnte.

Durch den Hinweis auf Od 562, wo die verzeichneten Wollmengen jeweils ein Vielfaches von 7 bilden, was in gleicher
Weise auch für die *tepa*-Produkte gilt, kann die Annahme, wonach die in den Lc-Tafeln neben den Geweben angeführten
Wolleinheiten nicht von diesen getrennte, sondern die für die
ersteren bereitgestellten Wollquantitäten beinhalten, als gesichert
gelten. Auch ein bestimmtes Verhältnis der Lc- zu den Le-Ta-
feln, die eine weitere, allerdings weniger einheitliche Gruppe
innerhalb der L-Texte darstellen, läßt sich erkennen: Weibliche
Arbeitskollektive wie die *dawija* (Lc 526), die *qamija* (Lc 543)
oder die *rijonija* (Lc 529), die in den Lc-Tafeln im Zusammenhang mit (der Produktion von) *tepa*-Tuch genannt werden, erscheinen in der Le-Serie (641. 2.3 bzw. 642) als Lieferanten derselben Erzeugnisse (vgl. auch Le 654. 4 mit Lc 525) — *oapote*
(PN) hingegen, der in Od 652 als Überbringer von Wolle genannt wird, dürfte in Le 641 als Empfänger der Wollprodukte

[3] J. T. Killen, J. Chadwick, A. Mycenaean Industry (Cambridge, in
Vorbereitung).

[4] J. T. Killen, The Knossos Lc (Cloth) Tablets, BICS 13, 1966,
S. 105 ff.

angeführt sein. Die Lc-Tafeln könnten demnach die Kalkulation über von bestimmten Gruppen von Weberinnen herzustellende Tuchprodukte sowie der hierfür benötigten Wollmengen enthalten.

Daß die zumeist durch Ethnika benannten Arbeitskollektive nicht aus den jeweils namengebenden Orten rekrutierte, in Knossos am Palast beschäftigte Personengruppen sind, sondern sich eben an dem Ort, dem sie ihren Namen verdanken, befinden, geht aus Ln 1568 hervor: anstelle der Lc 526 als Erzeugerinnen von *tepa*-Geweben genannten *dawija* wird dort, ebenfalls in Verbindung mit *tepa*-Geweben, der Ortsname selbst, *dawo*, genannt. Da Ln 1568 jedoch eine bedeutend geringere Menge an Geweben, diese allerdings in äußerst detaillierter Form anführt, könnte Lc 526 wiederum die Planung, Ln 1568 aber die tatsächliche Produktion verzeichnen. Doch sind auch andere Möglichkeiten denkbar.

Während für die kleineren Orte nur jeweils eine Produktionsgemeinschaft vermerkt wird, wozu die Nennung des Ethnikons ausreicht, befinden sich an größeren Orten mehrere, die demnach nicht durch das Ethnikon allein gekennzeichnet werden können. Dies geht aus den Lc- und ergänzend auch aus den Ak-Tafeln hervor. So werden für Amnisos sowohl *koureja* (Lc 550) wie auch *enereja* (Ak 638) genannt, für Knossos neben den *koureja* (Lc 548; Ak 643) auch *tepeja* (Le 641; Lc 549). Die *tepeja* sind die Erzeugerinnen der *tepa*-Gewebe (TELA + TE; vgl. auch KN Ws 8153), die *koureja* des *(pawea) koura*-Produktes, während die *enereja* wohl für die Herstellung des L 695,4 genannten, nicht näher deutbaren *enero*-Produktes zuständig gewesen sein dürften.

Daß die in den Ak-Tafeln genannten Gruppen mit den gleichnamigen der L-Serie identisch sind, so etwa auch die *dawija nekiride* aus Ak 780 mit den *(dawo) nekiride* aus Ln 1568 (vgl. Ws 8152), kann mit großer Sicherheit angenommen werden. Doch werden in den Ak-Tafeln, die in erster Linie der Erfassung des Personalstandes dienen, neben den Frauen auch deren Kinder, geschieden nach größeren und kleineren Mädchen bzw.

Knaben, angeführt. Es handelt sich also, ähnlich wie in den pylischen Aa/b/d-Serien um Personen, die in enger Abhängigkeit von der zentralen Palastverwaltung stehen, die dort registriert sind, von dort zu Arbeiten eingesetzt und wohl auch versorgt werden. Sie stellen demnach das Arbeitspotential des Palastes dar und werden in den von diesem kontrollierten Wirtschaftszweigen eingesetzt und, was ebenfalls aus der Ak-Serie[5] hervorzugehen scheint, auch von diesem ausgebildet. Zu den spezialisierten Gruppen, die wohl in erster Linie in der Wollverarbeitung tätig waren, gehören neben den bereits genannten *koureja* (Produzentinnen von *koura*), den *tepeja* (Pr. von *tepa*), *arakateja* (Wollspinnerinnen?) und *enereja* (Erzeugerinnen von *enero*) u. a. auch die *pekitirija* (Erzeugerinnen von *pekoto*) sowie die *aketirija/azetirija* (wohl ἀϰέστριαι, Näherinnen). Letztere dürften vor allem der Produktion genähter Textilprodukte gedient haben.

Wie bereits erwähnt, stellt die zweite größere und in sich weitgehend einheitliche Tafelgruppe die Ld-Serie dar, deren Tafeln zum überwiegenden Teil dem Schreiber 116, einige wenige der Hand 114 zugewiesen sind. Sie unterscheiden im wesentlichen zwei Typen von Geweben, *pawea eqesija* und *pawea kesenuwija*. Beide Bezeichnungen lassen sich von bekannten Substantiven ableiten — *eqesija* von *eqeta* (Funktionärsbezeichnung, Titel), *kesenuwija* von ξένϝος (Fremder bzw. Gastfreund). Die sachliche Interpretation ist deswegen aber noch keineswegs gesichert: zwei Möglichkeiten sind zu erwägen — entweder werden mit *eqesija* und *kesenuwija* bestimmte Gewandtypen beschrieben, die mit *eqeta* und ξένϝος in einer nur losen Beziehung stehen (vgl. etwa „Stresemann") — oder es handelt sich hier um die Empfänger der nach ihnen bezeichneten Textilien. Letztere Annahme könnte in Anbetracht des Umstandes, daß auch *pawea wanakatera*, d. h. wohl für den *wanaka*

---

[5] Zu diesem Aspekt der knossischen Ak-Tafeln wie auch zu ihrer Beziehung zu den L-Tafeln vgl. zuletzt J. T. Killen, Two notes on the Knossos Ak Tablets, Acta Mycenaea, II (Minos 12), S. 425 ff.

(Anax) bestimmten Tuchprodukte verzeichnet werden, die wahrscheinlichere sein. Die φάρϝεα ξένϝια wären demnach Textilien, die für Fremde bzw. Gastfreunde, Gesandtschaften etc. bereitgestellt wurden. Der Brauch, dem Gastfreund kostbare Stoffe zum Geschenk zu machen, ist zumindest in der homerischen Überlieferung gut bezeugt[6].

In der Tat unterscheiden sich die *pawea eqesija* und *kesenuwija* durch ihre besonderen Qualitäten von den übrigen Textilprodukten. Einige von ihnen werden ausdrücklich als *aro₂a*, d. h. ἀρίοα, „bessere", beschrieben. Vor allem aber wird ihre Färbung oder auch die farbige Verbrämung genau festgehalten, so werden sie als *reuka* (λευκά, weiß), *poriwa* (πολιά, grau bzw. weißschimmernd) *korota₂* (zu κρόκιος, krokosfarben?), sowie als mit *erutarapi kirita* (d. h. als ἐρυθρᾶφι χριστά, „mit einem roten Stoff gefärbt", vgl. auch die Berufsbezeichnung *kiritewija*) beschrieben. Auf eine weiße bzw. bunte Verbrämung mit „*onuka*" weisen die Ausdrücke *reukonuka* und *pokironuka* (λευκ-*onuka* bzw. ποικιλ-*onuka*) hin. Da *onuka/e* auch für sich allein genannt wird, kann es nicht die Angabe eines bestimmten Musters beinhalten, sondern dürfte sich auf ein bestimmtes in das Tuch gewebtes Material beziehen.

Eine mit zahlreichen termini technici angereicherte Verwaltungssprache setzt auch hier unserem Verständnis im einzelnen nur schwer zu bewältigende Barrieren. Nicht sicher geklärt sind auf die φάρεα bezogene Eigenschaftsbezeichnungen wie *peneweta*, *parakuja*, *56-ra-ku-ja*, *oreneja*, *kerota*.

Wie L. R. Palmer[7] betont hat, ist es für eine Anzahl der Ld-Tafeln bezeichnend, daß sie zusammen mit dem Ideogramm *158 Tuchmengen registrieren, die jeweils ein Mehrfaches von 5 ausmachen: 25, 30, 35. — So wird man, was durch die Form des Ideogramms, aber auch vergleichbare hethitische Texte nahegelegt wird, in diesem ein Behältnis erkennen, das der Aufnahme gezählter (gebündelter?) Tuche diente.

---

[6] Il. 6, 218; Od. 8, 389 ff.; vgl. auch Od. 24, 273 ff.
[7] L. R. Palmer, Interpretation S. 293.

Die übrigen L-Tafeln steuern einige weitere adjektivische Beschreibungen bei, teils verständliche, teils ebenfalls bisher nicht sicher gedeutete — so *mijaro* (μιαλός, blutrot), *popureja, popuro₂* (Porphyrfärberinnen? bzw. porphyrfarben), *ponikeja* (Purpurfärberinnen?), *mezoa₂* (μέ(ι)ζοα), *paraja* (παλαιά, alt), *erapemena* (ἐρραφμένα, geflickt) —, daneben *arozo, nuwaja, mesata, odakuweta, tomika*. Letzteres ist mit dem bei Hesych überlieferten τρμίσκον· ἱμάτιον zu vergleichen und dürfte, wie von H. Mühlestein u. A. Heubeck [8] gezeigt wurde, als *τορμισκον (mit vierfachen Fäden, viergezwirnt) zu verstehen sein.

Einige andere Termini sind bemerkenswert, weil sie neben den bisher betrachteten offenkundig ungenähten Tuchformen und Stoffgattungen auch bestimmte Kleidformen anzeigen dürften, so die Bezeichnungen *enero, epiropaja* (Od 696, zu λώπη) und *upowe;* letzteres ist wiederum mit der Hesychglosse ὑποέστης· χιτών zu vergleichen. Das Wort Chiton ist allerdings als solches auch in den L-Texten mehrfach bezeugt, so in den Formen *kito* (Nom.) *kitona* (Akk.) und *kitopi* (Dat. Pl. bzw. Instr.), auch in den Ableitungen *kitonija* und *epikitonija*. Gegenüber den *pawea*/φάρεα, die vom Tuchideogramm (TELA) begleitet werden, weisen die als *kito* bezeichneten Gewänder ein eigenes Bildzeichen (TUNICA) auf, das einem Rock mit abgesetzten Ärmeln gleicht und auch für Brustpanzer verwendet wird. Zur Unterscheidung wird es dort, wo das Wort Chiton nicht in ausgeschriebener Form begegnet, durch die Ligatur TUNICA + KI (d. h. das Bildzeichen wird durch die einleitende Silbe des Wortes Chiton determiniert) angezeigt.

Eine weitere Gewandform überliefern die pylischen Texte: in sakralem Zusammenhang findet sich *wea₂no* (Fr. 1225), das dort offenkundig das Kleid der *upojo potinija* bezeichnet, für das Öl zu Salbzwecken bereitgestellt wird. Heanos ist auch in historischer Zeit ein Terminus für eine bestimmte Form des Frauengewandes. Die zweite Tafel, die einen Heanos erwähnt (PY Un

---

[8] H. Mühlestein, Studia Mycenaea S. 115; A. Heubeck, Acta Mycenaea II, S. 63.

1322. 4) fügt die Bemerkung *rino repoto* hinzu, d. h. λίνον λεπτόν.

Λίνον λεπτόν wird auch auf einer knossischen Tafel genannt — dort in Verbindung mit *kito*, d. h. der Vermerk gilt wohl einem Chiton aus „feinem Linnen". Entsprechend wird man vielleicht den Text von Tafel L 178 wewea *161 TELA³ + PA 6 / upowe TUN + RI 2 wie folgt verstehen dürfen: Am Ende der Eintragung werden als Chitone in der Funktion von Unterkleidern *(upowe)* zwei genähte Leinenkleider (RI für *rino* oder *rita* / λῖτα) verzeichnet, ihnen voraus gehen 6 *pawea* / φάρεα, die ihrerseits als *weweea*, d. h. ϝεϱϝέ(σ)ε(y)α (Att. ἐρεᾶ) „wollen" spezifiziert werden; die adjektivische Ableitung *wewea* ist demnach, obschon das Wollideogramm in den knossischen D-, L- und O-Texten häufig verwendet wird, das einzige indirekte Zeugnis für das Wort „Wolle" in mykenischer Zeit. — Die Kombination von wollenen φάρεα und linnenen Chitonen scheint in gewisser Weise charakteristisch: der feine Chiton stellt das (geschneiderte?) Unterkleid dar — das größere Pharos wird hingegen als mantelartiger Überwurf getragen. In homerischen Versen wie etwa „ἀμφὶ δέ μεν φᾶρος καλὸν βάλον ἠδὲ χιτῶνα" (Od. 3, 467; 23, 155) lebt diese für die griechische Tracht charakteristische Kombination von Kleidungsstücken fort, wobei das Pharos zumeist das große, als Übergewand um den Körper geschlungene Tuch bezeichnet.

Gegenüber den zahlreichen knossischen Tafeln mit Verzeichnissen von Textilprodukten treten die pylischen zurück. Dies entspricht in gewisser Hinsicht der geringeren Anzahl pylischer Tafeln mit Verzeichnissen von Schafen. Dennoch wird man sich vor einer raschen Folgerung „e silentio" hüten müssen. Die Gründe, warum in den pylischen Archiven den knossischen D- und L-Serien entsprechende Tafelkomplexe nicht in annähernd gleichem Umfang erhalten sind, könnten auch andere, etwa die unterschiedliche bürokratische Organisation oder die verschiedene Jahreszeit der Zerstörung des Palastes betreffende Ursachen haben. Obschon in Pylos neben der Wollverarbeitung wohl die Flachsverwertung in stärkerem Maße vorausgesetzt werden muß, dürfte doch auch in der Wolle ein bedeutender wirtschaftlicher Faktor erkannt werden. Die wohl zum überwiegenden Teil in der Textilindustrie beschäftigten Frauen der Aa/b/d-Serie stellen dafür einen starken Anhaltspunkt dar.

XIX. SERIEN
UNGEKLÄRTEN INHALTS

Die Ma-, Na-, Mc- und Nc-Tafeln

Eine Anzahl in sich geschlossener Tafelgruppen müssen hier
ebenfalls erwähnt werden, obschon ihr konkreter Inhalt bisher
nicht mit Sicherheit geklärt werden konnte. Dies liegt in erster
Linie daran, daß sich die darin verwendeten Ideogramme nicht
bestimmen lassen. Doch kann als diesen Serien gemeinsam gelten, daß sie Naturalien registrieren, die wohl in den meisten
Fällen an den Palast als Tribut abgeführt werden mußten.

Die pylische Ma-Serie

Die pylische Ma-Serie verzeichnet auf ihren Tafeln jeweils
sechs verschiedene Posten, die durch die Ideogramme *146, RI,
KE, *152, O, ME vertreten werden, wobei zumindest für *146
ein engerer Zusammenhang mit der Textilproduktion zu bestehen scheint. Obschon über den Inhalt der Serie ansonsten
nichts mit Sicherheit ausgesagt werden kann, bleibt sie doch in
vielerlei Hinsicht bemerkenswert, ja sie kann als das wohl ge-
naueste Dokument der mykenischen Buchführung und geradezu
beispielhaft für den hohen Standard des Fiskus gelten. Die Serie
umfaßt, sieht man von einer nicht unmittelbar zugehörigen Tafel ab, 17 Tafeln, die im einzelnen den Bezirken der beiden
pylischen Provinzen gewidmet sind. Es finden sich die 9 Bezirke
der diesseitigen Provinz auf 9 Tafeln (*Rouso* steht, wie auch auf
Jn 829, für *Erato*), während die 7 jenseitigen Bezirke 8 Tafeln
umfassen, da der Bezirk *ero* durch die beiden Unterbezirke
Eraterewe und *Aterewija* vertreten ist.

Die erste Zeile jeder Tafel nennt für den betreffenden Bezirk die in die einzelnen Posten getrennten Abgabenmengen, teils nach Gewicht (RI, KE, O), teils nach Anzahl (*146, *152, ME). Daß dies die veranschlagte Gesamtabgabe darstellt, geht aus den folgenden Zeilen (eine oder zwei) hervor. Dort werden neben der Höhe der Abgabe (*apudosi*/ἀπόδοσις) auch die Abgabenbefreiungen (*oudidosi*/οὐ δίδωσιν), die Nachlässe (*anetade*/ἄνετά δε) bzw. die Schulden des laufenden oder des vergangenen Jahres (*perusino opero*/περυσινὸν ὄφελος) vermerkt. Die Abgabebefreiungen werden wohl als Ausgleich für andere Leistungen gewährt: zu den davon betroffenen Personengruppen zählen die Schmiede (*kakewe*/Pl. zu χαλκεύς), die aus militärischem Kontext (*oka*-Serie) bekannten *kurewe* sowie die *maranenijo,* die wohl in engerem Zusammenhang mit den auf dem RudererTäfelchen An 610 für den Ort *maranenuwe* vermerkten 40 Mann zu sehen sein dürften.

Trotz der aufgrund der nicht bestimmten Ideogramme bestehenden Schwierigkeiten hat die Ma-Serie dank des in ihr enthaltenen reichen Zahlenmaterials interessante Aufschlüsse über die Verwaltungsstruktur des pylischen Staates geliefert. Die subtilen Untersuchungen von W. F. Wyatt[1] und — auf diesem aufbauend — C. W. Shelmerdine haben hier erstaunliche Einsichten erbracht. Bereits Ventris-Chadwick hatten gezeigt, daß die verzeichneten Posten jeweils an verschiedenen Orten im gleichen Verhältnis zueinander stehen: A : B : C : D : E : F = 7 : 7 : 2 : 3 : 1,5 : 150. Darüber hinaus aber ergibt sich (vgl. Tab. V, nach Shelmerdine), daß die Abgabeneinheiten in der jenseitigen Provinz jeweils ein Mehrfaches von 40 bilden: 281 A$\approx$7$\times$40 (280); 281 B$\approx$7$\times$40 (280); 81 C$\approx$2$\times$40 (80); 120 D=3$\times$40; 63 E$\approx$1,5 $\times$ 40 (60); 6000 f = 150 $\times$ 40.

Das führt — nach Ausschluß anderer, sich nicht bewährender Möglichkeiten — zu der Annahme, daß die jenseitige Provinz in vier Steuerbezirke unterteilt wird, die jeweils 10 Einheiten des Multiplikationsfaktors (7 A/B, 2 C, 3 D, 1,5 E, 150 F) zu

---

[1] The Ma Tablets from Pylos, AJA 66, 1962, S. 21 ff.

Tafel	Ort	A	B	C	D	E	F
I. Ma 120:	Pe-to-no	63	63	17	27	[14]	1350
Ma 90:	Me-ta-pa	28	28	8	12	6	600
Ma 225:	Pi-*82	28	28	8	22	[6]	600
Ma 222:	A-ke-re-wa	23	23	7	10	5	500
Ma 124:	A-pu$_2$-we	23	23	7	10	5	500
Ma 221:	Pa-ki-ja-pi	22	22	7	10	4[]	400[
Ma 346:	Ka-ra-do-ro	18	18	4	[8]	[4]	[400]
Ma 193:	Ri-jo	17	17	5	7	4	362
Ma 365:	Ro-u-so	17	14[]	5	8	4	blank
Diess. Prov. Summe:		239	239	68	114	53	(4812)
II. Ma 216:	Ra-wa-ra-ta$_2$	70	70	20	30	20	1500
Ma 333:	E-ra-te-re-we	46	46	[13]	[20]	10	1000[
Ma 330:	E-sa-re-wi-ja	42	42	12	18	8	900
Ma 393:	Za-ma-e-wi-ja	28	28	8	12	5	600
Ma 397:	A-[.]-ta$_2$	24	24	2[]	[10]	[5]	500
Ma 378:	Sa-ma-ra	24	24	7	10	5	500
Ma 123:	Ti-mi-to-a-ke-e	24	24	7	10	5	500
Ma 335:	A-te-re-wi-ja	23	23	4[]	10	[5]	[500]
Jens. Prov. Summe:		281	281	81	120	63	6000

Tabelle V

leisten haben. Diese Hypothese bewährt sich, wenn wir jeweils
Rawarata$_2$ (IIa1) — *Esarewija* + *Zamaewija* (IIa2), *A-[ ]-ta$_2$*
+*Samara* + *Timitoakee* (IIb1) sowie *Eratewe* + *Aterewija*
(IIb2) als selbständige Steuerbezirke mit gleichen Verpflichtungen fassen: die Produkte stehen dann jeweils in einem weitgehend ausgewogenen Verhältnis, das den zu erwartenden Anteil
(70 A = 7 × 10; 70 B = 7 × 10; 20 C = 2 × 10; 30 D = 3 × 10;
15 D = 1,5 D × 10; 1500 F = 150 × 10) sehr genau einhält.
Aus den gelegentlichen, jedoch immer geringfügigen Abweichungen ergibt es sich ferner, daß die gegenüber dem veranschlagten Betrag geringere Belastung des einen Steuerbezirkes
durch eine erhöhte des anderen ausgeglichen wird, wobei un-

gerade Mengen jeweils insgesamt zugunsten des Palastes aufgerundet werden.

Jeweils zwei Steuerbezirke (IIa1 und IIa2 einerseits, IIb1 und
IIb2 andererseits) ergänzen sich bei diesem Lastenausgleich —
z. B. IIb1 und IIb2 in der Veranlagung von Posten A und B:
IIb1 liefert 72 Einheiten, überschreitet also den zugrundeliegenden Betrag von 7×10 Einheiten um 2 — IIb2 hingegen unter-
schreitet ihn um eine Einheit (69). (Vgl. Tabelle VI, nach
C. W. Shelmerdine.)

C. W. Shelmerdine[2] hat einleuchtend gezeigt, wie es — ohne
höhere Mathematik — zu dieser Aufteilung kam: Beide Unter-

Gruppe	Ort (Tafel)	A	B	C	D	E	F
Ia1	Me-ta-pa (90) Pi-*82 (225)	56	56	16	34	12	1200
Ia2	Pe-to-no (120)	63	63	17	27	14	1350
Ib1	A-ke-re-wa (222) A-pu$_2$-we (124) Pa-ki-ja-pi (221)	68	68	21	30	15	1500
Ib2	Ka-ra-do-ro (346) Ri-jo (193) Ro-u-so (365)	52	52	14	23	12	(762)
IIa1	Ra-wa-ra-ta$_2$ (216)	70	70	20	30	20	1500
IIa2	E-sa-re-wi-ja (330) Za-ma-e-wi-ja (393)	70	70	20	30	13	1500
IIb1	A-[.]-ta$_2$ (397) Sa-ma-ra (378) Ti-mi-to-a-ke-e (123)	72	72	21	30	15	1500
IIb2	E-ra-te-re-we (333) A-te-re-wi-ja (335)	69	69	20	30	15	1500

Tabelle VI

bezirke (IIb1 und IIb2) hatten je 70 Einheiten zu liefern, wobei diese im Bezirk IIb2 so zu verteilen waren, daß *Eraterewe*, das offenkundig das zweifache wirtschaftliche Leistungsvermögen von *Aterewija* besaß, mit zwei Dritteln (46 Einheiten), *Aterewija* hingegen nur mit einem Drittel (23 Einheiten) belastet wurde. Legt man dem Vorgang ein simples Auszählungsverfahren : „2 für E, 1 für A" zugrunde, so endet dieses innerhalb der veranschlagten Menge bei 69 mit einem Defizit (bzw. unteilbarem Rest) von einer Einheit. Gleiches gilt für den Unterbezirk IIb1 nach dem entsprechenden Verfahren: „1 für *A-[ ]-ta₂*, 1 für *Samara*, 1 für *Timitoakee*". Auch hier tritt ein unteilbarer Rest von einer Einheit (1) auf — insgesamt also wäre der Palast um 2 Einheiten geschädigt. Damit dieser Fall jedoch nicht eintritt und sich zugleich — zugunsten des Palastes — eine gleichmäßige Belastung der drei Orte von Unterbezirk IIb1 ergibt, der damit zugleich für das verbleibende Defizit in IIb2 haftet, wird diesen drei Orten von IIb1 jeweils eine weitere Einheit angelastet, die entsprechend jeweils $23+1$, also $69+3$, d. h. $3 \times 24 =$ insgesamt 72 Einheiten zu leisten haben. Entsprechend sind auch andere „Unstimmigkeiten" innerhalb der jenseitigen Provinz zu erklären.

Die Schatzung der diesseitigen Provinz liegt insgesamt niedriger als die der jenseitigen. Eine Aufteilung auch der diesseitigen Provinz nach dem Vorbild der jenseitigen in zwei übergeordnete Steuerbezirke (Ia und Ib) mit jeweils zwei weiteren Unterbezirken (Ia1, Ia2 und Ib1, Ib2) bewährt sich insofern, als sich zeigt, daß unter Beibehaltung der kanonischen Ordnung der 9 Orte der diesseitigen Provinz die Beträge der ersten drei: *Petono, Metapa* und *Pi-82* (119 A, 119 B, 33 C, 61 D, 26 E) weitgehend jenen der restlichen sechs Orte: *Akerewa, Apu₂we, Pakijapi, Karadoro, Rija* und *Rouso* entsprechen (120 A, 120 B, 35 C, 53 D, 27 E). Als Untergruppen ergeben sich *Metapa* und *Pi-82* (Ia1) — *Petono* (Ia2) — *Akerewa, Apu₂we* und *Pakijapi* (Ib1) — sowie *Karadoro, Rijo* und *Rouso* (Ib2), wobei allerdings nun gewisse Unstimmigkeiten auftreten. So zeigt sich zunächst,

---

[2] The Pylos Ma Tablets reconsidered, AJA 77, 1973, S. 261 ff.

daß die Gesamtmenge der Bezirke Ia und Ib für die Posten A
und B gegenüber IIa und IIb um je drei Multiplikationseinheiten (3 × 7) zurückbleiben (119 A/B in Ia gegenüber 140 in IIa,
sowie 120 A/B in Ib gegenüber 141 in II B), wobei innerhalb
der Untergruppen Ib1 und Ib2 weitere auffällige Differenzen
bestehen (Ib1 : 68 A gegenüber Ib2 : 52 A; vgl. dazu IIb2 : 69 A
gegenüber IIb1 : 72 A).

Insgesamt liegt, wie bereits gesehen, die Schatzung von Ib um
3 Multiplikationseinheiten (3 × 7 = 21) unter jener von IIb
(141 — 3 × 7 = 120). Aus dem Vergleich von Ib1 und Ib2 ergibt sich nun, daß diese drei Multiplikationseinheiten (21 A)
offenkundig der Untergruppe Ib2 erlassen wurden, während Ib1
im wesentlichen konstant bleibt. Eine kleinere Abweichung von
Ib1 gegenüber IIb2 (68 A statt der regulären 69 A) wird in Ib2
ausgeglichen, wo statt der zu erwartenden 51 A (=72 A—21 A)
52 A aufscheinen (vgl. Tab. VII).

Jenseitige Provinz	Diesseitige Provinz	
IIb1: 72 A	Ib1:	68 A (aus: 69 A—1A)
IIb2: 69 A	Ib2:	52 A (aus: 72 A+1A—(3×7A))
insges.: 141 A	insges.:	120 A (aus: 141 A—(3×7A))

Tabelle VII

Die Entlastung der Untergruppe Ib2 um drei Multiplikationseinheiten gegenüber der voll veranschlagten Gruppe Ib1 bestätigt sich auch bei Produkt E. Der Multiplikationsfaktor ist
hier 1,5 (gegenüber 7 bei A/B) — die nach dem Vorbild der
jenseitigen Provinz zu erwartende Menge 10 × 1,5 = 15 E.
Dies ist tatsächlich die Menge von Ib1, während die von Ib2 entsprechend 15 — (3×1,5) = 10,5, d. h. aufgerundet 12 E, ergibt,
wie es sich auch tatsächlich verzeichnet findet.

Diese Vergleichsbeispiele aus der Vielzahl der registrierten
Posten möge genügen, um einerseits die erstaunliche und ausge-
feilte Systematik der fiskalischen Steuerveranlagung deutlich zu
machen, während sich anderseits die Frage stellt, worauf die —

nach den beschriebenen Grundsätzen — vorgenommenen Abweichungen vom Prinzip zu erklären sind. Grundsätzlich ist hierbei für das Verhältnis der beiden pylischen Provinzen anzunehmen, daß die (land-)wirtschaftliche Leistungsfähigkeit unterschiedlich war und die der diesseitigen trotz ihrer größeren Anzahl von Orten unter jener der jenseitigen lag — wie insgesamt die geographischen Gegebenheiten mit dem Bild der Steuerbezirke im Einklang zu stehen scheinen[3]. Für die Abweichungen im einzelnen freilich, die auf die besonderen, sich unserer Kenntnis entziehenden lokalen und historischen Verhältnisse zurückzuführen sein dürften, bleibt allein die Feststellung C. W. Shelmerdines: "It would be surprising indeed if the palace did not have to make some adjustment in its ideal taxation scheme, when it actually came to collect the taxes. An account with no irregularities is an ideal, but seldom in reality." —

Die pylische Na-Serie

Die pylische Na-Serie wird durch das Ideogramm SA charakterisiert. Ausführliche Untersuchungen dieser Tafelgruppe verdanken wir M. Lejeune, L. R. Palmer und J. Chadwick[4]. Zwei Typen von Tafeln können unterschieden werden: neben solchen, die nur einen Mengenvermerk für das SA-Produkt aufweisen, finden sich weitere Tafeln, die nach dem üblichen Vermerk von SA, das im allgemeinen nach Stückzahl registriert wird[5], eine zusätzliche Quantität an SA verzeichnen, jeweils eingeleitet mit

[3] Dazu J. Chadwick, The Two Provinces of Pylos, Minos 7, 1963, S. 125 ff.; ders., The Geography of the Pylian Kingdom, BICS 19, 1972, S. 147 f.; ders., The Geography of the Further Province of Pylos, AJA 77, 1973, S. 276 ff.

[4] M. Lejeune, Les documents pyliens des séries Na, Ng, Nn, in: Mémoires de philologie mycénienne, I, S. 127 ff.; J. Chadwick, Documents[2], S. 295 ff., 468 ff.; L. R. Palmer, Interpretation S. 306 ff.

[5] Vgl. jedoch KN Og 5778 sowie Nc 4479, wo SA nach Gewichtseinheiten gemessen wird.

tosade ereutera(ro) oder *tosade ou didosi* — d. h. es werden Abgabebefreiungen wie auch Vermerke über Nicht-Abgaben registriert; beide Möglichkeiten dürften vom Inhalt her, wenn auch nicht völlig gleichbedeutend, so doch nicht sehr unterschiedlich sein. Ähnlich wie in der Ma-Serie finden sich unter den von Abgaben befreiten bzw. nicht liefernden Personengruppen u. a. die *kakewe*, daneben die *kunaketai* (Dat. Pl. zu κυναγέτας) und *naudomo* (ναυδόμοι). Gelegentlich wird auch der Titel und Name des Beamten, der die „Befreiung" von Abgaben verfügt hat (*ereuterose*/ἐλευθερώσεν) genannt.

Anders als in der Ma-Serie wird bei der Angabe der SA-Beträge nicht zunächst die Gesamtsumme angeführt, die dann in eingegangene, ausstehende oder erlassene Quantitäten untergliedert wird, sondern die Gesamtsumme — zumeist 30 SA— ergibt sich innerhalb dieser Tafeln mit zwei SA-Beträgen aus der Addition des ersten (Schatzung) mit dem zweiten (Befreiung), z. B. in

Na 252: rijo SA 24, tosade ereutera kakewe SA 6

Ausstehende Beträge *(opero)* erscheinen innerhalb der Na-Serie nicht, was darauf hindeutet, daß hier nicht tatsächliche Abgabenlieferungen verzeichnet werden, sondern es sich vielmehr um die Vorberechnung oder Schatzung der zu erwartenden Abgaben handelt. Ebenfalls im Unterschied zur Ma-Serie, deren Tafeln die Produkte nach den Hauptorten der beiden pylischen Provinzen registrieren, wodurch die Tafelzahl beschränkt ist, zeichnet sich die Na-Serie durch einen viel umfangreichen Tafelbestand aus: nicht allein die Hauptorte, sondern eine Vielzahl weiterer Orte werden genannt, die, sofern nicht anderweitig für sie ein Anhalt gegeben ist, oftmals nicht sicher in der einen oder anderen Provinz lokalisiert werden können. Dennoch dürfte ihre ursprüngliche Ordnung nach ihrer Provinzzugehörigkeit vorgenommen worden sein; dafür sprechen die Summierungstafeln (Ng 319, 332), die jeweils hohe SA-Beträge für die Diesseits- wie die Jenseits-Provinz anführen; die der jenseitigen Provinz liegen hierbei allerdings offenkundig unter jenen der diesseitigen Provinz.

Was aber beinhaltet das Ideogramm SA? Die Einleitungszeile von Tafel Nn 228 (*ooperosi rino, opero*/ὣς (ὣς) ὀφέλονσι λίνον, ὄφελος), die im Nachfolgenden ebenfalls einzelne Posten des SA-Produktes verzeichnet, läßt einen engen Zusammenhang von SA und λίνον erkennen, das freilich in klassischer Zeit neben Flachs als Rohprodukt wie auch in verarbeiteter Form (Garn, Linnen) auch Leinsamen bedeuten kann. Der letztgenannten Möglichkeit gibt L. R. Palmer den Vorzug, der darin ein Nahrungsmittel erkennen möchte. Er stützt sich hierbei, was vor allem auch H. Mühlestein[6] betont hat, auf offenkundige Beziehungen zwischen den Na-Tafeln und der oka-Serie. Eine Anzahl der Na-Tafeln des einfachen Typus (mit einer SA-Eintragung) nennen nach dem Ort eine Personengruppe aus der oka-Serie in Verbindung mit ekosi. Ein Vergleich der einzelnen oka-Tafeln mit entsprechenden Angaben der Na-Serie ergibt hierbei folgendes Bild:

Na 396	wonoqewa, korokuraijo ekosi	SA 30
Na 405	torowaso, korokurai[jo] ekosi	SA 10
Na 516	]korokuraijo ekosi	SA 10
Na 513	karadoro, ko[ro]kuraijo ekosi	SA 30
An 661	karadoro korokuraijo	10 (30?)
Na 105	ke]kide	SA 25
Na 514	ku]pariso, kekide ekosi	SA 30
An 657	kuparisijo kekide	20 + 10
Na 928	]a₂kewoaki[ ]urupijajo ekosi	SA 10
An 654	pedijewe urupijajo	10
Na 1027	enaporo	SA 70
An 661	enaporo iwaso	70

Aus den zahlenmäßigen Übereinstimmungen zwischen Na 1027 und An 661 (70 SA bzw. 70 *kekide)* könnte nun geschlossen werden, es bestehe eine Beziehung derart, daß auf jeweils eine Person der genannten Truppenverbände eine Einheit SA träfe. Das grammatikalische Objekt von *ekosi* wäre demnach die jeweils verzeichnete Menge an SA. Es würde sich,

[6] H. Mühlestein, Die oka-Tafeln von Pylos (Basel 1956), S. 16 f.

daraus folgend, möglicherweise um Rationen an Leinsamen handeln. Leinsamen bildete, wie L. R. Palmer [7] betont hat, sowohl für Salbe wie für Öl einen wesentlichen Grundstoff. Auch wurden die auf Sphakteria eingeschlossenen Spartaner durch heimlich eingeschwommenen Leinsamen versorgt (Thuk. IV, 26,8).

Allerdings ist, wie J. Chadwick gegen die korrespondierenden Zahlenverhältnisse eingewendet hat, die Quantität von SA 30 (in Na 514, vgl. An 657) die bei weitem häufigste innerhalb der Na-Serie, während für Na 1027 aus der zahlenmäßigen Kongruenz mit An 661 keineswegs geschlossen werden dürfte, daß dort (Na 1027) der Hinweis *„iwaso ekosi"* ausgefallen sei; vielmehr stelle die Tafel die normale fiskalische Veranlagung des Ortes *enaporo* dar. Nicht die zusammen mit den auch als Truppenverbänden genannten Personengruppen verzeichneten Quantitäten an SA, sondern vielmehr das von den Personengruppen zur Produktion von SA verwendete Land ist also, so J. Chadwick, Objekt von *ekosi*. Er stützt sich hierbei auf Na 926: *pakaakari, akitito, ekedemi, a₂kumijo* SA 6 — d. h.: (Das Land von) *pakaakari* (ist) *akitito* (d. h. nicht dem in Na 520 durch *„kitijesi"* beschriebenen Prozeß unterworfen); es aber hat (ἔχει δέ μιν) *a₂kumijo*. SA 6.

Es ergibt sich somit gegenüber Palmers These die Folgerung: "It is clearly a more economical hypothesis to suggest that the figures refer to the normal production of flax, which may have been a royal monopoly." Noch heute, so hebt J. Chadwick hervor, kommt die überwiegende Menge der griechischen Flachsproduktion aus dem geographischen Bereich Messeniens.

Eine Entscheidung zwischen beiden Auffassungen, hier Flachs, dort Leinsamen, fällt schwer. In der Interpretation von Na 926 (vgl. oben) stimmt allerdings L. R. Palmer mit J. Chadwick überein — und J. Chadwicks entscheidender Folgerung, wonach "the land which is *aktitos*" das Objekt von ἔχει sei, was entsprechend auch für die problematischen *ekosi*-Vermerke gelte, ist kaum zu widersprechen. Anderseits aber scheint die Frage,

[7] Interpretation S. 312.

wieso gerade Personengruppen, die in anderem Zusammenhang Truppenverbände stellen oder gar mit diesen identisch sind, als Besitzer von „Flachsland" eine offenkundig beachtete Rolle spielen, nicht beantwortet. J. Chadwick's Schluß, wonach dieser Umstand nicht mehr besagt, als daß "at certain places liable for contribution of flax there were 'occupiers' of land who bore special generic names and were drawn upon to provide the manpower required for the coastguard service", vermag, obschon sachlich gerechtfertigt, das angedeutete Problem kaum in jeder Hinsicht befriedigend zu lösen.

Die knossische Nc-Serie

Die knossische Nc-Serie stellt, was hinzukommt, offenkundig eine Entsprechung zur pylischen Na-Serie dar. Zumindest gleicht die knossische Tafelserie der pylischen darin, daß sie, nach Gewichtseinheiten allerdings, das Produkt SA verzeichnet. Anders als in Pylos, wo die Registratur nach geographischen Gesichtspunkten erfolgt, finden sich auf den knossischen Tafeln überwiegend Personennamen an der Stelle der Toponyme. Ob in diesen Personen Lieferanten oder Empfänger von SA zu erkennen sind, ist nicht eindeutig zu entscheiden[8]. J. T. Killen[9] verweist darauf, daß beide Serien im militärischen Zusammenhang zu stehen scheinen — die pylische durch die genannte Verbindung mit den Truppengattungen der oka-Tafeln, die knossische durch ihren Fundort im sog. Arsenal (bzw. Armoury). Sollten sich beide Serien vom Inhalt wie von der Funktion her entsprechen, so könnte darin ein Hinweis dafür erkannt werden, daß das Produkt SA zur militärischen Ausrüstung gehöriges Material (Linnen?) enthält.

---

[8] J. T. Killen (vgl. Anm. 9) sieht, gestützt auf M. Lejeunes Interpretation von *i-we* auf 8176 als *huiwei* (Nestor, 1. Aug. 1963), in ihnen Empfänger von SA.

[9] J. T. Killen, The Knossos Nc Tablets, Myc. Stud., S. 33 ff.

Die knossischen Mc-Tafeln stellen ein den betrachteten Serien vergleichbares Problem: zwei Ideogramme ungeklärten Inhalts, *150 und *142, verbunden mit den Ideogrammen für weibliche Ziegen (CAP^f) und dem Gehörn von (Wild?-)Ziegen (CORN), lassen den Inhalt als schwer bestimmbar erscheinen.

Die übliche Form der Tafeln ist zweizeilig. Die zweite Zeile zeigt in Majuskeln einen Ortsnamen, die erste hingegen (in gewöhnlicher Zeichengröße) einen Personennamen. Die Ideogramme sind in der Abfolge *150, CAP^f, *142, CORN auf die beiden Zeilen verteilt — die ersten beiden auf die obere, die beiden folgenden auf die untere. Die Anlage der Tafeln entspricht etwa jener der knossischen Da/g-Serien, wo ein ähnliches Verhältnis von Ortsnamen, Personennamen und Ideogrammen gegeben ist. Da sich unter den vergleichsweise wenigen Tafeln der Mc-Serie ein Personenname in Verbindung mit zwei verschiedenen Orten wiederholt (*dawono* in Mc 4454, 4461), was auch für die „Sammler" bzw. „Grossisten" der Da/g-Serie gilt, und da die Personennamen innerhalb der Mc-Serie die Position einnehmen, welche in der Da/g-Serie der genannte Personenkreis innehat, können wir mit gutem Grund auch in den Personen der Mc-Serie „Sammler" vermuten, wie dies jüngst von J. L. Melena [10] in einer Studie dieser Tafeln vorgeschlagen wurde.

Das Verhältnis der Ideogramme *150 : CAP^f : *142 : CORN = 5 : 3 : 2 : 4, wobei zunächst auffällt, daß das Verhältnis der Hörner sich zwar zum vorausgehenden (*142) wie Hörner: Anzahl der Tiere (d. h. 2 : 1; 2 Hörner pro Tier) stellt, dieses jedoch, da es — im Unterschied zu den anderen, welche jeweils die Anzahl vermerken — nach Gewicht gemessen wird, keinesfalls selbst das Tier bezeichnen kann: auf jeweils ein Hörnerpaar kommt 1 kg der vom Ideogramm *142 angezeigten Substanz.

[10] J. L. Melena, On the Knossos Mc-Tablets, Minos XIII, 1972, S. 29 ff.

Anderseits aber scheint, was zuerst L. R. Palmer[11] betont hat, das feste Verhältnis von 1 : 2 darauf hinzudeuten, daß auch in *142 ein tierisches Produkt registriert wird.

Das Ideogramm *150 seinerseits kann als eine Ligatur aus dem Ideogramm für Ziege (*22 bzw. *107) und dem Zeichen RA, wie dies ebenfalls von J. L. Melena und L. R. Palmer gezeigt wurde, aufgefaßt werden. L. A. Stella[12] hat an eine Abkürzung für λαισήϊον gedacht, demnach also „caprinum scutum" (Schild aus Ziegenleder) als Bedeutung vorgeschlagen. Doch dürfte *150 in engerem Zusammenhang mit den beiden sicher bestimmten Ideogrammen, dem für weibliche Ziegen wie für Hörner, zu sehen sein. Bereits A. J. Evans[13] erkannte in CORN die Trophäen von kretischen Wildziegen (Agrimi), die seiner Meinung nach halb domestiziert in Gehegen gehalten wurden, um so die Versorgung des Palastes mit Horn für die Produktion von nach asiatischem Vorbild aus je zwei Hörnern gefertigten Kompositbögen sicherzustellen. Ventris-Chadwick wollten in den ersten beiden Ideogrammen die von Jägern an den Palast überstellte Jagdbeute an Wildziegen erkennen: männliche Wildziegen im ersten (*150), weibliche im zweiten Ideogramm (CAP^f). Demgegenüber hat J. L. Melena betont, es sei schwer, sich vorzustellen, wie etwa ein halbes Tausend von getöteten Tieren im Palast von Knossos gelagert worden wäre — ebenso, daß auch das Fleisch der männlichen Tiere verspeist wurde.

Der Frage nach der Bedeutung der Ideogramme ist auch L. Baumbachs Studie zu den Mc-Tafeln gewidmet, die daneben jedoch auch überlegenswerte Vorschläge zur inneren Ordnung der Serie enthält, die — nach L. Baumbach[14] — möglicherweise in drei "sets" unterteilt werden kann. Die größere Gruppe (Mc

[11] L. R. Palmer, The Find-Places of the Knossos Tablets, in: Palmer-Boardman, On the Knossos Tablets, Oxford 1963, S. 162.

[12] La civiltá micena nei documenti contemporanei, Rom 1965, S. 80, Anm. 42.

[13] A. J. Evans, PoM IV, S. 833.

[14] L. Baumbach, The Dilemma of the Horns — An Analysis of the Knossos Mc Tablets, Acta Classica 14, 1971, S. 1 ff.

4453, 4455, 4456, 4460, 4463, 4464), die die übliche Abfolge (Ortsname, Personenname, Ideogramme) aufweist, enthält demnach die Projektierung, während die beiden kleineren Gruppen (4454, 4459, 4462 mit zwei Personennamen, bzw. 1508 und 5187, die von einem anderen Fundplatz und möglicherweise auch von einer anderen Schreiberhand stammen) die tatsächliche Produktion verzeichnen. Was den allein aus der richtigen Interpretation der Ideogramme erschließbaren Inhalt der Tafeln angeht, so werden vor allem deren Schwierigkeiten dargelegt. Während die Interpretation von *107^f als weibliche Ziege, von CORN als Wildziegenhorn anerkannt wird, wird die Deutung von *150 und *142 offengelassen.

Ein sicherer Nachweis, daß auch in *150 und *142 Wildziegenprodukte erfaßt werden, sei nicht zu erbringen. Zwar sei Evans' Vermutung, wonach in den verzeichneten Hörnern die Rohmaterialien für die Produktion von Kompositbögen registriert werden, nicht von der Hand zu weisen, da auch der Fundort der Tafeln — zusammen mit den Wagentafeln im sog. "Armoury" — auf einen Zusammenhang mit der Rüstungsindustrie schließen lasse, daneben auch die Verwendung von Bogen aus den Tafeln belegbar ist und auch der Typus der Kompositbogen in Kreta bekannt gewesen zu sein scheint. Anderseits aber läßt sich, so L. Baumbach, kein direkter Anhaltspunkt für eine entsprechende Verarbeitung der Hörner zu Kompositbögen aufzeigen — wie überhaupt große Schwierigkeiten hinsichtlich einer Verbindung aller vier in den Mc-Tafeln aufgeführten Ideogramme mit Wildziegen-Produkten bestehen bleiben. Zwar ließe sich das ungleiche Verhältnis der Anzahl von Tieren und Hörnern mit der teilweisen Unbrauchbarkeit der letzteren für die geplante Verwendung erklären, doch sowohl der Gedanke von A. J. Evans, wonach die Wildziegen in halbgezähmtem Zustand gehalten wurden, wie auch die Alternativlösung, wonach es sich um auf freier Wildbahn erlegte Tiere handle, stoßen auf Widerspruch. Die Zähmung und Haltung einer solch großen Anzahl von Wildziegen in Freigehegen kontrastiert zu den einschlägigen Erfahrungen der Zoologen, — die Abschußquote von mehr

206

als 500 Tieren jährlich (wenn *150 als männliche Wildziege aufgefaßt wird) hätte — was allerdings weniger zwingend erscheint
— den Wildbestand alsbald dezimiert, falls nicht überhaupt die
Gattung ausgerottet.

J. L. Melenas durchaus diskutabler Vorschlag geht demgegenüber dahin, im ersten Ideogramm die Haut bzw. das Fell von
männlichen, im zweiten das von weiblichen Wildziegen zu erkennen, wobei freilich für CAP^r eine vom normalen Gebrauch,
der das lebende Tier anzeigt, abweichende Bedeutung vorauszusetzen ist. Für Ideogramm *142 zieht J. L. Melena ein weiteres tierisches Produkt in Erwägung: er glaubt darin am ehesten,
hier an Ventris-Chadwicks Interpretation von a_3kinoo bzw.
$35\text{-}kinoo$ anknüpfend, Ziegensehnen vermuten zu dürfen.

Die genannte Deutung der Ideogramme kann sich auf zwei
bemerkenswerte äußere Umstände stützen: der eine betrifft den
Fundort, das sog. Arsenal. J. L. Melena folgt hierbei einer von
J.-P. Olivier[15] begründeten Ansicht, derzufolge im Arsenal
zusammen mit den Tafeln auch bestimmte Produkte und Roh-
stoffe aufbewahrt wurden. Daneben waren im Arsenal die
Schreiber 128—132, 202 tätig, die ausschließlich dort auftreten
und offenkundig an Ort und Stelle ihrer Aufgabe nachgingen;
sie verzeichnen dort in erster Linie Wagen und Wagenteile
(Sd/f/o-Serien).

Der zweite Umstand betrifft den Zustand der Wagen. Nur
ein Teil (Sd-Serie) ist offenkundig voll ausgerüstet — für einen
weiteren Teil (Sf-Serie), so J. L. Melena, fehlt das Zubehör, das,
wie Zügel und Geschirr, weitgehend aus Leder hergestellt worden sein dürfte. Dies führt zu der Folgerung, daß die fehlende
Ausstattung, das Zubehör der Wagen, aus den in den Mc-Tafeln
genannten Materialien, Leder und — für die Nähte — Sehnen,
angefertigt werden sollte. Aus den knossischen Sd-Tafeln, in
denen von $anija$ (ἀνίαι, Zügeln, bzw. Zug-Geschirr) die Rede ist,
die mit $kerajapi$ $opijapi$, d. h. mit „$opijapi$ (Trensen?) aus κέρας
(Horn) versehen" sind, geht hervor, daß offenkundig auch Horn

---

[15] J.-P. Olivier, Les scribes de Cnossos, S. 127 f.

bei der Ausstattung der Wagen mit Zubehör eine Rolle spielte. Dies würde, da, wie J. L. Melena ebenfalls aufzeigt, die von A. J. Evans erwogenen Kompositbogen des asiatischen Typus für die Tafeln aus anderen Gründen wohl nicht in Frage kommen, auch das Verzeichnis der Hörner in diesem Zusammenhang sinnvoll begründen.

Obschon gewisse Schwierigkeiten, wie etwa die gegenüber der Anzahl der männlichen Tiere verhältnismäßig zu geringe Anzahl der Hörner, nicht voll gelöst werden können, so scheint doch durch J. L. Melenas Untersuchung für die Interpretation der bislang überaus problematischen knossischen Mc-Serie ein begehbarer Weg aufgezeigt worden zu sein, der einer gewissen inneren Folgerichtigkeit nicht entbehrt. Da der Palast offenkundig für die Herstellung und Ausrüstung der Wagen zuständig ist, kann mit Fug und Recht erwartet werden, daß er auch für die Zulieferung und Aufbewahrung der für die Herstellung des Zubehörs benötigten Rohmaterialien Sorge trägt. Der Fundort der Mc-Tafeln, die in Hinsicht auf die gesicherten Ideogramm-Bedeutungen (CAP^f und CORN) überzeugende Deutung von *150 als (Wild-, oder Opfer?-) Ziegenleder, nicht zuletzt auch die ökonomische Situation, welche Lederverarbeitung mit großer Wahrscheinlichkeit erwarten läßt, stellen eine wesentliche Stütze für J. L. Melenas simple Erklärung der Serie dar: "The Mc documents seem to be records of raw material needed in chariot-building and temporarily stored in the Arsenal."

Ein mykenisches Steuergesetz?

In einer jüngst erschienen Untersuchung[16] hat J.-P. Olivier nachzuweisen versucht, daß die Festlegung der Abgaben in der pylischen Ma- und der knossischen Mc-Serie einem einheitlichen

---

[16] J.-P. Olivier, Une loi fiscale mycénienne, BCH 98, 1974, S. 23 ff. Vgl. dazu M. Lejeune, Sur la fiscalité pylienne (Ma), Kolloquium Neuchâtel.

Gesetz folgen. J.-P. Olivier, der alle Mengenangaben der Ma- und der Mc-Serie auf einer Tafel tabellarisch vereinigt, kommt zu dem Ergebnis, daß zwischen den Proportionsverhältnissen der Ma-Tafeln und der Mc-Tafeln (Ma: A7 : B7 : C2 : D3 : E 1,5 : F 150; Mc : 5G : 3H : 2I : 4J) enge Entsprechungen bestehen, die für die Produkte E und I, C und H sowie D und J die jeweils gleichen Multiplikationsfaktoren voraussetzen. Das Verhältnis aller Produkte der beiden Serien stellt sich demnach wie folgt dar:

EI : CH : DJ : G : AB : F = 1,5 : 2 : 3 : 3,5 : 7 : 150.

Das dieser durchgehend gewahrten Proportionalität zugrundeliegende Gesetz aber glaubt J.-P. Olivier unter Berücksichtigung der abgabeverpflichteten Bevölkerungsanzahl an den einzelnen Orten rekonstruieren zu können: „An jedem 'Ort' eines mykenischen Königreiches, der zur Abgabeleistung einer bestimmten Menge von Produkten A, B, ... J verpflichtet war, wurde die Veranlagung nach der Formel $\frac{P}{a}$, $\frac{P}{b}$, ... $\frac{P}{j}$ vorgenommen, wobei P für die Anzahl der abgabeverpflichteten Personen («population fiscale»), a, b, ... j jedoch für den Koeffizienten (Multiplikationsfaktor) der einzelnen Produkte A, B, ... J steht."

Die Anzahl der abgabepflichtigen Personen an den einzelnen Orten aber könnte, so J.-P. Olivier, der jeweiligen Anzahl der veranschlagten F-Produkte entsprochen haben. Das bedeutet, daß der Multiplikationsfaktor von Produkt F = 1 ist, d. h. pro Kopf jeweils 1 F-Produkt als Abgabe angesetzt wurde. Legt man aber den Multiplikationsfaktor 1 für F zugrunde, so können nach dem genannten Verhältnis der Produkte 1,5 EI : 2 CH : 3 DJ : 3,5 G : 7 AB : 150 F die übrigen Multiplikationsfaktoren wie folgt angesetzt werden:

$$ei \left(\frac{1}{100} \right), ch \left(\frac{1}{75} \right), dj \left(\frac{1}{50} \right), g \left(\frac{3}{128} \right), ab \left(\frac{3}{64} \right), f (1).$$

Wenn nun bei der — von J.-P. Olivier im einzelnen durchgeführten — Gegenrechnung, d. h. der Multiplikation der in F genannten Menge (= Anzahl der abgabepflichtigen Personen je Ort) mit den für die einzelnen Produkte errechneten Koeffizienten (e, i, c, h usw.), die Summen der in den Texten (zu E, I, C, H usw.) genannten Mengenangaben weitgehend entsprechen, was beweist das? Einerseits gewiß die mathematische Richtigkeit der Berechnung der Koeffizienten, die J.-P. Olivier zugrunde legt, anderseits aber, will man der Gefahr eines logischen Zirkelschlusses entgehen, wird dadurch keineswegs bewiesen, daß die mykenischen Beamten die Abgabenveranlagung für die einzelnen Orte tatsächlich auf diese Weise errechnet hätten. Trotz des erstaunlichen Standards der mathematischen Voraussetzungen scheint der von J.-P. Olivier vorgeschlagene Weg doch die Fähigkeiten und Möglichkeiten der mykenischen Steuerfunktionäre um einiges zu überfordern. —

Worin aber liegt der grundsätzliche Unterschied in dem von W. F. Wyatt und C. W. Shelmerdine einerseits, von J.-P. Olivier anderseits angenommenen Steuersystem? Erstere gehen davon aus, daß, was durchaus überzeugend belegt wird, die Abgabenhöhe nach auf Steuerbezirke verteilten und nach der jeweiligen wirtschaftlichen Leistungsfähigkeit multiplizierten „Abgabeneinheiten" (z. B. Rawarata$_2$ leistet als selbständiger Steuerbezirk 10mal die Abgabeneinheit 7 A) bemessen werden — wohingegen J.-P. Olivier die Berechnung unmittelbar nach der Kopfanzahl der abgabepflichtigen Bevölkerung errechnen möchte.

Sicherlich ist J.-P. Olivier schwer zu widersprechen, wenn er meint, es sei undenkbar, daß Verwaltungen, die einen Tierbestand von mehr als 100 000 Tieren bis auf das letzte „fehlende" Schaf genau erfassen oder auch eine Tonne Bronze pfundweise auf mehr als 300 namentlich erfaßte Schmiede verteilen, nicht « le chiffre exact, village par village, si pas foyer par foyer, des populations qu'elles contrôlaient » gekannt hätten — oder, besser gesagt, hätten erfassen können, wenn ihnen das praktikabel und zweckmäßig erschienen wäre. Eben dies aber dürfte nicht der Fall gewesen sein.

Zwei Faktoren sind es, die in erster Linie die Schatzung der Abgaben bestimmt haben dürften: (a) die Bedürfnisse des Palastes, die sich (b) an der Leistungsfähigkeit der Bevölkerung wie auch an den natürlichen Voraussetzungen zu orientieren

210

hatten, wobei (c) die sich daraus ergebende maximale Abgabenhöhe möglichst gleichmäßig auf die Bevölkerung zu verteilen
war. Ist es aber, um diesen Voraussetzungen gerecht zu werden,
so abwegig, Steuerbezirke von etwa gleicher Leistungsfähigkeit
einzurichten, wobei darauf Rücksicht genommen werden muß,
daß die auch von den Bedingungen der natürlichen Gegebenheiten abhängige Produktivität mit der jeweiligen Bevölkerungszahl in einem ausgewogenen Verhältnis steht: Die Anzahl der
abgabefähigen Personen ist nur ein Aspekt — die natürlichen Voraussetzungen für ihre Produktivität ein zweiter, nicht
minder wesentlicher. Wenn etwa der aus einem „Ort" bestehende Steuerbezirk IIa1 ebensoviel an Abgaben zu leisten hat
wie der aus drei „Orten" bestehende Bezirk II b1, so kann das
sehr verschiedene Ursachen haben: II a1 könnte die dreifache
Größe haben, die dreifache Bevölkerung — oder aber auch bei
etwa gleicher Bevölkerungszahl und geographischer Größe dank
günstigerer natürlicher Verhältnisse die dreifache wirtschaftliche Leistungsfähigkeit. — Gerade die für Produkt F jeweils
runden Zahlen sprechen dafür, daß der Palast bei der Steuer-
bemessung von festen Größen ausging, die aufgebracht werden
mußten — kaum jedoch von Orten, deren Bevölkerung ein
Mehrfaches von 50 oder 100 zählte.

Muß also J.-P. Oliviers «loi fiscale» mit kritischen Vorbehalten betrachtet werden, so scheint das andere Ergebnis
seiner Untersuchung, daß nämlich in den Staaten von Knossos
wie Pylos gleiche Proportionsverhältnisse für die Berechnung
verschiedener Abgaben zugrunde gelegt wurden, weiterer Überlegung wert. Bei den sonstigen zahlreichen Übereinstimmungen
der Verwaltungen an beiden Orten liegt auch diesbezügliche
Gemeinsamkeit durchaus im Bereich des Wahrscheinlichen. Doch
bleibt auch hier zu fragen, ob die Gleichung

$$EI : CH : DJ : G : AB : F = 1,5 : 2 : 3 : 3,5 : 7 : 150$$

nicht nur eine ungefähre ist, die sich aus der Angleichung der
Verhältnisse $E : C : D = 1,5 : 2 : 3$ und $I : H : J = 2 : 3 : 4$
ergibt, wobei dann die Faktoren für A, B, G und F aus den
beiden Proportionreihen der Ma-Serie einerseits und der Mc-

Serie anderseits in diese Gleichung übernommen werden können.

Der von J.-P. Olivier durchgeführte Vergleich der absoluten Werte spricht allerdings eher dafür, daß tatsächlich tiefere Gemeinsamkeiten zwischen Pylos und Knossos hinsichtlich der die Steuerveranlagung regelnden Modalitäten bestanden haben. So gesehen ist es gewiß gerechtfertigt, von einem « loi fiscale mycénienne » zu sprechen, obschon uns seine primäre Formel, die eigentliche Grundlage seiner in den genannten festen Proportionsverhältnissen sich niederschlagenden Auswirkungen, noch unbekannt ist, denn auch die Untersuchungen Wyatts und Shelmerdines, die uns der Wirklichkeit am nächsten zu kommen scheinen, bleiben die Erklärung schuldig, warum den Abgabenhöhen der einzelnen Steuerbezirke die genannten Koeffizienten von 7 A : 7 B : 2 C : 3 D : 1,5 E und 150 F in Pylos, bzw. 3,5 G, 2 H, 1,5 I und 3 J in Knossos, zugrunde liegen — mit anderen Worten: Warum besteht eine Abgabeneinheit an A, B, C .. aus jeweils 7 A, 7 B, 2 C ...?

XX. WAGENINVENTARE IN KNOSSOS

Für die Interpretationsmöglichkeiten, die durch genauere Einblicke in den ursprünglichen Aufbau der Serie und ihre Struktur gewonnen werden können, sind vor allem auch die Ergebnisse der Untersuchungen an der knossischen Wagenserie von Bedeutung.

1956 hatte diese Tafelgruppe P. Chantraine[1] in einer klaren und einleuchtenden Studie untersucht und war hierbei von den verschiedenen Wagen-Ideogrammen ausgegangen. Einen voll montierten Wagen zeigen die Tafeln der Sc-Serie — einen Wagen mit Deichsel, Joch und Zügel, jedoch ohne Räder zeigen die Serien Sd und Se, während die Serien Sf und Sg ausschließlich durch das Ideogramm von Wagenkasten mit Deichsel, jedoch ohne sonstiges Zubehör gekennzeichnet werden — falls nicht, wie ebenfalls angenommen wurde, ein anderer Wagentyp zu erkennen ist. Hinzu kommen die knossischen So-(*Sp-)-Tafeln[2] und die pylischen Sa-Tafeln, die als Ideogramm ein Wagenrad mit Speichen aufweisen. P. Chantraine war davon ausgegangen, daß die Wagen der Serien Sf und Sg, die (in Sf) als *anamoto* (ἀνάρμο(σ)τοι) bezeichnet werden, mit der zusätzlichen Kennzeichnung *anato* bzw. *ajamena* erscheinen können, wobei jedoch nur die eine oder die andere Bezeichnung, nie jedoch beide zugleich zusammen mit *anamoto* zu finden sind. Das führt zu der Folgerung, daß einerseits *anato* und *ajamena* sich inhaltlich ausschließen, also ihrer Bedeutung nach irgendwie konträr zu ver-

---

[1] Quelques termes mycéniens relatifs aux chars, Minos 4, 1956, S. 50 ff.

[2] Diese von M. Lejeune in: Minos 9, 1968, S. 43 f. hypothetisch angenommene Serie *Sp, für die eindeutige Belege fehlen, stimmt nicht mit den beiden in KT IV der Serie Sp zugewiesenen Tafeln überein.

stehen sind, während sie andererseits als zusätzliche Erläuterung zu *anamoto* treten können. Hinzu kommt, daß sich *anato* nie, *ajamena* jedoch auch in der Sd-Serie findet: « Ces divers considérations pourraient donner à croire que ἀνάρμο(σ)τος désignerait les chars dont les divers éléments ne sont pas assemblés, que *anata* désignent ceux qui ne sont pas encore ajustés, *ajamena* ceux qui sont ajustés mais non encore assemblés: l'emploi à côté de *e-re-pa-te* (ἐλέφαντει, „mit Elfenbein") pourrait signifier qu'ils sont préparés à recevoir l'ivoire, ou qu'ils l'ont reçu. »

Die Serien Sd und Se unterscheiden sich in erster Linie von Sf und Sg durch den Gebrauch des Wortes *araromotemena* (in Sd), das seinerseits vom Stamm ἀραρίσκω abzuleiten ist und offensichtlich in Opposition zu *anamoto* gebraucht wird. In Anbetracht der Ideogramme, die für die Serien Sd und Se einen mit Zubehör ausgerüsteten, jedoch räderlosen Wagen, für die Serien Sf und Sg einen nicht ausgerüsteten, nur aus Wagenkranz und Deichsel bestehenden Wagen ohne zusätzliches Zubehör zeigen, ergibt sich der Schluß, daß der Terminus *anamoto*/ἀνάρμο(σ)τος für « chars non montés », *araromotemena*/ἀραρμοτ(η)μένος hingegen für « chars montés » steht. Demnach also dürfte den durch verschiedene, jeweils den Zustand des Wagens betreffende Beschreibungsmerkmale charakterisierten einzelnen Serien « un certain avancement du travail » zugrunde liegen: ein Teil der Wagen ist bereits montiert, ein anderer Teil nicht, wobei die nicht montierten sich in solche gliedern, die hinsichtlich ihrer Einzelteile *anato*, d. h. « non ajustés » sind, und solche, die hinsichtlich ihrer Einzelteile *ajameno*, d. h. « préparés, adaptés, mais non montés » sind. Als ein Ergebnis der Untersuchungen von P. Chantraine, das von den Ideogrammen, sofern sie richtig gelesen sind, eine gewisse Bestätigung erfährt, wäre demnach festzuhalten: daß die Serie Sc vollständige Wagen erfaßt, die Serien Sd und Se bereits montierte Wagen, jedoch ohne Räder, die Serien Sf und Sg hingegen nicht montierte Wagen, deren Einzelteile zum Teil bereits angepaßt sind und nur noch der Montage bedürfen, während die Einzelteile für einen anderen Teil erst noch angepaßt werden müssen, um montiert werden zu können.

214

Diese methodisch wie auch im Ergebnis zunächst an sich befriedigende Lösung bedarf jedoch möglicherweise verschiedener Einschränkungen und Korrekturen — die sich allerdings erst aus weiteren Untersuchungen und Einsichten in die ursprüngliche Anordnung und Gliederung der Tafeln ableiten lassen. Nachdem J. P. Olivier[3] die Schreiberhände für die knossischen Tafeln unterschieden und damit die Einteilung der Serien weitgehend geklärt hatte, ging M. Lejeune[4], der sich bereits in zwei längeren Aufsätzen mit den Wagentafeln auseinandergesetzt hatte[5], nochmals an deren Untersuchung. Ihr zufolge ergibt sich ein von den Folgerungen P. Chantraines abweichendes Bild der inneren Gliederung der einzelnen Serien und ihrer daraus zu gewinnenden Interpretation.

Auch M. Lejeune geht von der Unterscheidung der Ideogramme sowie dem Begriffspaar *araromotemena — anamota* aus. *Amo*/ἅρμο, der den Tafeln mit dem Radideogramm zugrundeliegende Sachbegriff, bedeutet, so wird festgestellt, zunächst Zubehör (« ajustage ») im weitesten Sinne; aus der knossischen So- (und der pylischen Sa-)Serie aber wird, da sich das Wort stets in Zusammenhang mit dem Bildzeichen für „Rad" findet, deutlich, daß dies seine konkrete Bedeutung ist. Da aber, so wird des weiteren gefolgert, in den knossischen Sd-, Se-, Sf- und Sg-Serien die Bezeichnungen *araromotemena* und *anamoto,* d. h. — nach M. Lejeune — „mit Rädern" und „ohne Räder", stets in Zusammenhang mit räderlosen Ideogrammen gebraucht werden, kann in diesen Fällen das Bildzeichen den Gegenstand, der erst durch die genannten Beiworte als „berädert" oder „räderlos" gekennzeichnet wird, nicht präzise entsprechen, sondern bedeutet ganz allgemein eben „Wagen", ohne daß damit eine Aussage über Vorhandensein oder Fehlen von Rädern

[3] Les scribes de Cnossos.
[4] Chars et roues à Cnossos: Structure d'une inventaire, Minos 9, 1968, S. 7 ff.
[5] Les inventaires de roues, Mémoires de Philologie Mycénienne, Paris 1958, S. 25 ff.; ders., Nouveaux inventaires de roues, ebend. S. 111 ff.

gegeben wird. Warum aber, so dürfte mit Recht eingewendet werden, zeigen dann, wenn bereits die räderlosen Ideogramme der genannten Serien den Begriff „Wagen" ausdrücken, die Tafeln der Serie Sc Ideogramme von Wagen mit Rädern? Dieser Widerspruch löst sich, so M. Lejeune, wenn wir einen Blick auf die für die einzelnen Serien zuständigen Schreiberhände bzw. Schreibbüros werfen: Insgesamt können wir drei solche Schreibstuben unterscheiden. Der Schreibstube I, deren Tafeln aus dem sog. „Arsenal" stammen, gehören die Hände 128, 129, 130 und 131 an; 128 hat die Serie Sd abgefaßt, 128 und vor allem 129 die Serie Sf, während zusammen mit den beiden ersten wiederum vor allem 130 und 131 für die Serie So (Räder) zuständig sind. — Die Tafeln von Büro II stammen aus der sog. "Area of the Bull Relief" und umfassen, wie Büro I, drei Serien; davon kann Serie Se dem Schreiber 127 zugewiesen werden, während die Schreiber der Serien Sg und *Sp (Räder) nicht identifiziert werden können, was an dem fragmentarischen Erhaltungszustand dieser Serien liegt. — Büro III schließlich, das im Bereich des sog. "Room of the Chariot Tablets" zu lokalisieren ist, wird von der Hand 124 bestritten und umfaßt die Serie Sc (Wagen mit Rädern).

Da neben den Wagen in der Serie Sc auch andere Rüstungsgegenstände zusammen mit Personennamen verzeichnet werden, dazu auch Pferde, und da diese zusätzlichen Angaben offenkundig in verschiedenen Fällen bereits Vorhandenes lediglich komplettieren (etwa ein Pferd durch Zuteilung eines zweiten zu einem Gespann), läßt sich zweierlei folgern: einmal handelt es sich hier um ein Verzeichnis von verschiedenen, Einzelpersonen tatsächlich zugewiesenen Wagen und Rüstungsgegenständen — und zweitens: die Wagen stellen offenkundig Kriegs- bzw. Streitwagen dar.

Vom Ideogramm der Serie Sc unterscheidet sich das der Serien Sd (Büro I) und Se (Büro II) dadurch, daß die beiden letzteren die Wagen ohne Räder zeigen, was aber, wie bereits betont, nach M. Lejeunes Auffassung keineswegs einen zwingenden Hinweis auf den tatsächlichen Zustand bedeutet, sondern lediglich eine verschieden gehandhabte Konvention der verschiedenen Schreibbüros darstellt. Demnach ist die ideogrammatische Darstellung des Wagens mit Rad eine Eigenheit von Büro III, das die augenblicklich in Gebrauch befindlichen Wagen registriert, die Schreiber der Serien Sd und Se aber gebrauchen für den gleichen Gegenstand, d. h. demnach ebenfalls für militärische Wagen, das Ideogramm ohne Rad. Die Serien Sf (Büro I) und Sg (Büro II), die eine andere, offenkundig einfachere Wagenform zeigen, erfassen demnach die nicht militärischen Zwecken dienenden, also zivilen Wagen. — Noch ein anderer Unterschied zwischen Büro I und Büro II einerseits und andererseits Büro III läßt sich ablesen. Die von Büro III erfaßten Wagen befinden sich, wie gezeigt, in Gebrauch und sind demnach komplett, aber nicht im Palast; es handelt sich ausschließlich um Streitwagen. Bei den von Büro I und II registrierten Wagen handelt es sich, je nach Serie, um militärische (Sd, Se) oder zivile (Sf, Sg) Wagen, die zum Teil ohne Räder, zum Teil von anderen Mängeln behaftet sind. Darüber hinaus registrieren sowohl Büro I wie auch Büro II in jeweils getrennten Serien die vorhandenen Räder, die ebenfalls je nach ihrem Zustand bzw. ihrer Fabrikationsart näher beschrieben werden. Gegenüber Büro III, das die in Gebrauch befindlichen, einzelnen Personen zugewiesenen Wagen registriert, erfassen also Büro I und Büro II die in den knossischen Magazinen noch vorhandenen Wagen, Wagenkasten und Räder, wobei das jeweilige Aussehen, die Fabrikationsart und der Erhaltungszustand die für die Beschreibung wesentlichen Kriterien abgeben. Daneben werden auch die Herkunft des Materials, ausstehende Abgaben, sowie Wagen, die sich offensichtlich in Reparatur befinden, vermerkt.

Die Frage nach den Fabrikationsstätten der Wagen, die daraus folgt, läßt sich immerhin soweit beantworten, als gesagt werden kann, daß zumindest zwei Werkstätten, die *(opa)* des *arekisito* und des *kokida* erwähnt werden. Da aber sowohl Büro I wie auch Büro II sich mit der Produktion des *arekisito* befassen, ergibt sich, daß die Zuständigkeit von Büro I und Büro II nicht von verschiedenen Werkstätten abhängig gewesen sein kann, sondern offensichtlich zwei verschiedene Magazine betraf, in denen die Wagen verschiedener Werkstätten aufbewahrt wurden.

Einen interessanten Einblick in die Schreibstube selbst und ihre bis zu einem gewissen Grad wohl hierarchische Struktur gewährt die Sonderung der Schreiberhände in Büro I. Im wesentlichen ist jeder Schreiber für seine eigene Serie zuständig, gelegentlich jedoch kann auch der Kollege das eine oder andere Täfelchen beitragen, doch scheint Hand 131 insofern übergeordnet gewesen zu sein, als sie ihrerseits offensichtlich für die Revision von Hand 128 und andererseits auch für die Summierung der in der So-Serie erfaßten Räder zuständig ist.

Weitere Unterschiede, die gleichzeitig den individuellen Spielraum des einzelnen Schreibers bei der Registrierung erkennen lassen, zeigen sich zwischen Büro I und II. Während die Streitwagen der Serie Sd vom Schreiber 128 (Büro I) häufig nach ihrer Farbe als *ponikija*/φοινικίαι (purpurfarben) und *mitowesa*/μιλτόϝεσσαι (rot bemalt) charakterisiert werden, fehlen solche Angaben bei Schreiber 127 zwar nicht gänzlich (Büro II, Serie Se), doch legt dieser seinerseits größeren Wert auf die Angabe des Materials, das verschiedentlich als *pterewa*/πτελέϝας (aus Ulmenholz) bezeichnet wird, wohingegen Materialangaben dieser Art beim Schreiber 128 nicht vorliegen. Im übrigen zeichnet sich Schreiber 127 (Büro II) durch eine größere Breite des technischen Vokabulars aus, das aber für uns bisher leider zumeist unverständlich bleibt. Die ausführlichen Angaben zum Wagenzubehör in der Serie Sd stellen der Serie Se gegenüber ebenfalls eine Besonderheit dar.

Die zivilen Wagen, die in Büro I vom Schreiber 129 in großer Anzahl registriert werden (Serie Sf), werden nur summarisch beschrieben, entweder als *anamoto* (wenn die Räder fehlen; vorhandene Räder werden nicht ausdrücklich erwähnt) oder durch das Begriffspaar *anato/ajameno*, das sich nach M. Lejeune auf vorhandene bzw. fehlende Verzierung bezieht. Demgegenüber scheint der hauptsächliche Unterschied der entsprechenden Tafeln aus Büro II (Serie Sg), die nur sehr fragmentarisch auf uns gekommen sind, darin zu bestehen, daß die Beschreibungen offensichtlich ausführlicher sind und auf den einzelnen Wagen bezogen werden. Daß aber auch die Serie Sg ursprünglich eine größere Anzahl ziviler Wagen registrierte, geht aus der entsprechenden Summierungstafel (Sg 1811) hervor.

Neben Streitwagen und zivilen Wagen hat Büro I auch Räder (Serie So) erfaßt. Sie werden — neben anderen Beschreibungsmerkmalen — vor allem nach der Art des Holzes als *erika*/ἑλίκας (aus Weidenholz) und *pterewa*/πτελέϝας (aus Ulmenholz) sowie als *odakweta* und *temidweta* beschrieben, wobei sich die letzteren Bezeichnungen nicht so klar fassen lassen wie die ersteren, wohl aber auf die Radkonstruktion zu beziehen sind (mit Reifen — mit Zähnen versehen?). — Von einer entsprechenden, die Räder betreffenden Serie aus Büro II hat sich wenig erhalten. M. Lejeune hat einige wenige diesbezügliche Tafeln vorschlagweise unter der Serie *Sp vereinigt.

Zusammenfassend läßt sich sagen, daß Büro III Wagen und anderes Rüstungszubehör registriert, das vom Palast ausgegeben wurde — Büro I und Büro II hingegen Magazinbestände erfassen, wobei sowohl Büro I wie auch Büro II in jeweils entsprechenden Serien gesondert die Streitwagen, die zivilen Wagen und die Räder verzeichnen. Obschon die einzelnen Serien, vor allem die aus Büro II, nicht unbedeutende Verluste aufweisen, läßt sich doch in etwa eine Summe des ursprünglich verzeichneten Bestandes angeben, wozu nicht zuletzt die verschiedentlich erhaltenen Summierungstafeln wesentliche Anhaltspunkte gewähren: Von etwa 200 Kriegswagen, die insgesamt verzeichnet sind, waren zur Zeit der Niederschrift der Serien etwa 150 vom Palast an einzelne Personen verteilt, während sich in dem von Büro I (Serie Sd) erfaßten Magazin etwa 2 Dutzend, in dem von Büro II (Serie Se) erfaßten Magazin etwa 15 Wagen befanden. Die geringe Anzahl der im Palast vorhandenen gegenüber den zugewiesenen Wagen erklärt sich wohl am ehesten aus dem Umstand, daß die Registratur der in den Magazinen verbleibenden Wagen erst nach der Auslieferung der von Büro III registrierten erfolgte. — Neben den Kriegswagen wird von Büro I und II noch eine andere Gattung von Wagen verzeichnet, offenkundig zivile. Büro I registriert von ihnen insgesamt mehr als dreihundert (Serie Sf), während Büro II, nach der erhaltenen Summierungstafel (Sg 1181) zu urteilen, etwa 250 Gefährte erfaßt. Die zivilen Wagen werden offenkundig zum großen Teil ohne Räder aufbewahrt; dem entspricht es, wenn Büro I und II außerdem eine größere Menge von „losen" Rädern verzeichnen; so werden in dem einen mindestens 300 Paare Räder, in dem anderen aber etwa 250 Paare aufbewahrt. Es ergibt sich also, daß in jedem der beiden Magazine die Anzahl der verfügbaren Räderpaare in etwa genauso hoch war, wie für die ohne Räder aufbewahrten Wagen benötigt wurde.

Ein Räderinventar, aufgezeichnet nach den Wagen der namentlich genannten Besitzer, findet sich auch in Pylos. Während in Pylos die Bezeichnung für den Wagen offenkundig *woka*/*ϝοχά lautet, ist in Knossos ausdrücklich von *iqija*/hi(k)k^{w}ïā die Rede; doch mag letzteres seinerseits aus *iqija woka* entstanden sein. — Insgesamt darf festgestellt werden, daß nach den genannten Untersuchungen von J. P. Olivier und M. Lejeune die knossische Wagenserie zu den für uns durchsichtigsten Komplexen der mykenischen Tafeln gezählt werden darf — freilich nur unter der Voraussetzung, daß die Interpretation M. Lejeunes von *anamoto*/*araromotemena* als „räderlos/mit Rädern versehen" das Richtige trifft[6]. Andernfalls wäre unser Verständnis der knossischen Wagentafeln im wesentlichen mit dem Ergebnis der eingangs genannten Untersuchung P. Chantraines umrissen.

Aber auch in historischer Hinsicht geben die in Knossos wie Pylos bezeugten Wagenparks manches Problem auf. Daß sie zumindest zum Teil militärischem Gebrauch dienten, kann nach Ausweis der knossischen Sc-Serie als sicher gelten. Anderseits

---

[6] Diese Auffassung wurde zuerst von D. J. N. Lee, BICS 5, 1958, S. 61 ff. vertreten. Ablehnend dazu J. Chadwick, Documents², S. 515; mit ausführlicher Begründung nun C. J. Ruijgh, Faits linguistiques et données externes relatifs aux chars et aux roues (Kolloquium Neuchâtel).

aber scheinen, nach der jüngsten diesbezüglichen Untersuchung durch M. A. Littauer[7], für die mykenischen Wagen unmittelbar militärische Verwendung sichernde Denkmäler innerhalb der bildlichen Überlieferung zu fehlen. Auch fragt man sich, wie diese im wenig wegsamen griechischen Gelände nützlich hätten eingesetzt werden können. Dienten die Kriegswagen also, wie es auch im allgemeinen homerischer Brauch ist, nur zur Beförderung des Kriegers auf das Schlachtfeld? Daß die Mykener immerhin über ein wohlausgebautes Straßennetz verfügten, kann als gesichert gelten.[8]

Ein anderer Fragenkreis betrifft die knossischen Kriegswagen. Wurden sie, zusammen mit anderen bezeichnenden Merkmalen einer betont kriegerischen Lebensart, erst nach der Mitte des 15. Jh. durch die in Knossos herrschende mykenische Dynastie eingeführt? Deutet darüber hinaus der Umstand, daß in Knossos zur Zeit der Niederschrift der Tafeln offenkundig der überwiegende Teil an einsatzfähigen Streitwagen sich außerhalb des Palastes befand, auf innerkretische, der Zerstörung des Palastes vorausgehende Kriegshandlungen hin?

[7] M. A. Littauer, The Military Use of the Chariot in the Aegean in the Late Bronze Age, AJA 76, 1972, S. 145 ff., bes. 152 ff.

[8] Vgl. dazu W. A. McDonald, Overland Communications in Greece during LH III, with special reference to Southwest Peloponnese, in: Myc. Stud., S. 230 f.; W. Kase, Mycenaean Roads in Phocis, AJA 77, 1973, S. 74 ff.

XXI. BRUSTPANZER IN KNOSSOS UND PYLOS.
ANDERE WAFFEN

Die militärische Verwendung zumindest eines Teiles der knossischen Wagen wird gesichert durch ihre Verbindung mit dem Ideogramm von Brustpanzern auf den nämlichen Tafeln (Serie Sc). Die Bildzeichen zeigen hemdartige, mit kurzen Schulterstücken versehene Gebilde, deren Körperteil durch eine Anzahl von drei oder vier Querstreifen unterteilt wird. — Aus anderen knossischen Tafeln (Sk), insbesondere aber durch die pylische Sh-Serie, die den genannten knossischen Texten im wesentlichen entspricht, erfahren wir Näheres über die Zusammensetzung der Panzer, wobei hier jedoch, was auch vom Ideogramm angezeigt wird, der Helm (*koru*/κόρυς) mit angeführt wird. Eine solche (pylische) Garnitur besteht aus 20 größeren und 10 kleineren oder 22 größeren und 12 kleineren *„opawota"* des Panzers sowie aus 4 *„opawota"* und 2 *parawajo* des Helmes. Die *opawota* sind *„opaworta"* (gebildet von einem Verbum *opāwerjō*, dem das spätere ἐπαείρω entspricht), d. h. als „angehängte, hingehängte Teile" zu verstehen, während die *parawajo* mit den späteren παρήια (Wangenklappen) zu identifizieren sind. Erwähnt werden daneben gelegentlich *epomijo* (Schulterstücke/Dual ἐπωμίω) sowie *qero₂*, wohl ebenfalls Bestandteil des Brustpanzers, deren genaue Bedeutung bisher allerdings nicht eindeutig geklärt werden konnte (vgl. äol. σπέλλιον = ψέλιον, Armreif).

Bereits Ventris und Chadwick bemühten sich um das Verständnis dieser Texte, das nicht zuletzt von der Frage abhängt, ob die einzelnen Bestandteile der Panzer aus Metall oder einem anderen Material bestanden haben. Für Metall sprechen zwei wesentliche Anhaltspunkte in den Texten selbst. So erscheint einmal (KN K 740) *qero₂* innerhalb einer Tafel mit Bronzegefäßen zusammen mit Bildideogramm (offensichtlich dem oberen Teil der Panzer) und zusätzlich dem Bronzeideogramm; daneben aber ist in einigen Beispielen der knossischen Sc-Serie (Sc 246, 7461) das Panzerideogramm durch ein anderes ersetzt, das offenkundig einen Metallbarren darstellt, der in Einzelfällen demnach als Gegenwert zum Panzer gelten konnte.

Die ausführliche und verhältnismäßig gut verständliche Beschreibung dieser Schutzwaffen in den Texten müßte, so möchte man annehmen, sich mit Hilfe des archäologischen Vergleichsmaterials eindeutig erfassen und verstehen lassen. Doch ergeben sich gerade hier bedeutsame Schwierigkeiten, nicht zuletzt deswegen, weil gerade die Überlieferung und Funde für mykenische Bronzeschutzwaffen äußerst spärlich sind. Erst die Funde der 1953 entdeckten spätmykenischen Gräber in Kallithea/Achaia[1], wo u. a. Beinschienen aus Bronze erhalten waren, sowie insbesondere die Funde aus den 1960 ausgegrabenen neuen Kammergräbern von Dendra (ältere Grabungen waren bereits in den Jahren 1926/27 und 1939 vorgenommen worden), deren wichtigster ein vollständig erhaltener eherner Panzer aus der Zeit um 1400 v. Chr. ist, haben unsere Kenntnisse in dieser Richtung erweitert[2].

Der Panzer von Dendra hat die Diskussion um die mykenischen Waffenverzeichnisse aus Pylos und Knossos neu befruchtet, nicht zuletzt deswegen, weil eine gewisse Ähnlichkeit zwischen den knossischen Ideogrammen und der Rüstung aus Dendra zu bestehen scheint. Diese ergibt sich im wesentlichen aus dem Vergleich mit den Brust- und Rückenplatten, den darübergelegten Schulterteilen mit Armansätzen, sowie den überlappenden, sich rockartig weitenden Reifen, die den unteren Teil des Körpers

[1] N. Yalouris, Mykenische Bronzeschutzwaffen, AM 75, 1960, S. 43 ff.

[2] N. M. Verdelis, Neue Funde von Dendra, AM 82, 1967, S. 1 ff.; P. Aström, Das Panzergrab von Dendra, ebend. S. 54 ff.; ders., Ho thorax ton Dendron kai hai pinakides tes Knossou kai tes Pylou, Pepragmena tou B' Diethnous Kretologikou Synedriou, Athen 1968, Bd. 1, S. 128 ff.

decken. Reifen und Schulterstücke, so hat es den Anschein, entsprechen den Querbändern und den Armschlaufen der knossischen Ideogramme.

A. M. Snodgrass, ein Experte für altgriechische Waffen, ist diesen Fragen nachgegangen und hat sich insbesondere mit dem Verhältnis der Rüstung von Dendra zu den mykenischen Texten auseinandergesetzt [3].

A. M. Snodgrass kommt zu dem Ergebnis, daß zwischen den pylischen und knossischen Ideogrammen entscheidende Unterschiede bestehen. Abgesehen von der hastigen Ausführung der pylischen Ideogramme, die außerdem zusätzlich mit Helmen erscheinen, sind es vor allem die kurzen Ärmel, die sich wesentlich von den Schulterstücken der knossischen Ideogramme unterscheiden. Hinzu kommt nach Meinung von A. M. Snodgrass (was allerdings als nicht gesichert und eher unzutreffend erachtet werden muß), daß *opawota* für die knossischen Waffen nicht gesichert sind, d. h. nur für die pylischen Panzer in Betracht gezogen werden müssen.

Aus zwei Gründen also ist — nach Meinung von Snodgrass — eine Identifizierung des Dendra-Panzers mit den pylischen Ideogrammen und Beschreibungen abzulehnen: Einmal deswegen, weil "no plate-corselet, of the Dendra type or any other, can have sleeve attached ..." (S. 103); zum zweiten aber, und dies trifft tatsächlich zu, weil die hohe Anzahl der *opawota* in den pylischen Inventaren mit Anzahl und Art der Bestandteile des Dendra-Panzers keineswegs übereinstimmen.

Im Gegensatz zu den pylischen Ideogrammen aber stimmen, so A. M. Snodgrass, die knossischen Bildzeichen gut mit dem Dendra-Fund überein. Die Querstreifen entsprechen den glockenförmigen Ringen des Panzerunterteils; der Dendra-Panzer sowie die Ideogramme verjüngen sich in ihrem oberen Teil, insbesondere aber sind sich die Schulterstücke außerordentlich ähnlich, was durch die Aufzählung von *epomijo*/Schulterstücken

---

[3] The Linear B Arms and Armour Tablets- Again, Kadmos 4, 1965, S. 96 ff.

(allerdings nicht in unmittelbarem Zusammenhang mit dem Panzerepigramm) eine wesentliche Bestätigung erfährt. "All this inclines me to accept that the Dendra armour, complete with shoulder-guards, was the original for these somewhat curious drawings" (S. 101).

Für die pylischen Inventare und Panzerideogramme muß demzufolge eine andere Erklärung gefunden werden. A. M. Snodgrass erwähnt die verschiedentlich vorgetragene Erklärung, daß die Anzahl der opawota, die zwar für eine Rüstung aus einander schuppenartig überdeckenden Metallplatten, wie sie aus nahöstlichen Beispielen des späten zweiten Jahrtausends bekannt ist, zu gering sei, sich auf die Schuppenreihen oder die Anzahl der Schuppen in jeder Reihe beziehen könne; doch ist auch diese Erklärung wenig überzeugend, nicht zuletzt deswegen, weil weder die bildlichen Darstellungen noch die, was Schuppenpanzer anbelangt, äußerst spärlichen Funde [4] aus der spätmykenischen Epoche dafür einen Beleg zu beinhalten scheinen. Das führt zu dem Schluß, daß die Panzer der pylischen Inventare eben jenem Typus angehören, für den sich entsprechende Belege erbringen lassen, nämlich für den aus Leder oder Stoff gefertigten: "One can only guess how the 30 or 34 *opawota* would then be disposed; perhaps the first group *(mezoa$_2$)* were for the body, distributed so as to give 10 or 11 layers front and rear, and the other group *(meujoa$_2$)* for the sleeves, 5 or 6 layers on each arm" (S. 105).

Als zusätzliches Ergebnis dieser Untersuchungen erkennt A. M. Snodgrass eine Bestätigung der Evansschen Datierung der Knossostafeln. Der auf ihnen verzeichnete Panzertyp entspricht dem in die Jahre um 1400 zu datierenden Fund von Dendra, während die leichteren Leder- und Stoffpanzer einer späteren Epoche angehören — wie auch die Pylostafeln. Auf eine ältere Stufe der Metallplatten-Rüstung, die zwischen 1450 und 1350 anzusetzen ist, folgt eine Periode leichterer Wapp-

---

[4] Dazu H. W. Catling, A Bronze Plate from a Scale-Corselet found at Mycenae, AA 85, 1970, S. 441 ff.

nung, in welche die von den pylischen Schreibern erfaßten Brustpanzer gehören.

Zu ähnlichen Ergebnissen ist M. Th. Picard-Schmitter[5] gekommen, die allerdings für ihre Untersuchung einen völlig anderen Ausgangspunkt gewählt hat. Sie bezieht sich auf die in PY Sh 736 erwähnten *torake* (θώραχες/Brustpanzer); die θώραχες der homerischen Gedichte aber sind, so folgert sie weiter, als leichte Rüstungen aufzufassen, die dem Krieger ein hohes Maß an Beweglichkeit garantieren; ihre bunte Verbrämung — sie werden als πολυδαίδαλος, παναίολος, ποικίλος bezeichnet, führt ebenfalls dazu, sie als Textilien anzusprechen, was zumindest in zwei Fällen, wo ein λινοθώρηξ erwähnt wird (B 52, N 830), als unausweichliche Folgerung gelten muß[6]. Die leichten Thorakes sind demnach also von den „χαλκοχιτῶνες", den „Erzgewändern", zu trennen. Auch die schriftliche und bildliche Überlieferung aus dem Nahen Osten, insbesondere aus dem Ägypten des späten zweiten Jahrtausends, zeigt neben Beispielen von Rüstungen aus Metallschuppen und auch Lederschuppen vor allem eine Art von Kriegsbekleidung, die vorwiegend textiler Natur sein dürfte und aus langen, um den Körper geschlungenen, über der Taille geknoteten Bändern bzw. Riemen besteht — während etwa gerade auf den ägyptischen Darstellungen der Seevölkerkämpfe Plattenpanzer völlig fehlen.

Obschon M. T. Picard-Schmitter die Möglichkeit, daß die Ideogramme das Material „Erz" implizieren, erwägt, so spricht

[5] Oberservations sur les « cuirasses » mycéniennes à propos de l'inscription de Pylos Sh 736, Atti Roma, Bd. 1, S. 134 ff.

[6] Vgl. dazu auch A. Sacconi, A proposito dell'epiteto omerica λινοθώρηξ, Živa Antika 21, 1971, S. 49 ff.; allerdings dürfte es sich bei den von ihr dafür in Anspruch genommenen Gewändern der L-Serie um gewöhnliche Textilprodukte handeln. Zwar ist es sicher richtig, daß unter den Erzrüstungen Leinengewänder getragen wurden — ihre Schlußfolgerung: „i due epiteti (χαλκοχίτων, λινοθώρηξ) sono complemetari e non si escludono a vicenda; indossare la corazza di bronzo importava anche indossare la sottocorazza di lino e viceversa" dürfte dem komplexeren Sachverhalt nicht gerecht werden.

ihr doch der überlieferte Denkmälerbestand dafür, in den Panzern der mykenischen Inventare zumindest zum Teil solche aus anderem Material zu erkennen.

Einen Beleg hierfür könnte nach Meinung der Verfasserin Tafel PY Sh 736 bieten. Die Worte „*torake amejato opa mezana woke newo*" faßt sie als « *thorake* d'amiante, bandes (de) grande (largeur) faites récemment » auf. Allerdings ist — so muß eingewendet werden — die abgekürzte Schreibung von „*opa*" für „*opawota*" ansonsten nicht belegt und auch nicht wahrscheinlich. „*Opa*" findet sich verschiedentlich in den Texten und bezeichnet, obschon eine eindeutige Etymologie nicht zu erbringen ist, die „Werkstatt", in der etwas hergestellt wird. So wird man wohl, wie u. a. L. R. Palmer vorgeschlagen hat[7] die Worte „*torake amejato opa*" besser als „Brustpanzer (aus der bzw. in der) Werkstatt des Ameians" auffassen.

Eine sichere Bestätigung für Brustpanzer aus Stoff oder Leder läßt sich also aus den Tafeln in keiner Weise erbringen. Die oben angeführten Umstände (*qero*$_2$ mit dem Erzideogramm; Ersetzen des Panzerideogramms durch das „Barren"-Ideogramm) scheinen eher darauf hinzudeuten, daß es sich um Metallpanzer handelt. Daß sich diese in der Überlieferung durch Bild und Funde in genau entsprechender Form jedoch nicht nachweisen lassen, bleibt in der Tat irritierend, doch kann man sich schwer des Eindrucks erwehren, daß hier die schriftliche Überlieferung in ihrer Aussage weiter führt als die in Bild und Fund.

Es bleibt festzuhalten, daß man lange Zeit, bis zu den Funden von Kallithea und Dendra (und neuerdings auch Theben), die „erzgewandeten Achaier" Homers[8] für Kennzeichen einer späteren Entstehungsschicht der entsprechenden Verse hielt, während heute immerhin Bronzeschutzwaffen für die mykenische Zeit, wenn auch nicht reichlich, so doch ausreichend belegt sind. Allerdings sind diese Belege, die u. a. auch zumindest gelegent-

---

[7] Interpretation S. 330.
[8] Vgl. dazu auch die Ausführungen von C. King, The Homeric Corselet, AJA 74, 1970, S. 294 ff.

liche Hinweise auf die Verwendung von Panzern aus Metallplatten enthalten dürften[9], allzu spärlich, als daß man daraus
Schlüsse von größerer Konsequenz ziehen möchte. Auch ist andererseits zu sagen, daß es — aus einleuchtenden Gründen —
mit der Überlieferung von textilen Panzern nicht besser bestellt
ist. So wird man die Wahrscheinlichkeit, daß die Panzer der
mykenischen Inventare Bronzegeräte sind, keineswegs ausschließen oder gering veranschlagen dürfen. Die Möglichkeit,
daß das Ideogramm ursprünglich für einen Panzer des Dendra-
Typs geschaffen wurde und sich, im Gegensatz zum Panzer
selbst, der im Lauf der Zeit beweglicher und mehrteiliger wurde,
nur wenig verändert hat, erscheint durchaus erwägenswert. Ob
die pylischen und die knossischen Ideogramme tatsächlich einen
fundamentalen Unterschied in der Entwicklung der Rüstung anzeigen, und nicht nur auf Unterschiede der Schreiberhände bzw.
der Büros zurückzuführen sind, muß ebenfalls offenbleiben; die
Erwähnung von *opawota* und *parawajo* sowohl in Pylos wie in
Knossos scheint eher dafür zu sprechen, daß die Bestandteile der
knossischen wie der pylischen Panzer und Helme im wesentlichen dieselben waren, was, bei einer Frühdatierung der knossischen Tafeln, einen größeren Umschwung der Entwicklung
auszuschließen scheint. Schließlich stellen die oben referierten
Ergebnisse der Untersuchungen von M. Lejeune zu den Texten
und Ideogrammen der knossischen Wagenserie eine nicht zu
übersehende Warnung davor dar, die Ideogramme allzu wört-
lich zu verstehen. Jedenfalls könnten sie auch einen anderen
Schluß als den von M. A. Snodgrass vertretenen zulassen.
N. M. Verdelis, dem wir eine eingehende Untersuchung der
Funde von Dendra verdanken, ist zu der Auffassung gelangt,
„daß der Panzer von Dendra dem Ideogramm von Pylos besonders nahe stehe: näher als dem der Tafeln von Knossos." —

[9] Vgl. neben den Funden aus Mykene (Anm. 4) auch die aus den
Tombe dei Nobili, Phaistos; dazu L. Savignoni, Mon. Ant. 14, 1904,
S. 537, Nr. 6—8, Abb. 22 ff.; M. Hood, BSA 47, 1952, S. 260;
N. Yalouris, AM 75, 1960, S. 53.

Wie dem auch sei, das Bildzeichen mag auch hier nicht mehr als den allgemeinen Begriff des in einer allgemeinen Form dargestellten Gegenstandes vertreten, über seine genaue Beschaffenheit aber geben, sofern sie für die Registratur wesentliche Merkmale enthält, die Texte Aufschluß. Diese stehen, wie bereits bemerkt, in einem gewissen Widerspruch zur übrigen Überlieferung. Deren nur sehr geringe Indizien aber sollten nicht dazu verleiten, die Texte anhand dieser negativen Bilanz im Sinne eines argumentum e silentio gegen deren eigene Aussage zu interpretieren.

Die Frage der Brustpanzer betrifft nur einen der in den Tafeln enthaltenen Aspekte über Rüstung und Kriegführung in mykenischer Zeit. Zusammenfassend orientiert darüber nun M. Lejeunes sachkundiger Beitrag [10], der eine wertvolle und umfassende Einführung in den gesamten Komplex des mykenischen Kriegswesen, soweit es in den Linear B-Texten faßbar wird, bietet.

Zu den Defensiv-Waffen, unter denen allerdings so charakteristische Stücke wie Beinschienen und Schilde in den Texten nicht erwähnt werden, treten die Offensivwaffen — in erster Linie die *pakana* (φάσγανα, Schwerter bzw. Dolche) der knossischen Ra-Serie, die *araruwoa desomo* (ἀραρϝόα δεσμῷ), d. h. „mit Schwertgehängen versehen" sind —, ferner die gelegentlich (Ta 716) erwähnten *qisipee* (Dual zu ξίφος, Schwert). In großer Anzahl werden *pataja* (*παλταῖα? Pfeile bzw. Wurfspeere; PY Jn 829, KN R 4482 bzw. Ws 1704, 1705, 8495) verzeichnet. Von den leichten Wurfspeeren sind die ebenfalls erwähnten stärkeren *ekea, ekeija* (zu ἔγχος bzw. ἐγχεία), d. h. Stoßspeere, zu unterscheiden. Für die Verwendung von Pfeil und Bogen aber spricht nicht zuletzt die Berufsgruppe der *tokosowoko* (τοξο-ϝοργοί), d. h. der „Bogenmacher".

[10] La civilisation mycénienne et la guerre, in: Problèmes de la guerre en Grèce ancienne, Hrsg. J. P. Vernant, Paris 1968, S. 31 ff.

XXII. HANDWERK UND KUNSTHANDWERK.
VERSCHIEDENES GERÄT

Unter den nicht zum Kriegshandwerk gehörigen, in den Linear B-Tafeln angeführten Gerätschaften hatten bereits Ventris-Chadwick[1] zwei Gruppen besonders hervorgehoben, nämlich einerseits Tafeln mit Gefäßideogrammen und Gefäßbezeichnungen, sowie andererseits eine weitere einheitliche Tafelgruppe, die neben Gefäßen und Feuergeräten vor allem Mobiliar umfaßt: die sogenannte Ta-Serie aus Pylos. Zu dieser gehört u. a. das als Bestätigung für die Richtigkeit der Entzifferung so berühmt gewordene „Dreifußtäfelchen" Ta 641 mit der Erwähnung von Dreifüßen unterschiedlicher Qualität, sowie mit henkellosen, drei- und vierhenkligen Gefäßen, die als *„dipa"*, wohl dem klassischen Wort δέπας entsprechend, bezeichnet werden.

Bereits im Verhältnis *dipa*/δέπας zeichnet sich jene Schwierigkeit ab, die nicht allein für die unterschiedlichen Gefäßformen, sondern insgesamt auch für alle speziellen Sachwörter zutrifft. Den Ideogrammen und ihren vergleichbaren mykenischen Gefäßen zufolge darf durchaus damit gerechnet werden, daß zumindest ein Teil der mit *dipa* bezeichneten Gefäße von nicht geringer Größe gewesen sein dürfte, wofür u. a. auch ihre ausdrückliche Bezeichnung als *mezo(e)* (μέζοε) spricht. Auch die homerische Schilderung des sog. „Nestorbechers" (Il. 11, 632 ff.) geht ganz offensichtlich von der Vorstellung eines größeren Gefäßes aus — wohingegen der übliche klassische Wortgebrauch mehr im Sinne von „Becher", also eines kleineren Gefäßtypus, erfolgt.

Solche Wandlungen der Bedeutung begegnen auf verschiedenen Gebieten — man denke etwa an den bereits erwähnten

---

[1] Documents S. 323 ff., 493 ff.

qasireu/βασιλεύς, auch an *amo*/Rad und klassisch ἅρμα/Wagen. Besonders schwierig aber gestaltet sich die Worterklärung dort, wo offensichtlich ein technischer Sachverhalt bezeichnet wird, der in nachmykenischer Zeit nicht mehr bekannt war, und sich infolgedessen ein entsprechender Terminus nicht erhalten hat.

— Lassen sich etwa Gefäßnamen wie *qeto, kati, apiporewe (aporewe), kupera, perike, karate(ra), porokowo, keniqetewe* und *atara* mit Sicherheit oder zumindest mit einer gewissen Wahrscheinlichkeit als πίθος, κηθίς, ἀμφιφορῆϝες, κύπελλα, πέλικες, κρατήρ, πρόχοϝος, *χερνιπτευς, ἄντλα erklären, so fehlen für andere Gefäßbezeichnungen wie *atewe, kurusupa, ipono, udoro, paketere, qetija, kanato, karatirijo, ekusewe* sowie *kararewe* zwar in Einzelfällen nicht gewisse Anknüpfungsmöglichkeiten[2], in keinem Fall jedoch bietet sich eine genaue historische Wortentsprechung.

Besonders deutlich wird dieser Umstand durch den mit *kararewe* (Pl.) bezeichneten Gefäßtypus beleuchtet, den das Ideogramm als keinen anderen als den der sog. „Bügelkanne" charakterisiert — eine in der späteren mykenischen Zeit außerordentlich häufig vertretene Gefäßform, die jedoch das Ende der Epoche nicht überlebt hat. Dennoch hat es an Versuchen, das Wort zu erklären, keinesfalls gefehlt; so dachten Ventris-Chadwick[3] an *"krairēwes* from „κραῖρα" head, or *klārēwes* from κλῆρος) cf. κληρωτρίς 'roting urn')"; F. Householder[4] hat in diesem Zusammenhang an die Hesychglosse „χλαρόν. ἐλαιηρὸς κώθων" und

---

[2] So könnten die *ekusewe* (MY Wt 501) als *enkhusewes* (zu ἐγχέω, Gußgefäße, Rhyta?) verstanden werden, während *paketere, paketerija* und *kanato* spezielle Gefäße der Milch- bzw. Käsebereitung darstellen könnten, wie dies O. Panagl, Paketere und kanato: Zwei Gerätetermini der mykenischen Milchwirtschaft, Živa Antika 22, 1972, S. 71 ff. mit ausführlicher sachlicher und philologischer Begründung aufgezeigt hat.

[3] Documents S. 328, — vgl. S. 494, wo J. Chadwick der Interpretation von F. Householder den Vorzug gibt.

[4] Class. Journ. 54, 1959, S. 397.

Petruševski[5] an die entsprechende Glosse „κλαρά. ψαιστά ἐν ἐλαίῳ" erinnert. Demgegenüber hat G. Neumann[6] zur Erklärung die Hesychglosse „καρορύς· ὑδρακρῆτε" herangezogen, die er als „ὑδρία· Κρῆτες" versteht und unter Hinweis auf die Variante *parakewe/parakuwe* auf *kararewe/kararus* bezieht. C. Gallavotti[7] schließlich verbindet es mit dem Wortstamm, der auch dem homerischen κάρη oder dem klassischen κραῖρα zugrunde liegt, und kommt zu dem Schluß: „Il rapporto morfologico e semantico che supponiamo tra ‚vaso a staffa' e ‚testa' sarebbe giustificato della configurazione particolare di tale recipiente che, capovolto, rassomiglia a una testa: con il collo, le due orecchie o anse, e il naso rappresentato dal beccuccio laterale" (S. 147).

Wenn schließlich keine dieser vorgeschlagenen Lösungen voll zu überzeugen vermag, so wohl nicht zuletzt deswegen, weil sich nach dem Aussterben der Gefäßform in nachmykenischer Zeit wohl auch die mykenische Bezeichnung selbst innerhalb des historischen Wortschatzes nicht erhalten hat.

Die pylische Ta-Serie, die aufgrund ihres vergleichsweise unkomplizierten Inhalts, der neben Gefäßen, Feuergeräten und Dreifüßen vor allem aus kostbaren Stoffen gefertigtes, figürlich verziertes Mobiliar wie Tische, Thronstühle und Fußschemel erfaßt, zu den durchsichtigsten der gesamten mykenischen Texte zählt, enthält in ihrer Einleitungsformel (Ta 711) zugleich einen der inhaltlich interessantesten Texte: *„owide pu₂keqiri ote wanaka teke aukewa damokoro."* — Die lange Zeit hindurch umstrittene Frage, ob in *damokoro* ein hochgestellter Funktionär oder ein Personenname zu erkennen sei, konnte dank einer Fragmentanpassung durch J. P. Olivier[8] zugunsten des Funktionärs entschieden werden. Mit der Etymologie des Wortes und der

[5] Živa Antika, 1961, S. 96.

[6] Weitere mykenische und minoische Gefäßnamen, Glotta 39, 1961, S. 174 f.

[7] Il nome della testa e del'anfora micenea a falso collo, Riv. Fil. NS 40, 1962, S. 135 ff.

[8] Le damokoro: un fonctionaire mycénien, Minos 8, 1963, S. 118 ff.

Stellung der Person innerhalb des Staates haben sich u. a. A. Heubeck [9], M. Lejeune [10], K. Wundsam [11] und zuletzt M. Lindgren [12] auseinandergesetzt. Es scheint sich um eine hochgestellte Persönlichkeit an der Spitze des Damos zu handeln, die ihrerseits in engerem Kontakt zum Palast und zum *wanaka* steht und nach Ausweis von Ta 711 von diesem — und darum geht der Streit — entweder bestattet oder ernannt wird.

Der Damos selbst, sicherlich etymologisch dem klassischen griechischen δᾶμος entsprechend, erscheint in Zusammenhang mit der Zuteilung von Saatgut bzw. Land. *Kekemena kotona* (k. κτοίνα) — d. h. bestimmte landwirtschaftlich genutzte Gebiete befinden sich im Besitz des Damos, der diese zur Nutznießung *(onato)* an bestimmte Einzelpersonen weitergibt, entsprechend der auf diese bezogenen häufigen Eintragung: *„onato eke(qe) kekemena kotona paro damo."* Doch wird man, wie zuletzt K. Wundsam [13] mit Recht betont hat, sich hüten müssen, den *damos* mit „Volk" gleichzusetzen. Das Land, über welches der *damos* verfügt, ist nur ein Teil des insgesamt zur Verteilung gelangenden Landes; so hat die Überlegung manches für sich, den *damos* als Personengruppe im Sinne eines geschlossenen Kollektivs aufzufassen, wie ein solches etwa auch im Zusammenschluß bestimmter Handwerkergruppen zu *qasirewija* vorliegt. „Sicher ist", nach den Worten von K. Wundsam, „daß damo nicht ... ,Volk' entspricht, auch nicht als Träger der ,troisième fonction' (Produktion: G. Dumézil) und Gegenbegriff zu **rawo* (λαός) aufgefaßt werden kann (S. 163) [14].

---

[9] Zu mykenischen Namen und Titeln, IF 64, 1958/59, S. 126; ders., Damokoro, Atti Roma, Bd. 2, S. 610 ff.

[10] Le δᾶμος dans la société mycénienne, REG 78, 1965, S. 17 f.

[11] Die politische und soziale Struktur in den mykenischen Residenzen nach den Linear B-Texten, Wien 1968, S. 66 f.

[12] Opuscula Atheniensia 8, 1969, S. 61 ff.

[13] Die pol. u. soz. Struktur, S. 153 ff.

[14] Zum Verhältnis von δᾶμος und λαός: A. Heubeck, Gedanken zum griechischen λαός, in: Studi linguistici in onore di Vittore Pisano, Bd. 2 (Brescia 1969) S. 535 ff.

Der damokoro, der, wie man wohl annehmen darf, an der Spitze des *damos* steht, wird in Ta 711 als Objekt einer Handlung des *wanaka* genannt, die ihrerseits mit „*teke*" (ἔ-θηκεν) umschrieben wird. L. R. Palmer ist in mehreren Arbeiten [15] dafür eingetreten, in „*teke*" den Vorgang der Grablegung zu erkennen. Das mag für die verzeichneten Gefäße und auch die Feuergeräte angehen, scheint aber für die große Anzahl von Möbeln nicht unbedenklich: wohl nur ein sehr großes Tholosgrab hätte, wenn überhaupt, eine solche Menge von Möbeln aufnehmen können, hat man verschiedentlich gegen die These Palmers eingewendet. Vor allem aber scheint der allgemeine Wortsinn von *teke*, wie dies von M. Lejeune [16] und M. Lindgren [17] gezeigt worden ist, die Bedeutung „bestattete", sofern nicht unabhängig davon ein entsprechender Zusammenhang ausdrücklich gegeben ist, primär nicht zu enthalten. So darf wohl die Einleitungsformel kaum anders verstanden werden als: „So sah es *pu₂keqiri,* als der *wanaka* den *Auge(i)as* zum *damokoro* ernannte."

Was aber ist aus dieser Einleitungszeile für den Verwendungszweck der von der Ta-Serie registrierten Gegenständen, was über ihren unmittelbaren Zusammenhang mit den in der Einleitungszeile genannten Personen und Vorgang ausgesagt? Strenggenommen nicht mehr, als daß eine Person mit Namen *pu₂keqiri* zu einem bestimmten Zeitpunkt, der mit der Ernennung des Auge(i)as zum *damokoro* präzisiert wird, die Inspektion der verzeichneten Gerätschaften vorgenommen hat. Man kann vielleicht noch mit einer gewissen Wahrscheinlichkeit annehmen, daß *pu₂keqiri* bis zu einem gewissen Grad für die Richtigkeit der Angaben haftet. Keinesfalls aber wird man mit Bestimmtheit sagen können, ob etwa, wie dies M. Lejeune [18] annimmt, *pu₂keqiri* der Nachfolger des Auge(i)as in dessen Stellung sei,

[15] A Mycenaean Tomb Inventory, Minos 5, 1957, S. 58 ff.; ders., Tomb or Reception Room?, BICS 7, 1960, S. 57 ff.; Interpretation S. 338 ff.

[16] REG 78, 1965, S. 19.

[17] Opuscula Atheniensia 8, 1968, S. 64 ff.

[18] REG 78, 1965, S. 19.

die dieser vor seiner Ernennung zum *damokoro* innegehabt hatte
— etwa als Leiter eines königlichen Magazins. Ebensowenig
kann aus der Einleitung zur Tafelserie etwas über den Verwendungszweck der verzeichneten Möbel und Gefäße erschlossen
werden.

Gegen die erste Erklärung von Ventris-Chadwick, die dabei
auf Od. 19, 53 ff. mit bemerkenswerten Entsprechungen verweisen konnte, es handle sich um "the furnishings of a luxurious
reception room", hat man allerdings die Erwähnung beschädigter
Gegenstände wie insbesondere auch das unpassende Verhältnis
von 11 Tischen sowie 5 Thronsesseln mit Schemeln angeführt. So
hat auch J. Chadwick (Docs.[2], S. 497) der Auffassung den Vorzug
gegeben, die vom Inventar erfaßten Gegenstände "must rather
be the contents of a strong room, the store of the κειμήλια kept
for use as gifts, where valuable but damaged objects would no
doubt be kept until they were repaired or used as scrap." —
Anderseits hat zuletzt C. Gallavotti[19] die Möglichkeit aufgezeigt, wonach die verzeichneten Gegenstände doch in einem
sinnvollen numerischen Verhältnis zueinander stehen könnten.
Er geht von der Beobachtung aus, daß unter den verzeichneten
Gefäßen die Anzahl 6 eine bestimmte Rolle zu spielen scheint:
6 Dreifüße, 6 *dipa* und 6 *koterija* werden verzeichnet — zu den
fünf Thronsesseln mit den Schemeln aber sei der, da unbeweg-
lich fixierte, nicht unter dem beweglichen Mobiliar verzeichnete
Königsthron im Megaron zu rechnen. Zu ihm gehöre ein einzelner, besonders verfertigter *(wepeza)* Tisch, während die restlichen 10 Tische *(enewopeza)* jeweils paarweise, wofür ein
hethitisches Zeugnis als Analogie zitiert wird, den beweglichen
Stühlen zuzuordnen seien.

Die verbleibende Tafel Ta 716, die als das nach Form und
Inhalt "aberrant member of this set" von J. Chadwick bezeichnet wurde, nennt neben zwei Schwertern (Dolchen? *qisipee* zu
ξίφος) auch zwei „*pasaro kuruso api tonijo*" sowie zwei Doppel-

---

[19] C. Gallavotti, La sala delle ceremonie nel Palazzo di Nestore,
SMEA 15, 1972, S. 24 ff.

äxte („*wao*" mit entsprechendem Ideogramm). Die *pasaro* sind wohl als „goldene *psalō*[20] (zu ψάλιον, Kette) *amphithornio* (*ἀμφιθρονιω bzw. ἀμφί *θρονιον)", d. h. „zwei goldene Ketten um, bzw. zu Seiten des Thrones" zu verstehen. Der konkrete Zweck bleibt freilich unbestimmt.

Die Nennung von Doppeläxten könnte allerdings auch einen sakralen Zusammenhang vermuten lassen; so wäre allenfalls zu überlegen, ob nicht ein Kultinventar im Sinne etwa eines historischen Tempelschatz-Verzeichnisses vorliegt; Gegenstände, nicht zuletzt beschädigte, wie sie sich auch in der Ta-Serie finden, haben dort auch in historischer Zeit ihren festen Platz und könnten durchaus in sakralem Zusammenhang eine sinnvolle Verwendung gefunden haben[21].

Was die Möbel selbst angeht, so werden zwei Techniken in der Verzierung unterschieden, die durch die Partizipia Perf. Pass. *ajameno* und *qeqinomeno* ausgedrückt werden. Mit ihrer Bedeutung hat sich neben P. Chantraine und A. Desenne[22] vor allem auch A. Heubeck[23] befaßt, der aufgezeigt hat, daß *ajameno* mit den Instrumentalen von Materialien (etwa: *kuruso*, mit Gold; *kuwano*, mit Kyanos) oder auch mit figürlichen Darstellungen aus einem bestimmten Material (etwa: *erepatejo iqo*, mit einem elfenbeinernen Pferd; *kurusapi adirijapi*, mit goldenen Bildern von Männern) verbunden wird — die mit *qino*-bezeichnete Arbeit mit der Angabe von ornamentalen oder figürlichen Mustern erfolgt. — Da die mit *ajameno* verbundenen Angaben sich also regelmäßig auf das Material beziehen, hingegen zusammmen mit *qeqinomeno* niemals eine Materialangabe erfolgt, wird man bei *ajameno* an Einlegearbeiten, bei *qeqino*-

[20] Die Interpretationen von *pasaro* als πάσσαλοι (Pflöcke) läßt sich, da dafür die Schreibung **pa-za-ro* zu erwarten wäre, nicht aufrechterhalten.

[21] Vgl. dazu S. Hiller, Beinhaltet die Ta-Serie ein Kultinventar, Eirene 9, 1971, S. 69.

[22] Sur quelques termes mycéniens au travail de l'ivoire, et notamment qeqinomeno et qeqinoto, REG 70, 1957, S. 301 ff.

[23] Mycenaean qeqinomeno, Proceedings S. 229.

meno jedoch an Verzierungen in Malerei, Ritztechnik oder Gravur zu denken haben.

Ein bezeichnendes Licht auf die Schwierigkeiten, mit denen die mykenische Philologie immer wieder dort, wo es um die Präzisierung von Wortbedeutungen geht, zu tun hat, wie auch hinsichtlich des Verhältnisses des homerischen Wortschatzes zu dem der mykenischen Inschriften, wirft die folgende Bemerkung A. Heubecks über das Fortleben der beiden Worte: „Von den beiden mykenischen Termini hat sich nur einer in die spätere Zeit gerettet: *qino-*; es ist dabei bezeichnend, daß dieses Wort — in seiner späteren Form: δινόω — auf die dichterische Sprache Homers beschränkt und anscheinend im Alltagsgebrauch ausgestorben ist. Bei Homer heißt die Lagerstätte (λέχεα) des Paris δινωτά (Il. 3, 391), der Schild des Idomeneus ist δινωτός mit ‚Elfenbein und Erz‘ (13, 405 ff.) und schließlich wird noch der Sessel (κλισίη) der Penelope bezeichnet als δινωτή ‚mit Elfenbein und Silber‘. Das läßt als Bedeutung von δινόω: ‚ich versehe, beschlage, verziere mit (sc. Materialien)‘ vermuten. Der ins Auge fallende Unterschied zur Bedeutung des entsprechenden myk. *$g^w ino-ō$, ‚ich verziere (in Ritz- bzw. Maltechnik) mit (sc. Ornamenten)‘ läßt den Abstand, der zwischen Mykene und Homer liegt, deutlich werden; allen Anschein nach kennt Homer das Verbum nur aus der mündlichen Tradition, weiß aber bereits nicht mehr, welcher Bedeutungsinhalt ihm eigentlich innewohnt." [24]

Waren entsprechende Möbel, wie sie das Verzeichnis der Ta-Serie beschreibt, bisher aus dem engeren Bereich des ägäischen Kulturkreises nicht bekannt, so haben die Entdeckungen in der Nekropole von Salamis auf Cypern mit solchen Beispielen von Thronsesseln vertraut gemacht, die, obschon eindeutig und nachhaltig von nahöstlicher Kunsttradition beeinflußt, in ihrer Herstellung stark an die entsprechenden homerischen wie auch die mykenischen Möbelstücke erinnert, so daß V. Karageorghis zur Feststellung kommt: „Obwohl wir die Throne aus Salamis auf

---

[24] Lineartafeln, S. 94.

einen orientalischen Prototyp zurückführen, muß darauf hingewiesen werden, daß für sie mykenische Tradition nicht völlig auszuschließen ist." Wird man hinsichtlich letzterer Annahme auch äußerste Zurückhaltung üben müssen, so können uns die kyprischen Throne doch einen wertvollen Anhalt für eine allgemeine Vorstellung von Aussehen der nur literarisch überlieferten mykenischen Throne geben. Der Kern der kyprischen Möbel besteht aus Holz; darin sind Plättchen aus Elfenbein eingelassen sowie Silberstreifen und Einlagen aus blauem Glas. Die verwendeten Motive sind vorwiegend ornamental, doch treten an den beiden Armstützen als Füllungen auch figürliche Motive (Lotos-Baum, Sphinx) auf. V. Karageorghis hat darüber in mehreren Publikationen genau berichtet [25].

Die Verfertigung der kostbaren Möbel lag zweifellos in den Händen darauf spezialisierter Kräfte. Auch die Ausgrabungen haben den Nachweis der großen Beliebtheit elfenbeinernen Mobiliars in mykenischer Zeit erbracht. Entsprechend finden sich Zeugnisse für die Verarbeitung von Elfenbein in den pylischen Texten über das genannte Inventar hinaus [26].

Vielleicht ist uns der Name dieser Kunsthandwerker in den in Knossos (As 1517) genannten *toronowoko* (ϑϱονο-ϝοϱγοί) überliefert (vgl. unser „Tischler", dessen Aufgabenbereich ebenfalls weit über die Herstellung von Tischen hinausgeht). Einen anderen Zweig vertreten die *kuwanowoko* (κυανο-ϝοϱγοί), die mit der Herstellung bzw. Verarbeitung von Kynaos, wohl blauem Glasfluß oder Lapislazuli,[27] wie er ebenfalls als Einlagenmaterial an den Möbeln der Ta-Serie Verwendung findet, beschäftigt waren. Andere Handwerkszweige betreffen die Verarbeitung

[25] Homeric furniture in Cyprus, Atti Roma, Bd. 1, S. 216 ff.; ders., Archaeologia Homerica Fasc. II, P: Hausrat, S. 99 ff.; ders., Homerica from Salamis in Cyprus, in: Festschrift E. Grumach S. 167.

[26] Vgl. dazu zuletzt A. Sacconi, L'avorio nelle tabella di Pilo Va 482, Minos 13, 1973, S. 170 ff.

[27] Dazu R. Halleux, Lapis-lazuli, azurite ou pâte de verre? A propos de *kuwano* et *kuwanowoko* dans les tablettes mycéniennes, SMEA 9, 1969, S. 47 ff.

von Leder, wie sie uns insbesondere in der pylischen Tafel Ub 1318 mit Angaben über die Produktion von Reitzubehör aber auch Schuhwerk bezeugt ist[28]. An der Verarbeitung selbst scheinen insbesondere auch die (männlichen) *rapetere* (Pl. zu *ῥαπτήρ*, Näher) beteiligt gewesen zu sein — im Gegensatz zu den (weiblichen) *aketirija* (ἀκέστριαι, Näherinnen), die für die Textilien zuständig waren.

Eine ebenfalls bemerkenswerte Tafel verzeichnet Baumaterial (PY Vn 46)[29]. Dem entsprechen wiederum die auf weiteren Verzeichnissen vermerkten *tokodomo* (τοιχοδόμοι PY An 18; 35), daneben die *tekotone* (τέκτονες; PY An 18; KN Am 826), also die Maurer und die Zimmerleute. Zur Holzverarbeitung gehören auch die *durutomo* (δρυτόμοι, Holzfäller bzw. Sägeleute; PY Vn 10), die Holz für Achsen (von Wagen) an den *amotejo* (*amotejonade*/ἁρμοτειῶνάδε), d. h. die Wagenwerkstatt zu liefern haben. Auch die *naudomo* (ναυδόμοι/Schiffsbauer) seien hier erwähnt.

Anders als etwa die Schmiede oder die in der Textilindustrie beschäftigten Frauen, von denen aus den Texten jeweils mehrere hundert zu erschließen sind, scheinen die zuletzt genannten Berufssparten zahlenmäßig vergleichweise beschränkt. Hier handelt es sich wohl nicht um über das gesamte Reichsgebiet verteilte und registrierte Berufszweige, sondern vielmehr um Arbeitskräfte im engeren palatialen Gebrauch. Gleiches gilt wohl auch für die *kanapewe* (Pl. zu κναφεύς/Walker, Tuchscherer) und die *keramewe* (Pl. zu κεραμεύς Töpfer), die gelegentlich auch als *wanakatero*, d. h. „zum Anax, bzw. zum Palast gehörig" spezifiziert werden können. Die oben genannten Gefäße aber dürften, da jeweils nur wenige angeführt sind und

---

[28] Dazu C. J. Ruijgh, Observations sur la tablette Ub 1318 de Pylos, Lingua 16, 1966, S. 150 ff.; vgl. auch A. Sacconi, Gli ideogrammi per le pelle e per il cuoio nei testi micenei, SMEA 3, 1967, S. 97 ff.; allerdings kann der darin vertretenen These, wonach *146 das Ideogramm für „Schaffell" darstelle, nicht zugestimmt werden.

[29] Dazu zuletzt L. Baumbach, Further Thoughts on PY Vn 46, Acta Mycenaea II, S. 383 ff.

außerdem die in großer Anzahl vorhandenen, vergleichsweise wertlosen Tongefäße sicherlich nicht registriert wurden, nicht aus Ton, sondern aus Bronze gewesen sein (vgl. K 740, wo das Erzideogramm zusätzlich vermerkt ist). Sie dürften demnach als Produkte der Schmiede aufgefaßt werden.

XXIII. BESCHRIFTETE SIEGEL

Diese Gruppe von mykenischen Sprachdenkmälern ist längere Zeit über wenig beachtet worden, so daß J. P. Olivier angesichts der zunächst besonders arg vernachlässigten knossischen Beispiele geradezu von einer Wiederentdeckung (« redécouverte ») in den letzten Jahren sprechen kann.[1] Dabei gewähren sie bei aller Knappheit ihrer Notizen Einsicht in die Tätigkeit der mykenischen Schreibbüros, ermöglichen präzisere Aussagen über den praktischen Ablauf der „Archivierung" und bestätigen, verbessern oder ergänzen durch lexikalische Korrespondenzen mit den Tafelserien nicht selten deren Lesungen. Ihre Auswertung wird allerdings durch die mangelhafte oder fehlende Beschreibung der einzelnen Fundstellen in den älteren Ausgaben erschwert. Die Identifizierung der Schreiberhände und damit die paläographische Verbindung zu den Tafeln leidet zwar an der Kürze der Texte sowie an der unebenen Schreibfläche der meisten Siegel, wird aber anderseits durch die individuelle Siegelung und die im Ton konservierten Fingerabdrücke begünstigt.

Zwei Siegeltypen heben sich deutlich voneinander ab:

1. Kleine Täfelchen, die im ungehärteten Zustand als Etiketten auf Körbe gedrückt worden waren, wobei das Relief des Weidengeflechts auf der Rückseite noch erkennbar ist (PY Wa[2], KN Wb[3]).

2. Handgeformte Tonklumpen zur Signierung von Kisten

---

[1] Minos 9:2, 1968, S. 173.

[2] Dazu sowie grundsätzlich zum 'filing-system' der Palastverwaltungen J. Chadwick, BICS 5, 1968, S. 1—5.

[3] M. A. V. Gill, Seal and Sealings: some Comments. The Knossos Sealings with Linear B Inscriptions, Kadmos 5:1, 1966, S. 1—16.

oder Schränken in den Magazinen [4]. Ihre Perforation macht deutlich, daß man einer Schnur, die um einen Behälter geschlungen war oder an einen Kasten gebunden wurde, weichen Ton aufgepreßt hat [5]. Verkohlte Reste von Holz und Metallscharnieren haben sich in Knossos gefunden. Die Art, wie die Siegel angebracht waren, zeigt, daß sie kaum der Sicherung, der Garantie des jeweiligen Inhalts dienten, sondern vielmehr seiner Kennzeichnung. Die manuelle Formung der Klumpen hat höchstens drei Flächen für den Siegelabdruck sowie die Beschriftung der Siegel entstehen lassen. Dieser Siegeltypus ist in Knossos (Ws [6]), Pylos (Wr [7]) und Mykene (Wt [8]) vertreten.

Verschiedene Behälterformen, vom Weidenkorb bis zum großen Schrank, haben nicht nur für die Aufbewahrung und den Transport von Gebrauchsgütern gedient, man hat sie auch als „Aktenablage" von sachlich zusammengehörigen Tafelserien verwendet, wie etwa dem Fundzusammenhang der Fp-Texte aus Knossos zu entnehmen ist (s. o.). So sind unter den pylischen Wa-Siegeln eindeutig Bezüge zu erhaltenen Einzeltafeln wie auch zu Serien festzustellen, die sich gelegentlich durch die Identität der Schreiberhände auch paläographisch bestätigen. So weist z. B. Wa 114 (*menijo* MULIER/*pera₃koraija* durch die Erwähnung von monatlichen Rationen für Frauen der jenseitigen Provinz auf die pylischen Aa- und Ab-Serien. Wa 784 ist wegen des Wortlauts *Jonate̜re̜[/]kotonao* kaum von den Landverteilungsplänen (E-Serien) aus Pylos zu trennen. In Wa 732 mit der

[4] Weitere Verwendungsmöglichkeiten für die Siegel aus Mykene erwägt E. L. Bennett, Jr., MT II, S. 104 f.

[5] Zu ihrer Herstellungstechnik, die durch praktische Versuche verifiziert worden ist, vgl. ausführlich Bennett, MT II, S. 103.

[6] M. A. V. Gill, Kadmos 5:1, 1966, S. 1—16; J. P. Olivier, La série Ws de Cnossos, Minos 9:2, 1968, S. 173—183.

[7] Wichtige Bemerkungen in der Neuausgabe The Pylos Tablets Transcribed, Roma 1973, S. 266.

[8] MT II, S. 102 ff., 112. J. Chadwick, Inscribed Sealings from Mycenae, Eranos 57, 1959, S. 1—5.

naheliegenden Ergänzung *to]rake/thōrakes/* wiederum scheint die Beschriftung des „Aktenkorbes" der Sh-Tafeln vorzuliegen. Von den klumpenförmigen Siegeln seien gleichfalls nur einige Beispiele herausgegriffen: KN Ws 1704 und 1705 (vgl. auch 8495) mit der Aufschrift *pataja /paltaia/* (vgl. PY Jn 829) dürften jene mit Pfeilen gefüllten Kisten etikettiert haben, mit deren verkohlten Resten zusammen sie im Zeughaus von Knossos entdeckt worden sind [9]. Das erst jüngst publizierte Siegel Ws 8497 aus Knossos [10] bezieht sich mit seiner Notiz *keniqa asamito /khernik^w s* [11] *asaminthos/* „(Hand)Waschbecken, Badewanne" auf größere Objekte aus Bronze — wie das vorangestellte Ideogramm klarmacht —, die aus Homer gut bezeugt sind [12].

Die im „Haus der Sphingen" in Mykene gefundene Siegelgruppe Wt 501—507 steht in engem Zusammenhang mit der Tafel Ue 611 recto, einem Inventar von Gefäßen, dessen Posten die Siegel z. T. mit sprachlichen Modifizierungen (z. B. diminutive Ableitungen) aufgreifen und ergänzen. So sind *ekusewe /enkhusēwes/* „Trichter (?)", eigtl. „Eingießer" (Wt 501) und *keniqetewe /khernik^w tēwes/* „Handwaschbecken" (Wt 503, vgl. *keniqa* aus Knossos!) nur auf den Siegeln überliefert: entweder waren diese Wörter auf einer eigenen Liste registriert, oder die entsprechenden Eintragungen befanden sich in einem verlorenen Abschnitt des Textes der beschädigten Tafel Ue 611 [13]. Die Form *paketerija* (Wt 506, vgl. *paketere* Ue 611.2) erinnert auf den ersten Blick an *paketere* auf dem pylischen Siegel Wr 1415 (vgl. die Korrespondenz mit PY Vn 879.4), doch dürften die

[9] Freilich deutet */paltaion/* aus etymologischen Gründen eher auf „(Wurf)Speer" (Bedeutungswandel?), und das in Ws 1704 verwendete Bildzeichen unterscheidet sich vom Pfeilideogramm. Vgl. zuletzt Docs.², S. 513, 515.

[10] J. P. Olivier, BSA 62, 1967, S. 267 ff.

[11] Oder Akk. Sg. */khernig^w a/* bzw. Pl. */khernig^w as/*. In diesem Fall wäre *asamito* als */asaminthon/* bzw. */asaminthons/* zu lesen.

[12] Vgl. χέρνιβον „Gefäß zum Händewaschen", Il. 24, 304, ἀσάμινθος „Badewanne", Od. 3, 468.

[13] Der Text bricht mit Z. 4 ab, s. MT IV, S. 25.

homographen Ausdrücke jeweils verschiedene Gegenstände bezeichnen[14].

Die Siegel aus Mykene haben offensichtlich die Regalschränke und sonstige Behälter gekennzeichnet, in denen die Waren, im Beispiel Wt 501—507 / Ue 611 die Gefäße, deponiert waren, die in diesem Magazin aufbewahrt wurden.[15]

[14] Während für die pylischen Belege verschiedene Deutungen vorgeschlagen wurden, dürften die *paketere* aus Mykene Gefäße darstellen, vgl. zuletzt O. Panagl, ŽA 22, 1972, S. 71—84.

[15] Andere Deutungsmöglichkeiten in MT II, S. 104 f.

XXIV. PERSONENNAMEN

Weit mehr als die Hälfte des gesamten mykenischen Wort-
materials wird von Orts- und Personennamen gebildet, wie dies
für Verwaltungstexte, die vor allem Sach- und Personalbewe-
gungen nach lokalen Aspekten registrieren, keineswegs überraschend ist. Die Individual- und Ortsnamen haben deshalb von
Anfang an in der Forschung ein starkes Interesse gefunden —
wobei neben sprachwissenschaftlichen [1], also Fragen der Phone-
tik, Morphologie, Etymologie und Semantik, auch historische
Überlegungen eine gewisse Rolle spielten.

Als eine der ersten, umfangreichen Arbeiten zu den Linear
B-Texten überhaupt ist hier O. Landaus Untersuchung ›Myke-
nisch-Griechische Personennamen‹ zu nennen [2], die zwar in Anbetracht neu hinzugekommenen Materials, insbesondere aber
auch der zahlreichen Spezialuntersuchungen zu einzelnen Wörtern sowie zu Fragen der Wortbildung, als revisionsbedürftig zu
gelten hat, die aber in den statistischen Ergebnissen im wesentlichen nach wie vor zutreffen dürfte. Von ca. 1800 untersuchten
Eigennamen, von denen ca. 55 % auf Knossos und ca. 40 % auf

[1] Es gibt kaum einen namhaften Mykenologen, der sich nicht mehrfach mit Fragen der Onomastik beschäftigt hätte, was bei dem Umfang
des Namensmaterials (ca. 75 % des gesamten Wortbestandes) fast
unausbleiblich ist. Die Arbeiten im einzelnen hier anzuführen, ist nicht
möglich. — Im deutschen Sprachraum sind vor allem die Untersuchungen von A. Heubeck zu nennen: Vgl. u. a. BzNf 8, 1957, S. 28 ff.;
S. 268 ff.; IF 64, 1959, S. 119 ff.; BzNf 11, 1960, S. 1 ff.; Kadmos 1,
1962, S. 59 ff.; IF 68, 1963, S. 20; SMEA 11, 1970, S. 63 ff.; Die
Sprache 17, 1971, S. 8 ff. Im außerdeutschen Sprachraum u. a. P. H.
Ilievski, zuletzt: Vocabulary Words from the Mycenaean Personal
Names (Kolloquium Neuchâtel).

[2] Göteborg 1958.

Pylos entfallen, konnten insgesamt ca. 60 % zufriedenstellend gedeutet werden, wobei der Prozentsatz der deutbaren Personennamen in Pylos (ca. 68 %) bedeutend höher liegt als in Knossos (ca. 56 %), was zweifellos mit der unterschiedlichen Bevölkerungsstruktur zusammenhängen wird. Die größeren Schwierigkeiten bei der Deutung des knossischen Namensmaterials sind wohl auf den höheren Anteil der nicht-griechischen, vermutlich eteokretischen Bevölkerung zurückzuführen. Besonders deutlich wird dies vor allem dadurch, daß der beiden Orten gemeinsame Bestand an Eigennamen zum weitaus größeren Teil (82,5 %) deutbar ist. Hinzu kommt, daß in Pylos „manche der ungedeuteten Pylosnamen griechisch anmuten, wohingegen die allermeisten Knossosnamen derselben Kategorie ungriechisches Aussehen haben. Alles weist auf einen stärkeren nichtgriechischen Einschlag bei den Knossosnamen als bei denen aus Pylos hin" [3] — ein Umstand, der dem historischen Sachverhalt einer mykenisch-festländischen Okkupation des minoischen Kreta entspricht.

Im einzelnen stehen freilich, was bereits Ventris-Chadwick hervorgehoben haben, der gesicherten Lesung der einzelnen mykenischen Eigennamen große Schwierigkeiten entgegen, die sich aus der defektiven Schreibweise von Linear B und der damit gegelegentlich verbundenen Mehrdeutigkeit ergeben. Während jedoch bei anderen Wortgruppen die Richtigkeit der Lesung anhand des Kontextes überprüft werden kann, besteht diese Möglichkeit für die Identifizierung von Eigennamen nicht. Besonders betroffen sind hiervon Wörter mit nur zwei Stammsilben, während mit der Länge des Wortes die Wahrscheinlichkeit der richtigen Identifizierung wächst. Eindeutig sind etwa folgende Lesungen:

arekuturuwo	Ἀλεκτρυών
amutawo	Ἀμυθάων
arekasadara	Ἀλέξανδρα
-ke-re-we-i-jo	Ἐτεοκλήιος
potoremata	*Πτολεμάτας
teodora	Θεοδώρα

---

[3] O. Landau, a. a. O., S. 238.

Als Beispiele für Mehrdeutigkeit seien genannt:

euporo	Εὔπορος, Εὔφορος, Εὔπωλος
akerawo	Ἀγέλαος, Ἀρχέλαος
karo	Χαίρων, Χάρων
purako	Φύλακος,Φύλαρχος
koro	*Κῶλος, Χοῖλος, Χῶλος, Χοῖρος
tiqajo	Τιφαῖος, Θισβαῖος, Στιλβαῖος
ruko	Λύκος, Λύκων, Λύγκος
poteu	Ποντεύς, Πορθεύς

Neben den im Namensmaterial nur spärlich vertretenen i-Stämmen (vgl. *puri*/Πυρίς, *mutiri*/Μυρτιλίς) und u-Stämmen (vgl. *reukoopu₂ru*/Λευκόφρυς, *erinu*/Ἐρινύς) sind vor allem s-Stämme (*eumede*/Εὐμήδης, *eumene*/Εὐμένης), daneben eu-Formationen (vgl. *akireu*/Ἀχιλλεύς, *teseu*/Θησεύς) sowie o- und ā-Stämme vertreten. Bei den auf -o endenden Nominativformen ist der Stamm, sofern nicht auch oblique Kasus belegt sind, schwer zu bestimmen. Es kommen dafür folgende Möglichkeiten in Frage:

Nom.	Gen.	Dat.		
1. -o-	-ojo	-o	= -ος, -οιο	vgl. *reuko, -ojo* (Λεῦκος)
2. -o	-oo	-oe	= -ως, -ωος	vgl. *toroo* (Gen. zu Τρώς)
3. -o	-ono	-one	= -ων, -ωνος	vgl. *arekuturuwo, -wono* Ἀλεκτρυών)
4. -o	-oro	-ore	= ωρ, -ορος	vgl. *akoto* (Ἄκτωρ)
5. -o	-oto	-ote	= -ων, -οντος	vgl. *apijo, -joto* (Ἀμφίων)
6. -qo	-qo	-qe	= -οψ, -οπος	vgl. *a₃tioqo* (Αἰθίοψ)

Im Fall der letztgenannten Endung ist nicht eindeutig auszumachen — sofern nicht der Kontext zu Hilfe kommt —, ob die Endung -*qo* als thematisierter (-οπος) Nominativ oder als Nom./Gen. des athematischen Stammes (-οψ, -οπος) anzusehen ist (vgl. *karoqo*:Χάροψ, bzw. Χάροπος, ferner *wonoqoso*, Οἴνωψ?). Bei den maskulinen ā-Stämmen (vgl. *potoremata*/Πτολεμάτας, *eumeta*/Εὐμήτας) bereiten vor allem die Endungen auf -*qota*, bzw. -*qoita* Kopfzerbrechen. Hier stehen eine Anzahl verschiedener Lesungsmöglichkeiten[4] zur Auswahl: -βώτης, -φόντης, -φοίτης, ποίτης, -πόλτας, vielleicht auch -βάτης.

Als Beispiele seien verglichen:

apiqota:	vgl. ᾿Αμφιβώτας, (vgl. ᾿Αμφιβάτης)
apiqoita:	vgl. ᾿Αμφιφοίτης, ᾿Αμφιποίτης
periqota:	vgl. Περιπόλτας
qereqota:	vgl. Τηλεβώτης, Τηλεφόντης
poruqota:	vgl. Πολυφόντης, Πολυβώτης, Πολυποίτης
wijoqota:	(vgl. *᾿Ιοβότης, ᾿Ιοφόντης, vgl. ᾿Ιοβάτης)

Die Wortbildungstypen entsprechen im wesentlichen denen der historischen Zeit — Komposita aus verschiedenen Gliedern finden sich neben einfachen und gekürzten PN.

Zu den Komposita vgl.:

apidoro	᾿Αμφί-δωρος	(Präpos. + Verb.)
rawodoko	Λαό-δοκος	(Nom. + Verb.)
apia₃ro	᾿Αμφί-αλος	(Präpos. + Nom.)
euporowo	Εὔ-πλοος	(Adv. + Verb.)
peritowo	Περί-θοὸς	(Präpos. + Verb.)
euwakoro	Εὔ-αγρος	(Adv. + Nom.)

Die einfachen (nicht zusammengesetzten) PN werden zum überwiegenden Teil durch Substantive und Adjektive (oftmals mit einem Suffix), sowie Partizipia und Nomina agentis gebildet. Vgl.:

komata	Κωμάστας, Κωμάτας	(Subst.)
kopereu	Κοπρεύς	(Subst.)
erapo	῎Ελαφος	(Subst.)
karauko	Γλαῦκος	(Adj.)
kurumeno	Κλύμενος	(Part.)
akoto	῎Ακτωρ	(Nom. ag.)

Zu den aus Komposita gekürzten Namen vgl.:

perito (vgl. peritowo)	Πέριθος	zu Περίθοϝος (?)
a₃wa (vgl. a₃woro)	Αἴας	zu Αἴολος (?)
perimo (vgl. perimede)	Πέριμος	zu Περιμήδης (?)

---

[4] Vgl. dazu A. Heubeck, BzNf 1957, S. 32 ff.

Hervorzuheben sind schließlich Patronymika auf -ιος, wie sie in historischer Zeit vor allem in den äolischen Dialekten sowie in einigen homerischen Beispielen belegt sind, so etwa *adaratijo, etewokerewijo, kusamenijo*[5]. Ebenfalls für den äolisch-thessalischen Sprachraum sind die zahlreich vertretenen Bildungen auf -*wato*, -*wata* bezeichnend — so etwa *neriwato, pisawata, perewata, meriwata* u. a. m.[6].

Die unter den Personennamen ebenfalls zahlreich vertretenen Ethnika, bzw. solche Namen, die sich als zu einem Ortsnamen gehörig erweisen, sollen, da sie sich dort besser einfügen, bei der Behandlung der geographischen Aspekte der pylischen und knossischen Texte betrachtet werden.

Von Anfang an haben vor allem diejenigen Personennamen, die Entsprechungen in der griechischen Mythologie, insbesondere bei Homer aufweisen, die Aufmerksamkeit der Forschung erfahren[7]. Besondere Beachtung, wennschon kaum eine hinreichende Erklärung fand der Umstand, daß die Namen trojanischer Krieger einen hohen Anteil ausmachen — eine Beobachtung, die freilich insofern einer gewissen Differenzierung bedarf, als das Verhältnis zwischen solchen Namen, die ausschließlich trojanische Entsprechungen aufweisen (I) — solchen, die sowohl Trojaner wie auch andere Personen bezeichnen können (II) und solchen, die ausschließlich Nicht-Trojanern, also in erster Linie Griechen zukommen (III), ausgewogen erscheint.

Zur erstgenannten Gruppe (I) zählen: *ekoto*/Ἕκτωρ (vgl. *ekotorijo*), *atano*/Ἀντήνωρ, *aretawo*/Ἀρετάων, *idaijo*/Ἰδαῖος, *opereta*/Ὀφελέστης, *perimo*/Πέριμος, *toroo*/Τρώς (Gen., vgl. jedoch auch Τλώς), *ruko* (falls: Λύκων), *pekeu*/Φηγεύς, vgl. ferner *atemo* (zu Ἀνθεμίων), *pirijameja* (zu Πρίαμος), *arekasadara* (zu Ἀλέξανδρος).

---

[5] Zu den Patronymika vgl. N. van Brock, Notes mycéniennes, RPh 34, 1960, S. 216 ff.

[6] O. Landau, a. a. O., S. 169 f.

[7] Vgl. dazu Ventris-Chadwick, Docs.², S. 104.

Zur zweiten Gruppe (II) gehören: *akerawo* (falls: Ἀγέλαος),
akoto/Ἄκτωρ, *deukarijo*/Δευκαλίων, *doroqo*/Δόλοψ, *karoqo*/
Χάροψ, bzw. Χάροπος, *kasato*/Ξάνθος, *merato* (vgl. Μελάνθιος,
Μελανθώ), *omeno*/Ὄρμενος, *oreta*/Ὀρέστης, *qadaso* (falls:
Πήδασος), *purako* (falls: Φύλακος), *puraso*/Πύρασος, *rawodoko*/
Λαόδοκος, *towa*/Θόας.

In die dritte Gruppe (III) fallen *apareu*/Ἀφαρεύς, *arekuturuwo*/Ἀλεκτρυών, *ariqa*/Ἀρίσβας, *apijo*/Ἀμφίων, *epekeu*/Ἐπει-
γεύς, *iwaso*/Ἴασος, *makawo*/Μαχάων, *padijo*/Πανδίων, *peri-
mede*/Περιμήδης, *poro* (falls: Βῶρος), *tikijo*/Στιχίος, *wipinoo*/
Ἰφίνοος.

An Gruppe I lassen sich die Verbündeten der Trojaner anschließen: *karauko*/Γλαῦκος, *qadaro*/Πάνδαρος, *sarapedo*/
Σαρπηδών (??) [8], *puri*/Πύρις, *waparojo* (Gen., vgl. Ἁρπαλίων).

Zur dritten Gruppe hingegen könnten eine Anzahl von Personennamen aus dem Umkreis des Odysseus, bzw. der Odyssee
gerechnet werden, so *a₃to*/Αἴθων (Deckname des Od., aber auch
Pferdename in der Il.), *reuko*/Λεῦκος (Gefährte des Od.),
apia₂ro/Ἀμφίαλος (Phaiake), *poteu* (falls: Ποντεύς; Phaiake;
vgl. Πορθεύς, König von Kalydon), *aikupitijo*/Αἰγύπτιος (Mann
aus Ithaka), *etawoneu*/Ἐτεωνεύς (Diener des Menelaos), *merato*
(vgl. Μελάνθιος: Troer, bzw. Ziegenhirt; Μελανθώ: Dienerin),
eumede/Εὐμήδης (Herold), *kopereu*/Κοπρεύς (Il., Herold),
euruqota (falls Εὐρυβάτης, Herold), *maro*/Μάρων (Priester),
nerito/Νήριτος (Baumeister).

Die Namen der Trojaner sind fast alle gut griechisch, gelegentlich tragen Trojaner und Griechen bei Homer denselben Namen
— nur wenige scheinen ursprünglich anatolisch gewesen zu sein
und nachträgliche griechische Angleichungen an kleinasiatisches
Namensgut darzustellen (so wohl Ἀλέξανδρος, Πάνδαρος,
Σαρπηδών, Τρώς, auch Λύκων, falls nicht zu griech. λυκο- ge-
hörend). Wie sich die fremdländischen Helden in den homerischen Gedichten — notgedrungen — der griechischen Sprache

---

[8] Vgl. dazu Palmer, Interpretation, S. 82, 217, wo diese Deutung in
Frage gestellt wird.

bedienen, so tragen sie auch überwiegend griechische Namen[9], oftmals sprechende (vgl. Hektor; wohl der, „der die Stadt hält"; vgl. auch die auf das Meer bezogenen Namen der Phaiaken: Ponteus, Amphialos u. a.).

Fragen wir nach dem historischen Wert dieser mythischen Namen, so ist dieser, wie bereits H. D. F. Gray[10] zu Recht betont hat, zunächst für das Alter der homerischen Gedichte bzw. der entsprechenden Textpassagen nicht größer als etwa die Bedeutung von Meriones' Eberzahnhelm für das Alter der Dolonie. Für die mykenischen Tafeln, wo die Träger der genannten Namen fast durchwegs zu den einfachen Handwerkern, Bediensteten oder politischen Funktionären gehören, geht aus den genannten Entsprechungen nicht mehr hervor, als daß die Namen der homerischen Helden in spätmykenischer Zeit solche des Alltags waren, darin also den mykenischen Hintergrund der homerischen Erzählungen spiegeln[11].

Freilich dürfte die ausschließliche Beschränkung der Betrachtung auf Entsprechungen des mykenischen Namensgutes in den homerischen Gedichten nicht zuletzt deswegen von einer falschen Fragestellung ausgehen, weil die Verwendung der Personennamen bei Homer einerseits zweifellos eigenen, künstlerischen Gesetzen folgt (vgl. etwa die „sprechenden" Namen), anderseits aber auch offenkundig gelegentlich willkürlich aus anderen, wohl älteren „Namenslisten" schöpfen dürfte, wie das u. a. ebenfalls bereits D. H. F. Gray betont hat. Wenn etwa Polypoites, der Sohn des Perithoos, neben einem Orestes auch einen Ormenos und einen Pylon tötet, so ist das nicht allein deswegen bemerkenswert, weil — mit Ausnahme von Pylon (vgl. dazu den myk. Ortsnamen *puro*/Pylos) — alle diese Namen auch in

---

[9] L. M. Bowra, Homer (London 1972) S. 83.

[10] D. H. F. Gray, Mycenaean Names in Homer, JHS 78, 1958, S. 43 ff.

[11] Vgl. dazu und zur Beurteilung der sowohl in den mykenischen Texten wie auch bei Homer enthaltenen Personennamen auch T. B. L. Webster, Von Mykene bis Homer, 1960, S. 154 ff.

den Linear B-Texten vorkommen, sondern vor allem darum, weil alle diese Namen enge thessalisch-pylische Beziehungen aufweisen. Ähnlich, vielleicht noch deutlicher, wird dies im Fall des Eteoneus sichtbar. In der griechischen Mythologie ist dies der Name des eponymen Heroen der boiotischen Stadt Eteonos, der als Sohn des Boiotos bezeugt ist. Bei Homer ist Eteoneus der Name eines Dieners des Menelaos — aus seinem Vater aber wird, was als sprechender Name für eine Diener-familie nicht unpassend erscheint, Boethoos, d. h. „der auf den Ruf herbeieilt" (vgl. Od. 4, 31; 15, 95. 140 mit Kon-text).

Vor allem thessalisch-boiotisches Namensgut ist es, das sich häufig in vergleichbaren Zusammenhängen findet — freilich nicht immer im gleichen Maß verfremdet oder aus dem ur-sprünglichen Zusammenhang und der geographischen Bindung genommen wie in den genannten Beispielen. Dort, wo genealo-gische Aussagen gemacht werden, halten sich auch die homeri-schen Gedichte an die Tradition:

Od. 11, 305 ff. nennt der Dichter „Iphimedeia, die Tochter des Aloeus. Diese erzählte, Poseidon habe sie in Liebe umfangen. Söhne gebar sie ein Paar, doch es blieb nicht lange am Leben, Otos, der den Göttern glich, Ephialtes, den weithin berühmten." Von den genannten Personen finden sich die Namen — mit Ausnahme von Otos — in den mykenischen Texten wieder als *ipemedeja*[12], *arojeu, posedao, epijata.* Die gesamte Familie der Aloaden ist im thessalischen Bereich beheimatet. Hinzu kommt, daß in der griechischen Mythologie Triopas (myk. *tirijoqa*) als

---

[12] Zu den phonetischen Schwierigkeiten einer Lesung von *ipemedeja* als Iphimedeia vgl. A. Heubeck, IF 68, 1963, S. 20. — Ohne diese Problematik, die für Iphimedeia ein **wipimedeja* erwarten ließe (vgl. *wipinoo*/Ιφίνοος) zu verkennen, bleibt m. E. doch, wie auch zuletzt M. Gérard-Rousseau, Les mentions religieuses S. 118 bemerkt hat, die Deutung als Iphimedeia die wahrscheinlichste (vgl. auch Documents², Index). Dazu zuletzt H. Mühlestein, I-pe-me-de-ja (Kolloquium Neu-châtel).

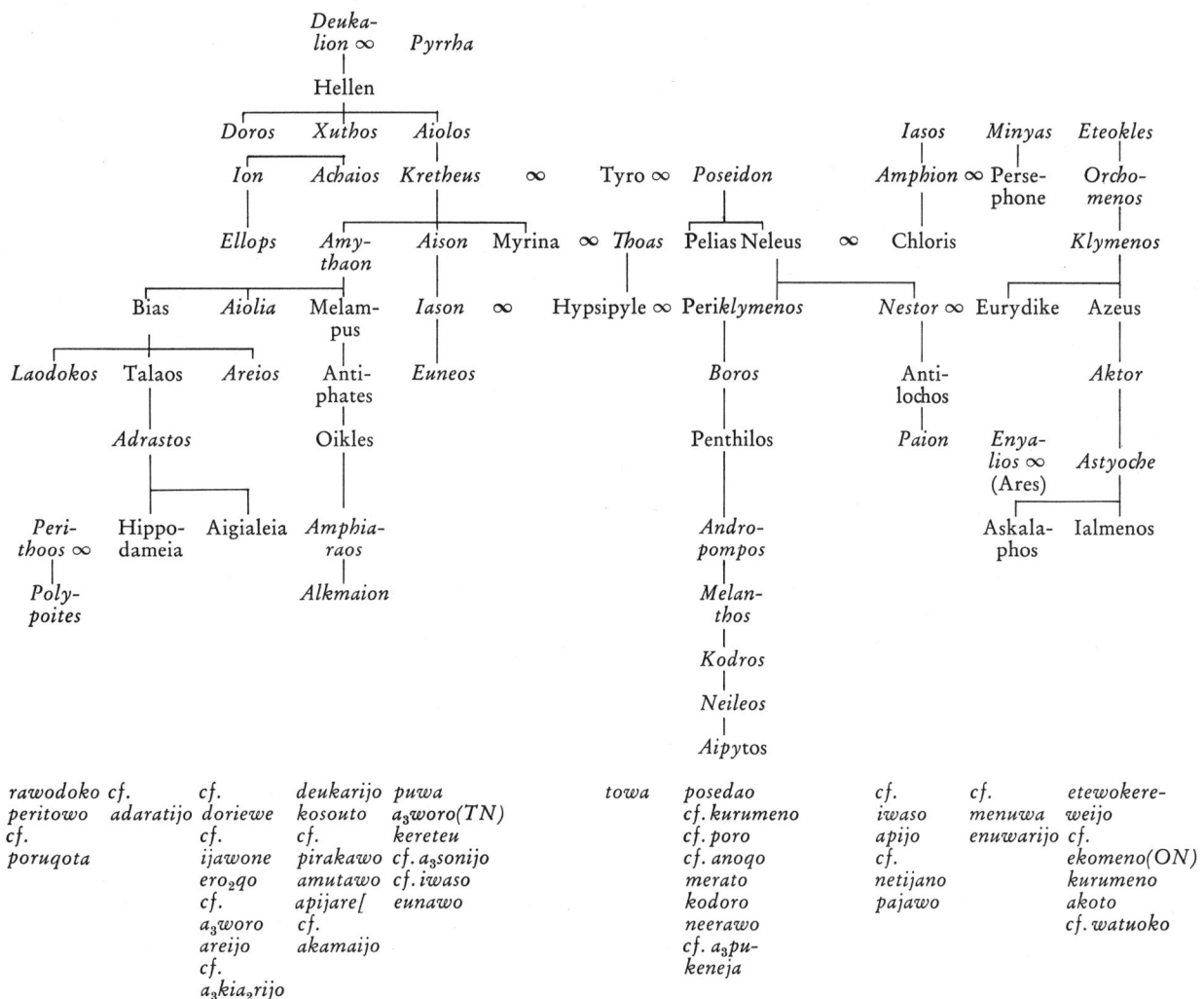

rawodoko cf.　*cf.*　*deukarijo*　*puwa*　*towa*　*posedao*　*cf.*　*cf.*　*etewokere-*
peritowo adaratijo dorieuwe kosouto a₃woro(TN)　*cf.kurumeno iwaso menuwa weijo*
cf.　*cf.*　*cf.*　*kereteu*　*cf.poro apijo enuwarijo cf.*
poruqota　*ijawone pirakawo cf.a₃sonijo*　*cf.anoqo cf.*　*ekomeno(ON)*
ero₂qo amutawo cf.iwaso　*merato netijano kurumeno*
cf.　*apijare[eunawo*　*kodoro pajawo akoto*
a₃woro cf.　*neerawo cf.watuoko*
areijo akamaijo　*cf. a₃pu-*
cf.　*keneja*
a₃kia₂rijo

Tabelle VIII: Stammbaum der Neleiden und ihre Verbindung zu den Aioliden und Boiotien — *Entsprechungen und vergleichbare Namensformen in Linear B (Kursivsatz)*

Vater der Iphimedeia gilt; sein Urgroßvater wiederum ist Aiolos (myk. *a₃woro*).

Wenn aber, was aus dem Gesagten zumindest andeutungsweise hervorgeht, in den mykenischen Texten unter den Namen mit mythologischen Entsprechungen vor allem solche begegnen, die primär im thessalisch-boiotischen Kreis beheimatet sind, so ist dies darauf zurückzuführen, daß im mykenischen Namensgut vor allem die achaisch-äolische Schicht des 2. Jts. zutage tritt, deren Träger zunächst in Nord- und Mittelgriechenland heimisch waren und sich von dort aus nach Süden verbreiteten. Nicht zuletzt die mykenische Überlieferung von der Herkunft der Neleiden aus Thessalien, daneben auch die häufigen Namenswiederholungen thessalischer Ortsnamen in der Westpeloponnes[13] legen diesen Schluß nahe. Die Neleiden sind auch mit dem Geschlecht der minyischen Orchomenier in Boiotien verwandt (vgl. den Stammbaum, Tab. VIII). Auf dem Weg von Thessalien nach der Peloponnes, so darf man annehmen, haben sich ihre Ahnherren mit Töchtern aus dem Geschlecht des Minyas und Orchomenos verbunden: Neleus hat Chloris, Nestor Eurydike, beide boiotische Fürstentöchter, zur Gemahlin.

Nach der großen Flut nimmt das hellenische Geschlecht von den in Thessalien heimischen Stammeltern Deukalion und Pyrrha seinen Ausgang. Über Aiolos, den Stammvater der Aioliden, und seinen Sohn Kretheus sowie dessen auch mit Poseidon verbundene Gattin Tyro ist das Geschlecht der Neleiden mit den Thessaliern verwandt. Neben den genannten boiotischen Verbindungen der Neleiden führt eine andere Linie über Amythaon, einen leiblichen Sohn des Kretheus und Halbbruder des Neleus — er wandert wie dieser nach Pylos — von dort nach Argos und weist von Argos wiederum zurück nach Theben (Amphiaraos, Adrastos). Diesen Verbindungen der mythischen Dynastien entspricht es, wenn im mykenischen Namensmaterial, vor allem aus

---

[13] Vgl. dazu W. Porzig, IF 61, 1954, S. 165 f.; S. Hiller, Studien zur Geographie des Reiches um Pylos, Wien 1972, S. 186 ff.

Pylos, häufig Namen auftreten, die direkt oder indirekt zu einer der genannten genealogischen Gruppen gehören.

Ein historischer Horizont wird hier faßbar, der nicht nur zurückreicht in die mythische Zeit nach der deukalionischen Flut, sondern der anderseits auch herabführt an das Ende der mykenischen Epoche, als die Neleiden sich aus Pylos nach Athen flüchteten und von dort aus die kleinasiatische Kolonisation betrieben[14]. Der Sage nach hat der Neleus-Nachkomme Neileos das jonische Milet gegründet. Über Kodros und Melanthos, den ersten der pylischen Könige in Athen, dann über die Pylier Andropompos, Penthilos, Boros und Periklymenos führt die Linie auf den Stammvater des Geschlechts zurück. H. Mühlestein[15] hat nicht nur auf Entsprechungen oder verwandte Wortbildungen zu diesen Namen innerhalb der pylischen Texte hingewiesen — auch die Namen anderer Oikisten hat er erkannt; so Τεμβρίων (myk. *teqirijo*), den Oikisten von Samos, ᾿Εγέρτιος (myk. *ekesijo*), den Gründer von Chios — sowie Philistos (vgl. myk. *pirita* = Φιλίστα), einen Gefährten des Neileos bei der Gründung von Milet. — Wenn darüber hinaus auch die attischen Alkmaioniden und Paioniden ihren Stammbaum auf Nestor zurückführen, so begegnen damit wiederum Namen, die ebenfalls in den mykenischen Texten zumindest indirekt bezeugt scheinen *(akamajo, pajawone)*.

Eine wohl zulässige Folgerung aus all dem hat H. Mühlestein (a. a. O., S. 165) gezogen, wenn er feststellt: „Alles in allem

[14] Zur mythologischen Überlieferung der Neleus-Nachkommen vgl. R. Hampe, Die homerische Welt im Lichte der neuen Ausgrabungen: Nestor, in: Vermächtnis der antiken Kunst, Heidelberg 1950, S. 11 ff., bes. 51 ff.; T. B. L. Webster, Die Nachfahren Nestors, München/ Wien 1961.

[15] H. Mühlestein, Namen von Neleiden auf den Pylostäfelchen, Mus. Helv. 22, 1965, S. 155 ff. Vgl. auch T. B. L. Webster, Mykene, S. 202, der in vergleichbarem Zusammenhang feststellt: „Diese Namen der frühesten Siedler beweisen ihre verschiedene Herkunft, ihren mykenischen Ursprung und die grundsätzliche Richtigkeit der Überlieferung."

sind also die Berichte über die Neleiden und ihre führende Rolle bei der Jonischen Wanderung im Kern wahr ... Die alphabetisch überlieferten Berichte, wonach in spätmykenischer Zeit in einem westpeloponnesischen Pylos ein aus nördlicheren Gegenden zugewandertes Geschlecht regiert hat, dann von dort vertrieben im submykenischen Athen zu hohem Ansehen kam, so daß es schließlich von dort aus führend an den Städtegründungen in Asien teilnahm, diese Berichte, ohne die legendären Züge, aber mit den Namen und ungefähren Zeiten der Fürsten, erweisen sich, am syllabarisch erhaltenen Namensgut des Pylosarchivs geprüft ..., als im wesentlich zutreffend."

Leider steht bisher nur eine zu geringe Anzahl thebanischer Texte zur Verfügung, um ein gesichertes Urteil darüber zu gestatten, in welchem Ausmaß einzelne Personennamen lokalspezifisch sind, bzw. wie sehr die Gesamtheit der mykenischen Personennamen einer thessalisch-aiolischen Bevölkerungsschicht verbunden ist. Die relativ häufigen Homonymien von Personennamen in Pylos, Knossos und Mykene lassen, ohne die erste Möglichkeit damit völlig auszuschließen, letztere als naheliegend erscheinen. Wie aber gerade die Ausführungen H. Mühlesteins zeigen können, hat neben der allgemein ethnischen Komponente der mykenisch-achäischen Griechen auch die allgemeine historische Situation der spätmykenischen Epoche[16] in den pylischen Tafeln ihren Niederschlag gefunden. Obschon es sich, vom historischen Standpunkt aus betrachtet, um die Namen belangloser Personen handelt, vermitteln diese doch ein in gewisser Hinsicht spezifisches Zeitkolorit.

Zu erwähnen bleibt schließlich, daß man unter den in den Tafeln überlieferten Namen auch eine größere Anzahl nichtgriechischer Personen erwarten darf — vor allem solche, die

[16] Zu anderen historischen Aspekten mykenischer Eigennamen vgl. F. Gschnitzer, Stammesnamen in den mykenischen Texten, Donum Indergermanicum, Festgabe für A. Scherer, Heidelberg 1971, S. 90 ff.

einer vorgriechischen Bevölkerungsschicht angehören, wie auch solche, die in den kleinasiatischen und vorderasiatischen Raum weisen [17].

[17] Zu nichtgriechischen Personennamen in den mykenischen Texten vgl. A. Scherer, Personennamen nichtgriechischer Herkunft im alten Kreta, FuF 39, 1965, S. 57 ff.; K. D. Ktistopoulos, Sur quelques noms créto-mycéniens, Europa, Festschrift Grumach, S. 191 ff.; M. Lejeune, Mycénien Qaqaro/Minoan Qaqaru in: Actes du 1er Congrès International des Études Balkaniques et Sud-Est Européennes Bd. VI, S. 311 ff., Sofia 1968 (= Mémoires de Philologie Mycénienne III, 1972, S. 203 ff.); J. C. Billigmeier, An Inquiry into the Non-Greek-Names on the Linear B Tablets from Knossos and their Relationship to Languages of Asia Minor, Minos 10, 1969, S. 177 ff. — Zu den Entsprechungen von Linear A und B vgl. auch die noch immer nützliche Liste von O. Landau, a. a. O., S. 269 ff., ebendort S. 271 ff. auch zu möglichen kleinasiatischen Entsprechungen. — Vgl. jedoch auch gegenüber einer unzulässigen Ausweitung nichtgriechischer Elemente J. Chadwick, The "Greekness" of Linear B, IF 75, 1970, S. 97 ff., wo der grundsätzlich griechische Charakter von Linear B mit Recht betont wird.

XXV. TIERNAMEN

Unter der Serien-Nummer Ch sind eine Anzahl von Täfelchen aus Knossos zusammengefaßt worden, die aus der Hand
eines einzigen Schreibers stammen und denen darüber hinaus
gemeinsam ist, daß sie durch ein entsprechendes Ideogramm jeweils ein Joch Rinder verzeichnen [1]. Obschon für die Tiere das
männliche Ideogramm verwendet wird, dürfte es sich um Ochsen
handeln; ähnlich kann auch das Ideogramm für männliche
Schafe kastrierte Tiere bezeichnen.

Die zur Gänze erhaltenen, durchwegs einzeiligen Tafeln zeigen in „Majuskeln" zunächst einen Personennamen, daran anschließend in kleineren Schriftzeichen jeweils zwei Eigennamen,
die durch die Partikel -qe (eine den ursprünglichen Labiovelar
noch bewahrende Schreibweise für das spätere griechische -τε und
dem lateinischen -que inhaltlich entsprechend) verbunden sind.
Zum Beispiel:

   Ch 896   tazaro/aȝworo keranoqe   ne, we   BOSᵐ ZE 1

Tazaro ist der einleitende Personenname. Daß die beiden folgenden, durch -qe verbundenen Namen das im Ideogramm an-
gezeigte Paar von Rindern namentlich wiedergeben, folgt einerseits aus der obligaten Zweizahl der an gleicher Position
stehenden Eintragungen auch auf den anderen Tafeln, anderseits
aber vor allem aus der häufigen Wiederholung gleichlautender
Namen. Auf Ch 896 kommen zwei phonetische Abkürzungen
hinzu: ne und we, von denen die erste wohl als newo (νέοι), die

---

[1] Mit der Serie haben sich ausführlicher beschäftigt: P. Chantraine,
Notes d'étymologie grecque II, RPh. 37, 1963, S. 12 ff.; M. Lejeune,
Noms propres de boeufs à Cnossos, REG 76, 1963, S. 1 ff. (Mémoires
de Philologie Mycénienne II, 1971, S. 397 ff.); H. Mühlestein, Le nom
des deux Ajax, SMEA 2, 1967, S. 41 ff.; zuletzt A. Heubeck, Mykenisch
po-da-ko und to-ma-ko, Kadmos 13, 1974, S. 39 ff.

zweite aber als *wekata* (ϝεργάται) zu verstehen ist. Es handelt sich demnach um junge Tiere, die zu Arbeitszwecken verwendet wurden; letzteres dürfte, auch wenn die entsprechende Abkürzung fehlt, für alle namentlich verzeichneten Tiere zutreffen.

Bemerkenswert sind die Namen selbst, die, wie gesagt, ihrer Zahl nach vergleichsweise beschränkt sind: *aȝworo, kerano, tomako, wonoqoso, podako, kosouto*[2]. Die griechischen adj. Entsprechungen sind αἰόλος, κελαινός, στόμαργος, οἴνωψ (bzw. οἴνοπος), πόδαργος und ξουθός. Αἴολος, Κελαινός, Οἶνοψ und Ξοῦθος (scheckig, schwärzlich, rötlich, bräunlich) sind eindeutig auf Farben bezogen. Für Στόμαργος und Πόδαργος helfen die homerischen Gedichte weiter: Πόδαργος findet sich dort als Pferdename zusammen mit Xanthos, Lampos und Aithon (Il. 8, 185), bzw. Aithe (Il. 23, 295), also ebenfalls auf die Farbe bezogenen Bezeichnungen. So wird Πόδαργος nicht als der „Fußschnelle" (zu ἀργός πόδας = schnellfüßig) sondern eher als „Weißfuß" (zu ἀργός = glänzend, weiß) und entsprechend Στόμαργος nicht als „Lästermaul", sondern als „Weißmaul" (bzw. „mit einer Blesse über dem Maul") aufzufassen sein. Auch wäre es wohl wenig passend, einen Ochsen als „schnellfüßig" oder als „Lästermaul" zu charakterisieren.

Besondere Beachtung hat daneben eine andere Tafel auf sich bezogen:

C 973 *terewako / aȝwa* 1 *tumako* BOS

Sie weicht nicht nur darin von den übrigen Tafeln ab, daß sie beide Tiernamen offenkundig einzeln verzeichnet, sondern unterscheidet sich vor allem durch die Namen selbst. *Tumako* dürfte als dialektale Nebenform von *tomako* gelten: στύμα findet sich in historischer Zeit im Lesbischen und Arkadischen für στόμα[3]. *Aiwa* aber wäre, nach H. Mühlesteins sehr ansprechender Über-

---

[2] Die Schreibung *aȝzoro* (Ch 1034) dürfte eine Verschreibung von *aȝworo* darstellen; nicht sicher zu deuten sind „*wanoqe*" und „*pakoqe*".

[3] Die dialektale Form στύμα ist sowohl im Aeolischen wie im Arkadischen belegt, vgl. Thumb-Scherer, Handbuch der griech. Dialektik, 1950, S. 89, 120.

legung[4], als Kurzform von Aiwolos aufzufassen. Damit wäre, sollte diese Annahme zutreffen, auch für den Heroennamen Aias eine gangbare Etymologie gefunden, die sich zudem dem homerischen Kontext sinnvoll einfügen würde — den beiden hauptsächlichen Bedeutungen von αἰόλος, „bunt-gescheckt" und „schnell", entsprechend. Der kleine, lokrische Aias, des Oileus Sohn, ist bei Homer zugleich der schnelle, gewandte — während der Telamonier Aias aus Salamis durch den großen, aus Rindshäuten verfertigten Turmschild (σάκος) charakterisiert wird, der, seinem Material gemäß, als αἰόλον beschrieben wird (Il. 16, 107; 7, 222). — H. Mühlesteins Ausführungen sind ein erfreuliches Beispiel dafür, wie unter günstigen Voraussetzungen das Verständnis der homerischen Texte durch die mykenischen Zeugnisse vertieft wird — und umgekehrt.

Die mykenischen Schrifttafeln freilich stellen keine dichterischen Produkte dar, sie dienen praktischen Zwecken. Die Frage nach dem ökonomischen, verwaltungstechnischen Sinn der in den Verzeichnissen „namentlich" angeführten Tiere ergibt sich daraus mit Notwendigkeit. Da der Palast sie verzeichnet, müssen sie diesem in irgendeiner Weise „unterstehen" bzw. gehören, wobei als weitere Partei die namentlich genannten Personen in irgendeiner Weise beteiligt sind. Zwei grundsätzliche Möglichkeiten sind zu bedenken: entweder werden die Ochsengespanne von den genannten Personen an den Palast als Tribut überstellt — oder aber der Palast stellt seinerseits die ihm gehörenden Tiere jenen Personen zur Verfügung, wohl am ehesten zu Arbeitsleistungen (Frondienste?) für den Palast.

Letztere Annahme ist die wahrscheinlichere; für sie spricht die Bezeichnung der Tiere als *we(kata)* wie insbesondere ihre Beschreibung. Die häufige Wiederholung einzelner Namen verbietet es, darin Individualnamen zu sehen, wie sie gelegentlich auch heute Haustieren beigelegt werden; zudem wären diese, da sie bei einer etwaigen Überprüfung des Tierbestandes vom so bezeichneten Tier selbst keineswegs bestätigt werden könn-

---

[4] H. Mühlestein, a. a. O.

ten, als solche unsinnig. Vielmehr dürfte mit der Bezeichnung eine spezifische, von der Farbe abgeleitete Charakterisierung der einzelnen Tiere angestrebt sein: stellen diese Namen demnach Rassenbezeichnungen dar? Vom Gesichtspunkt der zentralen Verwaltung empfiehlt sich dieser Gedanke — war es doch wichtig, bei etwaiger Revision des Tierbestandes die Identität einzelner Rinder anhand ihrer gattungsspezifischen Merkmale überprüfen zu können. Auffällig freilich, obschon unserer Überlegung nicht zwingend widersprechend, bleibt der Umstand, daß auf keiner der uns erhaltenen Tafeln zwei Tiere gleichen Namens innerhalb eines Joches aufscheinen.

Der Rindername Ξοῦθος begegnet in den mykenischen Texten auch als Personenname (PY Jn 389, 13) — wohl weil die Eigenschaft einer bestimmten Fell- bzw. Haarfarbe die verschiedenen Namensträger in gleicher Weise charakterisieren konnte. Ähnlich finden sich bei Homer Αἴθων (Il. 8, 185; Od. 19, 183), Ξάνθος (Il. 5, 152; 16, 149) und Πήδασος (Il. 6, 21; 16, 152) in vergleichbarer Doppelfunktion als Tier- und Personennamen; sie sind als Personennamen auch in den mykenischen Texten bezeugt: *a3to*, *kasato*, *qadaso*. Der mykenische Personenname *ariwo* findet sich ebenfalls bei Homer als der Name eines mythischen Pferdes (Ἀρίων), während umgekehrt die mykenischen Rindernamen *wonoqoso* und *a3woro* bei Homer als die Personennamen Οἴνωψ bzw. Αἴολος aufscheinen. Die diese Austauschbarkeit begründende Gemeinsamkeit liegt wiederum in den die Farbe[5] bezeichnenden, „sprechenden" Eigenschaftshinweisen dieser Namen — mit Ausnahme des wohl kleinasiatischen Πήδασος[6].

[5] Zur Verwendung von Farbbezeichnungen in der mykenischen Onomastik vgl. O. Landau, a. a. O., S. 194 ff.; vgl. ferner zu den Farbworten im Mykenischen C. Gallavotti, Nomi di Colori in Miceneo, PdP 52, 1957, S. 5 ff.; M. D. Petruševski, Les Désignations de Couleur en Grec Mycénien, Atti Roma II, S. 680 ff.

[6] Vgl. RE XIX, S. 26 ff. s. v. Pedasa, Pedasos.

XXVI. ZUR MYKENISCHEN GEOGRAPHIE
VON PYLOS UND KRETA

Die Frage nach der Größe, der politischen Stellung und dem Verhältnis der einzelnen mykenischen Fürstentümer zueinander hat, nicht zuletzt auch der homerischen Gedichte wegen, die Forschung immer wieder beschäftigt [1]. Die Inschriften aus den einzelnen Verwaltungszentren dieser Staaten aber könnten, so mag erwartet werden, zumindest auf den einen oder anderen Aspekt dieses Fragenkomplexes ein neues Licht werfen, sind doch geographische Bezeichnungen in großer Zahl belegt.

Eine Reihe von Ortsnamen der Pylos-Texte haben sogleich an entsprechende oder ähnliche, aus historischer Zeit überlieferte Toponyme erinnert [2]. Doch nur ein einziger kann mit äußerster Zuversicht mit einem historischen Ort verbunden werden: *puro/* Pylos, das zweifellos die Metropole selbst bezeichnet, in deren

[1] Zum Verhältnis der mykenischen Fürstentümer untereinander vgl. D. L. Page, History and Homeric Iliad, 1959, S. 129 ff.; C. G. Thomas, A Mycenaean Hegemony? A Reconsideration, JHS 90, 1970, S. 184 ff.; J. Sarkady, Zur politischen Karte Griechenlands im mykenischen Zeitalter, Acta Classica Debrec. 9, 1973, S. 15 f.

[2] Allgemein zu den mykenischen Ortsnamen P. Meriggi, I toponimi Cretesi nel Minoica B, Arch. Glott. Ital. 39, 1954, S. 83 ff.; M. D. Petruševski, Zur Toponomastik Griechenlands im mykenischen Zeitalter, Neue Beiträge zur Geschichte der Alten Welt, Berlin 1964, Bd. I, S. 163 ff.; M. Doria, Aspetti della toponomastica micenea delle tavolette in lineare B di Pilo, Atti del VII Congresso di Scienze Onomastiche, Atti e Memorie della Sezione Toponomastica, Florenz 1962, S. 417 ff.; ders., Problemi di toponomastica micenea, Trieste, Istituto di Glottologia, 1970/71. Vgl. daneben auch E. Risch, Zur Geschichte der griechischen Ethnika, Mus. Helv. 14, 1957, S. 63 ff.; ders., Ein Gang durch die Geschichte der griechischen Ortsnamen, Mus. Helv. 22, 1965, S. 193 ff.

Palast die Tafeln gefunden worden sind, obschon für die historische Zeit nicht nur eine Mehrzahl von Orten dieses Namens in
der westlichen Peloponnes bezeugt sind (Elis, Triphylien, Messenien), sondern auch das messenische Pylos nicht an der Stelle
des Palastes, sondern am Kap Koryphasion beim heutigen Navarino lag. Doch hat, aus unserer heutigen Sicht sehr treffend,
Strabo (8, 4, 2) überliefert, daß dieses Pylos am Kap Koryphasion eine jüngere Gründung gewesen sei; der ursprüngliche Ort
habe am Fuß des Aigaleon, eines Berges weiter im Landesinneren, gelegen.

Eine Reihe weiterer Toponyme weist auf Siedlungen innerhalb der Peloponnes, doch scheint gegenüber einer Identifizierung
Vorsicht geboten. Sie liegen oftmals in beträchtlicher Entfernung
vom pylischen Palast, zumeist in anderen Landschaften, so daß,
will man nicht beinahe die gesamte westliche Peloponnes der
pylischen Herrschaft unterstellen[3], eine über die lautliche Gleichung hinausgehende Identifizierung mit den Ortsnamen der
Tafeln abgelehnt werden muß. Hierzu zählen u. a. *ekomeno* /
Orchomenos, *korito* / Korinthos, *orumato* / Erymanthos, *reukotoro* / Leuktron, *rouso* / Lousoi. Hinzu kommt, daß eine große
Anzahl entsprechender Orte sich mehrmals in Griechenland finden — so nicht nur Orchomenos oder Leuktron, auch im Falle
von *korito* / Korinthos muß wohl eher als an die Stadt am
Isthmos an eine in der südlichen Peloponnes gelegene Siedlung
gedacht werden[4]. Wie Leuktron sind eine Reihe weiterer Namen
„sprechende" Ortsbezeichnungen, die somit ebenfalls in verschiedenen Gegenden als Appellativa auftreten können — so
etwa *ero* / Helos (Sumpf), *ewiripo* / Euripos (Sund), *karadoro* /
Charadron (Schlucht), *rijo* / Rhion (Vorgebirge). Auch für eine
Reihe von aus Ethnika erschließbaren Ortsnamen, die ebenfalls

[3] So etwa G. Pugliese Craratelli, Sull'estensione del regno miceneo
di Pilo, Studi Classici e Orientali 7, 1958, S. 32 ff.; G. Lucchini,
Ricordi storici micenei nel regno di Pilo nei poemi omerici, SMEA
XIII, 1971, S. 51 ff.

[4] Vgl. dazu F. Kiechle, Kadmos I, 1962, S. 109.

auf der Peloponnes beheimatet sind, treffen die genannten Einschränkungen bis zu einem gewissen Grad zu, so etwa: *dorijeu* zu Dorion, *kuparisijo* zu Kyparisseis, *repirijo* zu Lepreon, *talamata* zu Thalamai und *turuweu* zu Thryon.

Wenn auch zu diesen Orten noch der eine oder andere hinzugefügt werden könnte, so ist doch, angesichts der hohen Anzahl von Ortsnamen, die in den Tafeln enthalten sind[5], das Ergebnis nicht nur hinsichtlich der unmittelbar einsichtigen Entsprechungen, sondern insbesondere hinsichtlich einer sicheren Lokalisierungen lautlich identifizierbarer Orte zunächst für die pylischen Texte wohl eher enttäuschend. Wenn aber die Forschung zur Geographie des mykenischen Pylos dennoch zu gewissen Resultaten gelangen konnte, so liegt dies in erster Linie an der aus der Struktur der Texte gewonnenen Einsicht in bestimmte verwaltungstechnische Zusammenhänge, die ihrerseits geographische Gegebenheiten widerspiegeln[6]. Eine Anzahl von Tafeln (Cn 608, Jn 829, Vn 20) nennt in gleichbleibender Reihenfolge neun Orte — eine weitere Gruppe von Tafeln (vgl. Jn 829, On 300, Vn 493) sieben Orte, wobei hier die Reihenfolge allerdings gewissen Abweichungen unterliegt. Die Reihe der Neun lautet: *pi-82, metapa, petono, pakijane, apu$_2$, akerewa, rouso (erato), karadoro, rijo*; die der Sieben: *timito ako, rawarata$_2$, samara, asijatija, eraterewa, zamaewija, ero*. Aus dem Vergleich mit anderen Texten (On 300, Na/Ng-Serien) ergibt sich, daß diese beiden Gruppen jeweils größere Verwaltungseinheiten, wir können auch sagen „Provinzen", darstellen, deren eine als

[5] Allein für die pylischen Texte ist mit ca. 220 ON zu rechnen, vgl. dazu J. Chadwick, The Mycenaeans Documents, in: W. A. McDonald und G. R. Rapp (Hrsg.). The Minnesota Messenia Expedition, Reconstructing a Bronze Age Regional Environment, Minnesota 1972, S. 102.

[6] Dazu zusammenfassend L. Deroy, Initiation S. 115 ff.; A. Heubeck, Linear-Tafeln S. 31 ff.; L. R. Palmer, Interpretation S. 65 ff.; J. Chadwick, a. a. O., S. 100 ff.; S. Hiller, Studien zur Geographie des Reiches um Pylos nach den mykenischen und homerischen Texten, Wien 1972, S. 11 ff.

pera₃koraija, die andere als *deweroa₃koraija* bezeichnet wird. Es handelt sich demnach um Landesteile, die πέρα bzw. δεῦρο von **a₃koraija* lokalisiert werden, vergleichbar etwa den römischen Provinzen Gallia Transalpina, bzw. Cisalpina. Die Bedeutung von *a₃koraija/jo* hat verschiedene Interpretationen erfahren[7], am wahrscheinlichsten ist aber doch die, welche in der späteren Bezeichnung „Aigaleon" für den im Osten von Pylos verlaufenden Bergrücken eine volkssprachliche Verschleifung des ursprünglichen *„Aigōn lāhia"* (Ziegenfelsen?) erkennt. Demnach gliedert sich also das pylische Reich in zwei Provinzen, deren eine, von der Metropole aus gesehen, diesseits des Aigaleon im Westen, die andere jenseits des Aigaleon im Bereich des Messenischen Golfes anzusetzen ist.

J. Chadwick hat diesen geographischen Ansatz auch durch den Vergleich landwirtschaftlicher Produkte in beiden Gebieten stützen können[8]: die Na-Tafeln verzeichnen jeweils für die in den beiden Provinzen liegenden Orte ein Produkt, dessen Gesamtmenge für die beiden Provinzen auf jeweils einer Summierungstafel (Ng 319, 332) registriert wird. Demzufolge erzeugt die Jenseitige Provinz keinesfalls mehr als etwa 3/4 des Ertrages der Diesseitigen Provinz. Aller Wahrscheinlichkeit nach aber handelt es sich bei dem Produkt um Flachs. Den in den mykenischen Tafeln angezeigten Anbauverhältnissen entsprechen etwa die heutigen, wonach ebenfalls der Schwerpunkt im westmessenischen Raum liegt, während die Gebiete des Messenischen Golfes an Produktivität zurückbleiben.

Darf diese allgemeine Situierung der beiden Provinzen als in der Forschung weithin anerkannt gelten, so gehen die Ansichten über die engeren Provinzgrenzen sowie die Lokalisierung ihrer Hauptorte weit auseinander. Insbesondere die Frage der Nordgrenze der Diesseitigen Provinz ist sehr unterschiedlich gelöst

[7] Zur Diskussion vgl. S. Hiller, Studien zur Geographie, a. a. O., S. 95 ff.; zur Etymologie von *dewero* vgl. zuletzt C. J. Ruigh, A propos de *deweroa₃koraija*, Acta Mycenaea, Bd. II, S. 441 ff.

[8] J. Chadwick, The Two Provinces of Pylos, Minos 7, 1963, S. 125 ff.

worden. L. R. Palmer[9] hat, gestützt auf die regelmäßige Abfolge der Neun Orte in der Diesseitsprovinz, gefolgert, sie müßten entlang der Küste zu suchen sein. So hat er *pi-82* und *metapa* weit im Norden, etwa an der Grenze Triphyliens zu Elis in der Gegend des späteren Pheia angenommen, wobei ein für historische Zeit in einer Inschrift von Olympia bezeugtes, allerdings nicht sicher lokalisierbares Metapa ebenfalls in diesen Bereich zu weisen scheint. Rhion, das „Vorgebirge", setzt er bei Kap Akritas im Süden an. Die zwischen *pi-82* im Norden und Rhion im Süden gelegenen Orte wären entsprechend auf die Küstenstrecke zu verteilen. Rhion, das antike Asine und moderne Koroni ist demnach der Grenzort zur Jenseitigen Provinz.

Für die Lokalisierung der Orte der Jenseitigen Provinz stützt sich L. R. Palmer auf die den Küstenschutz redigierenden *oka*-Tafeln (zu diesen vgl. oben bei S. 117 ff.). Die Abfolge springt dort (An 661) von *karadoro*, dem vorletzten Bezirk der Diesseitigen Provinz, zu *timito* ako, dem ersten der Jenseitigen. Truppen aus *timito ako* werden „*nedowotade*", d. h. an den in den messenischen Golf mündenden Nedon beordert. Dies stützt einerseits die Lokalisierung der Jenseitigen Provinz im Bereich des Messenischen Golfes, läßt anderseits, so L. R. Palmer, daran denken, in timito ako den extremen Grenzort dieser Provinz zu erkennen. Die übrigen Orte aus der Reihe der Sieben wären demnach westlich des Nedon innerhalb des Messenischen Golfes anzusetzen, wobei sich L. R. Palmer auf das Vorgehen des Geographen Strabo berufen kann, der seinerseits die messenische Westküste bis Kap Akritas beschreibt — dann aber von neuem am Tainaron einsetzt und von dort wiederum seinen Weg nach Kap Akritas geht.

Zu einer anderen Auffassung sowohl hinsichtlich der Nordgrenze wie auch der Lage der einzelnen Distrikte in der Diesseitigen Provinz ist J. Chadwick gelangt[10]. Er geht von der

---

[9] L. R. Palmer, Military Arrangements for the Defence of Pylos, Minos 4, 1956, S. 12 ff.; ders., Interpretation S. 65 ff.

[10] Vgl. Anm. 5, 8; ders. The Geography of the Pylian Kingdom, BICS 19, 1972, S. 147.

Hypothese aus, daß man bei den von modernen geographischen Vorstellungsweisen unbelasteten mykenischen Schreibern nicht annehmen könne, sie hätten eine konsequente, gleichsam kartographische Ordnung eingehalten — sie seien bei der Aufzählung der Orte vielmehr den von der Metropole nach verschiedenen Richtungen (Norden, Südwesten, Südosten) ausstrahlenden Hauptverkehrsverbindungen gefolgt. Aus dem Umstand, daß einerseits der zweite Sektor der Küstenwache in der Gegend von Kyparisseis/Aulon/Neda gelegen haben müsse — eine zuerst von L. R. Palmer ausgesprochene, sicherlich zutreffende Annahme —, daß aber anderseits von den im gleichen Zusammenhang (*oka*-Serie) genannten Orten aus der Reihe der Neun *akerewa* der erste ist, folgert J. Chadwick, daß die Nordgrenze von Pylos im Bereich der Neda-Mündung sowie die in der Reihe der Neun vor *akerewa* stehenden Orte im Landesinneren gelegen haben müsse. Akerewa wird als Küstenort im Bereich der Bucht von Koryphasion angesetzt. Pakijane, das enge kultische Beziehungen zu Pylos hat, wird unfern davon lokalisiert. *Pi-82*, *metapa* und *petono* liegen nördlich des Palastes im Landesinneren, ebenso *apu₂* und *rouso* im Süden. *Karadoro* und *rijo* aber sind Küstenorte — letzteres wird mit Koroni-Asine identifiziert, ersteres mit einer topographisch passenden Örtlichkeit an der Westküste.

Besonders diffizil ist die Lage der Hauptorte der Jenseitigen Provinz — dies nicht zuletzt deswegen, weil hier die Reihenfolge innerhalb der Texte nicht konstant ist. Gestützt auf Beobachtungen von W. F. Wyatt[11] zu Steuerbezirken in der Ma-Serie (vgl. dazu oben bei S. 193 ff.), wonach im Bereich der Jenseitigen Provinz mit zwei übergeordneten Steuerbereichen zu rechnen ist, die sich jeweils in zwei Untergruppen teilen, sowie einer weiterführenden Arbeit zu dieser Serie von C. Shelmerdine[12] und der Rückbeziehung dieser Ergebnisse auf die geographischen

[11] F. Wyatt, The Ma Tablets from Pylos, AJA 66, 1962, S. 21 ff.
[12] C. W. Shelmerdine, The Pylos Ma Tablets reconsidered, AJA 77, 1973, S. 262 ff.

Voraussetzungen in der messenischen Ebene, derzufolge die Einteilung in vier Bezirke der Ost-West-Teilung des Landes durch den Pamisos sowie der Nord-Süd-Teilung durch den Hügelzug von Skala folgt, sucht J. Chadwick[13] die Orte der Jenseitigen Provinz mit den bisher aufgedeckten, bedeutendsten mykenischen Siedlungen zu identifizieren.

Wenn dennoch vieles problematisch bleibt, so liegt dies zweifellos vor allem an den überaus großen Schwierigkeiten, denen sich alle Bearbeiter dieser Materie gegenübersehen. Nicht zuletzt der Verfasser dieses Abschnitts glaubt sich ihrer wohl bewußt zu sein. In einer Studie zur pylischen Geographie nach den homerischen und mykenischen Texten[14] ist er, was die Ausdehnung der Diesseitigen Provinz anbelangt, im wesentlichen den Argumenten L. R. Palmers gefolgt, hinsichtlich der Beurteilung der *oka*-Serie sowie daraus folgenden Anordnung der Distrikte in der Jenseitigen Provinz jedoch zu einer anderen Auffassung gelangt. Wie die genannten Forscher nimmt auch er an, daß der nördlichste Punkt der Küstenwache im Bereich der Nedamündung liegt — daß anderseits aber die in den letzten beiden *oka*-Tafeln genannten Allative *(wawoude, nedowotade)* auf eine Verlegung von Truppeneinheiten aus dem nördlichen Reich von Pylos (Triphylien) nach Süden hinweisen, was darüber hinaus eine ganz bestimmte historische Situation erschließen läßt (vgl. dazu unten bei S. 326 ff.). Auch glaubt er sich aus der Interdependenz bestimmter Ortsnamen zur Folgerung berechtigt, daß die Aufzählung der Sieben Orte der Jenseitigen Provinz im Grundsätzlichen dem Schema für die Neun der Diesseitigen Provinz folgt, also von Norden nach Süden verlaufend etwa in der Höhe des Alpheios einsetzt und weiter südlich dem Pamisos-Tal folgend auf den Messenischen Golf trifft, wobei eine Anordnung der südlichen Distrikte im Sinne der Einteilung von W. F. Wyatt und C. Shelmerdine durchaus möglich erscheint.

[13] J. Chadwick, a. a. O. (Anm. 5), S. 111; ders., The Geography of the Further Province of Pylos, AJA 77, 1973, S. 276 f.

[14] Vgl. Anm. 6.

Neben diesen Aspekten zur Ausdehnung des pylischen Reiches und zur Lage seiner Verwaltungsbezirke ergeben geographische Namen, hier vor allem Ethnika, gelegentlich auch gewisse Aufschlüsse über weiterreichende Beziehungen des pylischen Staates; diese betreffen zunächst angrenzende Landschaften, darüber hinaus auch entferntere ägäische Regionen. Nach Norden, in mittelgriechische Gegenden deuten Ethnika wie *zakusijo* (Zakynthos), *teqaja* (Theben; vgl. *autoteqajo* auf TH Ug 4), *korokuraijo* (Krokyleia; Korkyra ist m. E. aus orthographischen Gründen nicht möglich) und *pereuronijo* (Pleuron); letzteres ist neben dem Ethnikon auch durch ein Verzeichnis von „*ereta pereuronade ijote*", d. h. „ἐϱέται Πλευϱῶνάδε ἰόντες" (Ruderer, die nach Pleuron gehen sollen) bezeugt. Die in der Aa/b/d-Serie erwähnten *kutera₃* dürften wohl aus Kythera stammen.

Eine Anzahl weiterer Ethnika, die ebenfalls in der Aa/b/d-Serie genannt werden, weisen auf die östliche Ägäis, so etwa *raminija* (Frauen aus Lemnos), *kinidija* (Frauen aus Knidos) und *miratija* (Frauen aus Milatos/Milet), wobei allerdings letztere auch mit dem kretischen Milatos zu verbinden sein könnten[15]. Obschon die Annahme, es handle sich um Flüchtlinge, nicht aufrechterhalten werden kann, bleiben die genannten Namen dennoch wertvolle Zeugnisse bestehender Beziehungen. Auch *kupirijo* (zu Cypern) ist hier zu nennen, während weitere Bezeichnungen wie *kapasija, kapatija* (zu Karpasia, Karpathos?) *kaso* (zu Kasos?) und *wodijo, wodijeja* (Adjektiv zu ϝόϱδος/ ϝϱόδος, Rhodos?) nur mit Einschränkungen hier einbezogen werden können.

Weniger problematisch als die pylische stellt sich, insgesamt gesehen, die kretische Geographie dar, was nicht zuletzt daran liegt, daß sich zahlreiche aus historischer Zeit bekannte Ortsnamen in den mykenischen Texten identifizieren lassen. Schon

---

[15] In Anbetracht des Umstandes, daß auf den knossischen Tafeln dieser Ort jedoch nicht genannt wird, ist dies unwahrscheinlich und die Annahme einer Beziehung zum kleinasiatischen Milet vorzuziehen. Vgl. auch Kap. XXIX Anm. 16.

für die Entzifferung von Linear B hatte diese Wortgruppe große Dienste erwiesen.

Nach Zentralkreta gehören *konoso* / Knossos, *paito* / Phaistos, *aminiso* / Amnisos, *turiso* / Tylissos, *winato* / Inatos (?); nach Ostkreta[16]: *rukito* / Lyktos (?), *rato* / Lato (?), *setoija* / Setaia (?), *utano* / Itanos (?), *qaraiso* / Praisos; nach Westkreta: *apatawa* / Aptara, *kudonija* / Kydonia, *sukirita* / Sybrita (?); hinzu kommen die Berge *dikata-*/Dikte und *ida-*/Idas.

Zwar fehlen in Knossos ähnlich systematische Gruppierungen von Ortsabfolgen, wie sie sich für die Rekonstruktion der pylischen Geographie als wertvolles Hilfsmittel erwiesen haben — zumeist sind nur wenige Ortsnamen auf ein- und derselben Tafel verzeichnet. Doch lassen sich auch hier, wie G. R. Hart und L. R. Palmer gezeigt haben[17], Gruppen von Ortsnamen untereinander enger zusammenschließen, die folglich als einander benachbart gelten können. Dank der genannten gesicherten Orte kann somit ein weiterer großer Teil der in den knossischen Texten genannten Toponyme zumindest ungefähr lokalisiert werden. Bestätigend tritt hinzu, daß, wie jüngst J.-P. Olivier[18] hervorgehoben hat, einzelne Schreiber offenkundig für bestimmte geographische Bezirke zuständig waren, so daß auch von hier aus sich die Möglichkeit einer Gruppierung von Ortsnamen ergibt.

Bedeutsam erscheint, daß Ortsnamen aus wohl allen Landes-

[16] Es muß betont werden, daß gerade in dieser Gruppe die Identifizierungen äußerst fraglich sind. Dies hat zuletzt L. R. Palmer, Kadmos, 11, 1972, S. 40 f. aufgezeigt. Er hebt den Umstand hervor, daß "the palace administration of Knossos at the time of the tablets looked south and west rather than east." Zu den ON *kaditija* und *katano* vgl. Ventris-Chadwick. Docs.², S. 414.

[17] G. R. Hart, The Grouping of Place-Names in the Knossos Tablets, Mnemosyne Ser. IV, 18, 1965, S. 1 ff.; L. R. Palmer, Mycenaean Inscribed Vases, Kadmos 11, 1972, S. 30 ff.

[18] J. T. Killen, Two notes on the Knossos Ak Tablets, Acta Mycenaea Bd. II (= Minos 12), S. 425 ff.; L. Godart, Les tablettes de la série Co de Cnossos, Acta Mycenaea Bd. II, S. 418 ff.

teilen in den knossischen Texten auftreten, sich also die Verwaltung in Knossos nicht allein auf Zentralkreta beschränkte. Die gesamte Insel war demnach den mykenischen Herren in Knossos unterstellt, die von der Metropole aus eine streng zentralistisch geordnete Herrschaft ausübten [19]. Die große Bedeutung Kydonias belegen nun auch die dort begonnenen Grabungen und Schriftfunde [20], während das Auftreten von Orten an der Nord- und Ostküste vor allem deswegen bemerkenswert erscheint, da wohl der größere Teil von ihnen wie auch die Paläste in diesen Regionen um die Mitte des 15. Jh. einer Katastrophe großen Ausmaßes, wohl der Explosion des Vulkanes von Thera, zum Opfer gefallen waren [21]. Spätestens zur Zeit der Niederschrift der Tafeln, nach der allgemeinen, doch nicht unbestrittenen Meinung in der Zeit um 1380/70 v. Chr., müssen diese Orte wieder besiedelt gewesen sein.

Über Kreta hinausweisende Ortsangaben sind für die knossischen Tafeln nicht im gleichen Ausmaß wie für die pylischen erkennbar. Ob das im kultischen Zusammenhang der knossischen Öltexte auftretende „qerasija" als weibliche Gottheit mit Therasija zu verbinden ist, muß fraglich bleiben [22]. Der archäologi-

[19] Das Verhältnis der verschiedenen Landesteile zur Zentrale hat J. Chadwick, Relations between Knossos and the rest of Crete at the time of the Linear B tablets, Proceedings of the 3rd Congress of Cretan Studies (in Publikation), behandelt.

[20] Zu den Schriftfunden vgl. Kap. XXX (Kreta); zu den Ausgrabungen vgl. u. a. AAA 3, 1970, S. 100 ff.; 4, 1971, S. 224 ff.; 5, 1972, 330 f.; vgl. auch die Ausführungen von G. A. Lehmann, Bemerkungen zu kretischen Ortsnamen in den Linear B-Texten von Knossos, Ugarit-Forschungen 2, 1970, S. 351 ff.

[21] Vgl. u. a. D. L. Page, The Santorini Volcano and the Desolation of Minoan Crete, London 1970, S. 1 ff., wo die fraglichen Orte systematisch besprochen werden. — Vgl. auch unten Kap. XXIX Anm. 6.

[22] Dazu zusammenfassend mit der älteren Literatur M. Gérard-Rousseau, Les mentions religieuses dans les tablettes mycéniennes, Rom 1968, S. 193 ff. — Zum Namen Therasia vgl. D. J. Georgacas, On the names of the Santorini Island Group, BzNf 5, 1970, S. 341/70.

sche Nachweis von — wohl theräischem — Bimsstein in kultischem Kontext auf Kreta[23] sei in diesem Zusammenhang
immerhin erwähnt. Daß in der Allativform *ramanade* „Lemnos"
zu sehen ist (vgl. PY raminija), ist nicht wahrscheinlich. Hingegen wird man eine *teqaja* wohl als Thebanerin auffassen
dürfen — zeugen doch gerade auch die in Theben gefundenen
kretischen Bügelkannen für die offenkundig engen Beziehungen
der boiotischen Metropole mit der kretischen[24]. Auch der Allativ
akawijade /'Αχαιϝίαν-δε dürfte sich wohl eher auf einen Ort
dieses Namens innerhalb Kretas als außerhalb beziehen. Dennoch bleibt er wertvoll: zusammen mit dem PN *pirakawo*/
Φιλάχαιος ist er innerhalb der mykenischen Schriftzeugnisse der
einzige indirekte Hinweis auf Volk und Land der Achaier[25].

Diese wenigen und indirekten Belege der „Achaier" im mykenischen Wortmaterial kontrastieren stark mit der Beliebtheit
dieser Bezeichnung für die Griechen bei Homer. Ähnlich problematisch erweist sich der Vergleich der mykenischen Ortsnamen
mit den bei Homer überlieferten. Trotz einer relativ großen
Anzahl mit historischen Orten identifizierbarer mykenischer
Toponyme auf Kreta fällt der Vergleich mit Homer nicht sehr
günstig aus: von den im Schiffskatalog (Il. 2, 646 ff.) namentlich genannten Orten des hundertstädtigen Kreta (Knossos,
Gortyn, Lyktos, Milet, Lykastos, Phaistos und Rhytion) finden
sich mit Sicherheit nur zwei: *konoso* und *paito*.

Problematisch stellt sich auch die Situation hinsichtlich einer

---

[23] Zu solchen Funden vgl. D. L. Page a. a. O., S. 37; ders., The
Volcano of Santorini and the Problem of Minoan Crete, in: Acta of
the 1st International Scientific Congress on the Volcano of Thera,
Athen 1971, S. 372; N. Platon, La destruction volcanique du centre
palatial de Zakros, Acta a. a. O., S. 400 f.; L. Pomerance, AJA 75,
1971, S. 430 f.

[24] Vgl. dazu Kap. XXIX, Anm. 12.

[25] Zu akawija vgl. L. Baumbach, Vocabulary II, Glotta 49, 1971,
S. 160; J. M. Atchinson, The Achaean Homeland: 'Αχαιϝία or 'Αχαιϝίς,
Glotta 42, 1964, S. 19 ff.; A. Sacconi, Gli Achei in età micenea e in
Omero, Živa Antika 19, 1969, S. 13 ff.

Kongruenz der homerischen Texte mit den pylischen dar[26]. Die spätmykenische Entstehungszeit des Schiffskataloges ist oftmals betont worden, zuletzt von R. Hope Simpson und J. F. Lazenby[27]. Die im Schiffskatalog aufgezählten Städte im Bereich von Pylos sind: Pylos, Arene, Thryon, Aipy, Kyparisseis, Amphigeneia, Pteleon, Helos und Dorion. Davon sind in den pylischen Tafeln die Hauptstadt selbst sowie Helos belegt; Kyparisseis, Thryon und Dorion könnten durch entsprechende Ethnika zumindest indirekt vertreten sein — während Entsprechungen für Aipy und Amphigeneia zumindest sehr fraglich sind[28]; ohne solche bleiben Arene und Pteleon. Weniger günstig ist die Bilanz, wenn man diese homerischen Orte, die, soweit überhaupt lokalisierbar, in den westmessenischen Raum gehören dürften, mit den Neun Hauptorten der Diesseitsprovinz vergleicht: in diesem Fall bleibt allein Helos, das freilich als Appellativ von zweifelhaftem Wert ist.

Der Bereich des Messenischen Golfes scheint im Schiffskatalog überhaupt unberücksichtigt geblieben zu sein. Diese Lücke haben möglicherweise ursprünglich jene sieben Städte der Litai geschlossen, die „zuäußerst im sandigen Pylos" liegen und die Agamemnon dem Achill zur Versöhnung bietet: Kardamyle, Enope, Hira, Pherai, Antheia, Aipeia und Pedasos" (Il. 9, 150 ff.). Die Erwartung, daß einige dieser Städte mit den Hauptorten der Jenseitigen Provinz übereinstimmen dürften, erfüllt sich allerdings in keiner Weise.

Sprechen diese Umstände also gegen die mykenische Entstehung des Schiffskataloges? Die genannten Diskrepanzen scheinen diese Folgerung nahezulegen — anderseits bestehen freilich auch die bekannten Unstimmigkeiten zwischen dem Katalog und

[26] Vgl. dazu S. Hiller, a. a. O., S. 197 ff., 207 ff., wo die ältere Literatur genannt wird; vgl. auch Ventris-Chadwick. Docs², S. 415.

[27] R. Hope Simpson, J. F. Lazenby, The Catalogue of the Ships in Homers Iliad, Oxford 1970, S. 166 f.; ebenso L. M. Bowra, Homer, London 1972, S. 92 f.

[28] Zuletzt mit Literaturangaben behandelt bei G. Luchini, a. a. O. (Anm. 3), S. 61 f.

den übrigen Teilen der Ilias, die ihn als ein Stück überkommener, in fertigem Zustand in die Ilias eingefügter Dichtung ausweisen. So haben R. Hope Simpson und J. F. Lazenby [29] mögliche chronologische Diskrepanzen zwischen den mykenischen Texten und dem Schiffskatalog für die mangelnde Übereinstimmung verantwortlich machen zu können geglaubt. Der Katalog wiederhole eine Liste von Orten, die im wesentlichen die Situation bei Ausbruch des Trojanischen Krieges spiegle, oder aber er gebe eine Situation aus dem spätesten Ende der mykenischen Epoche wieder — die Tafeln seien, je nachdem, jünger oder älter als der in der homerischen Überlieferung enthaltene Zeitpunkt.

Wenn überhaupt, so ist wohl eher die letztgenannte der beiden Möglichkeiten gangbar. Da nach Thukydides' Zeugnis (I, 12, 6; vgl. Strabo 9, 441) sich die Boioter erst zwei Generationen nach dem Trojanischen Krieg im historischen Boiotien niedergelassen haben, sie aber im Schiffskatalog bereits diesen neuen Wohnsitz einnehmen, ist davon auszugehen, daß der Schiffskatalog erst geraume Zeit nach dem Trojanischen Krieg abgefaßt wurde, es sei denn, man möchte im Boioterabschnitt des Kataloges eine nachträgliche Interpolation erkennen, während die übrigen Teile einer älteren Phase angehören, was ebenfalls nicht auszuschließen ist. Daß auch der Schiffskatalog „bereits innerhalb der Homer vorausliegenden epischen Tradition Umarbeitungen erfahren und Zusätze erhalten" hat (A. Lesky), kann als gesichert gelten. Ein pauschales Urteil zum chronologischen Verhältnis von Schiffskatalog und pylischen Linear B-Texten ist somit nicht möglich, was aber die Erklärung der genannten Unterschiede zwischen mykenischen und homerischen Texten aufgrund chronologischer Differenzen nicht ausschließt.

Wesentlicher noch ist vielleicht ein anderer Aspekt, den bereits früher D. L. Page [30] vorgetragen hat: die unterschiedlichen inhaltlichen Voraussetzungen, die für die genannten Texte

[29] R. Hope Simpson, J. F. Lazenby a. a. O., S. 86 f., 161 f.
[30] D. L. Page, a. a. O. (Anm. 1), S. 199 ff.

beachtet werden müssen. Die mykenischen Tafeln gelten der Wirtschaftsverwaltung, der homerische Schiffskatalog der Rekrutierung von Truppen. Ein vereinzeltes, vielleicht jedoch nicht rein zufälliges Beispiel könnte diese Überlegung stützen: Kyparisseis erscheint unter den Städten des Schiffsaufgebotes — in den pylischen Tafeln findet es sich (als Ethnikon) zweimal, dort jedoch nicht primär im Zusammenhang mit ökonomischen Vorgängen, sondern bezeichnenderweise beide Male in Verbindung mit den für den Küstenschutz mobilisierten Truppen.

Ein Weiteres kommt vielleicht hinzu: Wir gehen bei der Betrachtung der mykenischen Texte möglicherweise zu sehr von neuzeitlichen Vorstellungen aus, wonach das gesamte Gebiet eines Staates von der Metropole gleichsam lückenlos regiert und verwaltet wird. Es ließe sich aber auch denken, daß dies in den mykenischen Staaten nicht im gleichen Maße wie heute der Fall war, daß vielmehr die Stellung des mykenischen Fürsten auf seinen eigenen, von ihm verwalteten Besitzungen, d. h. auf der wirtschaftlichen Basis seiner Dominien, also einer Art Hausmacht beruhte. Unter diesen Bedingungen aber müßte unser Urteil über die in den pylischen Texten genannten Orte bis zu einem gewissen Grad revidiert werden. Nicht um eine mehr oder minder systematische Erfassung aller behandelten Ortschaften würde es sich handeln, sondern vielmehr um die Verwaltung im Lande verstreuter fürstlicher Ländereien, die im Einzelfall durchaus nicht immer mit den bedeutendsten Ortschaften zusammenfallen mußten. — Freilich müßte dann für Kreta, wo gerade die wesentlichen Siedlungen in den Texten enthalten sind, andere Verhältnisse vorausgesetzt werden.

Wie dem auch sei, festzuhalten bleibt trotz möglicher Erklärungen, daß die Divergenzen hinsichtlich geographischer Berührungspunkte zwischen mykenischen und homerischen Texten schwerer zu wiegen scheinen als die Gemeinsamkeiten. In Anbetracht der Beobachtung, daß bei Homer auch mythologische Namen zumindest gelegentlich recht willkürlich anderen Zusammenhängen entnommen zu sein scheinen, ist auch hinsichtlich der in den Gedichten angeführten Ortsnamen J. Chadwicks

Verdacht nicht von der Hand zu weisen, die einfachste Erklärung mangelnder Übereinstimmung sei, "that poetry can be made out of a list of names ... The difficulties only begin, as in many other points too, when we insist on regarding Homer as an historian instead of a poet".[31]

So gerechtfertigt die Warnung davor, die homerischen Gedichte als „Geschichtsbuch" zu betrachten, grundsätzlich auch ist, so darf doch anderseits nicht verkannt werden, daß gerade die homerischen Gedichte es sind, die uns noch vor der Auffindung des mykenischen Palastes von Pylos und der Entzifferung seines Archives von der Existenz eines bedeutenden südwestpeloponnesischen Fürstentums jene Kunde gaben, die dann durch die Ausgrabungen in so überwältigender Weise bestätigt wurde. Daß die homerischen Gedichte vor dem Hintergrund der mykenischen Epoche spielen und Stoff aus Ereignissen dieser Phase schöpfen, muß ebenso unbestritten sein, wie auf der anderen Seite auch nicht geleugnet werden kann, daß sie den mykenischen Zustand keineswegs ungebrochen widerspiegeln.

Mit wie vielfältigen und tiefgehenden Umschichtungen wir vom historischen Standpunkt aus durch die Veränderungen, die der Untergang der mykenischen Kultur mit sich brachte, gerade im Bereich der Toponymie zu rechnen haben, hat F. Kiechle in einer bemerkenswerten, ihren Grundgedanken nach überzeugenden Studie zu den ostarkadischen Ortnamen auf pylischen Linear B-Tafeln gezeigt[32]. Er geht von der Beobachtung aus, daß eine Reihe der mykenischen Ortsnamen und Ethnika sich im arkadischen Gebiet wiederfinden, das in der späten Bronzezeit wohl kaum zum pylischen Herrschaftsgebiet gehört haben dürfte; hierzu rechnet er u. a. $a_2ratuwa$ (Araithyrea; alter Name für Phlius am Nordoststrand Arkadiens), *asijatija* (zu Asea in Südarkadien), *ekomeno* (zum arkadischen Orchomenos), *iwaso* (zu

[31] J. Chadwick, a. a. O., S. 114 (Anm. 5).

[32] F. Kiechle, Ostarkadische Ortsnamen auf pylischen Linear B-Tafeln, Ein Beitrag zur Besiedlungsgeschichte Arkadiens, Kadmos 1, 1962, S. 98 ff.

Iasos im arkadisch-lakonischen Grenzgebiet), *keratijojo* (zu Geraistion in Arkadien) sowie *rouso* (Lousoi am Nordrand Arkadiens). Eine Mehrzahl dieser Namen zeichnet sich darüber hinaus dadurch aus, daß sie enge Beziehungen zu Boiotien und Thessalien erkennen lassen, wie auch der ostarkadische Bereich in historischer Zeit eine gewisse sprachliche Eigenständigkeit aufweist, die sich aus dialektalen Gemeinsamkeiten, welche sich gelegentlich enger an das Äolische als an das Arkadisch-Kyprische anlehnen, ergibt: „Solche Beispiele legen die Annahme nahe, daß gegen Ende der mykenischen Zeit ein Rückzug zumindest von Teilen der Bewohner der südlichen Peloponnes in deren zentrales Bergland erfolgte, wobei die abwandernde Bevölkerung Namen ihrer bisherigen Siedlungsplätze auf ihre neuen Niederlassungen übertragen zu haben scheint, gewissermaßen in Wiederholung des schon bei der Festsetzung von Aiolern in Südgriechenland zu beobachtenden Verfahrens." [33]

Die bereits hervorgehobenen, vergleichsweise häufigen Entsprechungen mykenischer Personennamen mit Namen aus der thessalisch-boiotischen Mythologie zeigen ebenso wie die Gleichungen von Ortsnamen, daß hinter der Sage von der thessalisch-boiotischen Herkunft der Neleiden ein historischer Vorgang steht. Die Besiedlung der Peloponnes durch die mykenischen „Pylier" dürfte sich demnach von Norden nach Süden vollzogen haben. Damit aber könnte, was der Verfasser dieses Abschnitts in anderem Zusammenhang ausführlich zu begründen bemüht war [34], auch der oft erörterte Widerspruch der homerischen Berichte über Pylos eine plausible Erklärung finden. Während die Nestoris, die einen älteren Zeitabschnitt aus der Jugend ihres Helden zum Inhalt hat, offenkundig mit einem triphylischen Pylos rechnet, scheint jenes des Schiffskataloges wie auch der Telemachie dem messenischen Ort dieses Namens zu entsprechen. Doch auch die pylischen Linear B-Texte kennen nicht nur den mit dem Palast identischen Ort *puro*, daneben

---

[33] F. Kiechle, a. a. O., S. 110.
[34] S. Hiller, a. a. O., S. 169 ff.

findet sich auch ein „*matoropuro*" (Matropylos) sowie ein vom ersteren deutlich unterschiedenes „*puro rawaratija*", das demnach im Bezirk *rawarata*₂, dem zweiten der Jenseitigen Provinz, zu suchen ist. Leider ist die Lage dieses Bezirkes in der Diskussion keineswegs einhellig bestimmt; sollte aber der Nachweis erbracht werden können, daß er nördlich vom messenischen Pylos liegt, so wäre der Gedanke in der Tat verlockend und begründet, es mit dem auch bei Strabo bezeugten triphylischen Pylos der Nestoris zu identifizieren.

Auch in anderer Hinsicht hat sich die mykenische Onomastik für die Klärung homerischer Fragen als brauchbar erwiesen. Über Nestors Beinamen „Gerenier" haben bereits die antiken Homerkommentatoren ihre Überlegungen angestellt. Nach Strabo (8, 3, 7; vgl. auch Paus. 3, 26, 8) leitete er sich von dem Ortsnamen Gerena, bzw. Gerenos her. Daß diese Überlieferung für den Gerenier mit großer Wahrscheinlichkeit zutrifft, bestätigt nun der pylische Personenname *kereno* [35].

Vielleicht kann das mykenische Namensmaterial auch eine weitere Feststellung Strabons bezeugen, wonach sich das mit Pylos oft verbundene Epitheton ἠμαθόεις vom Flußnamen Amathos (8, 3, 14) herleitet und ursprünglich wohl dem triphylischen Pylos zukam. In den pylischen Texten findet sich der Personenname *amatowo*, der seinerseits auf einen entsprechenden Ortsnamen zurückgehen könnte [36]. Sollte vielleicht ursprünglich das triphylische Pylos durch seinen Beinamen als das „amathoische" von den beiden anderen Orten dieses Namens unterschieden worden sein?

[35] Vgl. Chadwick-Baumbach, Vocabulary I, Glotta 41, 1963, S. 180; P. Chantraine, Rev. Phil. 43, 1969, S. 198.

[36] Obschon die Tafel unmittelbar vor amatowo zerstört ist, dürfte das Wort vollständig sein. Zur Entsprechung von PN und ON vgl. O. Landau, a. a. O., S. 217 f., 221.

XXVII. POLITISCHE UND SOZIALE STRUKTUR [1]

Der Versuch, aus den Aussagen der Linear B-Tafeln auf die Verfassung und die politischen Verhältnisse der einzelnen mykenischen Staatsgebilde und den sozialen Status ihrer Bewohner zu schließen, muß auf einige schwerwiegende Hindernisse stoßen:

Die Texte dienen, das haben die Interpretationen der einzelnen Serien bei aller thematischen Vielfalt deutlich werden lassen, einseitig aktuellen Bedürfnissen. Sie führen mit ihren deskriptiven und normativen Eintragungen vor allem das System sowie die praktische Abwicklung der mykenischen Wirtschaft und Verwaltung vor: "We are looking at Pylos society through the eyes of the bookkeepers." [2]

Selbst diese stark verkürzte Perspektive können wir nur mit Vorbehalt für die Rekonstruktion der mykenischen Staatsform und ihrer Gesellschaft nützen. Wie es etliche Texte (oka-Serie, PY Aa, Ab, Ad, PY Jn 829) nahelegen und die Vernichtung der mykenischen Paläste erweist, überschattet die Bedrohung durch nahende Feinde bereits das Verwaltungs- und Verrechnungsjahr, aus dem die Linear B-Tafeln stammen, und führt zu außer-

[1] Dieses Teilzitat aus dem Titel der Monographie von Kl. Wundsam, Die politische und soziale Struktur in den mykenischen Residenzen nach den Linear B-Texten, Wien 1968 (Dissertationen der Universiät Wien. 7), als Überschrift soll zugleich ausdrücken, wie sehr das ganze nachstehende Kapitel dieser gründlichen, materialreichen und geistvollen Arbeit verpflichtet ist. Auf sie sei auch für die Aufarbeitung der weiterführenden Sekundärliteratur verwiesen.

[2] M. Lindgren, The People of Pylos. Prosopographical and Methodological Studies in the Pylos Archives. I. Introduction, Uppsala 1973, S. 6. Die Feststellung gilt ebenso für Knossos.

ordentlichen Maßnahmen[3], deren Auswirkung auf den Gesamtkomplex von Wirtschaft und Administration wir kaum ausmachen können. Vielleicht war dieser Verwaltungszeitraum, den wir zwangsläufig zum alleinigen Maß unserer Rekonstruktion gemacht haben, in manchen Transaktionen, von denen wir lesen, atypisch oder zeigt uns verzerrte Proportionen.

Die Datierung der Texte in das jeweils letzte Jahr des integren Bestehens ihrer Fundorte, der einzelnen mykenischen Residenzen, ist durch die unvorhergesehene Härtung der Tafeln im Feuer der Brandkatastrophe, die ihr Überdauern erst möglich gemacht hat, gesichert. Andererseits begrenzt ihr ephemerer Charakter die Reichweite ihrer Inhalte auf im Höchstfall drei Jahre: das laufende und das vorausliegende *(zawete — perusinuwo)* sowie gelegentlich das — administrativ nicht mehr erreichte — folgende Jahr *(a₂tero weto)*.

Der schmale, quasi-synchrone Ausschnitt, dem die Metapher einer historischen Momentaufnahme nicht übel ansteht, erschwert aber auch prosopographische Studien als eine weitere Möglichkeit politisch-soziologischer Interpretation dieser Texte nicht unwesentlich. Denn wir können die politische Karriere einzelner Personen weder direkt, durch Aufzählung der durchlaufenen Ämter und Funktionen in der Art des römischen cursus honorum, noch indirekt, durch kombinatorische Auswertung mehrerer zeitlich gestufter Dokumente erschließen. Ein Text wie PY Ta 711, der uns in einem Temporalsatz der Einleitungszeile die Inauguration des *aukewa* in das Amt des *damokoro* durch den pylischen Herrscher *(wanaka)* berichtet und damit punktuell eine bescheidene zeitliche Reliefwirkung erzielt, darf als eine hervorstechende Ausnahme gelten. Im Normalfall läßt der Inhalt dieser Tafeln die historische Tiefendimension vermissen.

Auch berechtigte Zweifel, ob gleiche Namen, die uns in mehreren Tafeln mit unterschiedlichem Kontext begegnen, dieselbe

---

[3] Lindgren, People of Pylos, I. Introduction, S. 5, spricht von "the possible 'emergency situation' at Pylos".

Person in wechselnden Funktionen bezeichnen oder als bloße Homonyme auf verschiedene Namensträger referieren, schaffen zusätzliche Momente der Unsicherheit.

Um die einzelnen politischen Ämter und administrativen Aufgaben nach ihrem Rang festzulegen und zueinander in Beziehung zu setzen, sind wir vor allem auf mittelbare Kriterien angewiesen: das Ausmaß des Eigentums an Boden und Herden, die Höhe der Abgaben (Steuern, aber auch Lieferungen für den Kult), Privilegien, besonders privilegierte Formen des Landbesitzes und andere Einzelheiten, über die uns die jeweiligen Tafeln exakten Aufschluß geben.

Dazu können die Etymologie sowie z. T. das Weiterleben eines Titels im alphabetischen Griechisch treten. Wegen des bisweilen radikalen Bedeutungswandels in der Terminologie von Politik und Verwaltung verlangen diese Hilfsmittel freilich besonnene Handhabung und sollten die immanente Textanalyse nur subsidiär unterstützen.

Die Zuweisung der generellen Kompetenzen und der realen Aufgaben an die einzelnen Amtsträger wird zum hartnäckigen Dilemma. Denn der moderne Interpret ist allzu leicht geneigt, eine Trennung von profanen und sakralen Funktionen sowie des zivilen und militärischen Bereichs a priori auch in die mykenischen Verhältnisse zu projizieren, was einige besser verständliche Texte jedoch nicht eben empfehlen. Deutlicher freilich ist die interne Evidenz der Tafeln für die Unterscheidung von zentralen und lokalen Funktionen: hier gewährt die Hinzufügung von Ortsnamen entscheidende Hilfe und setzt Fixpunkte der Interpretation.

An der Spitze der Regierung stand der *wanaka* ((ϝ)άναξ)[4], der für Pylos und Knossos direkt bezeugt ist und als Herrscher

---

[4] Wegen der anomalen Orthographie (Gen. *wanakato,* Dat. *wanakate*) hat S. Ja. Lurja (Glotta 40, 1961, S. 161 f., Klio 42, 1964, S. 147) eine partizipiale Bildung /*wanakants, -antos*/ angenommen, worin ihm Wundsam, Politische Struktur, S. 19 ff., folgt. Ein Versuch, die ungewöhnliche Schreibung auf die spezifische Stammbildung dieses

auch der übrigen mykenischen Residenzen angenommen werden darf. Besonders gut faßbar ist der *wanaka* von Pylos: er ernennt in PY Ta 711. 1 einen Beamten, erscheint in Er 312. 1 f. als Besitzer eines bedeutenden *temeno* (gr. τέμενος) von 30 Getreideeinheiten der höchsten Kategorie. Er wird nach Un 2. 1 *(mujomeno epi wanakate)* in *pakijane* „in ein Mysterium eingeführt" oder nach anderer Auslegung „gesalbt"[5]. In den Fr-Tafeln erhält der pylische König Öl zugewiesen. Da sich unter den übrigen Empfängern Gottheiten wie Poseidon (343), die *potinija* (1231. 1, 1235. 2), daneben *potinija asiwija* (1206) und *upojo potinija* 1225. 1, 1236. 1) befinden, hat man speziell aus diesen Texten auf eine göttliche Verehrung des *wanaka* schließen wollen[6]. Na 334 scheint ihn als persönlichen Adressaten der Abgaben eines Ortes auszuweisen. Dem *wanaka* von Knossos werden in Ga 675 Gewürze zugeteilt.

Die Auffassung der adjektivischen Ableitung *wanakatero* ist nicht einheitlich, ihr Gebrauch mag in der Tat geschwankt haben. Während bei Textilien (KN Lc 525) und Gefäßen (TH I) eine Qualitäts- ("of royal type") oder Herkunftsbezeichnung („aus der Palasterzeugung") naheliegt, weist seine Setzung neben Personennamen deren Träger als Handwerker des Königs (oder des Palastes?) aus: so z. B. den Töpfer *(kerameu) piritawo*, PY En 467. 5 = Eo 371, oder den Walker *(kanapeu) pekita*, PY En 74. 3 = Eo 276. 2.

Für den König *(wanaka)* werden somit administrative und besonders kultische Funktionen deutlich, die in ihm eine Art von Oberpriester des Staates vermuten lassen. Daß für den *wanaka* keinerlei Beziehungen zum Militärwesen bezeugt sind, mag mehr als bloßer Zufall sein.

Nomens zurückzuführen, findet sich bei O. Panagl, Kadmos 10:2, 1971, S. 125—134.

[5] Gr. μύρεσθαι. Nach L. R. Palmer, TPhS 1958, S. 28 ff. und Interpret., S. 258 f. wird der *wanaka* als Gott „beweint".

[6] Zu dieser Frage vgl. J. Puhvel, Minoica (Festschrift f. J. Sundwall), S. 327—333; P. Walcot, SMEA 2, 1967, S. 53—62; St. Hiller, Minos 10:1, 1969, S. 78—92.

„Der zweite Mann im Staate nach dem König ist der *rawaketa*; nur er besitzt außer diesem noch ein *temeno* (Py Er 312, 3) ¹/₃ so groß wie das des *wanaka*."⁷ Personen, die in den pylischen Ea-Tafeln als *rawakesijo* bezeichnet sind, scheinen in einem den *wanakatero*-Handwerkern (s. o.) entsprechenden Dienstverhältnis zum *rawaketa* gestanden zu sein. Auch in Knossos ist dem *rawaketa* eine größere Gruppe von Leuten untergeordnet (As 1516. 2 ff.). Die Beteiligung an einer Abgabe für Poseidon (PY Un 718. 9) reicht nicht aus, um dem *rawaketa* ein ständiges sakrales Amt zuzusprechen. Auch seine Beziehungen zum Militär lassen sich aufgrund von PY An 724 nicht bündig festlegen.

Die Bildung /*lāwāgetās*/, vgl. gr. λᾱγέτας, meist als „Führer des Volkes" wiedergegeben, hat in der verbesserten Lesung *lavagtaei* (Dativ) von M. Lejeune nun eine bemerkenswerte altphrygische Parallele erhalten. Will man sich mit einem etymologischen Ansatz nicht bescheiden, so ist die Präzisierung des Begriffs /*lāwos*/ erforderlich. Seine Erklärung als „Volk in Waffen" macht den *rawaketa* wenigstens ursprünglich zum Oberbefehlshaber der mykenischen Staaten oder zum Führer der Kriegeraristokratie, was denn auch von der überwiegenden Mehrzahl der Mykenologen angenommen wird. Demgegenüber betont Wundsam die auffallende Ähnlichkeit seiner Funktionen mit denen des *wanaka* (Inhaber eines *temeno*, abhängiger Personenkreis, Einfluß auf die Abgaben einzelner Städte u. a.) und schließt daraus auf eine Position des *rawaketa* als „Exponent der Aristokratie gegenüber der Dynastie", der „mit der Zeit eine (beinahe) königsgleiche Stellung (erlangte)". Die offenkundige Parallelität, ja Paenidentität der Funktionen deutet Wundsam so, daß der Leitung des Staates durch den Wanax die Kontrolle seiner Amtsausübung durch den Lawagetas als Vertreter des Adels (= *rawo*, /*lāwos*//) entsprochen habe. Diese geistvolle Vermutung, die sich durch historische Parallelen aus

⁷ Wundsam, Politische Struktur, S. 50.

anderen Kulturkreisen illustrieren läßt, hat freilich auch lebhafte Methodenkritik ausgelöst[8].

Als wichtige Funktionäre im Zusammenhang mit der Rolle des Palastes als Wirtschaftszentrum treffen wir in Pylos auf die Personennamen *akosota* (Auslieferung von Rohmaterial an Handwerker, Va 482, Un 267; Entgegennahme von Fertigprodukten, Pn 30; Inspektion des Ackerlandes, Eq 213; Rekrutierung von Personen, An 39 v.; daneben Besitzer großer Herden), *akeo* (besonders im Zusammenhang mit Schafherden), *apimede* (privilegierter Landbesitz) und *wedaneu* (Empfänger jährlicher Abgaben in Es, vielleicht kultischer Funktionär). Besondere Aufmerksamkeit galt und gilt der Bedeutung und speziellen Aufgabe von *ekera₂wo*, in dem manche sogar den Namen des pylischen Herrschers erkennen wollten. Er offenbart sich als der reichste Besitzer von Ackerland, Weinstöcken und Feigenbäumen (Er 880), er bietet (An 610.13) 40 Männer für den Dienst als Ruderer auf und befindet sich Un 718.2 und 853.1 unter den Spendern für ein Opfer an Poseidon.

Die Struktur und Hierarchie der regionalen Verwaltung läßt sich am besten für das pylische Reich feststellen, das nach den Linear B-Texten in 16, auf zwei Provinzen verteilte, Verwaltungseinheiten zerfällt (vgl. das vorige Kapitel).

Unter den Provinzialbeamten ist der *duma* am breitesten bezeugt. Wenn wir PY On 300 richtig verstehen und ergänzen, hat in jeder der beiden pylischen Provinzen ein *duma* gewirkt, womit auch der Dual oder Plural *dumate* in PY Jn 829.1 distributiv zu verstehen ist. Die Erwähnung des Titels in den knossischen Tafeln läßt für Kreta ähnliche Verhältnisse erschließen.

Ob in *meriduma (-dama)* und *poroduma (porudama)* (PY) wie vielleicht auch in *erawo duma* (KN) das identische zweite Glied auch eine vergleichbare Funktion einschließt, darf bezweifelt werden. Da /melidumar/ (z. B. PY An 39.2, 427.2) ebenso wie /sporo(?)dumar/ (PY Fn 50.7) zwischen Berufsnamen wie

[8] L. R. Palmer, Gnomon 43, 1971, S. 173 f., M. Lindgren, People of Pylos, I. Introduction, S. 6 (Fn. 11).

„Bäcker" und „Waffenerzeuger" auftreten, liegt für sie gleichfalls die Deutung als Beruf im Zusammenhang mit „Honig" und „Saatgut (?)" nahe.

Von *damokoro*[9] als weiterem provinzialen Amtstitel war schon anläßlich der Bestellung des *aukewa* die Rede. Die Tafel PY Jo 438 mit der Registration von Gold stellt ihn (wohl auch hierarchisch) in die Nähe des *[du]ma*.

Der am häufigsten genannte und wohl auch wichtigste zivile Distriktbeamte ist der *korete* /korētēr/(?): jeder der 16 pylischen Verwaltungsbezirke und anscheinend auch die analogen Einheiten auf Kreta hatten einen *korete* zum Vorsteher: hohe Abgaben einerseits (PY Nn 831. 9), auf der anderen Seite aber Befreiung davon als Privileg (PY Xn 1357. 4) sowie die Teilhabe am *kekemena*-Land erweisen seine führende Stellung. Namentlich sind uns aus Pylos *apia₂ro, kurumeno, perimo* und *teposeu* als Träger dieses Amtes bekannt.

Dem *korete* scheint der *porokorete* als „Pro-" bzw. „Vize-Korētēr" unmittelbar unterstanden zu haben. Auch *porokoretere* sind uns durch PY Jn 829 für alle 16 pylischen Distrikte bezeugt, auch aus Knossos haben wir Nachrichten über sie. Die jeweils parallele Nennung in PY Jn 829 und die Subsumierung beider Titel als *koretere* in der Themazeile der Tafel spricht für einen ähnlichen Aufgabenbereich, wie er sich bereits von der Wortbildung her aufdrängt. Den Abstand im Rang zwischen den beiden Funktionären dokumentieren die unterschiedlichen Abgabemengen von Erz im eben zitierten Text aus Pylos.

Über die Kompetenzen der weiteren in Jn 829. 2 genannten Funktionäre können wir kaum exakte Aussagen machen: es handelt sich um die Ämter *karawiporo, opisuko* und *opikapeewe*. Da /klāwiphoros/ in PY Ep 704. 7 f. — Eb 338 u. a. als Titel der Priesterin *kapatija* aufscheint, dürfen wir darin wohl die Bezeichnung eines sakralen Amtes sehen.

Die Bezeichnung *qasireu* ruft spontan eine Assoziation an gr.

---

[9] Zur Etymologie vgl. A. Heubeck, DA-MO-KO-RO, Atti Roma II, S. 611—615.

βασιλεύς hervor, die sich trotz der Einwände L. R. Palmers[10] auch als haltbar erweisen dürfte. Seine Rolle innerhalb der Jn-Serie aus Pylos läßt sich als eine Art von „Zunftmeister"[11] der Schmiede *(kakewe)* definieren, deren „Zünfte" denn auch die Benennung *qasirewija* geführt haben. Das in PY Jo 438 verzeichnete Goldquantum läßt den *qasireu* nicht als gewöhnlichen Handwerker klassifizieren, sondern dem Adel zurechnen. „Der Aufstieg vom lokalen, nicht der Zentralregierung angehörenden, vielleicht eine Sippe leitenden ‚Adeligen' zum ‚König' muß — und kann — in den dunklen Jahrhunderten erfolgt sein."[12] Dieses Avancement des *qasireu* hat immerhin, wie F. Gschnitzer zeigen konnte[13], in den homerischen Epen und anderen, teilw. epigraphischen Denkmälern des alphabetischen Griechisch sowie in der späteren Terminologie politischer Ämter gewisse Spuren hinterlassen.

In einem besonders breiten Spektrum bewegen sich aber die Deutungen, die der Titel *eqeta* erfahren hat. Von ausdrücklich sakraler (Adrados) bis zu dezidiert militärischer Funktion (Risch), von etymologischem Einstieg ("follower", z. B. Chadwick) zur strikt textimmanenten Methode (Palmer) reichen hier die extremen Standpunkte. Unleugbar dominiert wegen der oka-Texte aus Pylos für uns die militärische Funktion des *eqeta*. Da er zusätzlich zum Kommandanten und den Offizieren einer *oka* verzeichnet wird, mag er „die Verbindung zwischen

[10] Interpret., S. 227 f., Mycenaeans and Minoans, S. 109 f., Gnomon 43, 1971, S. 171 f.

[11] So A. Heubeck, IF 63, 1958, S. 132.

[12] Wundsam, Politische Struktur, S. 116.

[13] Basileus, ein terminologischer Beitrag zur Frühgeschichte des Königtums bei den Griechen, Festschrift für L. C. Franz (Innsbrucker Beiträge zur Kulturwissenschaft. 11.), Innsbruck 1965, S. 99—112. Prinzipiell zum Problem der Kontinuität jetzt ders. Vocabulaire et institutions: la continuité historique du deuxième au premier millénaire, u. A. Morpurgo-Davies, The Terminology of Mycenaean Trade Names and the Terminology of Power (beide: Kolloquium Neuchâtel).

Truppe und Palast herstellen, bzw. den König im Feld repräsentieren"[14]. Sein hoher Rang erweist sich ebenso durch bedeutenden Bodenbesitz einiger namentlich bekannter Vertreter wie durch die Angabe von Personengruppen, die von ihnen abhängen. Die vornehme Abkunft einzelner Amtsträger manifestiert sich in der auffallenden Häufung von Patronymika und zweigliedrigen indogermanischen Personennamen bei den *eqeta* der *oka*-Tafeln *(-ke-re-we-i-jo, pereqonijo; aeriqota)*. Wir finden Räder *(amota)* und Textilien („Uniformen"?) mit dem Attribut *eqesijo* versehen, was wohl bedeutet, daß sie für diesen Funktionär bestimmt sind. Wie der *qasireu* so ist uns auch der *eqeta* gleichfalls aus Knossos bezeugt. Weiterer Aufschluß über diesen „schillernden" Titel ist von der angekündigten Monographie S. Jalkotzy-Degers zu erwarten.

Kein Amt, sondern einen offenbar hohen sozialen Rang bezeichnet hingegen der Ausdruck *moroqa*, da Personen mit diesem Titel in verschiedenen anderen Funktionen wiederkehren: So ist der *moroqa kurumeno* einerseits *korete* von *iterewa* und scheint auch als Kommandant einer *oka* (An 654.1) auf. Wichtige Quellen für die Einstufung dieses Terminus sind vor allem die pylischen Tafeln Jo 438 und Sn 64. Nach Wundsams ansprechender Vermutung, die sowohl zur Etymologie „Besitzer eines Anteils (scil. an Boden)" paßt wie auch den pylischen Landverteilungsplan sinnvoll ergänzt, handelt es sich bei den *moroqa* um „Besitzer von Privatland im engeren Sinn des Wortes . . ., für das sie dem Palast (der Zentralregierung) zu keinerlei Abgaben verpflichtet waren".[15] Damit stehen die *moroqa* im Gegensatz zu den Inhabern von *kotona kitimena*, die ja registriert wurden und daher der Kontrolle der öffentlichen Hand unterlagen.

Zum Abschluß dieses Kapitels wollen wir uns noch zwei wichtigen Begriffen aus dem politisch-sozialen Vokabular der mykenischen Texte zuwenden, deren aktuellem Verständnis in der

[14] Wundsam, Politische Struktur, S. 129.
[15] Politische Struktur, S. 120.

mykenischen Epoche die Vertrautheit mit ihren späteren Entsprechungen im alphabetischen Griechisch eher im Wege steht.

So ist *damo* (gr. δᾶ/ῆμος) nicht ohne weiteres als „Volk" zu verstehen. Nach dem Zeugnis der Tafeln, besonders der Landbesitz-Serien aus Pylos (vor allem Eb/Ep), stellt der *damos* vielmehr eine Korporation, eine juristische Person dar, deren Proponenten *(kotonooko)* sich etwa über den rechtlichen Status gewisser Grundstücke äußern (Eb 297 — Ep 704. 5 f.). Als Körperschaft leistet der *damo* aber auch seinen Beitrag zu einem Opfer für Poseidon (PY Un 718. 7). Innerhalb der einzelnen Distrikte scheint der jeweilige *damo* zu bestimmten Leistungen gegenüber dem Palast verpflichtet gewesen zu sein, die ebenso in Abgaben wie in der Bereitstellung von *kekemena*-Land (im „Pachtverfahren": *onato/a paro damo*) bestehen konnte.

Als *doero* (δοῦλοι) hat man eine sozial sichtlich inhomogene Kategorie von Personen zusammengefaßt, deren gemeinsames Merkmal die Abhängigkeit von einem Menschen oder einer Gottheit darstellt[16]. Neben eigentlichen Arbeitssklaven, die durchwegs anonym, d. h. nur mit dem Namen ihres Herrn, auftreten (z. B. die Sklaven der Schmiede in PY Jn) finden sich immerhin auch Besitzer von Grundstücken, auch sie teilweise ohne eigenen Namen eingetragen. „Sklavinnen der Priesterin" *(ijereja doera,* PY Ae 303) oder solche der *karawiporo* (PY Ae 110) erscheinen als Kollektive.

Daneben werden aber die Namen etlicher sozial offensichtlich höhergestellter *doero* angegeben. Bei ihnen handelt es sich durchwegs um Sklaven von Göttern, die offenbar eine eigene Subkategorie bilden. So ist *mutiriko* Sklave der *diuja* (PY Cn 1287. 6), *a₃kiwaro* ist *atemito doero,* also „Sklave der Artemis" (PY Es 650. 1 u. ö.). Die größte Gruppe namentlich bezeichneter Sklaven sind aber die *teojo doero/a* der pylischen Landvertei-

[16] Vgl. E. L. Bennett, Jr., Nestor I, S. 73 f. und Wundsam, Politische Struktur, S. 169 ff. (für den gesamten Problemkomplex). Vgl. zul. P. Debord, Esclavage mycénien, esclavage homérique, REA 75, 1973, S. 225—40.

lungstexte (Eb/Ep, Eo/En), die als Inhaber von *onata* („Pacht-land") der Sorten *kotona kitimena, kekemena kotona* und *kama* begegnen. Damit erhebt sich die Frage, ob diese *teojo doero* besonders privilegiert waren oder diese Bezeichnung vielleicht gar als einen sakralen Titel führten. Die Möglichkeit, daß es sich bei Frauen, Mädchen und Knaben, die in den pylischen Personen-verzeichnissen Aa, Ab und Ad aufscheinen, gleichfalls um Sklaven handelt, ist oben (Kapitel X) erörtert worden.

Die prosopographische Auswertung der Linear B-Texte hat gegen Schwierigkeiten und Faktoren der Unsicherheit anzu-kämpfen, von denen bereits weiter oben die Rede war. Die umfangreiche Arbeit von D. F. Sutton zu den Landbesitzserien von Pylos[17], eine von E. J. Bennett Jr. betreute Doktorarbeit, ist leider nur als Mikrofilm zugänglich. Um so mehr muß das Erscheinen der schon erwähnten mehrbändigen Monographie von M. Lindgren begrüßt werden, deren kritische Zurückhaltung und methodische Exaktheit in den bereits vorliegenden Bänden[18] besticht.

[17] An Analytical Prosopography and Statistical Guide to the Land Tenure Tablets from Pylos, Diss. University of Wisconsin, Madison 1970.

[18] I. A. Prosopographical Catalogue of Individuals and Groups, II. The Use of Personal Designations and their Interpretation, Uppsala 1973 (Boreas. Uppsala Studies in Ancient Mediterranean and Near Eastern Civilizations. 3: I, II.). Vgl. zul. dies., The Interpretation of Personal Designations in Linear B: Methodological Problems (Kolloquium Neuchâtel).

XXVIII. RELIGION UND KULT

Die minoische Religion hat, wie die Kultur des minoischen Kreta allgemein, zweifellos auf die festländische einen nachhaltigen Eindruck ausgeübt. So hat denn, wenn auch nicht kritiklos, M. P. Nilsson in seinem Werk zur „minoisch-mykenischen" Religion beide Bereiche gemeinsam und als Einheit behandelt, wohingegen er in seiner ›Geschichte der griechischen Religion‹ eine stärkere Trennung der beiden Bereiche anstrebt [1]. Obschon also die Notwendigkeit einer strengen Scheidung beider Bereiche erkannt wurde, ließ sich diese selbst jedoch nur schwer durchführen, da die Gemeinsamkeiten zumindest in den Zeugnissen der Bildüberlieferung [2] überwiegen. So mag es sinnvoll und nicht ohne Reiz sein, die knossischen Texte mit religiösen Inhalten den festländischen gegenüberzustellen; freilich muß dabei bedacht werden, daß auch die knossischen Tafeln im Auftrag mykenischer Machthaber geschrieben wurden, daß demnach also der Blickwinkel zumindest festländisch orientiert und das zu erwartende minoische Kolorit entsprechend verfärbt sein könnte.

[1] M. P. Nilsson, The Minoan-Mycenaean Religion and its survival in Greek Religion, Lund 1949, Repr. 1968, hier abg.: MMR; ders., Geschichte der Griechischen Religion, München 1967³, S. 256 ff., 329 ff. Vgl. nun auch E. T. Vermeule, Archaeologia Homerica, Bd. III, Fasc. V, Göttingen 1974.

[2] Zu den Schwierigkeiten der Interpretation der bildlichen Überlieferung insbesondere hinsichtlich der Differenzierung von Gottheiten und zur Stellung der bildlichen Überlieferung zur Aussage der Linear B-Texte vgl. u. a.: A. Furumark, Gods of Ancient Crete, Op. Ath. 6, 1965, S. 85 ff.; A. Brelich, Religione Micenea: Osservazioni Metodologiche, Atti Roma, Bd. 2, S. 919 ff.; B. C. Dietrich, Notes on the Linear B Tablets in the Context of Mycenaean and Greek Religion, Atti Roma, Bd. II, S. 992 ff.

Wie bei allen Tafeln ist auch bei jenen, die unser Interesse vorwiegend der darin enthaltenen kultischen Belange wegen auf sich lenken, zunächst ihr ökonomischer Charakter in Betracht zu ziehen. Wenn uns die Verwaltungsarchive der Paläste von Pylos und Knossos einen Einblick auch in den Kult gewähren, so vor allem deswegen, weil sie entsprechende wirtschaftliche Vorgänge, die zur Durchführung des Kultes nötig waren, registrieren.

In erster Linie sind hier jene Texte aufschlußreich, deren Ideogramme bestimmte Naturalien anzeigen, die auch als Opfergaben dienen konnten: so die pylische Fn-Serie mit Getreidezuteilungen, die gelegentlich durch solche an Feigen und Oliven erweitert werden — die pylische Fr-Serie mit Ölrationen — letzterer entsprechend die knossische Fp-Serie, ferner die knossische Fs-Serie mit Rationen an Getreide, Feigen, Wein, Honig u. a. mehr — die knossische Gg-Serie, die mit Honig gefüllte Gefäße verzeichnet (vgl. zu diesen Serien oben S. 155 ff.); doch auch in anderem Zusammenhang sind kultische Termini zu erwarten, so etwa bei Personallisten, unter denen sich auch kultische Würdenträger befinden — bei den die Landzuteilung regelnden Tafeln (Pyl. E-Serie), die ihrerseits in kultischem Dienst stehende Personen berücksichtigen — daneben in Verbindung mit Textilprodukten und aromatischen Essenzen, die ebenfalls als Weihegaben Verwendung finden können — schließlich bei Texten, die ·unterschiedliche Produkte verzeichnen (V-Serie) bzw. solchen ohne Ideogramme (U-Serie).

Eine Ausnahmestellung nimmt die sehr bedeutende Tafel PY Tn 316 ein, die ausschließlich kultischen Belangen gewidmet ist und beinahe als ein gekürzter Abriß des mykenischen Pantheons gelten kann. Ansonsten freilich sind die kultischen Termini und Vermerke nicht immer mühelos von profanen zu trennen, da etwa ebenso wie kultische Personen auch andere an der Zuweisung von Naturalien teilhaben könnten, so politische Funktionäre neben Bediensteten und Handwerkern der Palastwirtschaft.

Die Unsicherheit, ob eine bestimmte Bezeichnung in kultischen oder profanen Zusammenhang gehört, ist gelegentlich sehr groß und kaum eindeutig zu beheben.[3] Dies trifft ebenso für Individualnamen zu, wobei nicht immer mit Sicherheit etwa die Namen vermutlich prähistorischer, später nicht mehr verehrter Gottheiten von bloßen Personennamen zu trennen sind — ebenso wie die Zugehörigkeit einzelner Funktionäre oder Personengruppen zu dem einen oder anderen Bereich oftmals unklar bleibt, wobei jedoch nicht zuletzt die Alternativfrage als solche falsch gestellt sein könnte: die Geschichte kennt hinreichend Beispiele, die eine scharfe Trennung zwischen Kult und Staat nicht erlauben, da der politische Bereich mit dem sakralen auf das engste verbunden ist.

Von den zahlreichen Termini, für die von der Forschung kultische Bedeutung angenommen wurde, sollen im folgenden vorwiegend solche genannt werden, die mit größerer Wahrscheinlichkeit für diesen Zusammenhang in Anspruch genommen werden können, obschon auch für sie oftmals keine einhellig akzeptierte Deutung besteht. Über abweichende Meinungen informiert am mühelosesten M. Gérard-Rousseaus nach Stichworten lexikalisch geordnetes Verzeichnis des kultisch-religiösen Vokabulars[4], wo in knapper und übersichtlicher Form die verschiedenen Interpretationen gesammelt sind. Wenn die Autorin vielleicht gelegentlich zu skeptisch urteilt, so ist dies angesichts

---

[3] Gelegentlich sehr weit in der Annahme von Überschneidungen profaner und sakraler Kompetenzen der einzelnen mykenischen Funktionäre geht F. R. Adrados, Les institutions religieuses mycéniennes, Acta Mycenaea I, S. 170 ff.; so kommt er zu der Schlußfolgerung, « que dans les règnes mycéniens il n'y avait pas de distribution de fonctions dans la vie civile, militaire et religieuse ... ». Im einzelnen scheint jedoch seinen Folgerungen gegenüber eine gewisse Zurückhaltung geboten.

[4] M. Gérard-Rousseau, Les mentions religieuses dans les tablettes Myceniennes (Rom 1968); da sich die Autorin in dankenswerter Weise ausführlich mit der gesamten älteren Literatur auseinandersetzt, sei hier im folgenden darauf verzichtet, sie im einzelnen anzuführen. Nur jüngere Literatur wird hier genannt.

der gerade bei schwierigen Texten oftmals verführerischen Ausflucht ins Kultische nicht unbegründet. Auch ihr Verzicht darauf, aus Namenslisten einen Abriß der minoisch-mykenischen Religion rekonstruieren zu wollen, muß grundsätzlich positiv beurteilt werden. Ohne Zweifel sind die Texte nicht dazu geeignet, ein religiöses System, falls ein solches überhaupt erwartet werden kann, erkennen zu lassen. Ein gewisses Bild aber mag vielleicht auch die Aufzählung der Gottheiten, ihres Kultpersonals, der Feste und der Heiligtümer, wie sie im folgenden betrachtet werden sollen, zumindest in allgemeinen Umrissen vermitteln können.

Zunächst zeigt sich, daß neben den aus historischer Zeit vertrauten Göttern eine Reihe von Gottheiten verehrt wurde, die später, falls ihre Selbständigkeit nicht gänzlich verlorenging und sie nur noch im Beinamen einer anderen Gottheit weiterlebten oder soweit sie nicht auch gänzlich in Vergessenheit gerieten, nur noch eine untergeordnete Rolle spielen.

Allgemeine, nicht näher spezifizierbare Bezeichnungen sind *teo* (θεός), *pasiteoi* (πᾶσι θεοῖσι) oder auch *matere teja* (Dat. zu μάτηρ θεία); ersteres findet sich vor allem in der Verbindung „*teojo doero, t. doera*“ (θεοῦ δοῦλος, θεοῦ δούλη) auf den pylischen Tafeln, wobei die Bezeichnung „Gottessklave“ (vgl. dazu unten) für die Verwaltung allerdings vor allem eine Statusangabe beinhaltet haben dürfte, weswegen jedoch anderseits die auf eine bestimmte Gottheit bezogene Zugehörigkeit der so bezeichneten Person nicht auszuschließen ist. Zuweisungen an die *pasiteo* sind hingegen ausschließlich in Knossos belegt, zumeist in Verbindung mit entsprechenden Opfern an individuelle Gottheiten. Es fällt auf, daß die Bezeichnung zumeist in engerer Nachbarschaft mit „*qerasija*“ steht. Sollte, was freilich ganz unbeweisbar bleibt, diese Verbindung darauf zurückzuführen sein, daß man den für Kreta so verheerenden Vulkanausbruch von Thera[5] auf den Groll unbekannter, nicht zur rechten Zeit durch Opfer versöhnter Götter zurückführte, denen man hinfort, falls

[5] Vgl. dazu oben Kap. XXIX, Anm. 6.

darin wirklich der mit der Insel homonyme Göttername erkannt werden darf, zusammen mit *qerasija* opferte?

An männlichen Gottheiten, die zu den späteren Olympiern zählen, nennen die pylischen Texte Zeus (*diwo:* Gen., *diwe:* Dat.), Dionysos (*diwonusojo:* Gen.), Poseidon *(posedao)* und auch Hermes. — Letzterer findet sich auf Tn 316 als *emaa₂ areja,* was die Interpretation vor gewisse Schwierigkeiten stellt, zumal seiner Erwähnung solche weiblicher Gottheiten vorangehen. So schloß M. Gérard-Rousseau[6] die Deutung auf Hermes aus. Sie glaubt darin einen Vermerk über „ἕρμαια ἄρεια", d. h. « présents occasionnels supplémentaires » erkennen zu müssen. Die folgenden Ideogramme verzeichnen jedoch zusammen mit einem Goldgefäß eine männliche Person; so wird man, da im gleichen Zusammenhang für weibliche Gottheiten Frauen registriert werden, bei *emaa₂* an einen Gott denken dürfen: vielleicht an Hermes in einer spezifisch lokalen Ausprägung (etwa „der von areja"; vgl. Athena Alea), wie ja Hermes auch in historischer Zeit des öfteren den Tempel mit weiblichen Gottheiten teilt. Oder sollte, was allerdings weniger wahrscheinlich ist, an eine Ares-Herme gedacht und ein anikonisches Kultmal dieses Gottes erschlossen werden müssen? Daneben scheint sowohl in pylischen wie in einem Text aus Knossos die Bezeichnung *emaa₂* auch in anderer Bedeutung (Name eines Festes?) verwendet worden zu sein.

Leider fehlt auf den beiden Tafeln, die Dionysos erwähnen (PY Xa 102, 1419), jeder sicher deutbare Kontext. Daß in „*wonowatisi*", das sich einmal im weiteren Zusammenhang findet, griech. „οἶνος" steckt und somit Dionysos bereits für mykenische Zeit als Weingott bezeugt ist, kann nicht mehr als eine — freilich ansprechende — Vermutung sein[7].

Während Zeus in den pylischen Texten unmittelbar nur auf Tafel Tn 316 aufscheint, ist Poseidon wiederholt bezeugt. Unter

---

[6] M. Gérard-Rousseau, Emaa₂ désigne-t-il le dieu Hermès dans les tablettes mycéniennes?, Atti Roma, II, S. 594 ff., — wiederholt in Les mentions religieuses, S. 85 f., s. v. *emaa₂.*

[7] Vgl. dazu zuletzt K. Kerényi, Atti Roma, II, S. 1021 ff.

den pylischen Gottheiten, so scheint es, nahm er den ersten Rang ein[8]. Sein Kult dürfte vor allem an die Stadt (Tn 316: *watu*) und den Palast (Fr 1219; *wanasoi*) gebunden gewesen sein; ihm zu Ehren wird auch ein eigenes Fest (Fr 343; *reketoroterijo*) gefeiert, er besaß ein eigenes Heiligtum (Tn 316; Fn 187. 2; *posidaijo*) und eigene Priester (Fn 187. 18; *posidajeusi*, Dat.). Die hohe Bedeutung des Poseidonkultes in Pylos hat sich bis in die homerischen Gedichte hinein ausgewirkt: es ist gewiß kein Zufall, wenn Telemach bei seiner Ankunft in Pylos den Nestor beim Opfer für Poseidon antrifft (Od. 3, 5 ff.).

Daß Hermes in Knossos als Göttername nicht gesichert ist, wurde bereits gesagt. Auch *apaitijo* (L 588), das einem Hephaistios entspricht, stellt eine -ijos-Ableitung zum Götternamen *apaito* (Ἥφαιστος, aiol. Ἄφαιστος, dor. Ἄφαιστος) dar und bezeichnet wohl eine Person, bezeugt aber doch indirekt auch die Existenz des späteren Olympiers in mykenischer Zeit. Ares, der in Pylos ebenfalls nur indirekt durch die PN *areijo* (PY An 656, 6), *panarejo* und *areimene* (Theben), sowie wohl auch durch *apijarewo* (KN Xd 94; unsicher), *arewo* (PY An 340. 11) und *euware* (PY Jn 693. 2) belegt ist[9], wird in Knossos auf zwei Tafeln (Fp 14, Mc 4462; *are*) erwähnt. Poseidon, der ebenfalls für Knossos gesichert ist (X 5560; V 52. 2), tritt dort im Gegensatz zur pylischen Situation an Bedeutung offenbar hinter Zeus zurück, der in zumindest drei Texten (F 51, E 842. 1; Fp 1) genannt wird — einmal davon als *dikatajo diwe* (Fp 1; Dat.), d. h. als der Diktäische Zeus. Die antike Überlieferung von der Diktäischen Zeushöhle[10], dem Geburtsort des Zeus Kretagenes, findet im mykenischen Text eine wichtige Bestätigung ihres hohen Alters. Zweifellos hat sich hier bereits in der späten

[8] Dies hat zuletzt I. Chirassi, Poseidaon — Enesidaon nel Pantheon Miceneo, Atti Roma, II, S. 945 ff. dargelegt.

[9] Zum Namen Ares und Verwandtem vgl. zuletzt A. Heubeck, Amphiaraos, in: Die Sprache 19, 1971, S. 8 ff.

[10] Zur Überlieferung und Lokalisierung vgl. M. P. Nilsson, a. a. O. (MMR) S. 459 ff.; L. A. Stella, Pepragmena tou B' Diethnous Kret. Synedriou (Athen 1968) S. 255, Anm. 3.

Bronzezeit der griechische Zeus mit einer ursprünglich vorgriechischen Gottheit verbunden[11].

Eine Reihe weiterer Gottheiten, die später in der Form von Epiklesen bzw. von Nebenformen der kanonischen Götter erscheinen, haben in den mykenischen Texten ihre Selbständigkeit offenkundig noch bewahrt. Hierzu zählt der in Knossos verehrte *enuwarijo* (V 52), der dem griechischen Ἐνυάλιος entspricht; bei Homer ist Enyalios zumeist ein anderer Name für Ares (Il. 2, 651; 13, 519; 20, 69 u. a.), aber auch sein Epitheton (Il. 17, 210 f.). Da auf den knossischen Tafeln Ares ebenfalls genannt wird, muß davon ausgegangen werden, daß Enyalios damals noch eine nicht mit ihm vermischte, unabhängige Göttergestalt gewesen ist. Auf der gleichen Tafel (V 52) wie er erscheint auch *pajawone* (Dat.), d. h. Παιάϝων/Παιήων. Später geht er, als Apollon immer stärker die Züge eines Heilsgottes annimmt, in diesem auf; bei Homer jedoch ist er von diesem noch unterschieden und wird als Arzt der Götter eingeführt (Il. V, 401, 899 f.), so daß wir auch im minoisch-mykenischen Pantheon in ihm eine selbständige Gottheit erkennen dürfen.

Zusammen mit dem Ortsnamen Amnisos findet sich auf einer knossischen Tafel (M 719) auch *enesidaone* (Dat.), das an die homerischen Epitheta für Poseidon wie Ennosigaios, Enosichthon oder auch das bei Pindar (Pyth. 4, 33) überlieferte Ἐννοσίδας erinnert. Da innerhalb der M-Tafeln auch anderweitig kultische Belange enthalten zu sein scheinen, hat die Annahme eines Götternamens Ἐνεσιδάων zumindest hypothetische Berechtigung. — Dunkel hingegen bleibt die Bedeutung des in den knossischen F-Texten zusammen mit anderen Gottheiten genannten „*pade*" (z. B. Fp 1. 4; 48. 2 u. a. m.), in dem wohl ebenfalls eine Gottheit zu vermuten ist, ohne daß sich jedoch eine überzeugende Gleichung zu einem aus historischer Zeit bekannten Götternamen aufzeigen ließe.

Unter den pylischen Gottheiten, die keine späteren Ent-

[11] Vgl. dazu zuletzt auch R. F. Willets, Mycenaean Zeus in Central Crete, Atti Roma II, S. 1033 ff.

sprechungen aufweisen, ist ein „dirimijo diwo ijewe" (Tn 319, Dat. zu *Δρίμιος Διός υίός), also ein Zeussohn, hervorzuheben, daneben ein zweimal genannter „tiriseroe" (Fr. 1204, Tn 316; Dat. zu τρις+ήρως). Man wird darin, obschon die Bezeichnung Heros bei Homer ausschließlich auf Menschen bezogen wird, vielleicht einen Hinweis auf die spätbronzezeitliche Entstehung des Heroenkultes erkennen dürfen, wie ihn auch die archäologischen Denkmäler [12] nahelegen; nicht zu entscheiden ist allerdings, ob die pylischen Texte sich auf eine Gottheit oder etwa einen heroisierten Ahnen der pylischen Dynastie beziehen.

Sehr unterschiedliche Interpretationen sind auch für die in der Fr-Serie häufig erwähnten „dipisijo" vorgetragen worden, von denen keine als allgemein akzeptiert gelten kann. Man hat darin ein Toponym, daneben « un endroit où se faisaient les massages après le bain », ferner auch kultisch verehrte Personen vermutet, wobei man dipisi- mit griech. διψᾶν/dürsten in Verbindung gebracht und entsprechend an eine Form des Totenkultes, aber auch an mit der Durchführung von Flüssigkeitsspenden betraute Personen oder Dämonen gedacht hat.

Wie das Beispiel der dipisijo zeigt, stehen wir zumeist dort, wo sich eine sichere historische Anknüpfung nicht aufzeigen läßt, auf sehr brüchigem Boden. Aber auch ein Wort wie „iqo", das zweifellos die mykenische Form von ἵππος/Pferd darstellt, kann sich, wenn wir einen sakralen Zusammenhang in Rechnung ziehen, als äußerst problematisch erweisen. So erhält (Ea 59. 5) Kretheus eine bestimmte Fläche an Land (bzw. Saatgut; dazu oben S. 149 f.) „eneka iqojo", d. h. „wegen des Pferdes" — und an „iqo" wird (Fa 16) eine Zuteilung an Zypergras, das ansonsten häufig zusammen mit Aromata genannt wird, vermerkt. Da die Landzuteilung eine bemerkenswerte Größenordnung aufweist, dürfte dahinter wohl mehr als lediglich die Nahrung eines einzelnen Pferdes zu sehen sein, nicht zuletzt auch deswegen,

---

[12] Vgl. M. P. Nilsson, a. a. O. (MMR) S. 584 ff.; Sp. Marinatos, Palaipylos, in: Das Altertum 1, 1955, S. 148 ff.; M. Andronikos, Archaeologia Homerica, Totenkult, 1968, S. 126 ff.

weil innerhalb der Landverteilungstexte auch „*posedaone dosomo*", d. h. „Gaben an Poseidon" (Es-Serie) eine Rolle spielen. Auch die verzeichnete Menge an Zypergras ist außerordentlich hoch. L. R. Palmers Interpretation, der in *iqo* einen "Horse God" erkennt, kann sich für diese Auffassung auch auf archäologische und religionsgeschichtliche Forschungen berufen, die ihrerseits noch vor dem Bekanntwerden dieser mykenischen Texte eine alte pferdegestaltige Gottheit erschlossen hatten[13]. Sollte entsprechend der mykenische „*iqo*" der Paredros der unten zu besprechenden *potinija iqeja* sein?

Olympische Göttinnen sind unter den mykenischen Gottheiten, soweit die Tafeln sie nennen, nur spärlich vertreten. In Pylos finden sich Hera und Artemis; die Existenz ersterer kann, da sich die Eintragung u. a. auf der Tafel Tn 316 zusammen mit Zeus findet, als gesichert gelten; zugleich hat die mykenische Schreibung die alte etymologische Ableitung von *serw- (vgl. lat. servare) als unzutreffend erwiesen und neue Aspekte hinsichtlich einer Beziehung zu *jēr- (vgl. Jahr) in den Vordergrund treten lassen[14]. Die Lesungen von *atemito* (Gen., PY Es 650. 5) sowie *atimite* (Dat., Un 219) als Artemis sind, wohl zu Unrecht, abgelehnt worden, zuletzt von C. Sourvinou[15]. Sowohl die lautlichen Schwierigkeiten der Schreibung wie der Kontext, in dem sich die Erwähnungen finden, schließen Artemis keineswegs aus, zumal sich bisher keine sinnvolle Alternative der Deutung ergibt; auch M. Gérards Vorschlag, *atemi*/ἄθεμις bezeichne « soit un

---

[13] Vgl. F. Schachermeyr, Poseidon und die Entstehung des griechischen Götterglaubens, Salzburg 1950; B. Schweitzer, Die geometrische Kunst Griechenlands, Köln 1969, S. 168 f.

[14] Zur Etymologie von Hera vgl. W. Pötscher, Der Name der Göttin Hera, Rhein. Mus. 108, 1965, S. 317 ff.; ders., Hera und Heros, Rh. Mus. 104, 1961, S. 302 ff., ferner F. R. Schröder, Gymnasium 63, 1956, S. 57 ff.; A. J. van Windekens, Glotta 36, 1958, S. 309 ff.; ders., Die Sprache, 6, 1960, S. 214 ff.

[15] C. Sourvinou, Atemito and Atimite, Kadmos 9, 1970, S. 42 ff. Vgl. die Erwiderung von T. Christides, Further Remarks on Atemito and Atimite, Kadmos 11, 1972, S. 125 ff.

individu anticonformiste de caractère, soit le titulaire d'une fonction officielle qui, professionnellement, échappait aux règlements normaux de la société contemporaine », scheint gezwungen und findet in den übrigen Texten keinen Rückhalt.

Die „*atanapotinija*", die zusammen mit Enyalios, Paiaon und Poseidon in Knossos (V 52) erwähnt wird, hat man gelegentlich als „᾿Αθήνη Πότνια" übersetzt und auf die klassische Göttin Athene bezogen. Doch haben sich gegen diese Deutung Einwände erhoben — so der, daß die im Griechischen übliche Wortstellung Πότνια ᾿Αθήνη zu erwarten sei —, außerdem daß in Analogie zu anderen mykenischen Potniai (vgl. *upojo p.*, *dapu₂ritojo p.*) der Genetiv eines Toponyms zugrunde liege, von dem sich ansonsten innerhalb Kretas jedoch keine Spuren erhalten haben. All dies spricht mit Gewicht gegen eine vorschnelle Identifizierung mit der Göttin Athene. Anderseits aber scheinen sehr alte mythische Beziehungen zwischen der Göttin und Knossos bestanden zu haben, wo sie — ähnlich wie beim boiotischen Alalkomenai — am Tritonbach als Tritogeneia verehrt wurde[16]. Triton ist in den Linear B-Texten als kretisches Toponym vielfach bezeugt *(tirito)*, und nach Hesych (s. v.) war Trita ein anderer Name von Knossos. So mag, auch wenn die knossische *atanapotinija* lokal von der athenischen zu trennen ist, doch immerhin die Überlegung gerechtfertigt sein, ob nicht schon in mykenischer Zeit die knossische Göttin mit der festländischen identifiziert wurde.

Mit *atanapotinija* sind eine Anzahl weiterer Potniai zu vergleichen: in Knossos die *dapu₂ritojo potinija*. Sie ist, dem Namen nach, als die Herrin des Labyrinths zu identifizieren, wobei allerdings die Frage, was unter dem Labyrinth zu verstehen ist, offenbleibt. Daß der knossische Palast als „Haus der Labrys" (Doppelaxt) bereits in der Bronzezeit so bezeichnet wurde, läßt sich aus den Linaear B-Texten nicht erweisen. Jedenfalls aber dürfte die

[16] Vgl. zu dieser Überlieferung zuletzt C. Davaras, Die Statue aus Astritsi, Antike Kunst, 8. Beiheft, Bern 1972, S. 30 f.; R. F. Willetts, Cretan Cults and Festivals, London 1962, S. 282.

göttliche Herrin eines heiligen Ortes, wohl eher eines gebauten als eines natürlichen Heiligtums, diesen Namen tragen.

Die Existenz zahlreicher lokaler weiblicher Gottheiten in der prähistorischen ägäischen Religion, wie sie auch aus anderen Traditionen hervorgeht, findet in den verschiedenen pylischen Potniai ihre Bestätigung: die *erewijopotinija* (Vn 48), die *newopeo potinija* (Cc 665), die *upojo potinija* (Fn 187. 8; Fr 1225, 1236) sowie die *potinija asiwija* gehören wohl zu Ortschaften wie *ero* und *newopeo*[17] sowie zu charakteristischen natürlichen Örtlichkeiten; die Verbindung von *upojo potinija* mit griech. ὕβος (Erdhaufen, Hügel) und von *asiwija p.* mit ἄσιος (Eustath.: ἰλυώδης, sumpfig) und eine entsprechende Übersetzung als « Notre-Dame de la Butte » bzw. « Notre-Dame du Marais », wie sie von M. Gérard-Rousseau vorgetragen wurde, fügen sich diesem Vorstellungskreis gut ein[18]. Auf die *potinija iqeja* wurde bereits hingewiesen. Obschon die philologische Interpretation als „Πότνια Ἱππεία" keine Schwierigkeiten bereitet und allgemein anerkannt wird, bleibt doch die religionsgeschichtliche Erklärung dieser Gottheit problematisch. Soll man in ihr eine Herrin der Pferde erkennen analog der späteren Athena Hippeia oder Hera Hippeia — oder eine Göttin der Streitwagenkrieger (vgl. myk. *iqija*/Streitwagen) — oder aber eine ursprünglich selbst pferdegestaltige Göttin als weibliches Ebenbild des „Pferd-Gottes"? Entsprechende religiöse Vorstellungen, bei denen der Hieros Gamos von pferdegestaltigen Gottheiten vollzogen wurde, lassen sich, wie F. Schachermeyr[19] überzeugend dargelegt hat, noch in

[17] Unsicher in dieser Reihe erscheint die *newopeo potinija* angesichts der großen Zahl der auf der gleichen Tafel registrierten Schafe (100) und Schweine (190), die weniger als Opfergaben für eine bestimmte, nur lokal bedeutsame *Potnia* von *neopeo,* sondern wohl eher als die Opfergaben der Leute von Newopeo an die Potinija (von *pakijane?*) zu verstehen sein dürften.

[18] Göttinnen mit Wasservögeln, bzw. in Verbindung mit „Erdhügeln" begegnen auf Werken der minoischen und mykenischen Glyptik.

[19] Vgl. oben Anm. 13.

historischer Zeit verfolgen. So wird man, so verlockend auch die Verbindung der schriftlich überlieferten *potinija iqeja* mit entsprechenden bronzezeitlichen Darstellungen einer reitenden Göttin auf den ersten Blick erscheinen mag[20], dennoch Vorsicht walten lassen. In historischer Zeit bezeichnet dieser Bildtypus die Göttin Selene — und da offenkundig eine Anzahl bronzezeitlicher Bildschemata in das erste Jahrtausend hinein fortgelebt hat[21], erscheint es nicht ausgeschlossen, daß bereits in mykenischer Zeit die Gestirngöttin als Reiterin dargestellt wurde. Eine auf den knossischen Tafeln als Empfängerin von Opfergaben genannte Person *„mena"* (Fs 3, E 842, Gg 717) könnte, wie verschiedentlich vorgeschlagen wurde, der Mond, bzw. die Mondgöttin sein.

Neben der Gruppe der Potniai — auf die verschiedentliche Erwähnung einer nicht näher spezifizierten *potinija* soll weiter unten eingegangen werden — finden sich sowohl in Knossos wie auch in Pylos eine Reihe weiterer Gottheiten, wobei deren wohl durchwegs lokaler Charakter zumindest in einem Fall deutlich wird: *Ereutija,* die ausschließlich in Knossos (Od 714, 715, 716) erwähnt wird, findet sich dort einmal zusammen mit dem Ortsnamen Amnisos (Gg 705). Ein Zweifel ist somit nicht möglich: es handelt sich hier um die bei Homer als Eileithyia, in Kreta aber auch als Eleuthyia überlieferte Göttin, deren Heiligtum bei Amnisos[22] auch in der Odyssee (19, 188) bezeugt ist.

Wie Eleuthia dürfte auch *erinu* (Fp 1. 8; Fh 390; vgl. V 52; Dat. *erinuw*e), d. h. Erinys, und eine weitere nicht spezifizierbare

[20] D. Levi, La dea micenea a cavallo, in: Studies presented to D. M. Robinson (Hrsg. G. E. Mylonas, Missouri 1951), S. 180 ff.; G. E. Mylonas, Mycenae and the Mycenaean Age, New Jersey 1966, S. 154 f.

[21] Vgl. dazu J. L. Benson, Horse, Bird and Man, The Origins of Greek Painting, Massachusetts 1970; D. Levi, Continuità della tradizione micenea nell' arte greca arcaica, Atti Roma 1968, I, S. 185 ff.

[22] Zum bronzezeitlichen Heiligtum bei Amnisos vgl. L. A. Stella, Pepragmena tou B' Diethnous Kretologikou Synedriou, Athen 1968, Bd. 1, S. 253 ff., bes. 258 f. Zur Höhle der Eleuthyia vgl. M. Gérard-Rousseau, La grotte d'Eileithyia à Amnisos, SMEA 3, 1967, S. 31 ff.

Göttin, *pipituna* (Fp 13; vgl. Diktynna), eher einer vorgriechischen Bevölkerungsschicht zugeordnet werden, während andere Bezeichnungen von Göttinnen eindeutig im griechischen Sprachbereich beheimatet sind; so die nicht direkt bezeugte *timito* (Gen. zu Θέμις?), die im pylischen Ortsnamen *timito ako* enthalten sein könnte — ebenso die *diwija/diuja*, d. h. Δῖα, die sowohl auf knossischen (Xd 97) wie pylischen Tafeln (Tn 316; An 607. 5; Cn 1287. 6) erscheint und demnach unter den minoisch-mykenischen Göttern eine keineswegs unbedeutende Rolle gespielt haben dürfte. Vom Namen her würde man zunächst an eine Zeusgattin denken, doch ist Zeus auf Tn 316 bereits mit Hera verbunden. So bleibt die Individualität der Göttin, obschon etymologische Anknüpfungen zur „Erhellung" vorgetragen wurde, letztlich im Dunkel.

Ähnlich verhält es sich mit der ebenfalls auf Tn 316 genannten *posidaeja*, dem Namen nach einer weiblichen Entsprechung zu Poseidon. Die gleiche Tafel verzeichnet auch Gaben an *ipemedeja*, *manasa* und *pere-82*, von denen die erstgenannte wohl als Ἰφιμέδεια — trotz lautlicher Bedenken [23] — zu verstehen ist, während für die beiden anderen eine sichere Erklärung bisher nicht gefunden werden konnte. *Dopota* hingegen, ebenfalls auf Tn 316 erwähnt, wird als Δο(μ)σ+πότης, d. h. eine mit o-Stufe gebildete Variante zu Δεσπότης, aufzufassen sein.

Ein Problem eigener Art bildet der in kultischem Zusammenhang wiederholt begegnende Vermerk „*wanasoi*", der in Verbindungen wie *w. posedaone* (Fr 1219), *w. tonoeketerijo* (Fr 1222), *wanakate w.* (Fr 1227) bzw. *w. wanakate* (Fr 1235) sowie auch *w. potnija* (Fr 1235) auftritt. Zwei grundsätzliche Ausgangspunkte der Interpretation lassen sich hier unterscheiden: die eine geht von einer lautlichen Verbindung von *wanasoi* mit griech. ἄνασσα aus, die andere hingegen lehnt sie ab und begründet dies mit der in zahlreichen Fällen zu beobachtenden Schreibung des palatalisierten k-Lautes (-kj-) in Linear B als -z-. Letztere Auffassung hat — methodisch kaum widerlegbar —

[23] Vgl. dazu Kap. XXIV, Anm. 12.

zuletzt M. D. Petruševski[24] vertreten, der seinerseits in *wanasoi* ein zum Stamm **warn-* (Lamm) gebildetes Toponym erkennen möchte; diese Auffassung dürfte aber wohl daran scheitern, daß ein entsprechender Ortsname sich nicht allein auf kultische Texte beschränken, sondern auch in anderem Zusammenhang erwartet werden dürfte, dort aber keine Bestätigung findet.

Die Vertreter der Anknüpfung von *wanasoi* an *wanakj-* sind in der Sachinterpretation ebenfalls verschiedene Wege gegangen. So hat man einerseits an Sachbezeichnungen wie τὰ ἄνασσα als „Fest zu Ehren der Anakes" oder auch als „Palast" gedacht, anderseits aber auch eine Personengruppe vermutet und das zugrundeliegende Wort entweder als „Kultdiener des Anax" oder aber als Dual fem. zu ἄνασσαι, d. h. „die beiden Herrinnen", erklärt.

Letztgenannte Interpretation setzt neben der sprachlichen Anomalie von Asyndeta in Abfolgen wie *wanasoi posedaone, wanasoi wanakate* und *wanasoi potinija* auch die Existenz von Göttertriaden voraus, wobei jeweils zwei eng miteinander verbundene weibliche Gottheiten *(wanasoi)* mit einer wechselnden dritten, ebenfalls weiblichen *(potinija)* oder aber auch männlichen Gottheit *(posedao, wanaka)* im Kultverein zusammengefaßt wären. Da in historischer Zeit solche Götterverbindungen nachweisbar sind (vgl. etwa die Horen, Chariten, Aglauriden oder auch Leto-Artemis-Apollon, Demeter-Kore-Triptolemos), wird man diese Auffassung nicht ausschließen können. Auch archäologische Belege[25] hat man dafür angeführt, so die be-

---

[24] M. D. Petruševski, Wanasoi et le probléme de la palatalisationen grec mycénien, Acta Mycenaea II, S. 122 ff.; ders., Zum Gesellschaftsaufbau der Mykener. Die mykenische Form wanasoi und ihre Bedeutung, Jahrbuch für Wirtschaftsgeschichte 1971, S. 49 ff.

[25] Vgl. G. S. Korres, Diplai Theotetes en Krete kai Mykenaike Helladi (Diplai e triplai theotetes en te hyperesia tou theiou brephous), in: Pepragmena tou B' Diethnous Kretologikou Synedriou, Athen 1968, II, S. 107 ff.; Th. Hadzisteliou, Double and Multiple Representations in Greek Art and Religious Thought, JHS 91, 1971, S. 48 ff.; auch B. C. Dietrich, Atti Roma II, S. 1000, 1014.

kannte Elfenbeingruppe aus Mykene mit den beiden ein männliches Kind behütenden Frauen.

Doch auch Zeugnisse einer Interpretation von *wanasoi* in der Bedeutung „Palast, Hofhaltung" lassen archäologische Beobachtungen anführen [26]. In erster Linie handelt es sich hierbei um Eintiefungen seitlich des Thrones im Megaron von Pylos, die von den Ausgräbern als Spendevorrichtungen erklärt wurden. Der Vermerk „*wanasoi tonoeketerijo*" könnte demnach als „(Öl) für den Palast für die Spende am Thron" gedeutet werden. Weitere sich daraus ergebende Folgerungen wären, daß Öl an den Hof als Gaben für Poseidon, für den Anax sowie die Potinija überstellt wurden [27].

Sehr unterschiedlich ist in diesem Zusammenhang auch die Frage nach der Stellung des Anax beurteilt worden: erhält das Öl eine Gottheit, etwa der Anax-Poseidon, oder der Herrscher von Pylos — und wenn dieser, so in der Funktion eines sakralen, göttliche Ehren genießenden Herrschers oder lediglich als profane Person? Alle Möglichkeiten sind ausführlich diskutiert und vertreten worden, ohne daß sich aus den Täfelchen selbst eine eindeutige Entscheidung begründen ließe. Vielleicht sind es wohl allgemeine historische Bedingungen, etwa die göttliche Verehrung gleichzeitiger orientalischer Herrscher oder auch die Tradition der aus göttlichen Stammbäumen entsprossenen Heroen, welche der Annahme eines mykenischen Gottkönigs den Vorzug geben könnten [28].

Auch die Bezeichnung *potinija* stellt uns dort, wo eine nähere Spezifizierung fehlt, vor zahlreiche Überlegungen: Darf näm-

[26] Vgl. dazu S. Hiller, Wanasoi tonoeketerijo, Minos 10, 1969, S. 78 ff.

[27] Entsprechend wäre Fr 1228 *"wanasoi erede"* so zu verstehen, daß Öl für die Hofhaltung nach Helos, wohl anläßlich eines gelegentlichen Aufenthaltes des Herrschers an diesem Ort, überstellt wurde.

[28] Zur Diskussion der Göttlichkeit des mykenischen Wanax vgl. u. a.: J. Puhvel, Helladic Kingship and the Gods, in: Minoica, Festschrift zum 80. Geburtstag von Johannes Sundwall, Berlin 1958, S. 327 ff.; G. E. Mylonas, Ho wanax ton pinakidon, Arch. Eph. 1966,

lich im Anax der kultische Verehrung genießende mykenische Herrscher gesehen werden, so könnte in der Potnia die Königin, der ebenfalls eine sakrale Funktion zukäme, vermutet werden, zumindest in den pylischen Fr-Texten. In Tn 316 hingegen, wo ausschließlich Gottheiten genannt werden, muß in der *potinija* wohl die lokale Ortsgöttin von *pakijana* gesehen werden.

Mit *pakijana* gelangen wir zu den in den mykenischen Texten enthaltenen kultischen Orten und Heiligtümern, unter denen es zweifellos eine besondere Stellung einnimmt. So hat *pakijana*, das auch in der Wirtschaftsverwaltung als einer der neun Distrikte der Diesseitsprovinz eine Rolle spielt, sichtlich enge Verbindungen zur Metropole unterhalten, woraus allerdings nicht zwingend eine enge geographische Nachbarschaft gefolgert werden muß: die Geschichte kennt genügend Beispiele von Nationalheiligtümern, die keineswegs immer in der näheren Umgebung der Residenzstadt lagen.

Der allgemeine Eindruck, den die Texte hinsichtlich der Stellung von *pakijana* erwecken, ist beinahe der eines sakralen Staates im Staate. Zahlreiche zur Verteilung gelangende Landlose des pylischen Katasters (E-Serie; dazu oben S. 142 ff.) sind dort lokalisiert, zumeist in Händen von mit kultischen Belangen betrauten Personen, etwa der Priesterin *erita* oder auch ihrer „Sklavin" *(doera) eratara*. Nach Ausweis von PY Tn 316 wird in *pakijana* neben *manasa, posidaeja, tirisero* und *dopota* auch *potinija* verehrt, wobei jedoch nicht zu sagen ist, ob diese mit der ebenfalls in *pakijana* heimischen *upojo potinija* (Fr 1236) zu identifizieren oder von ihr zu trennen und der Kult mehrerer Potniai für *pakijana* vorauszusetzen ist. Da die mykenischen Monatsnamen des öftern von Götternamen abgeleitet werden und ein solcher auch vom Stamm *pakijan-* gebildet ist, erscheint es möglich, daß der Ort selbst wie der Monat nach einer ent-

S. 127 ff.; P. Walcot, The Divinity of the Mycenaean King, SMEA 2, 1967, S. 53 ff. K. Wundsam, Die politische und soziale Struktur in den mykenischen Residenzen nach den Linear B-Texten, Wien 1968, S. 40.

sprechenden Gottheit benannt sind, die demnach in der in Tn 316 angesprochenen Potnia vermutet werden könnte.

Andere Heiligtümer werden ebenfalls auf der eben genannten Tafel verzeichnet, so das — auch andernorts bezeugte — des Poseidon *(posidaijo)*, das der *pere-82 (pere-82-jo)*, der Iphimedeia *(ipemedeja⟨jo⟩)* und der Dia *(diujajo)*, schließlich das des Zeus *(diujo)*. Das Posidaion mag, da auch die Stadt *(watu/ἄστυ)* an der Überbringung der Opfergaben beteiligt ist, in der näheren Umgebung von Pylos, wenn nicht in der Stadt selbst, gelegen haben. Wie diese Heiligtümer ausgesehen haben, geht freilich aus den Tafeln nicht hervor. Die Ausgrabungen mykenischer Kultbauten in Eleusis, Keos, Mykene und Pylos [29] selbst lassen an gebaute „Tempel" denken. Auch die Requirierung von *kako nawijo*, d. h. Tempelerz *(χαλκός νάϊος)* spricht für diese Annahme. Als eine allgemeine Bezeichnung für Heiligtümer scheint auch *ijero/ἱερόν* verwendet worden zu sein. Wohl ausschließlich zur Bezeichnung profaner Ländereien dürfte hingegen der Ausdruck τέμενος *(temeno)* gedient haben, was jedoch keineswegs überraschen muß. Ein Temenos besitzen allein der Anax und der Lawagetas (Anführer des Laos / Kriegsvolk?) als die höchststehenden Funktionäre, die darin homerischen Helden wie Bellerophon, Meleager, Aineas, Sarpedon und Glaukos, ferner Alkinoos, Odysseus und Telemach, schließlich auch dem Basileus auf dem Schild des Achill zu vergleichen sind. Zweifellos bezeugt der Besitz eines Temenos bei Homer wie in mykenischer Zeit einen sehr gehobenen sozialen Status seines Eigentümers — ohne daß damit jedoch irgendwelche religiösen Verbindlichkeiten gegeben wären.

Neben den bereits erwähnten Heiligtümern des Zeus am Diktegebirge sowie denen der „*dapu₂ritojo potinija*" und der

---

[29] Zusammenfassend vgl. G. E. Mylonas, Mycenae and the Mycenaean Age (1966) S. 145 ff.; B. Rutkowski, Cult Places in the Aegean World, 1972, S. 275 ff. — Zu Pylos C. W. Blegen, M. Rawson, The Palace of Nestor, Cincinnati 1966, S. 303 f.; zu Mykene, W. Taylour, Antiquity 43, 1969, S. 91 ff.; 44, 1970, S. 270 ff.

Eleuthyia in Amnisos ist in Kreta[30] vor allem auch der als *dadarejo*/Δαιδάλε(ι)ον bezeichnete Kultort hervorzuheben: er erscheint zusammen mit anderen Empfängern von Ölopfern in Allativform *(dadarejode),* so daß seine kultische Funktion ebenso gesichert ist wie die Tatsache, daß es sich um einen kultischen Ort handelt. Es ist schwierig auszumachen, warum dieser und nicht der göttliche Empfänger persönlich angeführt wird. So bleibt nicht viel mehr als die Vermutung, daß die im Daidale(i)on verehrte Kultperson oder deren Kultort in irgendeiner Weise mit dem mythischen Daidalos zusammenhängt, der nach der homerischen Überlieferung einst den Tanzplatz in Knossos für Ariadne gefertigt hat (Il. 18, 590 ff.). Sollte er in Knossos bereits in der späten Bronzezeit heroische Ehren genossen haben — oder wurde an dem nach ihm (bzw. nach der später von ihm personifizierten Kunstfertigkeit[31]) benannten Kultplatz einer anderen göttlichen Person geopfert — etwa der Ariadne, die, obschon sie mit Sicherheit ursprünglich eine minoische Göttin war[32], in den Linear B-Tafeln nicht genannt wird?

Nur durch den Namen der Kultdienerin, der „*anemoijereja*" (ἀνέμων ἱέρεια) wissen wir von der kultischen Verehrung von Windgottheiten auf Kreta. Der Windkult stellt, wie dies zuletzt R. Hampe eindrucksvoll gezeigt hat[33], eine noch in historischer Zeit verbreitete Erscheinung dar. Da neben einer nicht näher bestimmten *anemoijereja* (Fp 1. 10; 13. 3) auch eine Priesterin der Winde in *Utano* (Itanos?) steht, muß man annehmen, daß der Windkult an verschiedenen Orten Kretas heimisch war. Nach

---

[30] Vgl. dazu auch L. A. Stella, Testimonianze di santuari cretesi in testi Cnossii in Lineare B, in: Pepragmena tou B' Diethnous Kretologikou Synedriou, Athen 1968, S. 253 ff.

[31] Vgl. K. Kerényi, Atti Roma II, S. 1023 ff.

[32] Dazu auch M. P. Nilsson, a. a. O. (MMR) S. 523 ff.; F. Schachermeyr, Die minoische Kultur des alten Kreta, Stuttgart 1964, S. 142, 310.

[33] R. Hampe, Kult der Winde in Athen und Kreta, Sitzungsberichte der Heidelberger Akademie der Wissenschaften, Phil.-Hist. Klasse, Jg. 1967, Heidelberg 1967.

R. Hampes ansprechender Vermutung könnte auch die Höhle von Amnisos eine solche Verehrungsstätte gewesen sein.

Die Priesterin der Winde läßt mit einer weitverzweigten, nach Aufgaben differenzierten Priesterschaft rechnen — was die Texte bis zu einem gewissen Grad bestätigen. Die Tafeln nennen eine größere Anzahl von Priestern und Priesterinnen (Sing. *ijereu, ijereja* / ἱερεύς, ἱέρεια), teils mit Namen, teils nach lokalen Aspekten. In den *posidaijeusi* (PY Fn 187. 18) wird man ebenso wie im *diwijeu* (Es-Serie, Cn 3, An 656. 9) und wohl auch in der *diwijeja* (KN Xd 97) speziell in den Heiligtümern des Poseidon, Zeus und der Dia *(posidaijo, diujajo, diujo)* beschäftigte Personen, wohl in priesterlicher Funktion, erkennen dürfen. Daneben finden sich in größerer Zahl „Sklaven" und „Sklavinnen" *(doero, doera)* nicht nur der Priester und Priesterinnen, sondern vor allem auch solche von Gottheiten. Sie unterscheiden sich von den gewöhnlichen Sklaven, etwa denen der Schmiede, vor allem darin, daß sie mit Namen genannt werden und auch als Pächter von Ländereien auftreten können, was ansonsten nur noch einigen Sklaven hochgestellter Personen, etwa des Amphimedes, zukommt.

Neben der allgemein nur als *teojo doero/doera* bezeichneten Gruppe finden sich auch Sklaven und Sklavinnen der Dia, ferner ein Sklave der Artemis. Man wird, wie A. Heubeck zu Recht betont hat, in diesen „Gottessklaven eher freie Menschen als Sklaven in unserem Sinn erkennen"[34]. Auch andere, in den Tafeln oftmals in Zusammenhang mit bereits betrachteten Götternamen und Heiligtümern genannte Personengruppen dürften wohl kultische Funktionen ausgeübt haben und deswegen als Empfänger vom Palast vorgenommener Zuwendungen archivalisch registriert worden sein. So der *ijerowoko* (PY Ep 613. 7), der zumindest dem Namen nach dem späteren ἱερουργός entspricht — die *karawiporo*/κλαϝιδ-φόρος, d. h. die Schlüsselträgerin(-nen), deren Name und Funktion an jene der homerischen Theano erinnert, die den Tempel für Hekabe öffnet (Il. VI, 297 ff.). Auch

[34] A. Heubeck, Lineartafeln S. 106.

die *dipteraporo*/διφθερα-φόροι, d. h. „Fellträgerinnen" dürften hierher gehören: mit Fellen bekleidete Frauen finden sich als Kultdienerinnen auf dem Sarkophag von Hagia Triada (vgl. zur Wortbildung πεπλοφόρος). In kultischem Kontext werden auch die *dakoro* genannt, denen — der Wortform und wohl auch der Funktion nach — die ζάκοροι (Tempeldiener) der historischen Zeit entsprechen dürften. Unsicher hingegen ist eine sakrale Verwendung von *pukawo*, d. h. „Entzünder des Feuers" (vgl. πυρκαεύς), obschon die Eigennamen *pukowo* wie auch *pukoro* an die von Hesych erwähnten πυρκόοι, d. h. „durch das Feuer weissagende Priester" erinnern. — Gelegentlich wird man sowohl mit sakraler wie auch profaner Bedeutung einzelner Appellativa zu rechnen haben. So sind die *apiqoro*/ἀμφίπολοι wohl im allgemeinen als die profanen Palastdienerinnen aufzufassen — in der Fr-Serie (Fr 1205) hingegen könnten sie sehr wohl, worauf L. R. Palmer[35] im Anschluß an A. J. Evans hingewiesen hat, den in der minoischen Bilderwelt gut bezeugten beiden Dienerinnen weiblicher Gottheiten entsprechen. Das gleiche dürfte auch für die *aketirija* gelten, in denen, was aus ihrer Erwähnung sowohl in der A- wie auch (als *azetirija*) in der L-Serie nahegelegt wird, ἀκέστριαι/Näherinnen zu sehen sind. Als Empfängerinnen von Öl könnten sie, während sie im allgemeinen wohl ebenfalls profane Dienstleistungen wahrnehmen, in kultischer Verwendung stehen: Aus der Überlieferung von tönernen Kleidervotiven, die sich im sog. „Kultdepot" des knossischen Palastes fanden, aber auch aus den Texten selbst, die einmal (Fr 1225) von „*era₃wo upojo potinija wea₂noi aropa*", d. h. von „Salböl für die Kleider der *upojo potinija*" sprechen, können wir auf einen ausgeprägten Kleiderkult schließen, der nicht zuletzt in dem der Athena Parthenos am Panathenäenfest gewidmeten Peplos fortlebt; die Anfertigung dieses Weihegeschenks aber war auserwählten Frauen übertragen[36]. Solche könnten auch in den *aketirija* vermutet werden, die dafür, wie

---

[35] L. R. Palmer, Interpretation S. 248 f.
[36] Vgl. L. Deubner, Attische Feste, 1932; Repr. 1956, S. 31.

auch andere Personen im sakralen Dienst, Ölzuweisungen erhielten.

Von den Opfergaben selbst sind bisher Öl, aromatische Essenzen, Getreide und Feigen sowie auch die mit Honig gefüllten Gefäße erwähnt worden. Zusammen mit Goldgefäßen werden auf Tn 316 auch Männer und Frauen verzeichnet, erstere in Verbindung mit Göttern, letztere zusammen mit Göttinnen. Auch sie müssen, dem Kontext nach, grundsätzlich als Weihegaben angesprochen werden. In welcher Weise aber erfolgte ihre Weihung: als „Sklaven" der Gottheiten oder als Menschenopfer? Obschon letztere Möglichkeit nicht sehr wahrscheinlich ist, wird man sie ebenfalls nicht gänzlich ausschließen können: man denke etwa an die Überlieferung von der Opferung der Iphigenie bei der Ausfahrt der Griechen in Aulis oder auch an die Menschenopfer anläßlich der Leichenfeiern für Patroklos (Il. 23, 22. 175. 181).

Den genannten unblutigen Opfern[37] gegenüber treten die Tieropfer zurück, fehlen allerdings nicht völlig: so ist mit Opfern von Rindern wohl anläßlich eines militärischen Unternehmens zu rechnen (vgl. PY Cn 3), während ein anderer Text (Un 6) offenkundig Rinder, Schafe und Schweine (als Opfergaben) für Poseidon und *pere-82* registriert. Wohl ebenfalls Opfergaben, oder zumindest Abgaben zu kultischen Zwecken, verzeichnen weitere pylische Texte (Un 718, 853), wobei die Mannigfaltigkeit erstaunt: neben Rindern, Schweinen und Schafen werden auch Getreide, Wein, Käse, Honig, Mehl und Salben verzeichnet. Da zugleich aus den Landverteilungstexten (E-Serie) bekannte Begriffe *(dosomo, kama)* zu lesen sind, mögen diese Opfergaben in Verbindung mit der Nutzung von (sakralen?) Ländereien stehen.

Die hier genannten Maßnahmen und Einrichtungen zeigen, daß offenkundig auch die kultischen Belange nicht minder bürokratisch geregelt waren wie viele andere Bereiche des pylischen

[37] Vgl. M. Gérard-Rousseau, Les sacrifices à Pylos, SMEA XIII, 1971, S. 139 ff.; zu Un 718 auch A. Brelich, Atti Roma II, S. 928.

Staates; auch der religiöse Sektor stellt sich, so kann gesagt werden, als spezialisiertes und differenziertes Gebilde dar, dessen Funktionsfähigkeit durch eine große Zahl damit befaßter Personen sowie die sehr genauen Opfervorschriften bestimmt und deren Kontrolle durch die zentrale Verwaltung geregelt wurde. Dem Palast, so hat es den Anschein, obliegt in erster Linie hierbei die Erfüllung mannigfacher religiöser Verpflichtungen — und der Gedanke, der Wanax sei zugleich der oberste Priester des Staates gewesen, mag darin eine gewisse Bestätigung finden.

Steht hinter all diesem ein erkennbares theologisches System? Eine Antwort scheint kaum möglich. Festzuhalten bleibt, daß einer nicht unbedeutenden Anzahl von Göttern, die später zu den olympischen zählen, so etwa Hephaist, Ares, Zeus, Poseidon, Hermes und Dionysos sowie Artemis und Hera, andere gegenüberstehen, die in den Linear B-Texten namentlich nicht belegt sind: so etwa Apollon, Hades, Demeter, Aphrodite — sofern sie sich nicht, was ebenfalls nicht auszuschließen ist, hinter Epiklesen allgemeiner Bedeutung wie μήτηρ θεῖα etc. verbergen. Wenn hingegen einige der genannten olympischen Götter nur in Pylos oder Knossos begegnen, so wird dies wohl weniger lokalen Unterschieden als eher der Lückenhaftigkeit des Materials zuzuschreiben sein, die auch hier einen wesentlichen Unsicherheitsfaktor darstellt.

Für fehlende Olympier können eine Reihe von Gottheiten entschädigen, unter denen besonders Ortsgöttinnen hervorzuheben sind, etwa die Herrin des Labyrinths oder Eleuthyia in den knossischen Texten sowie in den pylischen die verschiedenen Potniai. Hier werden denn auch klare regionale Unterschiede deutlich, die zumindest gelegentlich noch in historischer Zeit nachwirken. Zweifellos haben die zunächst an bestimmte Orte oder Landschaften gebundenen weiblichen Gottheiten in der frühzeitlichen Religion eine überragende Rolle gespielt. In ihrer vergleichsweise häufigen Erwähnung und der Bedeutung, die sie offenkundig besitzen, darf demnach ein spezifisch altertümlicher Zug der mykenischen Religion gesehen werden, während anderseits die homerische Götterwelt bereits in ihren Wurzeln sichtbar wird. Eine Gruppe offenkundig überregionaler, gleichsam nationaler Gottheiten beginnt sich abzuzeichnen — erste familiäre Bindungen unter ihnen treten in der gemeinsamen Nennung und Verehrung von Zeus, Hera sowie eines (gemeinsamen?) Zeuskindes hervor. Dennoch bleibt ein noch weiter Weg zur homerischen Götterfamilie, zum patriarchalisch geordneten System der homerischen Götter und ihrer klar geschiedenen Funktionen. Das oft bemühte Wort des Herodot (II, 53, 2), wonach Homer (und Hesiod) den Griechen die Götter geschenkt habe, bleibt, obschon die Tafeln eine Anzahl homerischer Götternamen bezeugen, in seinem tiefsten Sinne unbeschadet bestehen.

Auch die lange vor der Entzifferung getroffene Feststellung, wonach die religiösen Bilddokumente ein „Bilderbuch ohne Text" seien, hat wenig von ihrer ursprünglichen Berechtigung eingebüßt; nur in wenigen, zumeist auch unsicheren Fällen haben die Texte der Tafeln unser Verständnis der Bilddenkmäler konkret vertiefen können. Vielleicht hängt das damit zusammen, daß allgemeinverbindliche Züge wie etwa der Ortsgebundenheit oder auch der Beziehung auf den Vegetationszyklus, die spätbronzezeitlichen Gottheiten, auch wenn sie namentlich voneinander unterschieden wurden, stärker prägten als individuelle Eigenschaften und Funktionen, so daß auch in der bildlichen Überlieferung diese Grundkomponenten stärker als die differenzierenden Momente in den Vordergrund treten. In vieler Hinsicht dürften freilich unsere auch nach der Entzifferung noch immer sehr mangelhaften Kenntnisse der mykenischen Religion die Ursache dafür sein, daß sich die Grenzen und Unterschiede verwischen. Daß die mykenischen Griechen sehr wohl zwischen den einzelnen Gottheiten unterschieden, lehrt nicht nur die Abstufung der Opfergaben oder das besondere Hervortreten Poseidons in den pylischen Texten, sondern auch die Existenz eines ganz offensichtlich als verbindlich erachteten, genau befolgten Kultkalenders.

Wenn es uns nicht möglich ist, die Tafeln kultischen Inhalts untereinander in jenes feste Verhältnis zu bringen, das sich für das Verständnis in sich geschlossener Serien als sehr vorteilhaft erwiesen hat, und wenn wir deswegen aus den Tafeltexten nicht ein bestimmtes System innerhalb der minoisch-mykenischen Götterwelt erschließen können, so liegt dies wohl in erster Linie auch daran, daß neben den oikonomischen Aspekten, die primär der Buchung für den Kult bereitgestellter Naturalien, handwerklicher Produkte wie auch der Versorgung der dem Kult dienenden Personen galten, die einzige für uns erkennbare Ordnung in den die Niederschrift der Tafeln bestimmenden kultischen Terminen liegt, wobei sich die Namen bestimmter Feste von den Monatsnamen trennen lassen. Als Bezeichnung von Festen sind in erster Linie jene Termini anzusprechen, die sich durch ihre Wortbildung an historische Feste wie Plynterien, Anthesterien oder Mysterien anschließen lassen; dazu könnten in Knossos die *sapakateria* (*Σφακτήρια, Schlachtfest?) zählen, in Pylos neben den nicht deutbaren *turupterija* auch die *porenozoterija,* die vielleicht als die *Ζωστήρια (Fest der Gürtung?) der *porena* (nach Tn 316 wohl die den Göttern geweihten Personen) aufzufassen sind. Das Fest des *reketoroterijo* kann als *λεχεστρωτήριον aufgefaßt und der im römischen Kultus gebräuchlichen Einrichtung des Lectisterniums verglichen werden. Das *tonoeketerijo* aber könnte — nach der oben vorgetragenen Auffassung als *θρονο-ενχευτήριον ein „Fest der Spenden am Thron" beinhalten[38]. Der in den knossischen Texten belegte Terminus der *teoporija* könnte als θεο-φορία eine festliche Prozession, bei der die Gottheit in Gestalt ihres Kultmales oder Bildes mitgeführt wurde, beinhalten.

Neben diesen herausragenden Festen waren, den Tafeln nach zu schließen, den verschiedenen Göttern zu bestimmten Zeiten Opfer darzubringen. Nicht anders können die vor allem auf

---

[38] Diese Auffassung hat zuletzt J. K. Promponas, He mykenaike Heorte Thronoeketerija, Athen 1974, der darin das Fest (τὴν ἑορτήν), „καθ᾿ ἥν ἕλκουν (ἀπλώνουν) τὸ θρόνον (πεποικιλμένον πέπλον)" erkennen möchte, bestritten; dort auch eine Diskussion der älteren Deutungsversuche.

knossischen Tafeln oftmals einleitend vermerkten Monatsnamen verstanden werden: auf ihnen finden sich Angaben wie *karaerijo meno, deukijojo meno, amakato meno, rapato meno* und *diwijojo meno*, wobei der Monatsname Lapatos in historischer Zeit für das arkadische Orchomenos, der Monatsname Dios für Aitolien, Thessalien und Makedonien bezeugt ist; der Vermerk *wodewijo(jo) meno* könnte den Monat der Rosenblüte anzeigen (*ϝοϱδήϝιος/ῥόδειος). Wohl ebenfalls Zeitangaben dürften im pylischen *porowito* (*πλωϝιστός) sowie *metuwonewo* (μέϑυ/ος νέον, bzw. Gen.) enthalten sein. Sie könnten, wie insbesondere L. R. Palmer zu begründen versucht hat, in dem zusammen mit dem Anthesterien begangenen "festival of the resumption of navigation" oder auch dem Frühlingsfest des Navigium Isidis, bzw. dem ebenfalls an den Anthesterien gefeierten Pithoigia-Fest (erstes Öffnen des neuen Weins) ihre historischen Entsprechungen finden[39]. Wohl auf das Hauptfest der in *pakijana* verehrten Potnija oder mehrerer Gottheiten dürfte sich die Angabe des „*pakijanijojo meno*" beziehen.

Insgesamt gesehen, so mögen unsere Ausführungen gezeigt haben, haben die kultische Belange notierenden Texte, trotz zahlreicher verbleibender Probleme und Unklarheiten im Detail, unsere Kenntnisse und Vorstellungen von der spätbronzezeitlichen Religion in Griechenland bereichert und präzisiert. Wir wissen etwa, daß nicht nur ein Zeus und eine Hera, sondern mit großer Wahrscheinlichkeit auch ein Dionysos, der der Forschung zumeist als ein später Zuwanderer gegolten hatte, bereits im zweiten Jahrtausend v. Chr. verehrt wurde; auch daß es, neben den zu erwartenden lokalen Unterschieden, im Bereich der mykenischen Kultur bereits eine Art religiöser Koine gegeben hat, darf mit Zuversicht angenommen werden. Neben spezifisch spätbronzezeitlichen Zügen, die später wohl nicht zuletzt der vor allem unter Einfluß der homerischen und hesiodischen Gedichte eintretenden Systematisierung und Kanonisierung der olympischen Götterwelt zum Opfer fielen, zeigt sich an

[39] L. R. Palmer, Interpretation, S. 253 f.

zahlreichen anderen Beispielen das Weiterwirken vorgeschichtlicher Traditionen in historischer Zeit. Jede künftige Geschichte der griechischen Religion wird den Inhalt der Tafeln, trotz zahlreicher im Detail verbleibender Interpretationsschwierigkeiten, hinsichtlich der gegenüber der historischen Zeit feststellbaren Gemeinsamkeiten wie Unterschiede zu berücksichtigen haben.

XXIX. DIE LINEAR B-TEXTE UND
IHRE HISTORISCHEN AUSSAGEN

Die Scheidung historischer Zeitalter von prähistorischen erfolgt gewöhnlich nach dem Kriterium des Einsetzens schriftlicher Überlieferung. Das vorgeschichtliche Stadium entspricht dem vor-schriftlichen darin, daß mit dem Aufkommen historischen Bewußtseins sich auch das Bedürfnis der schriftlichen Fixierung und Überlieferung geschichtlicher Fakten entwickelt.

Unter diesem Blickpunkt betrachtet stehen die mykenischen Schrifttafeln auf prähistorischer — oder vielleicht besser protohistorischer — Stufe und verweisen stärker als auf den Impetus keimenden Bewußtwerdens von Geschichtlichkeit als einer möglichen Wurzel der Schriftentwicklung auf deren ökonomischen Ursprung. Nicht zur Mitteilung oder Bewahrung historischer Fakten im Sinne der herkömmlichen Geschichtsüberlieferung wurden die Linear B-Archive angelegt, sondern vor allem aus Zwängen der wirtschaftlichen Administration. Der, vom Standpunkt der mykenischen Auftraggeber und Schreiber gesehen, ahistorische Charakter der mykenischen Texte wird vor allem aus zwei Umständen deutlich: einmal daraus, daß der von den Texten erfaßte Zeitraum ein Jahr nicht überschreitet — auch die vermutliche einstige Existenz von „Übertragungs-Büchern" aus anderem Material ändert daran wenig —, zum anderen aber dadurch, daß auch die Schreiber selbst — ganz im Gegensatz zur Gepflogenheit ihrer Kollegen gleichzeitiger orientalischer Kulturen — anonym bleiben: ihre Tätigkeit wird von ihnen nicht als ein Akt mit einer möglichen historischen Konsequenz begriffen. Wo aber als Zweck des Schreibens die Überlieferung von Geschichte fehlt, spielt auch der Name des Schreibers als Gewährsmannes keine Rolle.

Daß der Inhalt der mykenischen Texte auf die innere Verwaltung bezogen ist, daß es sich um „Listen, Kataloge oder Inventare, in denen Dinge, die auf Personen, Haustiere, Getreide u. dgl. Bezug nehmen, im Dezimalsystem numeriert oder mengenmäßig klassifiziert sind" [1], handeln müsse, war bereits vor der Entzifferung von Linear B erkannt und gesagt worden. Demnach darf es nicht als enttäuschend empfunden werden, wenn den Texten auch nach der Entzifferung primär historische Nachrichten nicht entnommen werden konnten. Fragen wir dennoch nach der historischen Aussage der Tafeln, die diesen indirekt entnommen werden kann, so betrifft sie, dem Inhalt der Tafeln entsprechend, in erster Linie Aspekte der Wirtschaftsgeschichte. Wesentliche Zweige der spätbronzezeitlichen Ökonomie innerhalb eines zentralistisch verwalteten Staatsgebietes werden hier berührt: die landwirtschaftlichen Grundlagen und die industrielle Verarbeitung von Naturprodukten und Rohstoffen, etwa Wolle oder Erz, wobei die Frage der Organisation und Überwachung der Produktion sowie deren Verteilung in den Vordergrund tritt — daneben der Einsatz menschlicher Arbeitskraft. Der Palast stellt sich in den materiellen Belangen als planende, empfangende und auch zuteilende Institution dar. Viehhaltung, Verteilung von Ackerland, zivile Arbeitsverpflichtungen wie militärische Einsätze, Leistungen von Abgaben wie die Befreiung davon werden vom Palast aus geregelt; auch kultische Aufgaben werden durch den Palast wahrgenommen.

Aus der wirtschaftlichen Situation, wie sie zunächst den Inhalt der Tafeln ausmacht, fällt ein Licht auf die soziale Ordnung. Obschon gerade hier die größten Probleme der Interpretation bestehen, lassen sich die allgemeinen Umrisse zunächst insofern bestimmen, als erkennbar wird, daß eine starke Differenzierung innerhalb der sozialen Gruppen die innere Organisation des Staates bestimmt: neben hohen Würdenträgern wie dem *rawaketa* und dem *damokoro* — vielleicht den Repräsentanten

---

[1] Auch das Zitat nach R. Hampe, Nestor, in: Vermächtnis der Antiken Welt, Heidelberg 1950, S. 41 f., stammt aus der Zeit vor der Entzifferung.

zweier Klassen, des λαός und des δᾶμος, finden sich Funktionärs-gruppen wie die *eqeta, tereta* oder *koretere,* daneben religiöse „Kasten" wie die Priester oder die *teojo doero* (θεοῦ δοῦλοι) — neben den „Großen des Reiches" die verschiedenen handwerk-lichen Zünfte und Berufe, so u. a. Schmiede, Zimmerleute, Schiffsbaumeister, Töpfer und Walker, „Salbenkocher", „Kyanoswerker" und Goldschmiede, wobei etwa der Berufs-zweig der Schmiede offensichtlich im gesamten Herrschaftsbereich zu Art Genossenschaften, die jeweils einem *qasireu* (βασιλεύς) unterstehen, zusammengeschlossen sind, während die übrigen Berufsgruppen offenkundig nur soweit registriert werden, als ihre Vertreter unmittelbar im Dienst des Palastes standen. Wäh-rend diese wohl zumeist als freie Personen betrachtet werden können, scheint es sich bei der großen Gruppe überwiegend weib-licher Arbeitskräfte um *doera* (δοῦλαι), d. h. persönlich vom Palast abhängige Arbeiterinnen gehandelt zu haben, was auch für gewisse männliche Gruppen, etwa die Ruderer, zutreffen mag. Der starken Differenzierung im sozialen Aufbau entspricht, was bereits aus den wenigen hier gegebenen Hinweisen deutlich wird, eine weitgehende Spezialisierung der Berufsgruppen.

Die Ergebnisse der sehr zahlreichen Untersuchungen zum öko-nomisch-sozialen Komplex kann in diesem Zusammenhang ebenso nur angedeutet werden wie die zahlreichen verbleiben-den Fragen etwa nach dem Status des Anax, den Kompetenzen der verschiedenen Funktionäre diesem gegenüber wie auch unter-einander, der Stellung des *damos* u. a. m. Vor allem scheint ungelöst, inwieweit sich die in den Texten belegte soziale und politische Ordnung auf die Gesamtheit der im pylischen Staats-bereich ansässigen Bevölkerung bezieht, inwieweit auch diese und nicht allein oder überwiegend die Angehörigen des unmit-telbaren „Hofstaates" bzw. des königlichen Hausbesitzes unter die palatiale Verwaltung fallen und vom Zensus erfaßt werden. Gerade letztere Möglichkeit scheint bisher wenig erwogen wor-den zu sein. Der Vergleich mit den mittelalterlichen Herr-schaftsverhältnissen einer feudalen Landordnung könnte hier vielleicht zu einer weniger vom Bild des allumfassenden neuzeitlichen Zentralismus geprägten Vorstellung der mykenischen Staatsordnung behilflich sein.

Die Lösung der hier kurz skizzierten Problemkreise hinsichtlich der politischen und wirtschaftlichen Ordnung der mykenischen Staaten wird — neben den sprachgeschichtlichen — zweifellos weiterhin den zentralen Aspekt der historischen Auswertung der mykenischen Texte bilden. Trotz der im einzelnen oftmals schwer lösbaren Problematik kommt diesem Forschungsbereich sowohl durch den Inhalt der Tafeln wie auch aufgrund der Aufwertung des Studiums der oikonomisch-soziologischen Voraussetzungen in der jüngeren Geschichtsforschung vorrangige Bedeutung zu. Anderseits aber soll die Möglichkeit, den mykenischen Texten zumindest auch indirekten Aufschluß über die — im herkömmlichen Sinn der historischen Forschung verstandene — Geschichte der mykenischen Epoche abzuringen, keineswegs übersehen oder verkannt werden. Grundlegend ist die seit den entscheidenden Durchbrüchen von C. W. Blegen, A. J. B. Wace und J. B. Haley nunmehr hervorragend bestätigte These von der Einwanderung griechischer Stämme auf die Balkanhalbinsel zu Beginn der mittleren Bronzezeit (Anf. 2. Jt. v. Chr.)[2]. Der kulturelle Bruch zwischen der frühen und der mittleren Bronzezeit einerseits, das kulturelle Kontinuum im zweiten Jt. andererseits lassen angesichts der durch die mykenischen Texte belegten Anwesenheit einer griechisch sprechenden Bevölkerung im 13. Jh. v. Chr. jede andere Lösung als unhaltbar erscheinen[3]. Auch die mythologische Überlieferung von der

[2] A. J. B. Wace, C. W. Blegen, The Pre-Mycenaean Pottery of the Mainland, BSA 22, 1916/17, S. 175 ff.; C. W. Blegen, G. B. Haley, The Coming of the Greeks, AJA 32, 1928, S. 141 ff.

[3] Methodische Vorbehalte, wie sie E. Pulgram, Linear B, Greek and the Greeks, Glotta 38, 1960, S. 171 ff. äußert, sind grundsätzlich berechtigt, müssen aber diese Fakten keineswegs in Frage stellen, sondern betreffen in erster Linie terminologische Aspekte. — Gegen die überwiegende Mehrheit der Forscher, die sich diesen Ergebnissen angeschlossen haben, behaupten, soweit ich sehe, in jüngerer Zeit nur wenige eine späte Einwanderung, vorwiegend um 1200, so: F. Hampl,

Wanderung zunächst in Thessalien ansässiger Stämme nach Süden erfährt, wie oben erwähnt, durch die im mykenischen Wortmaterial auffällig reichhaltigen Vertretungen ursprünglich in Thessalien und Boiotien beheimateter Personennamen eine wertvolle Bestätigung. Wesentlich für die griechische Frühgeschichte ist daneben auch die sprachhistorische Einsicht, daß spätestens im 13. Jh. v. Chr. bereits zumindest zwei verschiedene griechische Dialektgruppen bestanden haben, da die in den mykenischen Texten vertretene nicht der Vorläufer des späteren Nord-Westgriechischen (Dorischen) sein kann. Da aber anderseits unwahrscheinlich ist, daß die Entwicklung beider Dialektgruppen völlig unabhängig voneinander erfolgt ist, wird man die Anwesenheit der späteren Dorer in Nordwestgriechenland während der spätmykenischen Zeit voraussetzen müssen.

In einem neuen, entscheidenden Licht zeigt sich auch die für die Entwicklung der mykenischen Kultur so wesentliche Beziehung des helladischen Festlandes zum minoischen Kreta. Die Entwicklung von Linear B mag, wie ebenfalls bereits erörtert wurde, durch die Anwesenheit griechischer Herrscher auf Kreta, wenn nicht ausgelöst, so doch in einzelnen Punkten beeinflußt worden sein. Was sich in der monumentalen Überlieferung und

Die Chronologie der Einwanderung der griechischen Stämme und das Problem der Nationalität der Träger der mykenischen Kultur, Mus. Helv. 17, 1960, S. 57 ff.; E. Grumach, The Coming of the Greeks, Abdruck aus: Bulletin of the John Rylands Library, 51, 1 und 2, 1968/69, Manchester 1969; S. Hood, The Home of the Heroes, 1967, S. 126 ff.; ders., Arguments for the Arrival of the First Non-Dorian Greeks in Southern Greece c. 1200 B. C., in: Acta of the 2nd International Colloquium on Aegean Prehistory, Athens 1972, S. 62 ff. — Einen guten Überblick der wesentlichen Argumente für die Einwanderung gegen Ende der frühen Bronzezeit bietet F. Schachermeyr, Zum Problem der griechischen Einwanderung, Atti Roma, Bd. I, S. 297 ff.; vgl. ferner die Beiträge in: R. A. Crossland, A. Birchall (Hrsg.), Bronze Age Migrations in the Aegean, Proceedings of the First International Colloquium on Aegean Prehistory, Sheffield, Athen 1973, ebenso die Akten des 2. Internationalen Kongresses Athen (vgl. oben).

der Kunst für die zweite Hälfte des 15. Jh. anzeigt, nämlich ein nachhaltiger festländischer Einfluß[4], wird durch die Texte in Linear B bestätigt. Welcher Datierung der knossischen Tafeln auch immer zugestimmt werden muß, der um 1400 oder der um 1200, an der Anwesenheit „mykenischer" Griechen auf der Insel seit der Mitte des 15. Jh. kann kein Zweifel bestehen[5].

Die Annahme, daß die Machtübernahme der Festlandsgriechen in Knossos eine Konsequenz des gegen die Mitte des 15. Jh. erfolgten großen Ausbruches des Vulkanes von Thera[6] und der dadurch hervorgerufenen schweren Beeinträchtigung Kretas selbst wie auch insbesondere seiner Flottenmacht darstellt, hat m. E. viel für sich. Anderseits finden sich auf den Tafeln eine Reihe von Namen der damals zerstörten Orte, so etwa Amnisos, Tylissos, Phaistos — wozu wohl auch andere der in den Linear B-Texten erwähnten Orte, die wir nicht sicher lokalisieren können, zu zählen sind. Dies stellt die Frage nach der Wiederbesiedlung der genannten Orte. Wie zuletzt M. R. Popham[7] festgestellt hat, findet sich die früheste Wiederbesiedlungs-

---

[4] Vgl. dazu M. P. Nilsson, The Immigration of the Greeks to Crete, Op. Sel., Bd. III, 1960, S. 479 ff. (= Kret. Chron. 2, 1949, S. 7 ff.); A. Furumark, Op. Ath. VI 1965, S. 93 ff.; M. R. Popham. BSA 62, 1967, S. 344 f. mit Anm. 32; F. Schachermeyr, Die minoische Kultur des alten Kreta, Stuttgart 1964, S. 273 ff.

[5] Dazu zusammenfassend F. Schachermeyr, a. a. O.

[6] Vgl. S. Marinatos, The Volcanic Destruction of Minoan Crete, Antiquity 13, 1939, S. 425 ff.; D. L. Page, The Santorini Volcano and the Destruction of Minoan Crete, London 1970, dessen Folgerungen im wesentlichen zutreffend erscheinen — obschon die Zerstörung des Ortes Akrotiri auf Thera (durch ein Erdbeben) um einige Jahrzehnte früher, wohl gegen 1500 erfolgt sein muß. Dazu auch S. Hiller, Die Explosion des Vulkanes von Thera und andere ägäische Zerstörungshorizonte zu Beginn der späten Bronzezeit, Gymnasium 82, 1975, S. 32 ff.

[7] M. R. Popham, The Destruction of the Palace at Knossos, Göteborg 1970, S. 87 ff. — Einen anderen historischen Aspekt, die Existenz der Orte Phaistos und Kydonia im fraglichen Zeitraum betreffend,

keramik noch im späten 15. Jh., so daß es nicht nötig ist, zwischen den auf den Tafeln erscheinenden Orten einerseits und der — mit Ausnahme des davon kaum betroffenen Knossos — weitgehenden Zerstörung der zentral- und ostkretischen Orte um die Mitte des 15. Jh. anderseits einen Widerspruch zu sehen — auch dann nicht, wenn die endgültige Zerstörung des Palastes von Knossos im frühen 14. Jh. angenommen wird.

Die Gründe, die zu dieser Zerstörung geführt haben, sind schwer zu bestimmen. Die allgemeine historische Situation, d. h. das offenkundige Ende des minoischen Einflusses bzw. der minoischen Kolonien etwa auf Rhodos (Trianda), Melos (Phylakopi) und auch Kythera (Kastri)[8] in den Jahren um 1400, etwa gleichzeitig also mit der Ausbreitung der mykenisch-festländischen Machtzone, könnte dafür sprechen, daß ein weiterer festländischer Eingriff vorliegt. A. J. Evans[9] selbst dachte freilich aufgrund seiner Fundbeobachtungen eher an eine Naturkatastrophe als Zerstörungsursache, wobei allerdings wohl in diesem Fall eine Wiedererrichtung des Palastes erwartet werden müßte, wie sie — mit Ausnahme von L. R. Palmer — jedoch im allgemeinen nicht angenommen wird. Zwei grundsätzliche Möglichkeiten sind, nach den Folgerungen F. Schachermeyrs[10], zu bedenken, von denen die erstere bereits angedeutet

hat G. A. Lehmann, Bemerkungen zu kretischen Ortsnamen in den Linear B-Texten von Knossos, Ugaritische Forschungen 2, 1970, S. 351 ff. behandelt.

[8] Vgl. dazu A. Furumark, The Settlement at Ialysos and Aegean History ca. 1550—1400 B. C., Op. Arch. VI, 1950, S. 150 ff., bes. 180 f., 200 f., 264; zu Kythera vgl. J. N. Coldstream, The Thera Eruption: Some Thoughts on the Survivors, BICS 16, 1969, S. 150 ff.

[9] A. J. Evans, PoM IV, S. 942 ff.

[10] F. Schachermeyr, a. a. O. S. 284 f.; vgl. dazu auch M. R. Popham, The Destruction of the Palace at Knossos, 1970, S. 94 ff.; Ventris-Chadwick, Docs.², S. 414, wo nun als möglicher Grund der Zerstörung "primarily the overconcentration of administration of Crete in LM II period, which provoked a reaction from outlying areas" erwogen wird.

wurde. Sie „würde darin bestehen, daß das mykenische Knossos von den Herrschern in Mykene auf die Dauer doch als ein zu unbequemer Rivale empfunden wurde und daß sie diese ehrwürdige Residenz schließlich mit bewaffneter Hand zerstörten. Die andere Möglichkeit ginge dahin, daß die einheimischen Minoer sich gegen die von Knossos ausgeübte Zwingherrschaft erhoben und daß sie selbst ihre Metropole zerstörten". Daß in der Folgezeit Kreta jedoch keineswegs auf den Stand provinzieller Bedeutungslosigkeit gesunken sein dürfte, wurde bereits bei der Erwähnung der dem 13. Jh. angehörenden Linear B-Zeugnisse aus Kydonia und Knossos bemerkt [11].

Die Möglichkeit einer Vernichtung der mykenischen Dynastie von Knossos durch eine festländische Macht könnte auch im Schicksal Thebens eine Entsprechung finden. Die Aufdeckung zweier verschiedener Paläste, deren jüngerer offenkundig den zerstörten älteren ersetzte, spricht, in Verbindung mit dem Mythos des Zuges der Sieben gegen Theben, für entsprechende kriegerische Auseinandersetzungen zwischen den mykenischen Fürstentümern. Theben selbst hat zweifellos besondere Beziehungen zu Knossos unterhalten [12]. Ob allerdings ein engerer Zusammenhang zwischen den Katastrophen von Knossos und Theben besteht, wie gelegentlich angenommen wird [13], muß, nicht zuletzt auch der noch sehr unsicheren Chronologie der thebanischen Paläste wegen, offenbleiben.

Geben uns die Tafeln selbst keinerlei Aufschluß weder für Knossos noch Theben oder Pylos hinsichtlich des Jahres der Zerstörung, so läßt sich für Knossos und Pylos doch immerhin die

[11] Vgl. oben Kap. V, Anm. 5, 7.

[12] Dies hat zuletzt S. Symeonoglou, Kadmeia I, Göteborg 1973, S. 74 ff. dargelegt.

[13] So hat A. Furumark, der von einer Zerstörung des Hauses des Kadmos im frühen 14. Jh. ausgeht (vgl. dazu oben Kap. III, Anm. 6 ff.) a. a. O., S. 264 dazu bemerkt: "Whether or not this event had anything to do with attacks on Minoan possessions, it is impossible to say. Thebes was not Minoan, but it may perhaps have been an ally of Crete."

322

Jahreszeit ungefähr aus den Tafeln erschließen [14]. Berichte über die Woll-Schur in den Knossos-Tafeln bei gleichzeitigem Fehlen von Aufzeichnungen über die Getreideernte lassen an einen Zeitpunkt zu Beginn des Sommers, etwa Mai/Juni, denken. Ähnliches gilt auch für Pylos. Sollte, wie oben vermutet, der Monatsname „porowito" an den Monat der nach dem Winter wieder einsetzenden Schiffahrt anknüpfen, so wäre hier März/April ein wahrscheinlicher Zeitpunkt.

Eine Berechnung der vermutlichen Bevölkerungszahl des Staates von Pylos hat ebenfalls J. Chadwick aufgestellt [15]. Für die Hauptstadt selbst, in deren näheren Umgebung allein ca. 450 Arbeiterinnen im Dienst des Palastes bezeugt sind, nimmt er ein Minimum von 3000 Personen an, die Zahl der Gesamtbevölkerung liegt bei etwa 100 000. Diese Zahl errechnet sich aus dem Umstand, daß etwa dem Ort apu_2we, wo neun Schmiede (Jn 693) genannt werden, aufgrund deren Sonderstellung $1/25$ der Gesamtabgaben erlassen werden. Daraus errechnet sich proportional für apu_2we eine arbeitende Bevölkerung von $9 \times 25 = 225$ Personen. Ein vergleichbares Beispiel ($powiteja$: Na 923 bzw. Jn 601) ergibt eine Anzahl von 294 besteuerten, d. h. arbeitenden Personen. Zählt man zu jeder arbeitenden Person drei weitere (Frauen, Kinder, Greise) hinzu, so mag die Bevölkerung einer solchen Siedlung zwischen 800 und 1200 gelegen haben. Bei einer wiederum vor allem durch die Na-Serie berechtigten Annahme von ca. 100 Siedlungen entsprechender Größe ergibt sich eine Gesamtzahl von ca. 80 000 bis 120 000 Personen. Freilich dürfen große Unsicherheitsfaktoren nicht übersehen werden.

Die Personennamen bzw. Ethnika lassen, wie ebenfalls schon

[14] Diese Angaben folgen J. Chadwick, CAH Vo. II, Chap. XIII (= Fasc. 70, Cambridge 1971); ders., in: Scientific American 227, 1972, 4, S. 38 f.

[15] J. Chadwick, in: W. A. McDonald, G. R. Rapp, (Hrsg.), The Minnesota Expedition. Reconstructing a Bronze Age Regional Environment, Minneapolis 1972, S. 112 f.

angedeutet, gewisse Rückschlüsse auf die auswärtigen Beziehungen des pylischen Staates zu. In erster Linie sind es die unter den weiblichen Arbeitskräften genannten *raminija*, *kinidija* und *miratija*, die nach Lemnos, Knidos oder Milet weisen; ihnen mögen die *a-64-ja* (wohl „*Aswiai*" zu Asia, d. h. Lydien) und die *zepu₂ra₃* (Zephyria = Halikarnaß) anzuschließen sein[16]. Die mykenischen Aktivitäten in der nordöstlichen Ägäis, die ihren mythologischen Niederschlag nicht zuletzt in der Sage vom Trojanischen Krieg gefunden haben, liefern ebenso wie die um Milawanda/Milet sich konzentrierenden diplomatischen Kontakte zwischen dem hethitischen Reich und dem von Achijawa den historischen Kontext. Daß der Name Achaioi/Achaia zumindest indirekt in den mykenischen Texten als „*akawijade*" (ʼΑχαιϝίαν-δε) bzw. „*pirakawo*" (PN: Φιλάχαιος) enthalten ist, erscheint in diesem Zusammenhang bemerkenswert. Die phonetische Gleichsetzung der hethitischen Schreibweise *Aḫḫiyawā* mit griechisch ʼΑχαία, wie sie gegen den Widerspruch vor allem F. Sommers von E. Forrer, P. Kretschmer, B. Hrozný und F. Schachermeyr vertreten wurde, erhält dadurch eine wesentliche Bestätigung[17], obschon für die strittige Frage nach der Lokalisierung von Achijawa aus den mykenischen Texten nicht mehr zu entnehmen ist, als daß es offensichtlich auch innerhalb Kretas einen Ort namens Achaia gab[18].

Neben den genannten Ethnika mögen eine Anzahl von Eigennamen kleinasiatisch-mykenische Beziehungen widerspiegeln, so etwa *toroo* (Gen. zu Tros bzw. Tlos), *rapasako* (vgl. Lampsa-

[16] Vgl. Chadwick in CAH, a. a. O. S. 40; Ventris-Chadwick, Docs.², S. 410.

[17] Dies hat überzeugend J. Harmatta, Zur Aḫḫiyawā-Frage, Studia Mycenaea, S. 117 ff. dargelegt; vgl. auch ders., Aḫḫiyawā Names — Mycaenean Names, Atti Roma, Bd. 1, S. 401 ff.

[18] Zur Bedeutungsentwicklung von Achaioi, bzw. Achaias vgl. A. Sacconi, Gli Achei in età micenea ed in Omero, in: Živa Antika 19, 1969, S. 13 ff. wo auch die ältere Literatur zur Aḫḫiyawā-Frage angeführt wird. Vgl. auch Kap. XXVI, Anm. 25.

kos), *didumo* (Didymos), *paparako* (Paphlagon) und *moqoso* (Mopsos) [19]. Man erinnert sich hier an mythische Gestalten wie etwa Mopsos oder Bellerophon — hinter denen ursprünglich wohl mykenische Oikisten stehen, die in der späten Bronzezeit vom Festland nach Kleinasien zogen und dort zu Ansehen und Herrschaft gelangten [20]. Die Kolonisation Kleinasiens geht, wie auch die immer zahlreicheren archäologischen Funde erkennen lassen, in die mykenische Zeit zurück [21] und setzt sich über deren Ende hinaus fort. In anderem Zusammenhang wurde bereits auf Namen wie Neileos und Philistos, die aus Pylos stammenden mythischen Gründer Milets, und ihre Namensentsprechungen im pylischen Material hingewiesen und darin eine Bestätigung des historischen Kerns entsprechender Überlieferungen erkannt [22]. Auch die Rolle, die laut Strab. XIV, 1,3 p. 633 (Mimn. fr. 12 Diehl) Kalydon bei der Auswanderung der Pylier nach Kleinasien gespielt hat, könnte durch die Verbindungen von Pylos zu Ätolien in mykenischer Zeit, wie sie durch die Eintragung über „Ruderer, die nach Pleuron gehen", oder den Namen des *eqeta*

[19] Zu diesen Namen vgl. auch die oben S. 249 f. genannten. Zu möglichen kultischen Beziehungen vgl. G. Maddoli, Potinija asiwija, Asia e le relazioni micenee con l'Anatolia settentrionale, SMEA 4, 1967, S. 11 ff.; M. Gérard-Rousseau, Connections in Religion between the Mycenaean world and Anatolia, in: Bronze Age Migrations, a. a. O. (vgl. Anm. 3), S. 163 ff.

[20] Zu Mopsos vgl. R. D. Barnett, Mopsos, JHS 73, 1953, S. 141 ff.; N. G. Hammond, The End of the Mycenaean Civilization and the Dark Age, CAH, Rev. Ed. Vol. II, Chap. XXXVI, Fasc. 13, Cambridge 1964, S. 23 f.; A. Erzen, Das Besiedlungsproblem Pamphyliens im Altertum, AA 1974, S. 395 ff. — Zu Bellerophon vgl. F. Schachermeyr, Poseidon, 1950, S. 175 ff.

[21] Zusammenfassend dazu F. H. Stubbings, The Expansion of the Mycenaean Civilization, CAH Rev., Ed. Vol. II Chap. XXIIa, = Fasc. 26, Cambridge 1964, S. 21 f. Die jüngeren Funde werden in M. Mellinks jährlichen Berichten zur archäologischen Forschung im AJA unter "Mycenaean Sites" regelmäßig verzeichnet.

[22] Vgl. oben S. 254.

Pleuronios (An 656, 16) angezeigt werden, als historisches Faktum eine indirekte Bestätigung finden [23].

Neben den historischen Rückschlüssen vor allem aus dem Namensgut der mykenischen Inschriften, die einerseits bis in die Frühzeit griechischer Wanderbewegungen zurückführen und anderseits über die Zeit der großen Zerstörungen um 1200/1180 in die Tage der kleinasiatischen Kolonisation hineinweisen, finden sich, wie seit langem gesehen wurde, zumindest auch einige Anzeichen aktuellen Zeitgeschehens: die „letzten Tage von Pylos" [24] — die Katastrophe, die die Zerstörung des Palastes von Pylos und wohl das Ende des pylischen Staates überhaupt bedeutet, werfen ihren Schatten voraus.

In erster Linie ist es die *oka*-Serie [25], jene Tafeln mit Angaben über die Verteilung von Truppen an Küstenorte, die in unmittelbarem Zusammenhang mit dem erwarteten Angriff, dem Pylos schließlich erlag, zu stehen scheinen. Zweifellos können die in den Tafeln verzeichneten ca. 800 Mann nicht das gesamte Aufgebot der pylischen Heeresmacht dargestellt haben, wie auch ein effektiver militärischer Schutz der von Tafeln erfaßten Küstenstrecke zwischen Neda im Norden und Nedon im Südwesten damit kaum gewährleistet sein konnte. Die Folgerung, daß es sich hier um eine Vorhut handelt, die in erster Linie der Bewachung der Küstengebiete und der Ortung des Feindes diente und die durch die *eqeta*, wohl hier einer Art Verbindungsoffizieren, mit dem Palast bzw. dem Hauptquartier in ständigem Kontakt stand, ist demnach kaum von der Hand zu weisen. Der Umstand, daß kurz vor dem Ende von Pylos der Küstenschutz mobilisiert wird, dürfte auch einen Hinweis auf die

[23] S. Szadeczky-Kardoss, La Colonisation Grecque de l'Asie Mineure et les Tablettes de Pylos, Acta Antiqua Acad. Scient. Hung., 9, 1961, S. 261 ff.

[24] Dazu Ventris-Chadwick, Docs. S. 137 f., 414; L. R. Palmer, Interpretation S. 103 ff.; ders., Mycenaeans and Minoans, London 1965², S. 143 ff.; J. Chadwick, CAH Fasc. 70, S. 43 ff.

[25] Zur *oka*-Serie vgl. oben Kap. XI.

Stoßrichtung und Herkunft des Feindes enthalten. In der vielfach diskutierten Frage nach den Ursachen des Endes der mykenischen Staatenwelt [26] könnte dies den Ausschlag zugunsten der sog. „Seevölker"-Theorie [27] geben; die Seevölker waren es, die nach Ausweis der ägyptischen Quellen in den Jahren um 1200 den östlichen Mittelmeerraum überrannten. Freilich sind sie im mykenischen Bereich durch archäologische Funde bisher kaum faßbar, was allerdings bei einem vandalischen Sturm plündernder Stämme ohne die Absicht, sich im eroberten Land niederzulassen, nicht übermäßig verwunderlich erscheinen muß.

Gegen die Auffassung, in der Nachricht der *oka*-Serie seien lediglich routinemäßige Truppenbewegungen zu erkennen, sprechen einige weitere Indizien von Notstandsmaßnahmen. Auf Tafel Jn 829 wird eine umfassende Requirierung von *„kako nawijo"*, d. h. wohl „Tempel-Erz" angeordnet, die an bestimmte „Verwaltungsbeamte", so u. a. an die *koretere* und deren Stellvertreter (?, *porokoretere*), die *dumate* oder die *karawiporo* (Schlüsselträgerinnen) ergeht. Die eingeforderte Bronze dient, wie ausdrücklich gesagt wird, zur Herstellung von Lanzen- und Speerspitzen. Der offensichtliche Mangel an Metall aber könnte darüber hinaus darauf zurückgeführt werden, daß die Schiffahrt auf dem Ägäischen Meer nicht gesichert und die — vorauszusetzende — überseeische Versorgung mit Erz bereits zusammengebrochen war.

In äußerster Not, so scheint es, hat man versucht, die Götter durch außergewöhnlich prächtige Geschenke, goldene Gefäße und vermutlich auch Menschenopfer gnädig zu stimmen. Die

[26] Zur Diskussion dieser Frage vgl. G. E. Mylonas, Mycenae and Mycenaean Age, 1966, S. 213 ff.; V. R. d'A. Desborough, The last Mycenaeans and their Successors, Oxford 1964, ders., History und Archaeology in the Last Century of the Mycenaean Age, Atti Roma, Bd. III, S. 1073 ff.

[27] Zusammenfassend zu den Seevölkern R. D. Barnett, The Sea Peoples, CAH vol. II, Chap. XXVIII, = Fasc. 68, Cambridge 1969; vgl. zuletzt A. Nibbi, The identification of the 'Sea Peoples', in: Bronze Age Migrations (vgl. Anm. 3), S. 203 ff.

oben als — unvollständiger — Abriß des mykenischen Pantheons erwähnte Tafel Tn 316, welche diese nach verschiedenen Heiligtümern überstellten Opfergaben registriert, scheint, dem flüchtigen Duktus der Handschrift und den offenkundigen Verschreibungen nach, in größter Hast redigiert worden zu sein; zudem waren wohl weitere Eintragungen vorgesehen, zu deren Niederschrift offenkundig keine Zeit mehr blieb. — Nicht, daß der bereits eindringende Feind dem noch tätigen Schreiber die Tafel gleichsam aus der Hand geschlagen hätte — aber der auffällige Zustand der Tafel könnte sehr wohl auf den Mangel an Informationen und damit allgemein auf den bereits einsetzenden Zusammenbruch der Verwaltung hinweisen.

So werden wir indirekte Zeugen der Notstandsmaßnahmen, vielleicht auch der sich ausbreitenden Verwirrung und Furcht, welche die Pylier bei der Kunde des nahenden Feindes überkam. Wenn uns manche Serie heute unvollständig erscheint, wenn manche Frage nach der inneren Ordnung einzelner Serien nur unbefriedigend zu beantworten ist, so vielleicht auch deswegen, weil die Verwaltungstätigkeit der pylischen Schreiber willkürlich, mitten im Rechnungsjahr, gleichsam während der Arbeit unterbrochen wurde. Die uns erhaltenen Tafeln, die heute älter als dreitausend Jahre sind, waren ursprünglich für nicht mehr als ein Jahr zur Aufbewahrung bestimmt. Das Feuer aber, dem wir ihre Erhaltung letztlich verdanken, hat der Verwendung der Linear B-Schrift in Pylos und anderenorts unwiderruflich ein Ende bereitet.

XXX. ENTZIFFERUNGSGEGNER, AUSBLICK

Am Ende dieses Berichts soll noch die Frage gestellt werden, inwieweit die Mykenologie in den Gesamtbereich der Altertumswissenschaft als ihr bisher jüngster Zweig integriert worden ist und welche Bedeutung die Vertreter der unmittelbaren Nachbarfächer ihr als einem typisch interdisziplinären Arbeitsgebiet zugestehen.

Kein Zweifel, daß die Ventrissche Entzifferung mit allen ihren historischen und linguistischen Konsequenzen im letzten Jahrzehnt eine noch breitere Anerkennung gefunden hat. Die frühgriechische Sprache der Linear B-Texte gilt heute den meisten Altertumswissenschaftern als eine reale Größe, die bei allen einschlägigen Überlegungen berücksichtigt werden will. Diese eher unauffällige, da indirekte und quasi selbstverständliche Rezeption der Entzifferungsresultate besagt wohl noch mehr als die einläßliche und extensive Tätigkeit der engeren Spezialisten. Das gilt in besonderem Maße für sprachwissenschaftliche Untersuchungen — bekanntlich ist die Entzifferung gerade unter den Linguisten so gut wie lückenlos anerkannt —, in denen man sich mit erfreulicher Konstanz darauf eingestellt hat, die schriftliche Bezeugung der griechischen Sprache lange vor Homer und den ältesten Inschriften des ersten Jahrtausends beginnen zu lassen.

Daneben sind freilich auch die alten Gegenstimmen nicht verstummt, wenngleich sie auf wenige Stätten bzw. Schulen (bes. in Schottland und Deutschland) beschränkt und damit kaum expansiv zu nennen sind. Abgesehen von gewissen, stereotyp wiederholten methodischen Bedenken gegen den Entzifferungsvorgang beziehungsweise Zweifeln an Ventris' wissenschaftlicher Redlichkeit, die nach den Ausführungen von F. Schachermeyr in der Kontroverse mit A. J. Beattie wohl als widerlegt gelten dürfen [1], haben sich in den letzten Jahren vor allem modifizierte Formen der Ablehnung bzw. Kritik bemerkbar gemacht, denen ein beträchtlicher heuristischer Wert zuzubilligen ist.

So hat S. Levin in seinem Buch [2] zwar nur schwach die Hälfte der Ventrisschen Lesungen für stringent erachtet, dieselben aber gerade durch seine extrem kritische Haltung in ihrem Wert nur bestätigt. In der Ansicht, im Linear B-Material stecke — auch morphologisch — noch ein nicht-indogermanisches, ägäisches Idiom, dem die zahlreichen ungriechisch anmutenden Wortformen zugeschrieben werden müßten, hat Levin in J. T. Hooker [3] vereinzelte Nachfolge gefunden.

In Berlin hat H. Geiß in Fortsetzung von E. Grumachs Skeptizismus [4] sein besonderes Augenmerk auf die sogenannten "adjuncts", zumeist am Zeilenende, in unmittelbarer Nähe von Ideogrammen (manchmal in sie eingeschrieben) oder in ihrer Vertretung, isoliert verwendete Silbenzeichen gerichtet. Man hatte sie zumeist als akrophonische Abkürzungen ("abbreviations"), z. B. *ze* = *zeugos* „Paar", angesehen und ihnen in der Tat nicht gerade die größte Aufmerksamkeit zuteil werden lassen, wie Geiß an mehreren Orten feststellt [5]. Andererseits scheinen uns die "adjuncts" doch nicht jene entscheidende Rolle für die Beurteilung der Entzifferung zu spielen, die ihnen dieser Forscher zugesteht. Immerhin stellen seine gemeinsam mit E. Mater im Wege der Datenverarbeitung unternommenen Untersuchungen, deren Ergebnisse unlängst als stattliches tabellarisches

[1] Vgl. Saeculum 10, 1959, S. 48—72 und 374—379.

[2] The Linear B Decipherment Controversy Reexamined, New York 1964.

[3] Vgl. IF 73, 1968, S. 67—86. Vgl. jetzt die Reaktion von J. Chadwick, The Greekness of Linear B, in: IF 75, 1970, S. 97—104 und die Erwiderung von S. Levin, Greek with Substrate Phenomenon, or a 'Jargon' — what is the Difference, Kadmos 11:2, 1972, S. 129—139.

[4] Vgl. Klio 48, 1967, S. 5—51.

[5] Vgl. Atti Roma II, S. 504 ff.; ders. Revue (Organisation Internationale pour l'étude des langues anciennes par ordinateur) 3, 1968, S. 19 ff. und Kadmos 11:2, 1972, S. 141—152.

Kompendium erschienen sind [6], einen seriösen Beitrag zur Mykenologie dar, dessen Wirkung und praktische Auswertbarkeit freilich noch abzuwarten bleibt. Zur Entkräftung eines stehenden Vorwurfs der Entzifferungsgegner, betreffend das simultane Auftreten von Wortformen in Silbenschrift und Ideogramm in den Texten, vgl. jetzt mit Parallelen aus anderen Schriftsystemen W. Nahm [7].

Zur Popularisierung der Ventrisschen Leistung hatte seinerzeit das nunmehr in zweiter Bearbeitung (1967) vorliegende und in zahlreiche Sprachen übersetzte Buch von J. Chadwick "The Decipherment of Linear B" entscheidend beigetragen. Das gleiche Leserpublikum des deutschsprachigen Bereiches versucht auch ein kürzlich erschienenes Buch von W. Ekschmitt zu erreichen, das in Werbetext und Vorwort objektive Berichterstattung in der ›Kontroverse um Linear B‹ (so der Titel, München 1969) verspricht, in der Darstellung selbst allerdings ganz andere Wege einschlägt. An die Stelle der Information tritt zumeist zynisch gefärbte Polemik gegen Ventris und die Anhänger seiner Entzifferung („Ventrisianer"), die von Ekschmitt weniger als Vertreter einer Forschungsrichtung denn als Clique von Okkultisten betrachtet werden, wider deren unwissenschaftlich-verschrobenes Denken er selbst den Apostel Paulus in den Zeugenstand ruft (S. 156). So gut wie alle je einmal in Sachen Linear B-Entzifferung geäußerten Bedenken werden hier vergröbert und in journalistischer Verbrämung reaktiviert, echte Schwierigkeiten mit längst obsoleten Vorwürfen wahllos geklittert. Auf Kohärenz in den Argumenten legt der Verfasser wenig Wert: als Gestaltungsprinzip scheint allenthalben die Erweckung von Animosität beim Leser zu fungieren. Nur wenige Beispiele für die tendenziöse Haltung der Schrift, die innerhalb der altertumswissenschaftlichen Publikationen als Unikum dastehen

---

[6] Abbreviations and Adjuncts in the Knossos Tablets, Indices, Berlin-Amsterdam 1970.

[7] Die Pleonasmen in Linear B und anderswo, Kadmos 9:1, 1970, S. 1—21.

dürfte: Während die Entzifferungsgegner mit allen nur denkbaren Einwänden, ja selbst in Form einer Chrestomathie von Scherzwörtern über das defektive Schreibsystem zu Wort kommen, werden die „Ventrisianer" nur sporadisch und zumeist mit kontextlosen und so in ihrer Aussagekraft reduzierten Sätzen zitiert. Auch wird, so scheint es, mit Bedacht die jeweils ungünstigste, oft längst überholte Argumentation ausgewählt, Modifizierungen bzw. Revisionen von Ansichten, wie sie in jeder Disziplin auftreten, höchstens dann erwähnt, wenn damit der Mykenologie Willkürlichkeit ihrer Ergebnisse angelastet werden soll. Kein Wunder, daß Ekschmitt bei solchem Vorgehen für die letzten Jahre auch keine Fortschritte in der Interpretation der Texte festzustellen vermag.

Die eigenständigen kritischen Einwände des Verfassers wiegen zum Teil so leicht, daß sich die Mühe einer ausführlichen Widerlegung in manchen Fällen kaum lohnt. Das gilt besonders für den sprachlichen Bereich, in dem sich Ekschmitt bemerkenswert schlecht informiert zeigt. Wenn ihn etwa die Bezeichnung des Herdenviehs in den Linear B-Texten als „Vierfüßer" gegen die Entzifferung einnimmt (S. 146 f.), so läßt sich dieses Befremden nur mit fehlender Kenntnis der umbrischen Wortform *petrupursus* „dass." (Tab. Iguv. VI b 11) oder von altlatein. *quadrupes* usw. erklären.

Wer ferner aus der Fremdartigkeit der mykenischen Ämterbezeichnungen ein Anti-Ventris-Argument gewinnen möchte, sei nur beispielsweise an die vier Erzämter am Hofe der fränkischen Könige und später der deutschen Kaiser erinnert (Marschall, Truchseß beziehungsweise Seneschall, Kämmerer, Schenk), deren Namen, aus dem spezifischen Kontext ihres Entstehens herausgelöst und bloß an ihrem Wortsinn gemessen, kaum weniger befremden dürften.

Hier liegt ein grundsätzlicher, häufig — und nicht nur in diesem Zusammenhang — begangener Fehler vor: die Kontamination von erstens: Etymologie und zweitens: aktueller Semantik eines Wortes. Diese Vermengung ist dann besonders irreführend und folgenschwer, wenn ein Begriff die pragmatischen

Bedingungen seiner Entstehung beziehungsweise ersten spezifischen Anwendung überdauert. Niemand würde etwa auf den Gedanken kommen, innerhalb eines gegenwartsdeutschen Kontexts den Ausdruck „Marschall" nicht als militärischen Würdenträger bzw. Befehlshaber, sondern etymologisch als „Pferdeknecht" zu verstehen, um sich sodann über die semantische Ungereimtheit zu ereifern. Diese trivial erscheinende Konstatierung verliert jedoch an Selbstverständlichkeit, sobald man den Boden des eigenen Sprachsystems verläßt und sich im fremden Terrain anhand der „Grundbedeutungen" zu orientieren sucht.

Nach dieser Digression wäre abschließend zu Ekschmitts Buch zu sagen, daß seine wohl positivste Qualität im flüssigen Stil und der zum Teil beachtlichen Formulierungsgabe des Verfassers liegt, wenngleich es auch in dieser Hinsicht nicht an Leerläufen mangelt (vgl. etwa den banalen Satz S. 154: „Es ist schwierig, zu prophezeien, zumal über die Zukunft"). So läuft der Nichtfachmann zweifellos Gefahr, stilistisch gelungene Passagen dieses Buches für Information zu nehmen: das „caveat lector" am Schluß einer Kurzbesprechung [8] ist nicht ernst genug zu nehmen.

Doch abgesehen von dieser Publikation als Zerrbild einer Kritik an Ventris' Entzifferung erhebt sich die prinzipielle Frage, warum deren Resultate unter den Vertretern der Sprachwissenschaft so ungleich einmütigere Zustimmung gefunden haben als innerhalb der übrigen altertumswissenschaftlichen Disziplinen.

Von den bereits erwähnten, besonders von einigen Epigraphikern ausgesprochenen methodischen Bedenken gegen Ventris' Vorgehen einmal abgesehen, scheint mir die Hauptursache in der verschiedenen Bewertung der sprachlichen Daten des Linear B-Materials, der Unterschiede wie der Gemeinsamkeiten gegenüber dem alphabetischen Griechisch, der einleuchtenden wie der

---

[8] Sprache 16, 1970, S. 213 = Indogerm. Chronik 16b, Nr. 271. Weitere durchwegs negative Besprechungen finden sich in: Gymnasium 77, 1970, S. 342—345 (R. Schmitt); Bibliotheca Orientalis 27, 1970, S. 253—255 (A. Heubeck); REA 72, 1969, S. 457—460 (M. Lejeune); Minos 10:2, 1969, S. 192 f. (M. S. Ruipérez); Kratylos 14:2, 1969 [1972], S. 187—194 (G. Neumann), u. a.

(noch) unbefriedigenden Deutungen durch Linguisten bzw. Nicht-Linguisten zu liegen. Das Verständigungsdilemma, welches sich hier hartnäckig festgesetzt hat, beruht zumal auf dem völlig disparaten Stellenwert, den einerseits das Lexikon, anderseits die Morphologie in den Augen der beiden Gruppen einnehmen. Der Nicht-Linguist, in vielen Fällen mit dem Standard-Griechisch der klassischen Literatur viel besser vertraut als mit den Dialekten, hält sich primär an die augenfälligeren lexikalischen Entsprechungen und sieht in ihrem kumulativen Auftreten das wichtigste, wenn nicht gar einzige Kriterium für die Qualität von Entzifferungsresultaten. Demgegenüber erkennt der Sprachwissenschaftler in den lexikalischen Elementen die instabilsten Größen, im Lexikon insgesamt das „offenste", d. h. Veränderungen aller Art am leichtesten zugängliche System einer Sprache: man achte nur auf die große, ständig variierende Zahl von Fremd- bzw. Modewörtern, Neologismen, Fachtermini u. a. in einer beliebigen Gegenwartssprache! Das teilweise Fehlen lexikalischer Gleichungen zwischen zwei Sprachstadien läßt sich durch Erscheinungen wie Bedeutungswandel oder Verlust von „Wörtern und Sachen" (infolge eines kulturellen Umbruchs, im spezifischen Fall besonders häufig anzunehmen!) leicht erklären. Gleichwohl lassen sich bereits auf dieser Ebene etwa mittels der Zahlwörter oder der thematisch homogenen Eintragungen auf den Gewürztafeln aus Mykene [9] zwingende Schlüsse zugunsten der Entzifferung von Ventris ziehen.

Nichtsdestoweniger ist und bleibt das wichtigste Indiz für die Klassifikation und „Identität" einer Sprache ihre Morphologie, d. h. die Systeme der (pro)nominalen und verbalen Flexion. Auf dieser Grundlage stehen ja die Anfänge einer methodisch geführten indogermanischen Sprachwissenschaft im frühen 19. Jahrhundert. Betrachten wir ein konkretes Beispiel: Wenn eine Sprache wie das Rumänische trotz ihres hochgradig slawisierten Wortschatzes, trotz deutlicher Teilhabe an lautlichen und syntaktischen Phänomenen des balkanischen Sprachbundes,

---

[9] MY Ge, vgl. Schachermeyr, in: Saeculum 10, 1959, S. 376 f.

letztlich eine romanische Sprache geblieben ist, so liegt die Ursache dafür in den intakt gebliebenen Zonen der Morphologie.

Und in dieser Hinsicht erweist auch das so begrenzte Corpus der mykenischen Texte deutlich genug den griechischen Charakter der darin niedergelegten Sprache, wofür wir in der Folge nur auf drei ausgewählte Fälle verweisen wollen:

1. Betrachten wir die bereits oben behandelte *oka*-Serie im Hinblick auf die Endungen der Personennamen im Anschluß an das Leitwort *oka:* an den 10 Stellen der — auch syntaktisch postulierten — Namen im Genitiv finden wir exakt die sprachgeschichtlich erwarteten Endungen von 4 verschiedenen Flexionsklassen des Griechischen (vgl. *kurumenojo, duwojojo; nedawatao, ekomenatao; marewo, tatiqowewo; toroo*). Zur Erklärung solcher tief im griechischen Deklinationssystem verankerten Entsprechungen noch den Zufall bemühen zu wollen, bedeutet doch wohl Mißachtung aller Prinzipien der Wahrscheinlichkeit.

2. Man vergleiche die Formen eines Ortsnamens: *pakijasi* (PY Cn 608. 6), *pakijapi* (PY Jn 829. 7), *pakijanade* (PY Vn 20. 6), die im Kontext jeweils den gleichen Platz, die 4. Stelle unter neun Ortsnamen, einnehmen. Wir erkennen hier unschwer die (Dativ-)Lokativ-Endung *-si*, die (Instrumental-)Ablativ-Endung *-pi*, und den Akkusativausgang gekoppelt mit dem allativischen Suffix *-de*: somit verschiedene Kasusfunktionen des ON *pakijane*, die (was auch für die übrigen in der Liste aufgeführten Orte zutrifft) in überzeugender Weise mit den inhaltlichen Angaben der jeweiligen Themazeilen — Schweinezucht i n , Erzrequirierung a u s , Lieferung n a c h *pakijane* — harmonieren.

3. Betrachten wir die Distribution der Verbalformen *eke, ekosi, ekee* und *ekote* innerhalb des oben behandelten pylischen E-Komplexes: *eke* = ἔχει findet sich an der Prädikatsstelle nach singularischem Subjekt (vgl. En 74. 4 f.: *mira teojo doera eke tosode pemo*, so die überwiegende Mehrzahl der Fälle); *ekosi* = ἔχουσι steht in Kongruenz mit pluralischem Subjekt (En 74. 12: *odaa₂ onatere ekosi:* ὀνατῆρες); der Infinitiv *ekee* = ἔχειν hingegen hängt von einer übergeordneten finiten Verbalform ab (Ep

704. 5: *erita ijereja eke euketoqe etonijo ekee* = εὔχεταί
τε ἔχειν). Schließlich findet sich die Partizipform masc. Plur.
ekote = ἔχοντες in der nominalen Ausdrucksweise von Ed 236. 1:
kamaewe onata ekote kekemenao kotonao ...

Ähnlich überzeugende Resultate liefern im übrigen auch Beobachtungen zur mykenischen Wortbildung: so vergleiche man
etwa die aufschlußreichen, von M. Lejeune gesammelten Fälle
mykenischer Privativkomposita (also mit Negation im Vorderglied!), die — zum Teil im selben Kontext — ihren positiven
Opposita gegenüberstehen, z. B. *akotono:: kotona ekote, atarasijo:: tarasija ekote*[10]. Auch hier handelt es sich um auch im
alphabetischen Griechisch produktive Bildungsweisen und damit
um wertvolle Zeugen für den Sprachcharakter des mykenischen
Idioms von Linear B.

Die mykenischen Tafeln sind, das ist oft genug hervorgekehrt
worden, nach Material und Inhalt nicht für die Nachwelt bestimmt, sie dienen vielmehr ausschließlich den interimistischen
Bedürfnissen einer komplizierten Administration und unterstehen damit unmittelbar dem Diktat der Pragmatik. Die bereits aus sich heraus eindeutig definierte reale Situation vermag
den sprachlichen Ausdruck weitgehend zu entlasten und führt so
zu elliptischer oder (wie K. Bühler zutreffender formulierte)
empraktischer Diktion. Wir stehen also mit dem Linear B-Corpus tief im Bereiche der Abkürzungen, der reduzierten Syntax[11],
der im Vergleich zum lexikalischen Gesamtsystem marginalen
Fachtermini — einer Sphäre also, die wir aus Listen, Katalogen
usw. auch in unserer Zeit recht gut kennen. Mit diesem besonderen Status ist wohl das meiste der noch verbleibenden Unstimmigkeiten, anomalen Graphien, verschriebenen Endungen
usw. zu erklären.

Auch die oft zitierte Diskrepanz zwischen dem kaum adaptierten Silbenschriftsystem und den damit so schlecht wieder-

[10] RPh 32, 1958, S. 198—205.
[11] Vgl. dazu Y. Duhoux, Atti Roma II, S. 781—785 mit vergleichbaren Fällen aus attischen Inschriften.

zugebenden griechischen Lautsequenzen, wodurch der Schreiber fast ständig zu Defizienz oder Redundanz in der Notierung verhalten war, verliert ihre Schärfe, hält man sich den eminent pragmatischen Bezug der Texte konstant vor Augen. Die häufig wider die Entzifferung durch Ventris angeführten Polysemien der Schreibung im Bereich von Morphologie und Wortschatz werden reduziert oder büßen an Bedeutung ein, wenn man die Determinierung durch Kontext und außerverbale Situation in Rechnung stellt.

So ist etwa das von Ekschmitt angesichts einer besonders komprimierten Ausdrucksweise gefällte, und vielleicht manchem plausible, lapidare Urteil „das konnte auch ein mykenischer Grieche nicht verstehen" (Kontroverse, S. 143) von einem externen Standort aus konzipiert und damit grundsätzlich schief. Sehen wir von den Verfremdungen durch die so ungewöhnliche Notation in Linear B einmal ab, so können wir feststellen: Das hermeneutische Privileg des professionell mit den mykenischen Tafeln befaßten Schreibers oder Beamten gegenüber unserer heutigen Position besteht weniger in seiner besseren Beherrschung der frühgriechischen Sprache denn in seiner vollen „pragmatischen Kompetenz".

Will man, als stark abstraktes Resümee, den gegenwärtigen Stand der mykenologischen Forschungen im terminologischen Spannungsfeld von Konstanten und Variablen charakterisieren, so wäre es zweifellos verkehrt, das Vorhandensein der letzteren glattweg zu leugnen (aber in welcher Wissenschaft fehlen sie schon?): das Fundament gesicherter Resultate reicht aber in jedem Falle zur sinnvollen Weiterarbeit an den Linear B-Texten aus und legitimiert zugleich die Mykenologie als einen wesentlichen Zweig der altertumswissenschaftlichen Forschung.

XXXI. BIBLIOGRAPHISCHE EINFÜHRUNG

Die vielfältigen, insgesamt nur schwer überschaubaren, auf zahlreiche Fachorgane verteilten wissenschaftlichen Arbeiten zu Linear B werden durch eine Anzahl von Bibliographien erfaßt, die hier zunächst genannt werden sollen.

Bibliographien

E. Grumach, Bibliographie der kretisch-mykenischen Epigraphik (bis 1961; München 1963); Suppl. I (1962—1965; München 1968).

E. L. Bennett Jr., Nestor (University of Wisconsin, Institute for Research in the Humanities; ab 1957).

J. Chadwick, L. R. Palmer, L. J. D. Richardson, Studies in Mycenaean Inscriptions and Dialect (Institute of Classical Studies of the University of London).

Die Bibliographie E. Grumachs hat nach dem Tod des Verfassers keine Fortsetzung gefunden. Im ersten Band sind auch die vor der Entzifferung erschienenen Beiträge enthalten. Eine Trennung des Wesentlichen vom Übrigen wird dem Nicht-Spezialisten nicht immer möglich sein. Der Wert liegt darin, daß alle Bereiche der alt-ägäischen Epigraphik gleichmäßig erfaßt worden sind. — Weite, über das engere epigraphische Sachgebiet hinausführende Bereiche der ägäischen Prähistorie wie der Sprachwissenschaft werden auch im „Nestor" erfaßt, der in monatlichen Abständen erscheint. Die besondere Nützlichkeit liegt nicht zuletzt in der dadurch gewährleisteten, schnellen Unterrichtung über einschlägige Neuerscheinungen.

Die jährlich erscheinenden "Studies" sind vor allem durch ihre Systematik der detaillierten Aufschlüsselung aller wesentlichen Aspekte der Linear B-Forschung ein unentbehrliches Hilfs- und Orientierungsmittel für alle, die auf diesem Gebiet arbeiten. Die besondere Umsicht der Redaktion hat freilich notwendigerweise gewisse Verzögerungen zur Folge. Die Jahrgänge 1953—1964 sind von L. Baumbach unter gleichem Titel in geschlossener Buchform als Bd. XX der Incunabula Graeca (Rom 1968) neu herausgegeben worden.

Neben diesen speziellen bibliographischen Organen finden sich entsprechende Abteilungen auch in folgenden Fachzeitschriften:

L'Année Philologique (Paris; ab 1957 für 1956).
Bibliographie Linguistique (Utrecht-Anvers; ab 1958 für 1956).
Die Sprache, Beilage: Indogermanische Chronik (Wiesbaden—Wien; ab Bd. 13, 1967).

Einführende Werke

M. Ventris und J. Chadwick, Documents in Mycenaean Greek (Cambridge 1959; 2. Aufl. 1973) (hier abg. "Docs.").

L. Deroy, Initiation à l'épigraphie mycénienne (Rom 1962) (abg. »Initiation«).

L. R. Palmer, The Interpretation of Mycenaean Greek Texts (Oxford 1963) (hier abg. "Interpretation").

M. Doria, Avviamento allo Studio del Miceneo; Struttura, Problemi e Testi (Rom 1965).

A. Heubeck, Aus der Welt der frühgriechischen Lineartafeln (Göttingen 1966) (hier abg. Lineartafeln).

J. Kerschensteiner, Die mykenische Welt in ihren schriftlichen Zeugnissen (München 1970).

J. Chadwick, The Linear-B-Tablets as Historical Documents, in: St. Dow, J. Chadwick, The Linear Scripts as Historical Documents (CAH, Vol. II, Chap. XIII, Fasc. 70, Cambridge 1971).

Als Pionierwerk verdienen die ›Documents‹ von M. Ventris und seinem „Mitarbeiter der ersten Stunde", J. Chadwick, nach wie vor unsere besondere Beachtung. Zusammen mit der Entzifferung durch Ventris markiert es den epochemachenden Durchbruch in der Geschichte der Linear B-Forschung und muß als erstes Fundament aller weiteren Arbeiten gewertet werden. J. Chadwick hat diesen Umstand besonders gewürdigt: Seine Neuauflage übernimmt die einleitenden Kapitel

(I—IX) wie auch den gesamten Text der ersten Auflage unverändert, bringt in einem umfangreichen Anhang den Fortschritt der Forschung berücksichtigende, wesentliche Ergänzungen zusammen mit einem Index aller (bis 1972) bekannten Wörter in Linear B wie auch der als Adjunkte bzw. Ideogramme verwendeten Silbenzeichen. Zweifellos ist dem Werk in seiner Neufassung wiederum ein besonderer Rang innerhalb des Fachgebietes einzuräumen.

Sehr wesentliche Aspekte zur Interpretation der Serien wie zu Detailfragen enthält, neben einer allgemeinen Einführung, L. R. Palmers Werk. Man hat es als „eine Art kollegialen Konkurrenzunternehmens" zu den Documents bezeichnet, und vor allem auch der Fachmann wird es — wie jene — in allen wesentlichen Fragen zu Rate ziehen.

Unter den deutsprachigen Einführungen ist an erster Stelle A. Heubecks Buch zu nennen, das diesen überaus komplexen und komplizierten Stoff mit bewundernswerter Klarheit und Übersicht bewältigt und zu allen wesentlichen Teilfragen Stellung nimmt. — Einen ebenfalls gut lesbaren, weniger für den Fachmann als für einen breiteren Interessentenkreis gedachten Abriß der in den Linear B-Texten berührten Sachbereiche bietet daneben J. Kerschensteiners Schrift. — Gleiches gilt für J. Chadwicks Faszikel der CAH, der einen knappen Überblick des Inhalts der Tafelserien sowie damit zusammenhängender historischer Problemkreise vermittelt.

Lexika

A. Morpurgo, Mycenaea Graecitatis Lexikon (Rom 1963).

J. Chadwick, L. Baumbauch, The Mycenaean Greek Vocabulary, Glotta 41, 1963, S. 157 ff.

L. Baumbach, The Mycenaean Greek Vocabulary II, Glotta 49, 1972, S. 151 ff.

M. Lejeune, Index Inverse du Grec Mycénien (Paris 1964).

J.-P. Olivier, L. Godart, C. Seydel, C. Sourvinou, Index Généraux du Linéaire B (Rom 1973).

Während das Vokabular von J. Chadwick und L. Baumbach nach griechischen Wortentsprechungen — wobei auch in Eigennamen und Toponymen enthaltene Wortstämme aufscheinen — angeordnet ist und somit über diese einen mühelosen Überblick gestattet, ist A. Morpurgos Lexikon nach den Linear B-Schreibungen (in Transliteration) angeordnet. Es nennt zu den einzelnen Wörtern die wichtigsten vorgeschlagenen Interpretationen. Freilich ist seit der ersten Auflage viel Neues dazugekommen und nur schwer zu überblicken. Eine von A. Morpurgo in Aussicht gestellte Neubearbeitung, die ein echtes Desiderat darstellt, wird nicht vor Abschluß der Textausgaben möglich sein.

Einen zuverlässigen Überblick über den nun verfügbaren Wortbestand (auch fragmentierte Lesungen) bieten die von J.-P. Olivier et alii auf der Grundlage der jüngsten Textausgaben der knossischen, pylischen und mykenischen Tafeln äußerst umsichtig redigierten ›Index généraux du linéaire B‹, die darüber hinaus ein rückläufiges Wörterverzeichnis, ein Verzeichnis der Determinative und Ideogamme sowie weitere wertvolle Listen der nicht transkribierten Syllabogramme, des knossischen Zeichenbestandes, der Vasenaufschriften sowie der auf die einzelnen Fundorte verteilten Sigeln (z. B. Aa, Ab, usw.) und die darunter eingeordneten Tafeln mit Inventarnummern enthält. — Lexikographische Bearbeitungen der Personennamen sowie der Ortsnamen, die den überwiegenden Teil des mykenischen Wortbestandes ausmachen, werden von P. H. Ilievski bzw. von W. E. J. Kuiper vorbereitet (vgl. Acta Mycenaea I, S. 14). Bis zur Fertigstellung eines allgemeinen Linear B-Lexikons leisten die in den Studies (vgl. Bibliographie) enthaltenen Listen mit entsprechenden bibliographischen Hinweisen gute Dienste, ebenso die Indices in Docs.[2] bzw. L. R. Palmers „Interpretation".

Grammatikalische Untersuchungen

Eine umfassende Grammatik, die den jüngsten Forschungsstand repräsentativ vermittelt, fehlt derzeit. Neben den grammatikalischen Beiträgen in den genannten Einführungswerken sei auf folgende Untersuchungen hingewiesen:

A. Scherer, in: A. Thumb [2] — A. Scherer, Handbuch der griechischen Dialekte II (Heidelberg 1959), 314—361.

E. Vilborg, A. Tentative Grammar of Mycenaean Greek (Göteborg 1960).

C. J. Ruijgh, Études sur la Grammaire et le Vocabulaire du Grec Mycénien (Amsterdam 1967).

S. Luria, Die Sprache der mykenischen Inschriften, Klio 42, 1964, 5—60.

M. Lejeune, Phonétique Historique du Mycénien et du Grec Ancien (Paris 1972).

Zu den zahlreichen Einzeluntersuchungen zu sprachlichen Problemen vgl. oben S. 78 ff.

Fachzeitschriften

Neben Beiträgen, die sich in den meisten altphilologischen und sprachwissenschaftlichen Publikationsorganen finden, gibt es eine Reihe von Fachzeitschriften, deren Beiträge überwiegend der Erforschung der ägäischen Linear-Schriften dienen.

Minos. Revista de Filologia Egea (Salamanca, Bd. 1, 1959 ff.).

Kadmos. Zeitschrift für Vor- und frühgriechische Epigraphik (Berlin, Bd. 1, 1962 ff.).

Studi Micenei ed Egeo-Anatolici (Rom, Bd. 1, 1966 ff., abgek.: SMEA).

Minos und SMEA enthalten außerdem bibliographische Chroniken, die ihrer kurzen Resumées der verzeichneten Arbeiten wegen eine zusätzliche nützliche Informationsquelle bieten. Im Kadmos finden sich am Ende jedes Jahrganges „Epigraphische Mitteilungen", die über Neufunde aus dem Bereich der kleinasiatischen und ägäischen Epigraphik unterrichten.

Kongreßberichte

Études Mycéniennes. Actes du Colloque International sur les Textes Mycéniennes (Gif-sur-Yvette, 3—7 avril 1956) (Hrsg. M. Lejeune, Paris 1956).

Atti del 2º Colloquio Internazionale di Studi Minoico-Micenei, Pavia 1.—5. 9. 1958, in: Athenaeum 46, NS 36 (1958), S. 299—436.

Mycenaean Studies. Proceedings of the Third International Colloquium for Mycenaean Studies, held at Wingspread, 4.—8. Sept. 1961, Hrsg. E. L. Bennett (Madison 1964).

Proceedings of the Cambridge Colloquium on Mycenaean Studies, 8.—12. 4. 1965, Hrsg. L. R. Palmer, J. Chadwick (Cambridge 1966).

Studia Mycenaea, Proceedings of the Mycenaean Symposium, Brno, April 1966, Hrsg. A. Bartoněk (Brno 1968).

Atti e Memorie del 1° Congresso Internazionale di Micenologia Rom 27. 9.—3. 10. 1967, 3 Bde. (Rom 1968).

Acta Mycenaea, Proceedings of the Fifth International Colloquium on Mycenaean Studies, Salamanca 30. 3.—3. 4. 1970, Hrsg. M. S. Ruipérez (Salamanca 1972, 2 Bde. = Minos XI und XII).

6e Colloque International des Etudes Mycéniennes à Chaumont (Neuchâtel), 7—13 septembre 1975 (noch nicht publiziert; hier zitiert „Kolloquium Neuchâtel").

Die Kongreßberichte sind, abgesehen von sehr wesentlichen wissenschaftlichen Beiträgen, vor allem auch deswegen hervorzuheben, da sie die Entschließungen zum einheitlichen, verbindlichen Gebrauch der phonetischen Werte der Schriftzeichen, zur Zitierweise der sematographischen Zeichen sowie über allgemeine Richtlinien und Planungen von Texteditionen unterrichten (z. B. Mycenaean Studies, Wingspread, S. 255 ff.; Acta Mycenaea, Salamanca, S. XVI f.).

Festschriften

Minoica. Festschrift zum 80. Geburtstag von Johannes Sundwall, Hrsg. E. Grumach (Berlin 1958).

Europa. Studien zur Geschichte und Epigraphik der frühen Aegeis. Festschrift für E. Grumach, Hrsg. W. C. Brice (Berlin 1967).

Forschungsberichte

F. Schachermeyr, Die Erforschung der in Linear B abgefaßten mykenischen Schriftdenkmäler. 1. Bericht, umfassend die Jahre von 1952—1958, AAW, 11, 1958, S. 193 ff.

W. Merlingen, Linear B (und A). II. Bericht, umfassend die Jahre von 1958—1963, AAW 16, 1963, S. 157 ff.

W. Merlingen, Linear B (und A). III. Bericht, umfassend die Jahre von 1964—1969/70, AAW 24, 1971, S. 1 ff.

A. Heubeck, 15 Jahre Mykenologie: Ein Forschungsbericht, Gymnasium 76, 1969, S. 516 ff.

S. Hiller u. O. Panagl, Linear B: Fortschritte und Forschungsstand, Saeculum XXII, 1971, S. 123 ff.

Textausgaben

Die grundlegende Bedeutung der Textausgaben für die weitere Erforschung und Interpretation der mykenischen Tafeln bedarf keiner besonderen Betonung. Die Edition erfolgt in nach den Fundplätzen der Tafeln gesonderten Bänden (Knossos, Pylos, Mykene, Theben). Für jeden Ort ist neben einer bereits vorhandenen editio minor (Texte in Transliteration) eine editio maior geplant, welche neben photographischen Abbildungen und Nachzeichnungen (Transkription) auch die Transliteration sowie einen textkritischen Apparat vorlegen werden.

Knossos

J. Chadwick, J. T. Killen, J.-P. Olivier, The Knossos Tablets, Fourth Edition (Cambridge 1971; abg. KT IV).

Diese editio minor enthält alle bis 1971 bekannten Texte, insbesondere die bis zu diesem Zeitpunkt geglückten Zusammenfügungen von Fragmenten. Zu der Gliederung der Serien in sets, vgl. J. Chadwick, The Classification of the Knossos-Tablets, Acta Mycenaea I (Minos XI, 1972) S. 20 ff.

Die Arbeit am knossischen Tafelmaterial ist noch nicht abgeschlossen; weitere "joins" sind mittlerweile veröffentlicht worden:

L. Godart, J. T. Killen, J.-P. Olivier, 119 raccords et quasi-raccords de fragments dans les tablettes de Cnossos, SMEA 15, 1972, S. 33 ff.

L. Godart, J.-P. Olivier, 98 raccords et quasi-raccords de fragments dans les tablettes de Cnossos, Minos 13, 1972, S. 113 ff.

L. Godart, J.-P. Olivier, Nouveaux fragments de tablettes en Lineaire B de Cnossos, BCH 97, 1973, S. 5 ff.

J. Sakellarakis, J.-P. Olivier, Deux fragments de tablettes en Linéaire B de Cnossos au Musée National d'Athènes, AAA 5, 1972, S. 289 ff.

Die von J. Chadwick, J. T. Killen und J.-P. Olivier unter dem Titel ›The Mycenaean Inscriptions of Knossos‹ geplante editio maior bedarf, wie die oben zitierten Untersuchungen an den Originalen zeigen, weiterer vorbereitender Arbeiten. Ihre Vorbereitung wird noch mehrere Jahre in Anspruch nehmen.

Pylos

E. L. Bennett, J.-P. Olivier, The Pylos Tablets Transscribed, Part I. Texts and Notes (Rom 1973). — (Abgek. PTT I).

Diese Ausgabe enthält alle bekannten pylischen Texte sowie alle früher erfolgten Fragment-Anpassungen. Die Ausgabe darf wohl als endgültig im Hinblick auf die Lesungen der Texte, die allesamt nochmals überprüft und, wo nötig, verbessert wurden, gelten. Eine kurze Charakteristik der einzelnen Serien sowie ein ausführlicher kritischer Apparat vervollständigen die vorbildliche Edition. Der zweite Band wird die Zuweisung der Tafeln an die verschiedenen Schreiberhände, den Index sowie die übrigen Appendices enthalten. Unter diesen, so darf angenommen werden, wird sich auch eine Erläuterung zur Unterteilung der Serien in "sets" finden. Auf eine entsprechende Einteilung haben die Autoren von PTT, Bd. I verzichtet. In dieser Hinsicht bleibt die ältere Ausgabe von C. Gallavotti und A. Sacconi, Inscriptiones Pyliae ad Mycenaeam Aetatem Pertinentes (Rom 1960) zumindest bis zum Erscheinen des zweiten Bandes weiterhin nützlich.

Die editio maior wird von E. L. Bennett im Rahmen der abschließenden Pylos-Publikation als Bd. IV besorgt.

Mykene

E. L. Bennett, The Mycenae Tablets II, in: Transactions of the American Philosophical Society 48/1, 1958 (Abgek. MT II).

J. Chadwick, The Mycenae Tablets III, in: Transactions of the American Philosophical Society 52/7, 1962 (Abgek. MT III).

J.-P. Olivier, The Mycenae Tablets IV (Leiden 1969; abgek. MT IV).

A. Sacconi, Corpus delle Iscrizioni in Lineare B di Micene (Roma 1974).

MT II und MT III enthalten die älteren Tafelfunde in photographischen Abbildungen, Transkription und Transliteration.

A. Sacconis Band enthält alle bisher in Mykene gefundenen Tafeln in Zeichnung, Transliteration und photographischer Wiedergabe. Hinzu kommen ausführliche, äußerst nützliche Register mit Verzeichnissen der aus Mykene belegten Zeichen und Ideogramme, die u. a. auch nach Schreiberhänden aufgeschlüsselt werden — ferner Wortindices, Zeichenindices, Indices der Tafeln in numerischer Reihenfolge, Serienanordnung und Zuteilung an individuelle Schreiberhände. Dank A. Sacconis vorzüglicher Ausgabe, in der die mit gleicher Umsicht redigierten vorläufigen Publikationen von E. L. Bennett (The Mycenae Tablets II, 1958), J. Chadwick (The Mycenae Tablets III, 1962) und J.-P. Olivier (The Mycenae Tablets IV, 1969) zusammengefaßt und an den Originalen nochmals überprüft wurden, stellt Mykene nun den ersten Fundort von Linear B-Schrifttafeln dar, für den eine editio maior vorliegt.

Theben

J. Chadwick, Linear B-Tablets from Thebes, Minos X, 1969, S. 116 ff.

Th. G. Spyropoulos, J. Chadwick, The Thebes Tablets, II (Minos Suppl. IV, Salamanca 1975).

In Minos X werden die 1964/65 von N. Platon und E. S. Touloupa entdeckten Tafeln vorgelegt. Sie tragen nunmehr die Seriennummern Ug 1—21. Zusätzliche Fragmente dieses Fundes hat J.-P. Olivier, Notes épigraphiques sur les tablettes en linéaire B de la série Ug de

Thebes, AAA 4, 1971, S. 269 ff. bekannt gemacht. — Zur Interpretation vgl. auch Y. Duhoux, Nestor 1. Aug. 1971, S. 737.

Thebes Tablets II enthalten die 1970 entdeckten Tafeln mit dem Serienindex Of. Sie registrieren Transaktionen von Wolle und scheinen den knossischen Wolltexten eng verwandt zu sein.

Tiryns

Durch die thebanischen Texte hat sich die Anzahl der festländischen Fundorte auf drei vermehrt. Daß vielleicht auch Tiryns eines Tages mit zum verfügbaren Tafelmaterial beitragen könnte, ist eine nicht ganz unberechtigte Hoffnung. Sie kann sich auf den zufälligen Lesefund eines sehr kleinen Fragmentes einer Tafel aus dem Bereich der Unterstadt (vgl. Arch. Delt. 1966, II, 1, S. 130; Kadmos 7, 1968, S. 183; Nestor (1. Jan. 1969) S. 575) sowie dreier weiterer 1971 gefundener Fragmente (vgl. J.-P. Olivier et alii, Index Généraux S. 13, Postscriptum) stützen. Letztere sind nun von L. Godart und J.-P. Olivier, AAA VII, 1974, S. 25 f., veröffentlicht und mit den Seriennummern Ef 2, Ef 3 und Cb 4 versehen worden.

Beschriftete Vasen

J. Raison, Les vases a inscriptions peintes de l'âge mycénien et leur contexte archéologique (Rom 1968).

A. Sacconi, Corpus delle iscrizioni vascolari in Lineare B (Rom 1974).

Während J. Raison vor allem auch archäologische Fragestellungen (vgl. oben S. 54 ff.) miteinbezieht, geht A. Sacconi ausschließlich nach den Bestimmungen der in Wingspread, Cambridge und Salamanca für die Edition mykenischer Inschriften erarbeiteten Regeln vor. Entsprechend bildet sie jede Scherbe photographisch und zeichnerisch ab, gibt dazu die Transliteration und den kritischen Apparat. Im ersten Teil gibt sie einen nach Landschaften und Fundorten gegliederten Überblick über die jeweiligen Fundstellen, älteren Publikationen, die ihrer Ausgabe zugrundegelegte Zählweise der Vasen sowie über die Vasengattungen; der zweite Teil enthält den Katalog in gleicher

Gliederung: I. Argolis (1. Mykene; 2. Tiryns). II. Attika (1. Eleusis). III. Boiotien (1. Kreusa; 2. Orchomenos; 3. Theben). IV. Kreta (1. Knossos; 2. Chania; 3. Mameloukou). Es folgen ausführliche, mit größter Umsicht redigierte Indices.

Der archäologische Sektor

Der archäologische Denkmälerbestand kann zur Interpretation der Linear B-Tafeln zumindest in Einzelfragen mit Nutzen herangezogen werden. Zugleich bietet der Vergleich von schriftlichen Dokumenten und archäologischen Funden oftmals wertvolle Ergänzungen und trägt zur Abrundung unseres Bildes der mykenischen Kultur bei. Hier sei auf die folgenden Arbeiten verwiesen:

R. Hampe, Die homerische Welt im Lichte der neuesten Ausgrabungen, Gymnasium 63, 1956, S. 1 ff.

E. Stella, La Civiltà Micenea nei Documenti Contemporanei (Rom 1965).

C. Sourvinou-Inwood, Bibliography on the Archaeological Background of the Linear B Tablets with Special Reference to Ideograms of Archaeological Interest, Minos 13, 1972, S. 67 ff.

Archaeologia Homerica, Hrsg. F. Matz.

Die in Sachgebiete gegliederte und von verschiedenen Autoren in einzelnen Faszikeln vorgelegte Archaeologia Homerica zieht gelegentlich neben den homerischen und archäologischen Quellen auch die Linear B-Texte heran. Eine zusammenfassende Darstellung über das Verhältnis der homerischen zu den mykenischen Texten fehlt bislang, obschon Einzelbeobachtungen keineswegs mangeln. Die Meinungen zu diesem komplexen und schwierigen Thema, insbesondere der Frage der Kontinuität, gehen freilich weit auseinander.

ABKÜRZUNGSVERZEICHNIS

AA	Archäologischer Anzeiger. Beilage zum Jahrbuch des Deutschen Archäologischen Instituts (Berlin)
AAA	Athens Annals of Archeology (Archaiologika Analekta ex Athenon)
ABSA	Annual of the British School at Athens (London)
AC	L'Antiquité Classique (Louvain)
ACD	Acta Classica Universitatis Scientiarum Debrecenensis (Debrecen)
Acta Classica	Acta Classica. Proceedings of the Classical Association of South Africa (Kaapstad/Cape Town)
Acta Mycenaea	Proceedings of the Fifth International Colloquium on Mycenaean Studies, Salamanca 30. 3.—3. 4. 1970, Hrsg. M. S. Ruipérez (Salamanca 1972 = Minos XI & XII)
AD	Archaiologikon Deltion (Athen)
Aevum	Aevum. Rassegna di scienze filologiche, linguistiche e storiche (Milano)
A(rch.) G(lott.) I(tal.)	Archivio Glottologico Italiano (Firenze)
AJA	American Journal of Archeology (New York)
AM	Mitteilungen des Deutschen Archäologischen Instituts, Abteilung Athen (Athen)
AR	Archaeological Reports (London)
Arch. Eph.	Archaiologike Ephemeris (Athen)
Athenaeum	Athenaeum. Studi periodici di letteratura e storia dell'antichità (Pavia)
Atti Pavia	Atti del 2⁰ Colloquio Internazionale di Studi Minoico-Micenei, Pavia, 1—5 IX 1958 (= Athenaeum, Vol. 46, N. S. 36 [1958] fasc. 4)
Atti Roma	Atti e Memorie del 1⁰ Congresso Internazionale di Micenologia, Roma 27 settembre—3 ottobre 1967, I—III (Roma 1968 [= Incunabula Graeca, XXV, 1—3])

Avviamento	= M. Doria, Avviamento allo studio del miceneo. Struttura, problemi e testi (Roma 1965 [= Incunabula Graeca. VIII])
BCH	Bulletin de Correspondances Helléniques (Paris)
BICS	Bulletin of the Institute of Classical Studies of the University of London (London)
BSA	ABSA
BSL	Bulletin de la Société de Linguistique de Paris (Paris)
BzNf	Beiträge zur Namenforschung (Heidelberg)
CAH	Cambridge Ancient History. 2nd Ed. (Cambridge)
Class. Journ.	The Classic Journal (Chicago)
Class. Rev.	The Classical Review. New Series (London)
CRAI	Comptes Rendus de l'Académie des Inscriptions et Belles-Lettres (Paris)
Doc(ument)s	M. Ventris—J. Chadwick, Documents in Mycenaean Greek. Three Hundred Selected Tablets from Knossos, Pylos and Mycenae with Commentary and Vocabulary (Cambridge 1959, ²1973)
Eirene	Eirene. Studia Graeca et Latina (Praha)
Emerita	Emérita. Boletín de lingüística filología clásica (Madrid)
Eranos	Eranos. Acta philologica Suecana (Uppsala)
Ergon	Ergon tes Archaiologikes Hetairias (Athen)
Et. Myc.	Etudes Mycéniennes. Actes du Colloque International sur les Textes Mycéniens (Gif-sur-Yvette, 3—7 avril 1956), publiés par les soins de M. Lejeune (Paris 1956)
Etudes	C. J. Ruijgh, Etudes sur la grammaire et le vocabulaire du grec mycénien (Amsterdam 1967)
FUF	Forschungen und Fortschritte (Berlin)
Glotta	Glotta. Zeitschrift für griechische und lateinische Sprache (Göttingen)
Gnomon	Gnomon. Kritische Zeitschrift für die gesamte klassische Altertumswissenschaft (München)
Gymnasium	Gymnasium. Vierteljahreszeitschrift für humanistische Bildung (Heidelberg)
Hermathena	Hermathena. Dublin University Review (Dublin)
Hesperia	Hesperia. Journal of the American School of Classical Studies at Athens (Athen)

Historia	Historia. Zeitschrift für Alte Geschichte (Wiesbaden)
ICS	O. Masson, Les Inscriptions Chypriotes Syllabiques (Paris 1961)
IF	Indogermanische Forschungen. Zeitschrift für Indogermanistik und allgemeine Sprachwissenschaft (Berlin)
Initiation	L. Deroy, Initiation à l'épigraphie mycénienne (Rom 1962 [= Incunabula Graeca. II])
Interpretation	L. R. Palmer, The Interpretation of Mycenaean Greek Texts (Oxford 1963)
JHS	The Journal of Hellenic Studies (London)
Kadmos	Kadmos. Zeitschrift für vor- und frühgriechische Epigraphik (Berlin)
Kolloquium Neuchâtel	6ᵉ Colloque International des Etudes Mycéniennes à Chaumont (Neuchâtel), 7—13 septembre 1975 (Kongreßakten im Druck)
Kratylos	Kratylos. Kritisches Berichts- und Rezensionsorgan für indogermanische und allgemeine Sprachwissenschaft (Wiesbaden)
Kret. Chron.	Kretika Chronika (Herakleion)
KZ	Zeitschrift für vergleichende Sprachforschung auf dem Gebiete der indogermanischen Sprachen, begründet von A. Kuhn (Göttingen)
Language	Language. Journal of the Linguistic Society of America (Baltimore)
Lineartafeln	A. Heubeck, Aus der Welt der frühgriechischen Lineartafeln. Eine kurze Einführung in Grundlagen, Aufgaben und Ergebnisse der Mykenologie (Göttingen 1966)
Lingua	Lingua. International Review of General Linguistics / Revue internationale de linguistique générale (Amsterdam)
Minos	Minos. Revista de filologia egea (Salamanca)
Mnemosyne	Mnemosyne. Bibliotheca Philologica Batava (Leiden)
Mon. Ant.	Monumenti Antichi (Milano)
MSS	Münchener Studien zur Sprachwissenschaft (München)
MT IV	The Mycenae Tablets IV. A Revised Transliteration by J.-P. Olivier (Leiden 1969 [= Textus Minores. XXXIX])

M(us.) H(elv.)	Museum Helveticum. Schweizerische Zeitschrift für klassische Altertumswissenschaft / Revue suisse pour l'étude de l'antiquité classique (Basel)
Myc. Stud.	Mycenaean Studies. Proceedings of the Third International Colloquium for Mycenaean Studies held at "Wingspread", 4—8 September 1961, edited by E. L. Bennett jr. (Madison 1964)
Nestor	Nestor, edited by E. L. Bennett jr. (Madison 1957 ff.)
OLZ	Orientalistische Literaturzeitung (Berlin)
Op. arch.	Opuscula archaeologica. Acta Instituti Romani Regni Sueciae (Lund)
Op. Ath.	Opuscula Atheniensia. Acta Instituti Atheniensis Regni Sueciae (Lund)
PCC	Proceedings of the Cambridge Colloquium on Mycenaean Studies, edited by L. R. Palmer and J. Chadwick (Cambridge 1966)
PdP	La Parola del Passato. Rivista di studi classici (Napoli)
PoM	A. J. Evans, The Palace of Minos (Oxford)
Proceedings (Cambridge)	PCC
RALinc	Atti della Accademia Nazionale dei Lincei, Rendiconti della Classe di scienze morali, storiche e filologiche (Roma)
RBPh	Revue Belge de Philologie et d'Histoire / Belgisch Tijdschrift voor Filologie en Geschiedenis (Bruxelles)
REA	Revue des Etudes Anciennes (Bordeaux-Paris)
REG	Revue des Etudes Grecques (Paris)
Rev. ét. arm.	Revue des Etudes Arméniennes (Paris)
Rhein. Mus.	Rheinisches Museum für Philologie. Neue Folge (Frankfurt a. Main)
Riv. Fil.	Rivista di Filologia e di Istruzione Classica. Nuova Serie (Torino)
RPh	Revue de Philologie, de Littérature et d'Histoire anciennes. Troisième Série (Paris)
Saeculum	Saeculum. Jahrbuch für Universalgeschichte (Freiburg i. Br.-München)
SCO	Studi Classici e Orientali (Pisa)

SM	Scripta Minoa. I (A. J. Evans, Oxford 1909), II (ed. J. L. Myres, Oxford 1952)
SMEA	Studi Micenei ed Egeo-Anatolici (Roma)
Sprache	Die Sprache. Zeitschrift für Sprachwissenschaft (Wien)
Stud. Myc.	Studia Mycenaea. Proceedings of the Mycenaean Symposium Brno, April 1966, edited by A. Bartoněk (Brno 1968)
TPhS	Transactions of the Philological Society (Oxford)
Ž(iva) A(ntika)	Živa Antika / Antiquité Vivante (Skopje)

Weitere Literatur zum Thema Klassisches Altertum

6833-5 Latacz, Joachim (Hrsg.)
Homer. Tradition und Neuerung
(Wege der Forschung, Bd. 463.) 1979. VII, 618 S., Gzl.

9222-8 Reucher, Theo
Die situative Weltsicht Homers
Eine Interpretation der Ilias. 1983. X, 482 S., Gzl.

4492-4 Seibert, Jakob
Alexander der Große
(Erträge der Forschung, Bd. 10.) 2. Aufl. 1981. XIV, 329 S., kart.

8978-2 Wirth, Gerhard
Studien zur Alexandergeschichte
1985. IX, 299 S., Gzl.

4721-4 Thiel, Helmut van (Hrsg.)
Leben und Taten Alexanders von Makedonien
Der griechische Alexanderroman nach der Handschrift L.
(Texte zur Forschung, Bd. 13.) 2., durchges. u. erg. Aufl. 1983. XLVIII, 252 S., kart.

2664-0 Bayer, Erich
Grundzüge der griechischen Geschichte
(Grundzüge, Bd. 1.) 5. Aufl. 1978. 169 S., kart.

8590-6 Rostovtzeff, Michael
Gesellschafts- und Wirtschaftsgeschichte der hellenistischen Welt
3 Bände. 1941. Aus dem Englischen übers. von Gertrud u. Erich Bayer unter Mitarbeit von Margaret Wodrich. 1955/56. Reprogr. Nachdr. 1984. Zus. XXXIII, 1602 S., 112 Taf., Gzl. Lizenz Oxford University Press.

8810-7 Calder/Flashar/Lindken (Hrsg.)
Wilamowitz nach 50 Jahren (Symposium)
1985. XVIII, 802 S., Gzl.

6699-5 Wilamowitz-Moellendorf
Griechische Verskunst
4. Aufl. 1984. XI, 630 S., kart.

Weitere Bände s. folgende Seite

WISSENSCHAFTLICHE BUCHGESELLSCHAFT
Hindenburgstr. 40   D-6100 Darmstadt 11

5682-5 Harlfinger, Dieter (Hrsg.)
Griechische Kodikologie und Textüberlieferung
Ein Sammelband. 1980. XII, 716 S. mit 24 Abb., Gzl.

8344-X Effe, Bernd (Hrsg.)
Theokrit und die griechische Bukolik
(Wege der Forschung, Bd. 580.) 1985. VI, 478 S., Gzl.

8032-7 Castritius, Helmut, u. Kienast, Dietmar (Hrsg.)
Konrad Kraft – Kleine Schriften
Band 3: Gesammelte Aufsätze zur antiken Geldgeschichte und Numismatik II.
1985. VII, 327 S., 16 S. Kunstdr. mit 14 Münztaf., Gzl.

2248-3 Vogt, Joseph
Begegnungen mit Synesios, dem Philosophen,
Priester und Feldherrn
1985. VII, 133 S., kart.

8809-3 Christ, Karl (Hrsg.)
Sparta
(Wege der Forschung, Bd. 622.) 1986. VI, 519 S., Gzl.

Nachschlagewerke zum Griechischen:

4352-9 Passow, Franz
Handwörterbuch der griechischen Sprache
4 Bände. Neubearb. und zeitgemäß umgest. von Valentin Chr. Fr. Rost, Friedrich Palm, Otto Kreussler, Karl Keil u. Ferdinand Peter.
5. Aufl., Reprogr. Nachdr. 1983. Zus. XXX, 4532 S., Gzl.

5672-8 Schmitt, Rüdiger
Einführung in die griechischen Dialekte
1977. XVI, 143 S. mit 2 Schrifttaf. u. 1 Übersichtkt., kart.

3840-1 Rix, Helmut
Historische Grammatik des Griechischen
Laut- und Formenlehre
1976. XX, 279 S., Gzl.

WISSENSCHAFTLICHE BUCHGESELLSCHAFT
Hindenburgstr. 40   D-6100 Darmstadt 11